武大国际法评论

INTERNATIONAL LAW REVIEW OF WUHAN UNIVERSITY

教育部人文社会科学重点研究基地
武汉大学国际法研究所
主办

第三卷
VOL.3

全国优秀出版社
武汉大学出版社

图书在版编目(CIP)数据

武大国际法评论.第3卷/武汉大学国际法研究所主办.—武汉：武汉大学出版社，2005.5
ISBN 7-307-04490-0

Ⅰ.武… Ⅱ.武… Ⅲ.国际法—研究 Ⅳ.D99

中国版本图书馆 CIP 数据核字(2005)第 033761 号

责任编辑：张 琼　　责任校对：刘 欣　　版式设计：支 笛

出版发行：武汉大学出版社 (430072 武昌 珞珈山)
(电子邮件：wdp4@whu.edu.cn 网址：www.wdp.whu.edu.cn)
印刷：湖北省通山县九宫印务有限公司
开本：787×1092 1/16 印张：18.625 字数：350 千字 插页：1
版次：2005 年 5 月第 1 版 2005 年 5 月第 1 次印刷
ISBN 7-307-04490-0/D·628 定价：26.00 元

前　言

欣逢《武大国际法评论》创刊1周年之际，我们精心编辑了本卷以答谢各位专家学者及各界同仁对本刊的关心、鼓励与大力支持，我们仍将一如既往地秉承兼容并包、博采众长、思想自由、百家争鸣的学术传统，力图向社会展示国际法理论研究的优秀成果。本卷为第3卷，共设“论文”、“案例研究”、“书评”和“学者访谈”四个栏目，分别以不同的形式、从不同的角度揭示了国际法理论与实践的发展动态。

在人类漫长的发展史上，使用武力曾被认为是国家天经地义的权利，然而战争的残酷性与破坏性震撼了人类的良知，现代人类在进行战争的同时，也在试图限制战争，通过和平方式解决国际争端。前南国际刑庭法官刘大群先生通过对侵略和战争的历史追溯，回顾了“二战”后著名的纽伦堡审判和东京审判以及此后联合国的实践和1998年《罗马规约》的起草过程，以翔实的史料和经典的案例为佐证，精辟地分析了对侵略罪的辩护理由、联合国对侵略的定义以及《罗马规约》对侵略罪的讨论和各种意见，探讨了侵略罪的行为要素与心理要素。最后，他对北约轰炸南联盟、塔利班政权的被推翻以及美英联军对伊拉克发动的大规模军事行动等事件发表了自己的意见。

国际私法的理论与实践，常常需要把各有关国家的实体民商法拿来比较，从而找出它们之间的差异和发生法律冲突之所在。同时，还需要比较研究有关各国的冲突法的具体制度，从而判定是否需要采用某项一致的冲突规则以寻求判决结果的统一。所以，一些西方学者甚至称比较法为“国际私法之母”。先决问题是国际私法中在确定准据法时可能碰到的一个特殊问题，理论界对先决问题含义的广泛性、构成要件的复杂性和解决方法的多样性往往认识不足，肖永平教授在《国际私法中先决问题的理论重构》一文中以案例分析为基础，通过比较研究，提出了广义先决问题的概念，并对国际私法中先决问题的构成要件进行了重新审视，进而论述了先决问题和国际私法中的识别、反致和分割论等相近制度的关系，指出在解决先决问题时，应当遵循分类解决的思路，综合考虑多种因素，对具体问题进行具体的分析。

2003年的“非典危机”引发了人们对公共卫生制度的反思，人们开始从各个层面考虑公共健康对人类社会生活的影响，这其中包括公共健康与贸易关系的探讨。实际上，早在多哈回合谈判中，环境、公共健康已经成了谈判议题之一，但就现在的进展而言，仍然没有任何可操作的规范。作为自由贸易的主要倡导者和重要规则体系，GATT 和 WTO 在这方面的实践颇引人注目。就现有制度而言，WTO 的一系列协定实际上都涉及了公共健康的问题，但是由于规则自身的模糊性，其仍然需要进一步的细化和充实。何志鹏和孙璐的《国际贸易体制的公共健康之维》一文，对生态标志、多边环境协定与多边贸易体制的关系等有关问题进行了深入的探析，提出应当为妥善解决贸易与公共健康的关系创立良好的规则环境。

立足中国，放眼全球，南极环境保护和相关国际法问题也是我国学者关注的重点。王曦教授在《南极环境保护法律制度之浅见》一文中，通过对南极条约体系的介绍，着重阐述了南极环境保护的法律制度。该制度要求世界各国在南极开展活动时，应对南极环境给予特别的、足够的重视。我国作为南极条约协商国对南极环境保护问题应给予足够的重视并采取相应的对策。

伴随着世界石油运输量的大幅增加和环保主义浪潮在全球的兴起，船舶污染问题日益受到各国的广泛关注。艾素君在《船舶油污损害赔偿的国际立法及实践》一文中，通过比较分析的方法，以《国际油污损害民事责任公约》和《国际油污赔偿基金公约》的规定为基础，并结合国际基金的赔付实践，对公约统一适用中的几个重要问题包括责任主体、归责原则及赔偿范围进行了分析和探讨，并就公约体制的进一步发展和完善提出了自己的一些观点。

伊拉克战争的硝烟尚未完全退去，学者纷纷反思伊拉克战争对国际法所造成的冲击和挑战：国际法基本原则遭到践踏，联合国集体安全体制受到挑战，一系列新的国际法律问题亟待解决等。这主要是由不完善的国际法律责任制度和实施机制、联合国的体制性弊端、国际法和国际组织作用的限定性和法律的滞后性等原因决定的。国际社会只有完善国际法，锐意改革联合国集体安全体制，解决反恐和伊拉克战争中出现的新问题并推动国际社会多极化，国际法才能得以良性和顺利地发展。尹生的《伊拉克战争中的国际法问题：挑战与回应》和徐军华的《国际法面临的挑战与国际法的发展——从伊拉克战争谈起》两篇文章分别从不同的角度检讨了伊拉克战争后的国际法律秩序以及联合国集体安全机制。展望国际法在 21 世纪的发展，不难发现国家之间的真诚合作与国际义务的善意履行才是走向国际法美好未来的最佳途径。

经济全球化背景下自由贸易的激烈竞争，使劳工权益保护问题更加敏感，也使劳工权益保护的监督较其他人权保护的监督更为复杂。李雪平博士的《论经济全球化背景下国际劳工权益保护监督机制》一文详细分析了普遍意义上国际人权保护监督机制、国际劳工组织保护劳工权益的监督机制以及 WTO 的监督机制，认为中国要提前做好准备，要根据已经批准的国际劳工公约和已经签署或批准的国际人权条约，关注和借鉴其他成员国的劳动立法和劳动政策，发展和健全中国现有的劳动立法和劳动政策，逐步实现与国际核心劳工标准的接轨；同时，还要对 WTO 与劳工权益保护问题进行专题研究，尽力做到有备无患，并以此能对该机制的诞生产生相应的影响，为中国未来能有效运用这一监督机制打下基础。

2003 年《联合国反腐败公约》是国际社会以合作手段对抗腐败犯罪的最新成就。公约在完善国内预防措施、加强国际合作与交流、促进司法协助等方面制定了具体的执行方案，对于预防和控制各国腐败犯罪以及加强反腐败领域的国际合作必将产生深远影响。丁明方在《腐败犯罪国际控制的新突破》一文中，指出公约在我国的实施宜以转化实施为主，这需要进一步完善我国国内相关法律制度及其他措施。我国应以更主动更积极的姿态去实施公约，这将更有利于我国对腐败犯罪的预防和控制。

安尼塔·艾伦所著《国际经济法的跨学科研究》一文，用“法律与文学”的方法，从合同法、正当程序、外国人身份法、法律歧视和国际经济正义等角度，富有创意地解读了莎士比亚的名剧《威尼斯商人》。文章认为，由于反映了不同文化群体之间的深深敌意和根本分歧，《威尼斯商人》中所表现出的跨文化贸易的前景是悲观的。为此，在进行国际贸易前，应当进行充分的博弈游戏以消弭认识歧异，同时，跨国的争端解决机构应坚持形式公平以实现正义。国际贸易体制，特别是世界贸易组织正处于动乱状态之中。1999 年西雅图 WTO 部长级会议在一片混乱中以失败而告终。其他为促进经济一体化而召开的国际会议，包括 2000 年在哥德堡举行的欧盟峰会以及 2001 年魁北克城美洲峰会，都引起了一系列的抗议活动以及示威者和警察之间的激烈冲突。虽然有些学者认为可以把这些示威当做“噪音”而不屑一顾，但耶鲁大学丹尼尔·艾斯蒂教授在《世界贸易组织的正当性危机》一文中认为，以 WTO 为主导的国际经济体制并没有与迅速变化的全球局势进行相应的调整，因而显现出与时代脱节、没有与现今的一些规则保持一致的问题，WTO 正面临着一场正当性的危机。

2002 年秘鲁诉欧共体沙丁鱼案，于同年 10 月 23 日被 WTO 争端解决机构通过了上诉机构的报告，至此，关于技术贸易壁垒协定第一案的一些相关内容也尘埃落定，现在我们再回头来研究此案的过程，对我国今后利用 WTO 争端解决机制有一定的借鉴意义。本卷在“案例研究”栏目中收录了吴蕾的《WTO“技术性贸易壁垒协定第一案”之法律透析》一文。该文通过对“沙丁鱼案”程序上和实体上一些较为重要的争议点进行分析，试着从中得出一些经验教训，以期为我国今后制定相关技术法规和参与诉讼提供参考。

美国冲突法革命在冲突法理论和实践发展史上具有重大影响，其间出现了许多法律选择理论和学说。作为实体法方法重要代表人物的荣格教授，在其代表作——《法律选择与多州正义》中，从实体法方法的角度对美国冲突法革命进行了评价，虽然有些观点失之偏颇，但他对一些冲突法基本问题的分析和批判却能够引起我们的反思，特别是荣格对待冲突规则的态度，提醒我们重新思考冲突法正义与实体正义的关系以及法律选择规则的价值。王莉的《解读美国冲突法革命——透过荣格的目光》和张贝的《在批判中超越——评荣格〈法律选择与多州正义〉之"传统的法律选择方法"》两篇书评分别从不同的角度对荣格教授的《法律选择与多州正义》一书做出了切中肯綮的评价，相信能给读者一些有益的启示。

本刊第1卷"学者访谈"栏目中推出的对朱文奇教授的访谈，引起了读者的广泛关注，各刊物和网站对访谈内容的引用也日益增多。为此，本刊借杨良宜先生全国巡回演讲之际，特委托武汉大学国际法研究所海商法方向研究生郭漪和朱强两位对杨先生进行了专访，以飨读者诸君。杨先生对待学习的孜孜不倦和勤勉，对待中国海商法和贸易法教育事业的执著和奉献，其自身学术思想的精妙与幽深，均是我们治学和为人的榜样。

黄　进

2004年7月16日

目　录

一、论文

二、案例研究

三、书评

四、学者访谈

五、稿约

TABLE OF CONTENTS

Book Reviews

Interviews

Notice to Contributors

论侵略罪

□ 刘大群*

欧洲国际军事法庭（以下简称“纽伦堡法庭”）审判的判决书指出：“起诉书中关于被告计划和发动侵略战争的指控是最严重的指控。战争本质上是罪恶之物，其后果并非局限于交战国本身，而是影响到整个世界。因此，实施侵略战争不仅是一种国际罪行，而且是有别于其他战争罪行的最严重的国际罪行，因为其本身就积累了所有罪行之恶。”① 远东国际军事法庭（以下简称“东京法庭”）审判的判决书指出：“无法想像有比发动侵略战争的共谋或发动侵略战争的行为更为严重的犯罪，因为这种共谋威胁着世界各国人民的安全而且发动这种战争的行为破坏了安全。”② 但是，从人类漫长的发展史看，侵略在国际上并非一直都是一种罪行。在使用武力被认为是国家天经地义的权利的年代，从事战争被认为是国家行使其主权的一个重要方面。战争的残酷性与破坏性震撼了人类的良知，人类在进行战争的同时，也在试图限制战争，通过和平方式解决国际争端。

一、历史的回顾

中国早在二千多年前的春秋战国时期，就开始将战争区分为正义战争和非正义战争，正义战争是用于除暴安良、消弭战事、安国利民和协和万邦的战争。《尉缭子　武议》中说：“凡兵不攻无过之城，不杀无罪之人。夫杀人之父兄，利人之财货，臣妾人之女子，此皆盗也。故兵者，所以诛暴乱、禁不义也。”③ 中国古代，各国军队出师征战前往往举行誓师，声讨敌人的不义之举，弘扬武装讨伐的正义性，以表明自己出师有名。

---

* 前南国际刑庭法官。文中观点仅为个人观点，并不代表任何组织与机构。

① 《国际军事法庭 1945 年 11 月 14 日至 1946 年 10 月 1 日在纽伦堡对主要战犯的审判》以下简称“纽伦堡法庭判决书”，1947 年德国，纽伦堡，第 186 页。

② 《对日本战犯的审判：文件》美国国务院出版物，美国政府印刷局，《远东国际军事法庭判决书》以下简称“东京法庭判决书”，第 36 页。

③ 引自《百子全书　孙吴兵法》，辽宁民族出版社 1998 年版，第 505 页。

西方的一些思想家，如阿奎那（Thomas Aquinas）、煦阿雷（Francisco Suarez）和格老秀斯（Grotius）都认识到：如果要维持世界和平，至少必须在限制战争和使用暴力方面做出努力。现代国际法的奠基人格老秀斯在其著作《战争与和平法》中，将战争分为正义战争与非正义战争，只有具有正当意图的战争，才是正义战争。不具有正当目的的战争则为非正义的战争或侵略战争，应当受到国际社会的一致谴责和共同讨伐。① 圣皮尔在其拟定的《欧洲永久和平计划》（A Project for Settling an Everlasting Peace in Europe）中提出，欧洲将组成为一个常设的和永久性的联盟。联盟建立后，战争作为推行国家政策的工具将予以废弃。② 德国哲学家康德于1793年出版了《论永久和平》一书。他的和平计划是基于圣皮尔、佩恩、卢梭和边沁等人的观点，即普遍持久的和平只有通过国家联盟才能得以实现。康德提出的指导国家间关系的原则包括：不得兼并任何独立国家、废除常备军、任何国家都不得使用武力干涉他国的内政以及交战国不得从事摧毁重建未来信任的敌对行动等。③

1899年，面对欧洲各国的军备竞赛以及为此花费的巨额开销，俄国沙皇尼古拉二世在荷兰海牙召集了26个主权国家讨论和平和裁军问题。各国与会代表在会上辩论了限制军费的可能性。这次集会被称为“在和平时期为维护和平目的召开的第一次真正的国际大会”。④ 虽然会议总体同意了一个关于维护和平、削减军费的计划，但各国代表最终未能达到他们各自预计的目标。最后海牙和平会议签署了三个公约。一个是关于和平解决争端公约，另外两个公约号召制定更多的陆地和海上战争法规以改善作战的状况，这反映出当时战争依然是活生生的现实这样一种实际情况。在和平解决争端的公约中，“缔约各国同意在诉诸武力之前，在情况允许的条件下，求助一个或多个友好缔约国的斡旋或调解”。（第2条）但是，各国为了保持完全的主权和行动自由，进而规定来自各方面的“斡旋和调解”，“惟独具有忠告特性而永不具有约束力”。（第6条）更糟糕的是，第7条规定即使接受了调解也不妨碍“进行战争动员或以其他方式进行战争准备”，⑤ 为各国进行战争的合法性留下了充分的余地。

第二次海牙国际和平会议于1907年6月召开。这次与会国家从上次的26国增

① 格老秀斯：《战争与和平法》，转引自《国际法经典》第4部分，1925年版，第132页。

② 转引自柯林耐尔：《对“永久和平计划简论”第二版选编的介绍》，白洛特翻译，伦敦1927年出版，第42页。

③ 康德：《论永久和平》，特鲁布拉德翻译，波士顿1897年出版。

④ 本杰明·弗兰兹：《国际刑事法院·通向和平的一步，文件历史与分析》第1卷，哈佛大学出版社1980年版，第38页。

⑤ 同上，第8页。

加到44国，共开了4个月。各国代表团分成4个委员会继续讨论修改1899年公约中的问题。尽管国际社会为防止战争，特别是侵略战争作出了不懈的努力，但是，战争的爆发是不以人的意志为转移的。由于帝国主义国家为了争夺殖民地，重新瓜分世界，终于爆发了第一次世界大战。

1919年1月18日，第一次世界大战的5个战胜国的总理和外交部长在巴黎凡尔赛宫举行了和平会议。主持和会的5大国组成的“10人理事会”负责起草对德和约的条款——《凡尔赛和约》。理事会下属的调查战争发动者责任和执行惩办元凶委员会在其报告中提出：所有敌对国家的人，不论级别高低，包括国家首脑在内，只要违反了战争法规和习惯法规或违反人类法，均应承担刑事责任。委员会将各种犯罪分为两大类：（1）煽动世界大战并协同发动战争的行为；（2）违反战争法规和惯例以及违反人类法的行为。美国和日本对报告中的一些重要建议作出了重大保留。在侵略问题上，它们认为，虽然侵略在道义上应受到严厉的谴责，但侵略不能受到处罚，因为历史上从未宣布过侵略是一项国际罪行；美国认为“人类的法律和原则”这一标准十分模糊，不能构成刑事起诉的基础。而且，在一个国际刑事法庭指控那些以前从未存在过的新罪行是一种溯及既往的起诉行为，也是违背美国宪法的做法。只有在出现违法行为之前，惩治该罪的法律已公布于世并已实施，正义才能在国际上得以声张，所有的文明国家都是这样做的。① 由于各国对第（1）类罪行中的侵略罪还存在着重大分歧，因此，最后决定只对第（2）类罪行进行起诉。这不能不说是第一次世界大战后审判战犯的一个重大缺陷。

巴黎和会最重要的成就是通过了经修正后的《国际联盟盟约》（以下简称“国联”或“国际盟约”）。1920年1月10日《凡尔赛和约》正式生效，国联于同日宣告成立。《国联盟约》第10条规定：“联合会员国保证尊重并保持所有联盟会员国之领土完整及现有之政治独立，以防御外来之侵略。”第16条规定：“联盟会员国如有不顾本盟约第12条、第13条和第15条所定之规约而从事战争者，则据此事实应即为对于所有联盟其他会员国有战争行为。”无疑，这是国际集体安全体系的雏形，是为了防止战争，制止侵略所作出的重要贡献。②

迈向惩治侵略罪的另一努力是1926年在华盛顿召开的国际议会联盟年会。年会通过了好几个决议。其中一个决议是关于“侵略战争的刑事犯罪和国际惩处措施的组成”。联盟还做出决议：（1）研究侵略战争的社会、政治、经济和道德的根源并找出制止侵略罪行发生的实际方法；（2）起草一部有关的国际法律规范的初

① 本杰明·弗兰兹：《国际刑事法院·通向和平的一步，文件历史与分析》第1卷，哈佛大学出版社1980年版，第30~31页。

② 巴西奥尼：《国际刑法》，跨国出版社1999年版，第316页。

步草案。根据草案中的制止国际犯罪的基本原则，发动侵略战争的个人应依据事前制定的法律承担刑事责任；制裁不但适用于国家而且同样适用于个人及其同谋。该草案还列举了各种形式的侵略。①

1923年由国际联盟主持制定的《互助条约草案》宣布：侵略战争永远不得作为解决国际争端的手段。但遗憾的是，条约草案中没有规定任何有关建立一个可以惩治这种犯罪的国际刑事法庭的事宜。结果，各国仍继续把希望寄托在没有任何效果的裁军会议上，寄托在制定不出任何相关法律的编纂会议上，寄托在缔结那些制止不了侵略的互不侵犯条约上。②

1924年《国际联盟和平解决国际争端议定书》前言中宣布“一场侵略战争是国际性犯罪”。该议定书虽经国际联盟大会成员的一致推荐，但从未得到批准。

1927年国际联盟大会一致通过的宣言的前言中指出：“一场侵略战争绝不能起到解决国际争端之手段的作用，并且其后果是国际性犯罪。”③

在此期间，国际社会在制止侵略战争方面最显著的成就就是制定并通过了《凯洛格—白里安公约》（又称《非战公约》）。1928年8月27日，在巴黎，一直奉行和平主义和集体安全政策的法国外交部长白里安一手促成了该公约。作为当时世界上绝大多数国家签字的一项国际条约，《非战公约》第一次正式宣布在国家关系中放弃以战争作为实行国家政策的工具，和平解决争端，从而在国际法上奠定了互不侵犯原则的法律基础。在1939年第二次世界大战爆发的时候，该公约对36个国家，其中包括德国、意大利和日本，均具有约束力。缔约国在公约的序言中宣布：“深感增进人类幸福为缔约各国的神圣责任；确信公开废弃以战争为推行国家政策的工具的时机已经到来，以便使各国人民之间存在的和平友好关系垂诸久远。各国间的相互关系，只应用和平方法加以变更。世界各文明国家应联合一致共同放弃以战争作为推行国家政策的工具。”

开头两条的内容如下：

“第一条：缔约各国以本国人民的名义郑重宣告，彼等谴责利用战争以解决国际争端，并废弃以战争在国家相互关系中实行国家政策的工具。”

“第二条：缔约各国一致协议，在各国之间发生的一切争端或冲突，不管其性质与起源如何，永远不得以和平以外的方法解决之。”

---

① 本杰明·弗兰兹：《国际刑事法院·通向和平的一步，文件历史与分析》第1卷，哈佛大学出版社1980年版，第34页。

② 布兰特：《战争罪的审判与战争法》，载《英国国际法杂志》1946年第26期，第414页。

③ “纽伦堡法庭判决书”，第221～222页。

纽伦堡法庭判决书在论及该公约的法律效力时指出，公约的签字国，或参加这一公约的国家，均无条件谴责将来以战争作为政策的工具，并且明确表示放弃战争。“对战争作为国策工具之庄严拒绝必须涉及这样的论点，即这样一场战争在国际法范畴是非法的；另外那些策划和发动这样一场战争的人，由于战争之不可避免的、可怕的后果，其所作所为是犯罪行为。为解决国际争端而作为一种国策工具从事的战争，肯定包含了侵略战争，因此，这样一种战争被《公约》视为非法”①。法庭引用了美国国务卿史汀生说的一段话：“《凯洛格—白里安公约》的缔约国废弃了国与国之间的战争。这就是说，战争实际上在全世界已成为某种非法的事情。从此以后，如果某些国家发生武装冲突，必须认为是一方或双方违反了这个世界性条约的法律。我们谴责这些国家是践踏法律者。”② 还应补充说明的一点是，由于该公约的目的和受其拘束的国家的数目（现在对60个国家，包括所有大国在内，有拘束力），该公约应被视为具有一种与习惯国际法规则相似的永久性。③ 在美国占领区军事法庭审理的部委案中，法庭指出：“除了各种讲话、保证和条约外，德国签署了《凯洛格—白里安公约》，该公约不仅限制各国之间的侵略战争，而且放弃了将战争作为政府政策工具的作法并且用调解和仲裁的方式而代之。该公约的一项最重要、意义最深远的规定在于该公约无保留地授权世界其他国家采取它们认为适当和必要的措施来惩罚违犯者。”④

该公约是人类历史上第一个以普遍国际公约的形式正式宣布废弃以战争作为推动国家政策工具的国际法律文书，标志着国际法上的一个根本性的转折点。然而，该公约还存在着一些致命的缺陷，使公约不能有效地起到遏制战争的作用。公约基本上是理想主义的产物，严重脱离了国际政治的实际情况；公约中没有关于设立一个执行机构监督各国履行公约的条款；公约也没有对什么是侵略作出任何定义。由于公约规定自卫是被允许的合法行为，这种模糊不清的词语的内在涵义可以被理解为：将来所有侵略战争只能在“自卫”的情况下进行。鉴于没有一个公正的机构可以裁定诉诸武力是否合法，《非战公约》变得软弱无力。具有讽刺意义的是，公约的原始签字国几乎都是第二次世界大战的参与国。公约制定不到3年，日本就以武力占领了中国的东北地区，日本为其行为合法化所寻找的理由正是自卫的必要，是为了保护其至关重要的利益。而这也是几个主要大国认为可以进行侵略战争的理

① “纽伦堡法庭判决书”，第220页。

② 同上。

③ 劳特派特修订，王铁崖、陈体强译，《奥本海国际法》下卷，第1分册，商务印书馆1980年版，第52目，第132、141页。

④ 美国军事法庭判例集：部委案判决书，第329页。

由。作为政治实体的国联只能对日本侵华战争作出政治性反应。它下令对此进行调查，但是没有理事会的一致同意是不能采取任何行动的，而日本恰恰是理事会的成员之一。当调查人员谴责日本的行为时，日本竟然采取蔑视态度，退出国联。意大利于 1935 年占领了阿比西尼亚；日本于 1937 年开始了全面的侵华战争；德国于 1937 年吞并了奥地利，并于 1939 年侵入了捷克斯洛伐克。这些事实都表明了该公约实际上并没有起到废弃战争的作用。正如美国军事法庭在最高统帅部案中所指出的，非法的侵略战争和合法的防御战争具有相同的特征，一场战争的合法或非法特征取决于决定其实施的多种因素，即该行动的意图和目的。法庭指出："我们绝不能将理想的目标与现实情况混为一谈。这个世界尚未达到可以放弃舰队、陆军和空军这样一种文明程度，也没有达到可以在任何及所有情况和形势下安全地取消战争的程度。"①

1933 年 2 月，苏联在国联提出了制定侵略定义和侵略公约的建议，该建议被视为是"重申与发展制止侵略战争原则的重大贡献。"② 该定义规定"国际冲突中的侵略者为首先采取下列行为的国家：（1）一国向另一国宣战；（2）一国武装力量不经宣战进入另一国领土；（3）一国海陆空军轰炸另一国领土；（4）一国海陆空军不经另一国政府的允许，登陆或进入另一国边界，或损害这种允许的条件，特别对相近或相邻的国家；（5）一国海军封锁另一国的沿海或港口"。③ 但是，由于各主要大国正在进行战争准备，该建议草案并没有得到各国的响应与重视。给人类带来巨大灾难的第二次世界大战已经迫在眉睫了。

二、纽伦堡审判和东京审判

第二次世界大战期间，世人目睹了纳粹德国和日本军国主义所犯的史无前例和灭绝人寰的大规模战争罪行，全世界爱好和平的国家和人民一致谴责法西斯侵略者的野蛮行径，强烈要求严厉惩罚战争罪犯。德国军国主义分子及其同伙的罪行造成第二次世界大战中有 5 500 万人死亡。④"这些暴行震撼了文明国家的良知，在战争期间引起了各国一再的庄严谴责并表示了将这些罪行的主谋者和参加者交付审判

① 美国军事法庭判例集：最高统帅部案判决书，1948 年 10 月 27 日，第 487～488 页。

② 纳辛诺夫斯基：《苏联理论与实践对国际法 50 年的影响》，载《美国国际法杂志》1968 年第 62 卷，第 189 页。

③ 巴西奥尼：《国际刑法》，跨国出版社 1999 年版，第 316 页。

④ 施泰尼格尔：《纽伦堡审判》，商务印书馆 1985 年版，第 4 页。

的决心"。①

1945年8月8日，苏、美、英、法四国在伦敦签订了《起诉和惩处欧洲轴心国主要战犯的协定》(以下简称《伦敦协定》) 及其所附的《欧洲国际军事法庭宪章》(以下简称《纽伦堡宪章》)。宪章规定该法庭"应有审判及处罚一切为轴心国之利益而以个人资格或团体成员资格犯有下列任何罪行之权力"。除了关于上级命令、关于被告（不论官职如何）的个人责任以及关于保证公平审判的条款外，宪章的主要规定是第6条关于国际军事法庭的管辖权的规定，即："下列各种行为，或其中之任何一项行为，皆为属于本法庭管辖之内的罪行，对此等犯罪，犯人应负其个人责任：

（甲）破坏和平罪：即计划、准备、发动或从事一种侵略战争或违反国际条约、协定或保证之战争，或参加为完成上述任何一种战争之共同计划或阴谋。

（乙）战争罪：即违反战争法规和惯例的行为。此种违反包括谋杀、为奴役或为其他目的而虐待或放逐占领地平民；谋杀或虐待战俘或海上人员；杀害人质；掠夺公私财产；毁灭城镇或乡村，或非基于军事必要之破坏，但不以此为限。

（丙）反人道罪：即在战前或战时，对平民施行谋杀、灭绝、奴役、放逐及其他非人道的行为，或基于政治的、种族的或宗教的理由，为执行或有关本法庭管辖内的任何罪行而作出的迫害，不管这种行为是否违反犯罪地国的国内法。"②

纽伦堡法庭4名首席检察官分别对戈林、赫斯等24人提出起诉。有两名被告未受到审判：莱伊于1945年10月25日在狱中自杀；哈尔巴赫因身体和精神状况无法受审。鲍曼受到缺席判决，由其律师代为出庭。所有被告都作出了无罪答辩。起诉的主要理由有四点：(1) 依据宪章第6条第1款：共同策划或阴谋实施破坏和平等罪行；(2) 计划、准备、实施和发动破坏和平罪；(3) 依据宪章第6条第2款：战争罪；(4) 根据宪章第6条第3款：反人道罪。纽伦堡军事法庭于1946年9月30日宣读判决书，有8名被告被认定犯有与第1项起诉理由有关的侵略指控；4名被告被法庭认定犯有与第2项起诉理由有关的侵略行为的指控；10名被告被法庭认定不犯有第1项与第2项的指控。③

根据1945年7月26日签订的《波茨坦公告》和1945年9月2日的《日本投降书》，东京法庭于1946年1月19日设立，目的是审判远东的主要战争罪犯，指控的罪行也包括了破坏和平罪（侵略罪)。《东京宪章》基本上与《纽伦堡宪章》相同，不同之处只是在侵略战争之前加上"经宣战或不经宣战"的措辞，因为日

① 美国军事法庭判例集：部委案判决书，第2卷，第91页。

② 《联合国条约集》第82卷，第279页。

③ "纽伦堡法庭判决书"，第26页。

本在法律上从来没有向任何国家提出过宣战。联合国战争罪行委员会认为：“上述危害和平罪定义提出的观点是《纽伦堡宪章》宣称‘实施侵略战争’为犯罪行为而不提及或区分经或不经适当‘宣布’发动的战争，而《东京宪章》将‘实施经宣战的或未经宣战的侵略战争’具体地作为犯罪对待。后一项定义的作用是明确指出，在发动战争前先按《海牙公约》要求作出正式宣战，并不使此种战争丧失犯罪性，如果它是侵略战争的话。”“这里，人们面对的不过是法律技术方面的差异；《东京宪章》以明示方式确立战争的‘宣战’无关紧要；而《纽伦堡宪章》以省略的方式取得同样的结果”。①

东京法庭于1946年5月3日正式开庭。1946年4月29日检察官提交东京法庭的起诉书载列了3组指控，包括针对东条英机、土肥原贤二等28名日本首要战犯的55条罪状，其中52条涉及有关破坏和平罪。第一组包括了第1～36条关于破坏和平罪的罪状，第二组包括了第37～52条关于将谋杀行为定为破坏和平罪、战争罪和反人道罪的罪状。被告中的2人在审判期间死亡，1人被法庭宣布为因健康原因不适于出庭受审。除日本前外相重光葵外，所有被告都被法院认定犯有破坏和平罪（侵略罪）。②

两个法庭的一致结论是：凡是参加过侵略战争的人们，无论是在策划、准备、发动或执行这种战争的任何阶段上的参与，都要承担个人责任，都应被当作战犯受审。这是纽伦堡和东京法庭宪章及判决中所确立的国际法上的一大原则——侵略战争中个人责任的原则。③

纽伦堡审判和东京审判对涉及侵略罪的许多法律问题进行了探讨与研究，包括侵略罪的定义、侵略与侵略行为的区别、计划与共谋犯罪的含义、法律是否溯及既往、侵略罪的行为要素与心理要素等，这大大地丰富了有关侵略罪的法理与司法判例。1946年12月11日，联合国大会通过第95（2）号决议，确认了《纽伦堡宪章》和纽伦堡审判中的国际法原则。原则一规定了个人责任原则，即从事构成违反国际法的犯罪行为的个人应承担刑事责任，而无论国家是否也应承担国际法上的国际责任。原则二规定了国际法高于国内法的原则，即国内法不处罚违犯国际法的罪行的事实，不能作为实施该行为的人免除国际法责任的理由。原则三规定官员身份不豁免原则，即国家元首或政府首脑如果实施了违反国际法的犯罪行为，其官方

① 联合国战争罪行委员会报告：《联合国战争罪行委员会的历史和战争法的发展》，1948年，第259页。

② 罗林与凯萨斯：《东京审判及以后，一个和平鼓吹者的回顾》，波黑蒂出版社1993年版，第17页。

③ 梅汝敖：《远东国际军事法庭》，法律出版社1986年版，第23～24页。

地位不能作为免除其刑事责任的理由。原则四规定了依据上级命令行事的人不能免除其刑事责任。原则五重申了被告得到公正审判的权利。原则六明确规定了危害和平罪为国际法上应受处罚的罪行，如危害和平罪包括：（一）计划准备发起或实施侵略战争，或违反国际条约、协定或保证之战争；（二）参与为实现上例（一）款所称任何行为之共同计划或阴谋。原则七规定了共谋犯下危害和平罪、反人道罪和战争罪也是国际法上的犯罪。①

总而言之，纽伦堡审判和东京审判体现了各国人民对侵略成性的德国法西斯和日本军国主义势力的胜利。它们揭露了德日帝国主义所犯的罪行，宣布了侵略战争是最严重的罪行。“审判的重要性并不在于它怎样忠实地解释过去，它的价值在于如何认真地警戒未来”。“如果确实想防止侵略和入侵行为再度发生，那么就不能听任侵略和入侵别国的行为不受惩罚”。② 审判的真正意义还在于侵略罪、危害人类罪和战争罪已成为可以依据国际法审判的罪行。审判的经验与教训也使国际社会认识到那些不再适应社会发展的法律观念和法律原则必须加以改变，必须肩负起发展国际刑法、建立常设国际法院审判国际犯罪的重任。

盟军对德军事管制委员会于1945年12月20日通过了《对德军事管制第10号法令》（以下简称“第10号令”），以便起诉那些除由纽伦堡法庭审判的主要罪犯以外的罪犯。③ 美国按该法令设立了军事法庭并于1946～1949年进行了12次审判，其中4个案件涉及破坏和平罪的指控，即法尔本案、克虏伯案、最高统帅部案和部委案。法国也在其占领区内设立了军事法庭并审理了涉及危害和平罪的勒希林案。④

三、对侵略罪的辩护理由

纽伦堡审判和东京审判中，被告提出了涉及到对侵略罪的辩护理由问题，如惩处侵略罪是否溯及既往的问题、自卫问题、个人刑事责任问题、执行上级命令问题、“你也一样”等辩护理由。东京法庭指出：“这些论点不能为国际法庭正在受理的刑事诉讼提供辩护。”⑤ 但了解这些辩护理由，对侵略罪的理解与适用仍有很大的帮助。

① 联合国大会文件：联大决议 UNGA/RES. 95（2）。

② 施泰尼格尔：《纽伦堡审判》，商务印书馆1985年版，第2～3页。

③ 《对德军事管制委员会官方公报》第3号，1946年1月31日。

④ “纽伦堡法庭判决书”，第1061页。勒希林案已由法文译为英文。

⑤ “东京法庭判决书”，第841页。

1. 纽伦堡法庭和东京法庭的审判中都涉及到破坏和平罪是否具有追溯力的问题，即破坏和平罪（侵略罪）是否构成国际法上的犯罪问题。被告方面对破坏和平罪的指控提出的辩护理由是，在犯罪的当时，即在法西斯主义策划战争和发动战争的时候，不存在禁止侵略战争和禁止阴谋活动的法律规定，也就是说，侵略战争在当时的国际法上不被认为是犯罪，即使在审判时，国际法上已确认侵略战争为犯罪，被告们仍应被宣告无罪，因为溯及既往地适用刑法是不能允许的。所谓“法无明文不为罪”（nulla poena sine lege）的原则，也就是禁止溯及既往的原则，这项原则在各国刑法中都有规定。而且事实上，这项原则是国际公认的刑法理论的一项基本原则。德勒和里希特在《国家与法》中指出：“‘法无明文不为罪’的原则是在处于上升时期的资产阶级反对专制的封建法庭的斗争中形成的。就其本质来说，这一原则是用来维护正义和保障权利的。在惩治纳粹分子的专治暴行和恐怖罪行的问题上完全抽象地、形式主义地奢谈‘法无明文不为罪’的原则，并把它当作设置障碍的辩护理由，这样做只能是颠倒这一原则的内容，即以维护正义和保障法律为宗旨的这一原则被颠倒为追认纳粹分子的滔天罪行是一种合法行为。”法国首席检察官德芒东说，恰恰就是法西斯分子在德国活动时废除了这项原则；美国首席检察官杰克逊和克尔森教授分别认为，由于法西斯主义分子从来就无视国际法，所以才丧失了受禁止溯及既往这一原则保护的权利。①国际军事法庭对此辩护理由也进行了驳斥。法庭的依据是，禁止实行事先没有法律规定的刑罚是司法公正的一般原则，而不是对主权的限制。判决书指出：“有人主张，对于违反条约和保证，没有发出警告就对邻国发起进攻的人加以惩处是不合理的。这种论点显然是不正确的。因为在这种情况下，进攻者本身一定知道他是无理的。因此，对他惩处决不是不公正的；反之，如果对他的罪行不做惩处，那才是不公正的。鉴于各被告在德国政府中所处的地位，他们，至少他们之中的某些人，一定了解德国所签订的、宣布用战争手段解决国际争端是违法的有关条约，他们一定知道，当他们处心积虑地实施他们的侵略和进攻计划时，他们的行动是完全违背了国际法的。可见，仅从这一情况来观察本案，上述准则（法无明文不为罪）是不适用于当前的事实的。”②

对侵略战争进行惩治的规定并不都存在于条约之中，而是存在于逐渐得到普遍承认的各国的惯例与习惯之中，并且也存在于由法学家所制定的和军事法庭所适用的一般法律原则之中。这一法律并不是一成不变的，而通过不断修正，以适应发展着的世界的需要。实际上，在多数情况下，条约只不过是把现存的法律原则加以表示和对这些原则进行更确切的解释而已。“无论是《伦敦宪章》还是《第10号令》

① 施泰尼格尔：《纽伦堡审判》，商务印书馆1985年版，第7页。

② 同上，第184页。

只不过是宣示了现有的关于侵略战争和入侵的国际法”。“侵略战争和入侵自古以来就是对国际法的违反，即使并未规定任何具体的制裁措施”。① 正如《奥本海国际法》一书中指出的那样，“像其他国际义务的情形一样，没有关于制裁的特殊规定，并不影响该公约的法律性质，这也不影响违反公约的犯罪性（以别于单纯的非法性）”，因为“它的本质是它损害了整个社会而可以由整个社会予以惩罚。行为的严重性、破坏性和恶毒性也不是与决定行为的犯罪性问题无关的。根据这些标准，对《非战公约》的蓄意违反构成一个国际犯罪行为。它已经不是一般的侵略战争——即违反一个明文规定的义务而从事的战争的问题。而是违反一个已经废弃战争作为主权国家的国际特权的根本条约而从事战争的问题”。②

法庭认为，人人有知晓和遵守一切现行法（包括国际法）的义务；对于现行法的愚昧无知，决不能作为免除罪责的辩护理由。被告在从事侵略的时候，总是不能精确地了解侵略在国际法上是何等严重的罪行，但是以他们的知识和地位来说，他们在破坏条约或协定去攻占邻国的时候，决不会不明白或者感觉不到他们的行为是错的，是有罪的。不能说他们是没有“犯罪的意思”。纽伦堡判决书上说，对于这种人“加以惩罚，非但不是不公平，反之，如果让他们逍遥法外，那倒是不公平了”。③

2. 自卫问题。由于自卫在国际法上是一种被允许使用武力的方式，因此，在纽伦堡审判和东京审判中，被告都提出了自卫的辩护理由。在纽伦堡审判中，被告还主张，由于所谓的《凡尔赛条约》的不公正和苛刻条件都是依靠武力强加给德国的，因此，不能将德国判为侵略者。在胁迫之下签订的这一条约是没有约束力的；而且德国是被迫使用武力来解除强加给它的这些束缚。美国军事法庭在部委案中指出：“违反该条约（即非战公约）的国家应受到其他签约国的惩罚性行动，而且实施侵略战争的国家便丧失了对寻求执行该条约国家的自卫权。这只是长期建立的刑法原则在国际法中的体现：‘不可能存在反对自卫的自卫行动。’”④ 被告还提出对苏联、希腊和南斯拉夫的侵略都是自卫的行为不能受到法律的处罚。纽伦堡法庭驳回了德国进攻苏联是有正当理由的自卫行为的辩护并得出结论，对苏联的侵略是明显的侵略。法庭指出：“为被告提出的辩护意见是，进攻苏联是有正当理由的，因为苏联当时正考虑进攻德国，而且正为此目的进行准备。无法令人相信，有

---

① 美国军事法庭判例集：最高统帅部案判决书，1948年10月27日，第318页。

② 劳特派特修订，王铁崖、陈体强译，《奥本海国际法》下卷，第1分册，商务印书馆1980年版，第52目，第140页。

③ 施泰尼格尔：《纽伦堡审判》，商务印书馆1985年版，第23页。

④ 美国军事法庭判例集：部委案判决书，第329页。

谁会真正接受这种观点。”“事先没有任何警告，并且没有合法的借口作为遮掩。这是明显的侵略”。① 在对希腊和南斯拉夫进行侵略的问题上，被告主张德国进攻希腊的原因是：英国已派遣了一些军队援助希腊抵抗意大利，作为一个自卫的问题，德国是被迫进行干预的。纽伦堡法庭认为，即使英国已经向希腊提供了实质性的援助，这也不能作为希特勒入侵的借口。侵略者不能一方面发动战争，而另一方面却在事后辩解说是自卫。美国军事法庭在部委案中指出“没有哪个实施侵略战争的国家可以利用自卫的主张反对那些拿起武器抵抗侵略者的国家。第一场侵略行为使所有其他行为都沾上污点，无论是发动对其他国家的侵略战争或是将战争扩大到其他国家”，“掠夺者或谋杀犯不能为了逃避追捕而去攻击警察或者攻击那些担心或反对其犯罪行为并且希望将其逮捕并绳之以法的人，然后声称是自卫行为”。② 在东京审判中，日本战犯也提出了自卫的辩护，认为对中国的侵略，以及发动太平洋战争是为了保护日本的生存利益。东京法庭在岛田繁太郎案中驳回了被告提出的对西方列强所采取的经济措施进行自卫的主张，并指出：“他给出了采取这种行为方针的理由，即冻结令正在扼杀日本并将逐步削弱其战斗力；对日本进行经济和军事‘包围’；美国在谈判中缺乏同情心并一步不让；盟国向中国提供的援助在日本引起了强烈不满。这种辩解丝毫不顾这样一个事实，即他知道他决心为之战斗以保留的成果是日本在多年侵略战争中获得的成果。”③ 因此，自卫并不能被当成进行侵略的辩护理由。

3. 个人是否承担国际违法行为的责任问题。这是辩护方对纽伦堡和远东国际法庭的管辖权提出质疑的另一个辩护理由。综合起来，有以下几个论点：(1) 侵略战争是“国家行为”，是国家主权的行使，应由国家负责；个人只不过是服从或执行国家的政策，他们是没有“个人责任”的。(2) 既然侵略战争是国际法上的犯罪，国际法是以国家而不是以个人为主体的，因此，个人违反国际法的行为不应该受处罚。(3) 国际法只对违反其规定的国家做出了制裁的规定，但是对于个人并没有规定处罚的方式，因此，法庭处罚个人是没有根据而且是无从着手的。

法庭在判决书中对上述辩护理由进行了驳斥。针对第一种理由，法庭指出，国际法对于个人和对于国家一样，都要使他们承担义务，并对他们具有约束力，这一点早已被人们所承认。纽伦堡法庭还指出，违反国际法的罪行是人干的，而不是抽

① “纽伦堡法庭判决书”，第 215 页。判决书该部分的题目是“对苏维埃社会主义共和国联盟的侵略”。

② 美国军事法庭判例集：部委案判决书，第 335、379 页。

③ “东京法庭判决书”，第 1197 页。

象的实体，只有通过惩处犯有此类罪行的个人，才能使国际法的规定发挥其效能。① 美国军事法庭在部委案中指出："不言而喻，国策是由人制订的，当人们制订一项依照国际法是犯罪的政策时，他们在刑事上为其所作所为负有责任，这是符合逻辑而且是无法回避的结论。"②

国际法不能处罚个人的说法也是不能成立的。根据国际法来处罚个人的先例很多，例如，海盗和贩卖人口的罪行一向被认为是国际法上的犯罪，任何国家都可以对他们加以逮捕和惩处。事实上，所谓的"战争犯罪"都是个人对国际法的违反，对这些罪行的审判和惩治不受一般国内刑法规则的限制，而属国际法管辖的范围。③

法庭认为，国际法对于个人没有规定制裁方法，因而不能处罚他们的辩护理由，是根本没有道理的。国际法鼻祖格老秀斯在三百多年以前便说过对于违反国际法的犯人，捕获者或审判者是有权处其死刑的。而且事实上，早在纽伦堡和远东军事法庭审判之前，各国军事当局或国内法庭，经过审判或不经审判，对犯有战争罪行的个人处以各种轻重刑罚，已确立了先例，从来未见有人提出过异议。所以，以国际法缺乏对个人的制裁为理由而为犯罪人开脱个人刑事责任，是毫无道理的。美国军事法庭在部委案中列举了历史上的先例，如腓特烈大帝曾在放逐的威胁下受到帝国议会的传唤，到雷根斯堡出庭受审并作出答辩，以及拿破仑复辟，兵败滑铁卢并被放逐圣赫勒拿岛的事实。法庭指出："国家领导人和国家官员不能为发动或实施侵略战争和入侵承担个人责任，因为在此之前没有关于这类行为的刑罚规定，然而，历史向我们指出这个观点是错误的。""对违反国际协定的诉诸侵略战争的国家领导人施以恰当的个人刑罚措施是可行的"。④

4. 上级（长官）命令的问题。与"个人责任"密切相关的另一个问题是上级长官命令的问题。这也是在审判中被告辩护方常常引用来为其开脱罪责的理由之一。

在长官命令问题上，被告中的大多数人都在抗辩时提出，在犯侵略罪行的时候，他们并非出于自己的意愿，他们的所作所为是服从其政府或上级长官命令的结果，是根据希特勒的命令干的，因此，他们不能为执行这些命令所采取的行动负责。

在以前，对这个问题的答案是相当混乱的。某些西方国家著名的国际法学家，

① 施泰尼格尔：《纽伦堡审判》，商务印书馆1985年版，第188页。
② 美国军事法庭判例集：部委案判决书，第490~491页。
③ 同上，第23页。
④ 同上，第329页。

如凯尔逊、史密斯等，都主张上级命令是可以使战犯们免除其罪责的。① 他们主要考虑到军队中的森严纪律以及违抗命令对于抗命者的危险性。1944 年以前的英国陆战法规及手册（第 443 条）和美国陆战规则（第 366 条）都有过这样的规定。但是在 1944 年，英国手册和美国规则都作了修改，而采取了完全与此相反的规定——即上级命令不能作为免罪的理由。

执行命令对所有国家的军队来说都是一个重要的问题。在战争中占有突出地位的军队在很大程度上必须建立在服从命令的基础上。但如果只由发布命令的军事长官单独承担刑事责任，而服从和执行违法命令的下属人员免受任何刑罚，不承担任何刑事责任，那么这种纵容盲目服从命令行为的结果只会使违法行为合法化。即使在崇尚盲目服从的希特勒独裁统治时期，《德国军事刑法典》第 47 条仍然规定，即使是下属人员，“如果他知道上级的命令以违反民法或违反军法的犯罪行为或违法行为为目的”而执行了这项命令也应受到惩罚。②

纽伦堡和东京国际法庭对这个问题的态度是十分明确的。《纽伦堡宪章》第 8 条明确规定：“被告遵照其政府或上级官员的命令行事的事实，不能作为免刑的理由，但可考虑作为减刑的理由。”《东京宪章》第 6 条也作了同样的规定：“……被告是遵从其政府或上级长官之命令而行动之事实，均不足以免除其被控所犯罪行之责任；但如法庭认为符合公正审判之需要时，此种情况于刑罚之减轻上得加考虑。”宪章做出如此规定的理由是：一个人只应该服从合法的命令，而不应该服从违法的、犯罪的命令。倘使他因服从命令而违反了明显的、无可否认的战争规则，他就应负不可逃避的责任。因为，倘若不如此，而只是把责任推给发布命令的上级长官，推到最后，只有国家元首一个人或高级首长几个人对某些战争罪行负责了。这对于战争法规的有效实施是极为不利的。因此，任何人犯下国际法上的罪行，不论他是主犯或是因服从上级命令的从犯，都应该被视为罪犯而受到惩处。但是在因服从上级命令而犯罪的情况下，法庭可以把违反命令对于抗命者所可能发生的危险在量刑的时候加以考虑。对于一个普通士兵或下级军官来说，因抗命而受到严酷惩罚的危险是很大的，他的选择余地是很小的。对于一个高级司令长官或文职官吏或普通平民来说，这种危险并不是太大，至多不过丧失他的职位而已。有时，正因为拒绝执行违法命令，而能导致那种命令的撤销或修改。所以，对国家领导人或高级官员来说，上级命令的问题是不存在的。倘使他们不同意某一非法命令或政策，他们可以自动辞职，绝不会有生命危险或被处罚的可能。事实上，他们正是这种非法

---

① 劳特派特修订，王铁崖、陈体强译，《奥本海国际法》下卷，第 1 分册，商务印书馆 1980 年版，第 253 目。

② 施泰尼格尔：《纽伦堡审判》，商务印书馆 1985 年版，第 39、40 页。

命令的制造者和发布者。因而法庭指出，这一条规定是和所有国家的法律相符合的。在大多数国家刑法中，虽然有程度上的区别，但真正的决定性因素不在于有无命令，而在于事实上是否可能有与道义标准相适应的选择余地。①

5.“你也一样”（tu quoque）是否可以免除罪责的问题。在纽伦堡法庭上，被告方提出了一种“你也一样”的辩护理由。他们认为，同盟国在战争中也违反了国际法的规定并且犯下了战争罪行。被告方的一名辩护律师作了如下辩解：“众所周知，在这场战争开始时，双方都是按照国际法的规定去做的，因此战争没有违背人道主义的行为。只是到了战争的第二阶段才在参战的国家中出现了可怕的痛苦，而且交战双方均发生了国际法不能制裁的行为。以我个人的观点，在审判一个罪行时，无论它是什么罪行，最最重要的是要考虑犯罪的动机。如果某人不知道该行动的动机，他就不能合理的判断该行动本身。而且由双方进行战争的方式所引起的这种纯粹是心理上的痛苦就是通常不能审判的那些行动的动机。”纽伦堡法庭并没有直接批驳被告提出的“你也一样”的辩由。法庭在对德国海军舰队司令邓尼茨在涉及到其指挥的不加限制的潜艇作战的判决中考虑了这个辩护观点。纽伦堡法庭指出，它注意到了英国海军部1940年5月8日颁布的命令，即依照该令应击沉一切夜间驶入斯卡格拉克海峡的船只，而且，美国方面从参战的第一天起就在太平洋进行了不加限制的潜艇战，因此，没有把邓尼茨违背国际规定的潜艇作战作为对他判刑的依据。②

对这个观点给予彻底驳斥的是美国军事法庭审理的部委案。在该案中，被告提出了苏联是希特勒入侵波兰的同谋，因此，法庭应宣布《纽伦堡宪章》和《第10号令》无效。法庭指出：可以设想一下，即使对同盟国违反国际法的指责是正确的，“从未有人说过，当得知订立该法律者中有一人自己犯有同样罪行，或者自己表现出在今后打算违反该法律，一条正式通过的法律就变得无效”。③

法庭的绝妙举例有理、有利、有据地指明了这样一条道理，即一个人所犯的错误不能因为另一个人所犯同样的错误而抵消自己错误的责任。有效的法律才是判定是否违法的惟一根据。如果认为因为违法行为是双方犯下的，所以就不具有犯罪的性质，或认为应先追究另一方的责任之后，才能追究这一方的责任是十分荒谬的逻辑。德国辩护方提出该论点的目的并非是真要追究对方责任后承担责任，而是要以此将自己所犯的罪行一笔勾销。自然，它们的目的是不能得逞的。在以后的国际刑事审判案例中，“你也一样”不能作为辩护理由的原则得到了重申，如在前南国际

① 施泰尼格尔：《纽伦堡审判》，商务印书馆1985年版，第189页。
② 基提差萨利：《国际刑法》牛津大学出版社2001年版，第272页。
③ 美国军事法庭判例集：部委案判决书，第322页。

刑庭审理的库布拉斯季奇案中，法庭指出，对国际人道主义法的适用是绝对的、不容减损的，而且是全体国际社会的责任与义务（erga omnes）。①

四、联合国的实践与侵略的定义

鉴于两次世界大战中，侵略战争给人类带来的极大灾难，联合国将维护国际和平与安全、防止战争爆发作为其首要任务，并建立了集体安全体系和和平解决国际争端的机制。《联合国宪章》第 1 条第 1 款规定："联合国之宗旨为：1. 维持国际和平与安全；并为此目的：采取有效集体办法、以防止且消除对于和平之威胁，制止侵略行为或其他和平之破坏；并以和平方法且依正义及国际法之原则，调整或解决足以破坏和平之国际争端或情势。"《联合国宪章》摈弃了《国际联盟盟约》中的和平主义和理想主义思想，即不分战争性质而反对一切战争的作法，而采取了《联合国宪章》序言中所规定的"非为公共利益，不得使用武力"的方式。《联合国宪章》第 2 条第 4 款规定："各会员国在其国际关系上不得使用威胁或武力，或以与联合国宗旨不符之任何其他办法，侵害任何会员国或国家之领土完整或政治独立。"对该条惟一的例外是《联合国宪章》第 51 条的规定，即"联合国任何会员国受武力攻击时，在安全理事会采取必要办法，以维持国际和平及安全以前，本宪章不得认为禁止行使单独或集体自卫之自然权利"。《联合国宪章》第 2 条第 6 款还规定："本组织在维持国际和平及安全之必要范围内，应保证非联合国会员国遵行上述原则。"联合国对制止侵略罪行所作的努力主要集中在三个主要机构，即安理会、大会和国际法院。

《联合国宪章》第 24 条规定："为保证联合国行动迅速有效起见，各会员国将维持国际和平及安全之主要责任，授予安全理事会，并同意安全理事会于履行此项责任下之职务时，即系代表各会员国。"对于侵略问题联合国安理会曾作出过多次决议，20 世纪 70 年代，安理会作出决议谴责南罗得西亚对安哥拉、博茨瓦纳、莫桑比克和赞比亚"采取了侵略行动"。② 从 1976 年到 1987 年，安理会通过决议谴责南非政权对周围国家采取的行动为"侵略行为"。③ 1977 年 4 月 14 日，安理会

① 前南国际刑庭案例：IT-95-16-T，2000 年 1 月 4 日判决书，第 23、511 段和 519 段。

② 联合国安理会决议：1973 年第 326 号决议，1977 年第 411 号决议，1978 年第 424 号决议，1979 年第 445 号决议。

③ 联合国安理会决议：1976 年第 387 号决议，1984 年第 546 号决议，1985 年第 571 号决议，1985 年第 568 号决议，1985 年第 572 号决议，1982 年第 527 号决议，1985 年第 520 号决议。

通过第405号决议，指出入侵部队对贝宁首都科托努的进攻“构成了侵略”。① 1985年，安理会通过第573号决议，认为以色列对突尼斯的武装攻击是“非法的侵略行为”。② 1990年8月2日，伊拉克入侵了科威特，联合国安理会通过一系列的决议，谴责伊拉克的行为，但没有使用“侵略者”或“侵略行为”的措辞。但是，当伊拉克下令所有驻伊外国使馆必须关闭时，安理会指责这种行动为“侵略行为”。③ 由此可见，安理会在适用侵略标准时，采取了较为严格的方式，并不是轻易谴责一国的行为为“侵略行为”。

联合国大会为制止侵略也作出了不懈的努力。联合国大会于1946年12月6日通过了《国家权利义务宣言草案》，该宣言第9条明确指出：“各国有责不得借战争为施行国家政策工具，并不得使用威胁或武力，或以与国际法律秩序抵触之任何其他方法，侵害他国之领土完整或政治独立。”④ 联合国大会于1947年11月21日通过第174（II）号决议，决定成立国际法委员会并授权该委员会编订《纽伦堡宪章》及法庭判决书中所确认的国际法原则，并制定《危害人类和平及安全治罪法草案》（以下简称“治罪法草案”）。该委员会于1950年完成了第一项任务并于1954年向大会提交了治罪法草案及其评注。鉴于该草案与侵略的定义密切相关，而且联合国大会已委托一个特别委员会制定侵略定义，国际法委员会推迟了对治罪法草案的审议。该委员会于1981年恢复工作并于1991年一读通过了《治罪法草案》。该草案第15条第2款总结了联合国大会制定的侵略定义，对侵略作出了最简洁的定义：“侵略系指一国针对另一国的主权、领土完整或政治独立使用武装力量或采取与《联合国宪章》不相符的其他方式。”该草案是国际社会制定侵略定义的一大进步，但是，也受到了不少学者的批评，他们认为，“该定义模糊不清，不够精确，并会引起严重的宪法问题”。⑤ 在此之前，联合国大会还通过了一系列的有关谴责侵略的宣言。1965年12月21日联合国大会通过了《关于各国内政不容干涉及其独立与主权之保护宣言》。该宣言指出：“武装干涉即系侵略，故有悖于国与国间和平合作所应根据之基本原则。”⑥ 1970年10月24日，联合国大会通过了《关于各国依联合国宪章建立友好关系及合作之国际法原则之宣言》。该宣言指出：“侵略战争构成危害和平之罪行，在国际法上须负责任。依联合国宗旨与原则，各

① 联合国安理会决议：1977年第405号决议。
② 联合国安理会决议：1985年第573号决议和1988年第611号决议。
③ 联合国安理会决议：1990年第660号决议和1990年第667号决议。
④ 王铁崖、田如萱：《国际法资料选编》，法律出版社1981年版，第45页。
⑤ 约翰·墨菲：《对治罪法草案的评论》，载《刑法研究》1993年第11卷，第209页。
⑥ 同上，第13页。

国皆有义务避免从事侵略战争之宣传。"①

联合国大会在20世纪60年代到80年代，还通过了一系列的决议谴责南非政权一再对非洲国家进行侵略。② 80年代以后，联合国大会又通过一系列决议谴责以色列对伊拉克核设施的攻击、③ 对黎巴嫩的轰炸和对巴勒斯坦领土的侵占。④ 在前南斯拉夫境内发生的武装冲突中，联合国大会于1992年12月18日通过第46/242号决议，认为对波黑的侵略构成了对国际和平与安全的威胁。⑤

国际法院是联合国的主要司法机关。国际法院在3种情况下审理与侵略有关的问题：(1) 涉及联合国主要机关的职能；(2) 涉及为了预防指控的侵略行为加剧而向法院提出临时措施的申请；(3) 有关某国非法使用武力或侵略行为有关的法律争端。国际法院在某些经费案和美国驻德黑兰的外交和领事人员案中对联合国安理会与大会在侵略问题上的职责提出过咨询意见。

1986年，国际法院审理了在尼加拉瓜并针对尼加拉瓜的军事和准军事行为案(尼加拉瓜诉美国)。法院对该案的审理对理解联合国大会通过的侵略定义有所帮助。1981年，美国开始支持尼加拉瓜的反政府武装并对其提供训练、武器和装备。1983年底，美国总统授权对尼加拉瓜港口布雷并宣称美国的行动是根据《联合国宪章》第51条而采取的自卫行动，而且也是根据《美洲国家互助条约》，应第三国的邀请向这些国家提供援助。

国际法院在其判决中首先区别了"武装攻击"和"边界冲突"。然后，国际法院认为，根据《侵略定义》第3条第7款的规定，禁止一国派遣武装小队、武装团体、非正规军或雇佣军参与针对另一国的武装行动是一项习惯国际法原则。美国针对尼加拉瓜使用武力并在尼加拉瓜港口布雷的行为，违反了在国际关系中禁止使用武力或威胁使用武力的原则。而且，美国训练、武装、提供财政支持尼加拉瓜反政府武装的行为以及鼓励、协助和支持在尼加拉瓜和针对尼加拉瓜的行为，违反了美国根据习惯国际法所承担的不干涉一国内部事务的法律义务。法院强调"各国应该避免在国际关系中对任何国家的领土完整或政治独立进行武力威胁或使用武

---

① 约翰·墨菲：《对治罪法草案的评论》，载《刑法研究》1993年第11卷，第1页。

② 见联合国大会决议：第36/172A号决议，第36/8号决议(1981年)，第38/39A号决议(1983年)，第39/72A号决议(1984年)。

③ 见联合国大会决议：第36/27号(1981年)，第37/18号(1982年)。

④ 同上注。第37/43号决议。

⑤ 联合国大会决议：UNGA/RES. 46/242，该决议以136票赞成、1票反对、5票弃权通过。

力。这一原则不应受到损害”。①

在刚果领土上的武装活动案中，刚果指控乌干达违背侵略定义第1条和《联合国宪章》第2条第4项，在刚果领土上犯下了武装侵略行径。国际法院发布了临时措施，要求双方停止武装冲突，并要求乌干达从刚果撤军。法院尚未对该案的实质问题作出判决。②

《联合国宪章》没有对侵略作出任何定义。在旧金山制宪会议上，由于与会代表的意见分歧，制订宪章第39条的委员会以22票对12票决定，除宪章第2条第4款外，不在宪章中对侵略作出定义，而是将断定是否存在侵略战争和侵略行为的责任赋予联合国安理会。《联合国宪章》第39条规定：“安全理事会应断定任何和平之威胁、和平之破坏或侵略行为之是否存在。”这也因为随着战后科学技术的发展以及战争形式的改变，任何定义都可能挂一漏万，使侵略者找出漏洞，为其侵略行为辩护。国际法院在联合国的某些经费案中指出：“将这一主要责任授予安全理事会，即赋予安全理事会一项权力：如果它依据第7章对侵略者发布命令或指令，它可以施加一项须明确遵守的义务。只有安全理事会才能通过对侵略者的强制行动要求强制执行。”但是法院又指出，根据《联合国宪章》第24条授予安全理事会的责任是“主要的而不是专属的”，“大会也要关注国际和平与安全”。但是“大会非经安全理事会请求，不得提出任何建议”。而“行为”一词只能指属于安全理事会的职权范围内的行为，“就是《宪章》第7章标题中所指的行为，即‘对于和平之威胁、和平之破坏及侵略行为之应付办法’”。③

由于《纽伦堡宪章》和《东京宪章》中也没有对侵略作出任何定义，因而，一些国家认为，由安理会来判断侵略的标准，是一种主观的实用作法，缺少一个客观的标准，为安理会的某些成员国有选择地适用侵略标准开启了方便之门。还有一些学者认为，《联合国宪章》中规定的“国际和平与安全”与“领土完整或政治独立”都是一些抽象的概念，如果一些国家从事“非直接的侵略”，如干涉一国内部的动乱或内战，是否也被《联合国宪章》所禁止呢？另外，先发制人的自卫行为、人道主义干预以及打击恐怖主义的行动是否也可能构成侵略？这些问题在《联合国宪章》中没有任何规定。因此，国际社会一直呼吁联合国对侵略制订定义。

联合国大会于1967年12月18日通过了第2330号决议，决定成立一个侵略定

① 国际法院案卷：尼加拉瓜境内和针对尼加拉瓜的军事和准军事活动案（尼加拉瓜诉美国），临时措施，1984年5月10日的命令。

② 国际法院案卷：关于刚果领土上的武装活动案（刚果民主共和国诉乌干达），临时措施，2000年7月1日的命令。

③ 《国际法院报告》第151页，1962年7月20日发表的咨询意见。

义问题特别委员会制订侵略的定义，经过7年的努力，联合国大会于1974年12月14日通过了侵略的定义。① 因为侵略是非法使用武力的最严重和最危险的形式，侵略定义的订立应对潜在的侵略者发生威慑作用，简化对侵略行为的断定及其制止措施的执行，并有利于对受害者权利及合法利益的保护。定义第1条规定："侵略是指一个国家使用武力侵犯另一个国家的主权、领土完整或政治独立，或以本《定义》所宣示的与联合国宪章不符的任何其他方式使用武力。"第2条规定："一个国家违反宪章的规定而首先使用武力，就构成侵略行为的显明证据，② 但安全理事会得按照宪章的规定下论断：根据其他有关情况，包括有关行为或其后果不甚严重的事实在内，没有理由可以确定已经发生了侵略行为。"该条对侵略和侵略行为进行了区别，并授权联合国安理会对此作出决定。纽伦堡审判也只是对侵略行为和侵略战争作出了区别，而没有对侵略作出定义。1938年3月，德国吞并奥地利并在捷克斯洛伐克领土上建立行政机构被认为是侵略行为或计划对他国进行侵略战争的步骤，对此负责的个人被法庭认定犯下共谋破坏和平罪。因为在德国军队进入这两国之前，两国的领导人已向希特勒屈服，同意了德国的要求。纽伦堡法庭认为，自1939年9月起，德国对波兰、丹麦、荷兰、挪威、比利时、卢森堡、南斯拉夫、希腊、苏联和美国进行了侵略战争，对此负责的个人被认定犯有进行侵略战争罪。法庭对英国与法国的武装冲突是否构成侵略没有发表意见。③ 定义第3条以非穷尽的方式列举了侵略罪的各种形式，包括一国对另一国的侵入或攻击、军事占领、武力吞并领土、轰炸或使用任何武器、封锁港口或海岸、攻击军舰、商船和民航飞机、违反协议驻扎军队，以及提供领土给另一国从事侵略行为以及派遣武装团体、非正规军或雇佣兵进行武力行为。第4条授权安理会断定某些其他行为是否也构成侵略行为。第5条第1款规定了"不得以任何性质的理由，不论是政治性、经济性、军事性或其他性质的理由，为侵略行为作辩护"。这表明反对侵略行为是一种绝对的责任，以这种标准衡量所谓的"人道主义干预"，这种干预显然是不合法的，因为人道主义干预如果不包括在政治性理由之内，也一定包括在"其他性质的理由"之内了。该条第2款规定"侵略战争是破坏国际和平的罪行。侵略行为引起国际责任"。但是，该款并没有明确说明在什么情况下追究国家的责任，在什么情况下追究个人的刑事责任。按一般的理解，侵略战争既要个人承担刑事责任，也要国家承担国际责任。第6条是关于定义与《联合国宪章》的关系问题，定义不得解释为扩大或缩小宪章的范围，并排除了宪章规定了有关使用武力的合法情

① 联合国大会决议：UNGA/Res. 3314（XXIX），1974年12月14日。

② 原文为"Prima facie evidence"，拟应译为"初步证据"或"表面证据"。

③ "纽伦堡法庭判决书"，第192页。

况，包括自卫和集体安全行动。第7条进一步规定了侵略定义不妨碍各国根据《联合国宪章》而拥有的合法权益，包括民族自决权、自由和独立权利，以及反对殖民主义和种族主义的权利。

该定义的积极意义在于，这是第一个有关侵略定义的法律文书，对确定侵略具有指导作用，而且，该定义强调了联合国安理会的作用，维护了以联合国为中心的国际安全体制。但是该定义自制订之日起就受到一些国家或学术界的批评。首先，从严格的意义上讲，联合国大会通过的决议在法律上对联合国会员国并没有约束力，只是一种指导性的文件。其次，该定义主要是调整国家间的关系，并不涉及一国内部独立的武装力量对另一国家或另一国的独立地区使用武力的情况。第三，对于侵略的定义，仅限于使用武力，有关政治、经济和文化的侵略并不包括在内。因此，侵略的定义几十年来，直到在制定《罗马规约》的外交会议上也没能达成一致意见，而留到7年以后，在审查或修改规约时，再进行讨论与制定。

五、《罗马规约》起草过程中对侵略罪的讨论与各种意见

根据《罗马规约》第5条第1款第4项的规定，国际刑事法院对侵略罪具有管辖权。但是，第5条第2款又规定："在依照第121条和第123条制定条款，界定侵略罪的定义及规定本法院对这一犯罪行使管辖权的条件后，本法院即对侵略罪行行使管辖权。这一条款应符合《联合国宪章》的有关规定。"

《罗马规约》第121条是关于修改规约的程序问题。在规约生效7年以后，任何缔约国均可以对规约提出修正案。修正案必须在缔约国大会或在审查会议上经协商一致或由缔约国2/3的多数通过。该修正案在缔约国7/8向联合国秘书长交存批准书或接受书一年后，对所有缔约国生效。但是，就修改规约所涉及的犯罪，则是一项例外，对于未接受修正案的缔约国而言，国际刑事法院对该缔约国国民实施的或在其境内实施的修正案所述的犯罪，不得行使管辖权。未接受修正案的缔约国还可以在该修正案生效后一年内发出通知，退出规约，该通知立即生效。第123条规定了规约生效7年以后，联合国秘书长应召开一次审查会议，审查对规约的任何修正案，包括第5条所列的犯罪清单。其生效程序与第121条规定的程序相同。

《罗马规约》规定的侵略罪在许多方面不同于规约第5条所列的其他罪行，侵略罪项下没有对侵略罪作出任何定义，也没有具体罪目，对侵略罪也没有规定任何行为要素和心理要素的规定。尽管如此，根据《罗马规约》的这条规定，国际刑事法院将成为自纽伦堡审判和东京审判以来，第一个对侵略罪具有管辖权的国际刑

事审判机构。①

《罗马规约》起草过程中对侵略罪的讨论主要涉及到两个主要问题，一个是关于侵略的定义问题，另一个则是国际刑事法院与联合国安理会的关系问题。

《罗马规约》是160个国家经过谈判达成的结果，这些国家中，有许多国家都曾从事过与其他国家的武装冲突或战争。而且，一些联合国安理会的常任理事国在没有得到联合国安理会的授权或许可下采取过军事行动。因此，侵略战争与所谓的"国际人道主义干预"的界线并不很清楚。另外，《联合国宪章》中还规定了自卫权，但没有对自卫权作出任何定义，《联合国宪章》维持国际和平与安全的国际法律制度本身就存在着缺点和漏洞。因此，当国际社会讨论国际刑事法院应管辖的侵略罪的时候，就很难对如何行事达成一致。

在罗马外交大会讨论时，至少对侵略罪的制订存在着8种意见：第一种意见认为，《罗马规约》有必要将侵略罪列为国际刑事法院可予管辖的罪行，因为《联合国宪章》并没有对犯下侵略罪的人进行起诉的规定，这样只会鼓励战争而妨碍和平的进程。因此，必须填补宪章的漏洞和缺陷。第二种意见也同意将侵略罪列入国际刑事法院可予管辖的罪行，但是条件是必须对侵略作出精确和详尽的定义。第三种意见是如果将侵略罪列入《罗马规约》则必须沿用1974年12月14日联合国大会第3314号决议所附的侵略定义宣言并对侵略罪与人民自决权的合法斗争作出明确的区别。第四种意见认为侵略罪的定义必须扩大，还应包括外国武装力量对一国港口、沿海、领土和领空的封锁。第五种意见认为侵略罪还应包括使用武力或以武力相威胁。第六种意见主张侵略罪还应包括对环境的破坏与侵犯。第七种意见认为，只有在联合国安理会确定一个国家从事了侵略行为后，国际刑事法院才能对侵略罪行使管辖权。第八种意见根本反对将侵略罪列入《罗马规约》，其理由是侵略问题是一个政治问题，而不是一个法律问题。国际刑事法院应尽力避开像侵略行为这样的政治问题。然而，主张将侵略罪列入《罗马规约》的国家还是大多数，既包括了侵略的受害国，也包括了曾经发动过或有能力发动大规模战争行为的国家。②

曾在纽伦堡审判时在检察官办公室工作过的弗兰兹先生简要地总结了罗马外交会议期间对侵略罪的讨论："当1998年夏，最后的全权代表谈判会议在罗马召开时，大多数国家，包括欧盟和不结盟运动的30多个国家坚持如果不将侵略作为一

① 罗德尼·狄可逊和卡利姆·汗：《阿乞博尔德法律丛书：国际刑事法院：实践、程序与证据》，斯威特和马克斯威尔出版社2003年版，第402页。联合国安理会通过决议成立的前南国际刑庭和卢旺达国际刑庭对侵略罪没有管辖权。

② 基提差萨利：《国际刑法》，牛津大学出版社2001年版，第209页。

种罪行，他们就不支持建立新的法院。许多阿拉伯国家希望在《罗马规约》中加入协商一致的定义（即1974年12月14日联合国大会通过的侵略的定义），再加上一些对其有利的修正。德国代表团考尔博士提出了许多妥协方案。印度与巴基斯坦正忙于试验新的核武器，并不愿意可能受到侵略罪的指控。中国则强调维护其国家主权。美国出于其军事与政治的考虑，对是否列入侵略罪的问题持观望态度并坚持维护《联合国宪章》所保障的安理会的否决权。各国代表在以前的会议上对是否列入侵略罪的真正的或政治上的考虑已作过表达，此次会议仍没有改变。根本没有足够的时间对这些敏感的问题达成一致的意见。最后，精明强干的加拿大主席科什认为，惟一可能的妥协是将解决分歧推迟到以后。”①

联合国设立国际刑事法院外交会议于1998年7月17日在《罗马规约》通过以后，还通过了第6号决议，其中第7段规定将继续讨论并完成关于侵略罪的制订工作。② 对侵略定义的讨论是制订《罗马规约》筹备委员会的讨论焦点之一，对如何制订侵略罪的态度基本上可分为两种主要意见。第一种意见是对侵略的定义采取一种概括性的方式，并将侵略定义中规定各种具体行为列在其后。第二种意见是根据《纽伦堡宪章》第6条第1款的规定制订侵略定义并涉及国际刑事法院与联合国安理会的关系。具体措词是“为实现本规约的目的并根据联合国安理会对有关国家侵略行为的事先认定，侵略罪系指下列行为：计划、准备、发动或进行侵略战争”。通过几年的谈判，与会代表基本同意侵略罪的定义是指联合国大会1974年12月14日第3314号决议所界定的定义并经联合国安全理事会事先断定的行为。侵略罪是具有控制权或有权指挥一国政治或军事行为的个人故意或明知故犯地命令或积极参与策划、准备、发动、进行侵略的行为。对于这种行为的界定有三种备选方案：（1）按照其特点和严重程度相当于侵略战争。这种定义具有很大的不确定性，完全依赖于法官的主观判断。在对侵略战争没有定义的情况下，对什么是侵略行为则更难确定，另外，该定义并不局限于武力入侵的情况，似乎包括了所有情况，而没有一个外围的界限。（2）以武装占领和兼并另一国领土或部分领土为目的或结果。这是传统上关于侵略的定义，仅局限于对另一国领土的占领与兼并，并以武装入侵为前提。该定义拟乎过于狭窄。（3）明显违反《联合国宪章》。该定义的问题在于违反《联合国宪章》的情况很多，并不是所有违反宪章的行为都构成侵略行为。当然，对侵略的定义尚在讨论之中，没有最后达成一致的意见。

对侵略罪的另一个焦点议题是国际刑事法院与联合国安理会的关系问题，也就

① 本杰明·弗兰兹：《法律能够制止侵略吗?》，载《佩斯国际法杂志》1999年第11卷，第304页。

② 联合国设立国际刑事法院全体代表外交会议文件：A/CONF/193/6。

是所谓对侵略罪行使管辖权的先决条件问题。《罗马规约》第5条第2款规定对侵略的定义和国际刑事法院行使管辖权的条件是“这一条款应符合《联合国宪章》有关规定”。而且，联合国宪章第39条明确赋予联合国安理会断定是否存在着侵略和侵略行为的权利。国际刑事法院只追究个人的刑事责任，而不追究国家或团体的刑事责任，但是，侵略行为并非个人所能实施的，必须有国家或团体的侵略行动为背景。如果安理会判定一国或一个团体实施了侵略的行为，而国际刑事法院则由于证据或其他技术原因，不能追究该国家或该团体领导人的责任，这还有情可原。但是，如果安理会判定一国或一个团体的行为不构成侵略，而国际刑事法院则判定该国或该团体领导人犯下了侵略罪，这在逻辑上和法理上是讲不通的。因此，对适用侵略罪的先决条件必须有所规定，只有在联合国安理会判断某一行为已构成侵略或侵略行为的情况下，国际刑事法院才能对有关的侵略罪行使管辖权，否则，这将对以联合国安理会为中心的国际安全体制造成不可弥补的损害，会在联合国以外制造出另一个国际政治权力中心，对国际和平与安全产生不利的后果。与此同时，国际刑事法院也要保持其独立性，即不应该接受任何国家或国际组织的影响与意见。如何调整联合国安理会与国际刑事法院的关系，各国代表的意见大致如下：①

如果检察官打算自行对某项侵略罪进行调查，法院必须首先确定安理会是否已断定当事国有没有从事《罗马规约》第5条第1款所述的侵略行为，如果安理会没有作出此种定论，法院须将这一情况通知安理会，以便安理会可以按照《联合国宪章》第39条酌情采取行为。如果安理会没有断定侵略行为是否存在，或没有在法院通知后6个月内，根据《罗马规约》第16条的规定，要求法院在其后12个月内不得开始或进行调查或起诉。国际法院有4种作为备选方案的处理方式。

1. 法院应着手审理此案。此种备选方案将法院的独立性放在首位，即如果安理会迟迟不作决定，法院即认为安理会认可国际刑事法院可以行使其管辖权。但是，这种选择方案的缺点是，在政治上，凡是安理会难以作出决定的情势都是国际上相当复杂的政治问题，或涉及到联合国安理会五个常任理事国的问题。《联合国宪章》的基石是集体安全体制，而安理会常任理事国的否决权则是集体安全体制不可缺少的组成部分，即联合国并不可能防止所有的战争，但是，只要保证联合国全体会员国与安理会的常任理事国之间不发生战争，就不可能发生危及世界和平与安全的世界大战。在安理会不作决定的情况下，如果国际刑事法院认定某国，特别是安理会的一常任理事国，从事了侵略行为并追究个人的刑事责任，这将对第二次世界大战后以《联合国宪章》为基础的国际政治体系造成极大的冲击。在法律上，根据《罗马规约》第5条第2款的规定，任何一种选择案文都必须符合《联合国

① 见附件一，国际刑事法院预备委员会文件 PCNICC/2002/L. 1/Rev. 1。

宪章》的规定。而《联合国宪章》第103条规定："联合国会员国在本宪章下之义务与其依任何其他国际协定所负之义务有冲突时，其在本宪章下之义务应居优先。"如果安理会，包括五个常任理事国，没有对此达成一致意见，那么，在国际刑事法院因侵略罪被起诉的被告很可能主张国际刑事法院篡夺了联合国安理会的权力，国际刑事法院超出其司法权限。

2. 法院必须驳回此案。这种方案体现了《联合国宪章》优先的原则并基本上沿用了联合国国际法委员会提交的《国际刑事法院规约草案》第23条第2款的规定，即除非联合国安理会已作出了有关被告所属国从事了侵略行为的决定，国际刑事法院不得受理有关侵略罪的案件。这种方案保证了在联合国安理会具有否决权的五个常任理事国的国民将不会因为被指控犯有侵略罪而在国际刑事法院受审。因为五个常任理事国在涉及到本国是否从事侵略行为的表决中都会投反对票的。但是，这种方案将造成国际刑事法庭有选择地行使管辖权，违反了法院的独立性原则和法律面前人人平等原则。

3. 国际刑事法院可根据《联合国宪章》第12、14、24条，要求联合国大会在规定时间里（如12个月内）对此问题提出建议，如果大会没有作出建议，国际刑事法院将启动诉讼程序。该备选方案的缺点是：首先，国际刑事法院是否有权要求联合国大会提出建议。《联合国宪章》第12条明确规定："大会非经安全理事会请求，对于该项争端或情势，不得提出任何建议。"可见，大会只有经安理会的请求，才能提出建议，而国际刑事法院是否也能提出类似请求是大有疑问的。其次，大会的建议是否具有约束力是大有疑问的。在联合国大会处理侵略问题的历史上，有一个极不光彩的先例。在朝鲜战争爆发之后，苏联代表为了抗议台湾当局非法窃取中国在联合国安理会的合法席位，抵制出席联合国安理会的会议。在苏联缺席的情况下，美国利用联合国大会通过的题为"联合一致共策和平"的第377号决议，将安理会的某些责任转移给美国控制的联合国大会。安理会在美国的操纵下，"建议"各会员国向南朝鲜提供援助，恢复国际和平与安全，该建议还包括向美国领导下的所谓"联合国军"提供武装力量和其他援助。1950年8月1日，苏联回到了安理会并否决了谴责中国使用武力的提案。美国通过安理会，又将该提案转交大会。联合国大会于1951年2月1日通过第498（V）号决议，谴责中国对那些"已经在朝鲜进行侵略的人"进行直接的援助，并认为中国对所谓的"联合国军"的敌意行为"本身已构成了对朝鲜的侵略"。① 中国和苏联一直认为安理会的此项建议和联合国大会的有关决议是完全非法的。联合国大会通过的决议以及安理会通过的文件只是建议性的，在法律上不具有约束力。第三，如果对某一事件连联合国大

① 联合国第五届大会决议：UNGA/RES. 498（V）。

会都不能提出建议来，足以证明这一事件具有极强的政治性和争议性，国际刑事法院是否还要审理此案，审理后的效果如何都是应该慎重考虑的问题。

4. 国际刑事法院可要求联合国大会向国际法院要求就当事国是否进行侵略提供咨询意见。如果国际法院：A：提出的咨询意见认为当事国进行了侵略，或 B：对按其《国际法院规约》第二章提出的诉讼中裁定当事国进行了侵略，法院可以着手处理此案。根据《联合国宪章》第 96 条的规定，“大会或安全理事会对于任何法律问题得请国际法院发表咨询意见”。《国际法院规约》第 65 条规定“法院对于任何法律问题如经任何团体由《联合国宪章》授权而请求或依照《联合国宪章》而请求时，得发表咨询意见”。国际法院在尼加拉瓜境内和针对尼加拉瓜的军事和准军事活动一案中指出：“安理会承担了授予它的政治职能，而法院纯粹行使司法职能。因此两家机关能够对相同事件行使其独立的但互补的职能。”① 可见，国际法院与安理会的职责并不矛盾，并可以处理相同的事件。但是，国际法院所作出的咨询意见在法律上并不具有约束力。如果在安理会没有表态的情况下，国际法院认定某一国家从事了侵略活动，涉及此案的被告完全可以在国际刑事法院提出该咨询意见不具有约束力的辩护理由。而第二种方式则是以争端的另一当事国在国际法院提出诉讼为前提的。如果该国不在国际法院提出诉讼，其他国家是不能代其提出诉讼的，而国际法院根据不告不理原则也不能主动审理某一案件。这样，如果一个被侵略国欲向国际刑事法院提出某一情势，指控另一国的侵略者犯下了侵略罪，必须经过 4 道程序，首先，该国必须向联合国安理会提出控诉，指控另一国从事了侵略行为，如果安理会不能作出有关决议，该国再向国际法院提出诉讼，要求国际法院对该国的侵略行为作出裁定。在国际法院作出确定的裁定后，该国再向国际刑事法院提交有关情势，国际刑事法院的检察官将根据规约的规定和能收集到的证据，决定是否对另一国被指控犯有侵略行为的个人提出诉讼。这一过程极为复杂和繁琐，是否能够有效地制止侵略行为，追究侵略者的刑事责任尚值得考虑。

《罗马规约》中与侵略罪有关的条款还有第 20 条有关“一罪不二审”（ne bis in idem）的规定。根据该条第 2 款的规定，就灭绝种族罪、危害人类罪、战争罪和侵略罪而言，国际刑事法院已判定有罪或无罪的人不得因同一犯罪再由另一法院审判。但是，只有灭绝种族罪、危害人类罪和战争罪，如果已经另一法院的审理，国际刑事法院不再进行审理，并不包括侵略罪在内。也就是说，如果国内法院已对侵略罪作出判决，国际刑事法院仍可以重新审理此案。这显然不符合一罪不二审的

---

① 国际法院案卷：关于刚果领土上的武装活动案（刚果民主共和国诉乌干达），临时措施，2000 年 7 月 1 日的命令。并参见施威博法官：《在适用国际人道主义法方面安理会与国际法院的作用》，载《国际法律与政治杂志》1995 年第 27 期，第 731 页。

法律原则。目前，尚不清楚侵略罪的具体条文制订之后，是否也要对该条进行修改。

六、侵略罪的行为要素与心理要素

在侵略的定义与国际刑事法院对侵略罪行使管辖权的先决条件制订之前，似不宜讨论侵略罪的行为要素和心理要素，但是，对以往国际刑事审判机构的实践与判例的分析，可能对将来研究这一问题提供帮助。

《纽伦堡宪章》和《东京宪章》中都没有为破坏和平罪制定任何罪行要素，只是规定了"计划、准备、发动和从事一种侵略战争"或"参加为完成上述任何一种战争之共同计划或阴谋"。值得指出的是，这里所论述的并不是侵略罪的行为要素，而是参加犯罪行为的形式，为此，《罗马规约》第25条和第28条已作出了规定。根据其他罪行的行为要素和心理要素，侵略罪的要素拟为：(1) 行为人计划、准备、发动和从事一种侵略战争；(2) 行为人参加为完成侵略战争的共同计划或阴谋；(3) 行为人明知侵略战争或实施侵略战争的共同计划或阴谋的存在，仍明知故犯地从事上述活动。侵略战争必须存在着侵略的事实与结果，也就是说，是一种既遂的犯罪。只有在侵略行为真正实施以后，才能考虑计划或准备进行侵略的刑事责任。

侵略战争并不是立时即可发动的，也不是一种偶然的行为，必须经过长期的、多方面的准备工作才可能实施。纽伦堡法庭指出："对波兰的这场战争并非突然从天而降；证据已清楚表明，这场侵略战争以及占领奥地利和捷克斯洛伐克，都是有预谋和精心策划的，并且是直到被认为适用作为预先规定的方案和计划的一个明显的组成部分加以实现时，才去着手实施的。纳粹政府的侵略计划并非产生于欧洲和世界即时的政治形势的意外事件；它们是纳粹外交政策中人为的和基本的组成部分。""起诉书中指控的'共同计划或阴谋'涉及25年，从纳粹党于1919年成立至1945年战争结束"。① 东京法庭在其判决书中指出："这些影响深远的发动侵略战争的计划和为这些侵略战争所作的长期周密的准备及发动绝非一人所为。这是为实现一个共同目标而推行一项共同计划的许多领导人共同努力的结果。这个共同目标即应使日本通过准备和发动侵略战争取得控制地位的目标是一个犯罪目标。"② 但是，这并不意味着要通过证据证明被告之间有一个单一的总阴谋，只要能够证明存在着许多单独的计划就足够了，而不是将各单独计划包含在内的单一的阴谋计

① "纽伦堡法庭判决书"，第186页。

② "东京法庭判决书"，第36页。

划。纽伦堡审判的判决书指出："对于程度上和时间范围上像起诉书中指出的单一的阴谋计划是否有了结论性证明倒并非是一定要考虑的问题。持续不断地制订把侵略战争作为目标的计划是确定无疑的。"①

行为者的不行为或失误也可能成为侵略罪的行为要素。第二次世界大战后，美国军事法庭审理的最高统帅部案中指出，在某些情况下，被告的不行为或失误也可能引起刑事责任。"如果在发动或进行侵略战争的政策制订之后，被告知道入侵或要进行的战争是侵略性的或非法的，如果他在决策层能够影响决策而他没有这样做，也要承担刑事责任"。②

侵略罪的心理要素必须具备犯罪意图和明知。美国军事法庭在最高统帅部案中指出，被告必须对"侵略战争将要发动，如果发动，必将是侵略战争具有实际的了解。另外，还要求被告具有这种明知，当他知道以后，他处在能够形成或影响该政策的地位，即能够促进、妨碍或阻止该政策的地位。该政策将引起发动战争或继续战争。如果是前一种情况，他就要承担刑事责任，如果他尽力做到了后一种情况，那么，他的行为就表明他对这种政策没有犯罪意图"。③ 美国军事法庭在部委案中指出："我们的任务是要确定，被告中的那些人（如果有的话）了解存在着实施和发动侵略战争的意图，有意识地参与了那些战争的计划、准备、实施，或者在知情的情况下参与了上述行为或为其执行提供了帮助。"④

在东京法庭审理的板垣征四郎案中，法庭认定被告于1931年参与策划并指挥了沈阳事件，1937年，他作为师长发动并参加了卢沟桥事件，以后，他作为国防大臣明确地了解对中、美、英、苏的战争是侵略战争，而且被告是大东亚共荣圈的积极支持者，维护大东亚共荣圈必将与上述国家在该地区的利益发生冲突和战争。⑤

对被告的知情与否可以通过情势证据进行推定，而不一定要提出事实证据。纽伦堡法庭审理的赫斯案中，法庭指出："在赫斯抵达英国后与之进行的谈话中，赫斯全心全意地支持德国到那时为止的所有侵略行为并试图为德国在奥地利、捷克斯洛伐克、波兰、挪威、丹麦、比利时和荷兰的行为进行辩解。他指责英国与法国应对战争负责。"⑥ 从以上情况以及被告的地位上判断，被告完全知晓纳粹德国的侵

① "纽伦堡法庭判决书"，第186页。

② 美国军事法庭判例集：最高统帅部案判决书，第487~488页。

③ 同上。

④ 美国军事法庭判例集：部委案判决书，第329页。

⑤ "东京法庭判决书"，第36页。

⑥ "纽伦堡法庭判决书"，第186页。

略计划。美国军事法庭在部委案中指出："一个人在知情的情况下加入或执行，援助或教唆他人从事（无论作为主犯还是从犯）某种行动，那么别人不可能听到此人说他不了解正在讨论的行为是犯罪。产生了谋杀、虐待、奴役的作法以及其他对战俘施行的非人道行为，和基于政治、种族或宗教原因的驱逐、灭绝、奴役、迫害以及掠夺、损害公共和私人财产的行为均是使每一位诚实的人的良知受到震撼的行为。这些行为本身就是犯罪。"①

被告的知情与否与被告所担任的职务具有很大的关系，一般而言，中下级军官与士兵对侵略罪的知情程度要小于参与决策的领导人或司令官。国际法委员会对侵略罪所作的规定如下："作为领导人或组织者的个人积极参与或命令计划、准备、发动或从事一国进行的侵略应承担侵略罪的法律责任。"该规定完全吸收了第二次世界大战后，国际军事法庭案例的法理。国际法委员会进一步解释说，对侵略罪负有责任的个人"具有必要的权威或权力，处于对于从事侵略起到潜在的、决定性作用的地位"。②《第10号令》第2条第2款第6项中规定，以侵略罪被起诉的个人"必须在德国及其盟国、合作国或卫星国的政治、民事或军事（包括总参谋部）方面占据高位或在上述国家的财政、工业或经济领域中占据高位者"。可见，侵略罪的个人刑事责任问题与其他罪行有所不同，它并不是任何一个普通人有可能犯下的罪行。犯下侵略罪者必须具有一定的特殊的地位，如领导地位。

在纽伦堡法庭审判的戈林案中，法庭认为被告在纳粹政权中占有高级职位，他对希特勒有很大的影响并了解所有重大军事和政治问题，"证据表明，在希特勒之后，他是纳粹政权中最重要的人物。他是空军司令，4年计划的全权代表并对希特勒有巨大的影响力"，"按照他对本法庭的供述，从他拥有的职位，他出席过的会议以及他发表过的公开言论，毫无疑问，戈林是仅次于希特勒的侵略战争的推动者。他是德国奉行的进行战争的军事和外交准备工作的策划人和主要执行者"。③在对纳粹德国的部长沙赫特案的审理中，纽伦堡法庭认定，被告不是最密切参与共同计划的希特勒核心圈内成员，没有充分证据证明他曾了解侵略计划，因此法庭认为，对被告参与侵略行为的指控不能成立。在对纳粹德国宣传部新闻司司长弗里切案的审判中，法庭指出："他从未取得足以让他参加导致侵略战争的策划会议的级别：确实，按照其本人并不矛盾的供词，他甚至从未与希特勒说过话，也没有任何证据表明，他曾获悉了在上述会议上作出的决定，他的活动不能被说成是本判决书

① 美国军事法庭判例集：部委案判决书，第329页。
② 联合国出版物：A/48/10，附件10，《国际法委员会1993年报告》。
③ "纽伦堡法庭判决书"，第186页。

中已经提出的、关于共同策划发动侵略战争定义范围内的活动。"①

东京审判中也有同样的案例。如在佐藤贤了案中，被告在1942年担任战争部军事事务局的局长之前，对军方的决策并没有任何影响，法庭没有证据表明被告参与了制订侵略政策的过程。在重光葵案中，被告曾担任了驻中国的公使、驻苏联、英国和中国的大使，但法庭没有证据表明他超出其外交职权，但有证据表明他曾多次向日本外交部建议反对进行侵略战争的阴谋，因此，法庭认定他对共谋罪不承担刑事责任。但是，1943年4月，被告担任了日本外交部长，日本卷入了太平洋战争，政府受到了军方的全面控制。法庭认定被告对从事太平洋战争起到主导性的作用，因此，认为被告有罪。②

对于一个处于决策层的人士而言，如果他想摆脱侵略罪刑事责任，那么，从他"完全了解"战争的性质是侵略性的那一刻起，就必须立即退出决策层。美国军事法庭在部委案中指出："他们可以利用其他一些方法使他们免于在这条道路上越陷越深。如果他们表示不赞同或反对上述犯罪计划之行为的情况不断出现并因此表现缺乏合作，那么没有哪个人的上级会让此人继续留任。"③ 以东京法庭审理的东乡茂德案为例，被告曾于1941~1942年9月担任日本的外交部长。被告在法庭上提出在1941年他之所以参加日本内阁是因为他得到了内阁的保证，日本政府将采取一切外交努力与美国进行谈判以防止战争的爆发。但是，当谈判破裂，太平洋战争爆发后，被告仍没有辞职，继续担任外长职务，支持战争的进行。直到1942年9月，他与内阁就被占领地发生争论后，才辞去外长职务。法庭认为被告不立即辞职的理由根本站不住脚。④

被告的地位是追究刑事责任的一个重要方面，但仅是法律上（de jure）的地位还不够，还必须证明被告在事实上（de facto）的能力。美国军事法庭在最高统帅部案中指出："不是个人的级别与地位，而是其制订或影响该国政策的能力与决定他是否犯有破坏和平罪的刑事责任有关。国际法谴责那些由于拥有制订并影响本国政策具有实际能力的人，准备或将本国带入侵略战争的人。""任何位居政策层面并参与战争政策的人应当受到惩罚。但是那些受其领导的人不能为别人的罪行而受到惩罚。决策者的最大恶行莫过于他们利用大量士兵和军官去执行一项国际犯罪。然而，政策层面以下的各个士兵或军官只不过是决策者的工具，发现自己及其行为

① "纽伦堡法庭判决书"，第336~338页。
② "东京法庭判决书"，第36页。
③ 美国军事法庭判例集：部委案判决书，第329页。
④ "东京法庭判决书"，第36页。

都处于对军事组织必不可少的特别严格的纪律控制之下”。①

个人承担侵略罪的刑事责任的另一个方面的问题是国际法上的豁免问题。根据传统的国际法，一国的国家元首或政府首脑，享有刑事管辖豁免。但是，国际法关于在某种情况下保护国家代表的原则，不能适用于被国际法谴责为犯罪的行为。那些犯有这种罪行的人不能以官员身份作掩护，不能因官员身份逃避按照规定应受到的法律审判和惩处。《纽伦堡宪章》第7条明确规定：“被告的官方职务，不论其为国家首脑，或为政府某一部门的负责官员，均不应被作为免刑或减刑的理由。”该条的基本精神恰巧在于，个人负有国际责任，而这些国际责任超越了本国人民要他履行的义务。② 正如美国军事法庭审理的部委案中所指出的：“若允许存在这样的豁免就是把国际法罩上一层虚幻的薄雾。我们拒绝这种观点并认为，那些计划、准备、实施和发动侵略战争和入侵的人，以及那些在了解真相的情况下，有意识地并负有责任地参与其中的人违反了国际法并且得为其行为受到审判、定罪和惩罚。”③

这是纽伦堡和东京审判对国际法发展的一大贡献。因为在传统国际法中，一国的元首被视为神圣不可侵犯，无论在什么情况下，他都不受外国法院或国际法庭的审判。第一次世界大战结束时，在同盟国所组织的战争责任调查委员会中，美国和日本的代表就是这样主张的。但是巴黎和会没有采纳他们的意见。《凡尔赛条约》第227条规定了组织特别法庭审判德皇，虽然荷兰的拒绝引渡使这一规定成为空话，但是一国元首神圣不可侵犯的教条在理论上已经开始动摇。第二次世界大战以后，《纽伦堡宪章》和《东京宪章》不但明确规定个人的刑事责任，并在两个法庭中贯彻执行了这个规定，从而在国际法的理论和实践上确立了在国际犯罪的责任上人人平等的原则。这一规定已经成为国际法上的一项久已确立的原则，反映在诸多国际法律文书之中，如《前南国际刑庭规约》、《卢旺达国际刑庭规约》和《罗马规约》等。

同样的原则也适用于外交豁免的情况。在被告被指控犯有侵略罪或其他严重违反国际人道主义法罪行的案件中，外交豁免不能成为被告的保护伞。在东京法庭审理的大岛浩案中，法庭指出被告是日本在外交领域任职的陆军军官，先任日本驻柏林大使馆武官，后来自1939年起任日本驻德国大使，直到日本投降为止。被告在审判中提出了外交豁免的理由。法庭指出：“外交特权不豁免法律责任，而只是免受大使驻在国法院审理。无论如何，这种豁免同向拥有管辖权的法庭指控的违反国

① 美国军事法庭判例集：最高统帅部案判决书，第487~488页。

② “纽伦堡法庭判决书”，第188~189页。

③ 美国军事法庭判例集：部委案判决书，第329页。

际法上的罪行无关。法庭驳回这一特殊的辩护主张。”①

综上所述，侵略罪的问题是一个相当复杂的问题，不仅涉及许多法律部门和法律问题，而且，还具有极强的政治性，因为有能力从事侵略的国家都是地区性或世界上的大国或武装集团。与此同时，传统国际法关于使用武力的理论正处于不断的变革之中，在国际政治与国际法的领域中也出现了许多新的概念，如人道主义干预，为了防止恐怖主义的先发制人的军事行为以及为了禁止制造、储存和使用大规模杀伤性武器而采取的武装行动等。如果这些行为是在经联合国授权而采取的行动，就是合法性的使用武力的行为，就不构成侵略罪。如 1990 年 8 月 2 日，伊拉克入侵了科威特，并将科威特并为伊拉克的一个省。联合国安理会谴责了这种行为并对伊拉克实施经济制裁。② 1990 年 11 月 29 日，联合国安理会通过第 678 号决议，向伊拉克发出最后通谍，限定伊拉克军队在 1991 年 1 月 15 日以前撤出科威特，否则将对伊拉克使用武力。由于伊拉克没有遵守联合国安理会的最后期限，1991 年 1 月 16 日，联军开始了代号为“沙漠风暴”的解放科威特的军事行动，共有 26 个国家参加了此次行动，其中还有一些阿拉伯国家，如埃及、卡塔尔、巴林、也门、叙利亚等。

但是，还有一些军事行为没有得到联合国安理会的授权与赞同，如属于人道主义干预的军事行为。目前，对什么是人道主义干预，在国际法上还没有一个公认的定义，是否对严重违反人类基本权利的行为任何国家都可以进行干预的争论很大，这种行动显然与传统国际法上不干涉一国内政的原则相悖。因此，这种行动至少应该得到联合国安理会的授权或同意，这种授权或赞同必须是事先的，但是，在个别情况下，联合国安理会也会事后表示同意的，例如，尼日利亚通过西非经济共同体对利比里亚的军事行动，就是在事后得到了联合国安理会的赞同。③ 这种事后的同意必须得到安理会全体成员国的一致同意。1999 年 3 月 24 日，以美国为首的北大西洋公约组织借口南斯拉夫联盟境内的科索沃发生了针对阿尔巴尼亚人的所谓人道主义危机，在没有得到安理会同意的情况下，悍然对南斯拉夫联盟进行了军事干涉和狂轰滥炸，造成了重大的平民人员伤亡。5 月 7 日，美国飞机轰炸了中国驻南斯拉夫大使馆，造成了 3 人死亡，多人受伤的惨剧。这显然是违反国际法的不法行为，构成了对南斯拉夫联盟主权的侵犯。但是，这种行为并没有受到联合国安理会

① “东京法庭判决书”，第 36 页。

② 联合国安理会文件：联合国安理会决议第 660、661 号和第 662 号，UNSEC/Res/660，661，662。

③ 威吉伍德：《国际刑事法院：美国的观点》，载《欧洲国际法年刊》1993 年第 10 期，第 106～107 页。

的谴责。1999 年 6 月 10 日，联合国安理会通过了第 1244 号决议，授权联合国会员国和国际组织在联合国的监督下在科索沃建立机构，维持秩序。① 有的国家认为该决议构成了对北约轰炸南联盟的事后的赞同，有的国家认为，从历史看，有的国家从事了武装行动，在下不了台的情况时，才找联合国处理善后事宜。联合国从保护人民生命安全、战后重建和维护地区稳定与和平出发，作出了一些决议和在善后工作中发挥了作用，但是，这并不构成对先前的军事行动的赞同。为此，中国与俄罗斯都对该决议投了弃权票。

在美国发生了“9·11”恐怖事件以后，联合国安理会通过了一系列决议谴责本·拉登主导的恐怖主义活动，谴责塔利班政权让阿富汗被用作恐怖分子的训练和活动基地，用于输出恐怖主义，并支持阿富汗人民更换塔利班政权的努力。② 根据联合国安理会的决议，美英联军和其他北约军队参与了推翻塔利班政权的军事行动。国际社会普遍认为，联合国安理会的有关决议以默示的方式批准了其他国家对阿富汗的塔利班政权使用武力，这种武装行动并不构成侵略行为。

2003 年 3 月 19 日，美英联军对伊拉克发动了大规模的军事行动，并一举推翻了萨达姆政权。美英联军的理由是伊拉克拥有大规模毁灭性武器和伊拉克支持了恐怖主义活动。联合国曾多次派出武器核查小组对伊拉克进行了实地核查，但是，并没有发现伊拉克拥有大规模毁灭性武器，也没有发现伊拉克与恐怖分子有联系的确凿证据。因此，联合国安理会没有授权美英联军对伊拉克使用武力。在这种情况下，美英联军对伊拉克的军事行动是否构成侵略，两国的领导人是否犯下了侵略罪，对侵略罪的适用是否具有双重标准，这些都是各国政治家与国际法学家正在考虑与研究的重大的课题，其结果也将对 21 世纪国际政治秩序、国际法的发展以及国际刑事法院将来的信誉带来重大的影响。

附录一：

《罗马规约》预备委员会侵略罪工作组协调员提出的讨论文件

侵略罪

侵略罪的定义和行使管辖权的条件

1. 为了本《规约》的目的，侵略罪是指从事联合国大会 1974 年 12 月 14 日第 3314（XXIX）号决议所界定并经安全理事会事先断定的行为。

---

① 联合国安理会决议：UNSC/RES. 1244. 1999 年 6 月 10 日。

② 联合国安理会决议：1378（2001），2001 年 11 月 14 日。

2. 为了本《规约》的目的，侵略罪是指掌有控制权或有权指挥一国政治或军事行为的个人故意或明知故犯地命令或积极参与策划、准备、发动、进行侵略的行为，此种行为：

备选案文1：按照其特点和严重程度相当于侵略战争。

备选案文2：以武装占领和兼并另一国领土或部分领土为目的或结果。

备选案文3：明显违反《联合国宪章》。

3. 如果安理会打算自行对该项侵略罪进行调查，法院须首先确定安全理事会是否已断定当事国有或没有从事本条第1款规定的侵略行为。如果安理会没有作出此种定论，法院须将这一情况通知安全理事会，以便安全理事会可以按照《联合国宪章》第39条酌情采取行动。

4. 如果安全理事会没有断定这种侵略行为是否存在，或没有在法院通知后6个月内援引《规约》第16条，

备选案文1：法院须着手审理此案。

备选案文2：法院须驳回此案。

备选案文3：法庭应适当考虑到《宪章》第12条、第14条和第24条的规定，请联合国大会在12个月内提出建议。如果没有提出这样的一项建议，法院可以着手处理此案。

备选案文4：法院可以请大会要求国际法院根据《宪章》第96条和《国际法院规约》第65条就当事国是否进行侵略提出咨询意见。如果国际法院：

(A) 提出的咨询意见认为当事国进行了侵略；或

(B) 对按其《规约》第2章提起的诉讼中裁定当事国进行了侵略，法院可以着手处理此案。

国际私法中先决问题的理论重构

□ 肖永平* 王葆莳**

内容摘要 本文在案例分析和比较研究的基础上，提出广义先决问题的概念，对国际私法中先决问题的构成要件进行了重新审视。进而论述了先决问题和国际私法中相近制度的关系，指出在解决先决问题时，应当遵循分类解决的思路，综合考虑多种因素，对具体问题进行具体的分析解决。

一、我国通行观点对先决问题的认识及其不足

先决问题（Preliminary Question，Vorfrage）是国际私法中确定准据法可能碰到的一个特殊问题。① 根据目前国内的通行观点，先决问题是指一国法院在处理一项国际私法争讼时，如果必须以解决另外一个问题为先决条件，便可把该争讼问题称为本问题或主要问题，而把需要首先解决的另一问题称为先决问题或附带问题。② 构成先决问题必须同时具备三个条件：（1）主要问题依法院地国的冲突规范必须

* 武汉大学国际法研究所执行所长、教授、博士生导师。
** 武汉大学国际法研究所博士研究生。

① 梅尔希奥（Melchior）和温格勒（Wengler）第一次提出先决问题时都使用 Vorfrage 一词，即 preliminary question 之意。后来，各国学者对先决问题称谓不同，如 partial question（Serich）、subsequent question（Kegel）、dependent question（Ehrenzweig）、subsidiary question（Graveson）、threshold question（Webb & Brown）、preliminary question（Roberson）。其中最为常用的是 preliminary question。*See* A. E. Gotlieb, *Incidental Question Rcvisited-Theory and Practice in the Conflict of Laws*, Contemporary Problems in the Conflict of Laws 41（1978）. 有人批判 Vorfrage 和 preliminary question 的叫法，认为所谓的先决问题实际上是一个“后来”问题（subsequent problem），即是在决定了主要问题的准据法之后才出现的。但是，法官在解决主要问题时，必须首先处理先决问题，从这个意义而言，它又是一个“先来”的问题。而且，这一概念已经被广泛接受，大家都知道其所指，因此，误导的影响可以忽略不记。当然马丁·沃尔夫（Martin Wolff）提出的“附带问题（incidental question）”之称谓更好，不会引起争议。*See* T. S. Schmidt, *The Incidental Question in Private International Law*, Recueil（1992 II）322.

② 参见韩德培主编：《国际私法新论》，武汉大学出版社 1997 年版，第 192 页。

以外国法作为准据法。(2) 需要先行解决的问题具有独立性,可以作为一个单独的争议向法院提起诉讼,并且有自己的冲突规范可供援用。(3) 依主要问题准据法所属国适用于先决问题的冲突规则,和依法院地国适用于先决问题的冲突规则,会选择不同国家的法律作为准据法,并且会得出完全相反的结论,从而主要问题的判决结果也会不同。① 很多学者认为这三个条件缺一不可,否则就不能称之为先决问题,也就没有讨论的意义,② 进而认为先决问题局限于冲突规范的冲突,先决问题的解决也就是在法院地的冲突规范和主要问题准据法所属国的冲突规范之间进行选择。这种通行的观点和认识存在以下不足:

(一)对先决问题含义之广泛性认识不足

根据这种观点,只有在处理国际私法争议时,即主要问题是涉外法律问题时,才产生先决问题。实际上,当法院处理国内诉讼时,即主要问题为一个纯国内诉讼时,也可能会出现需要先行解决的问题,如丹麦儿童法(1960 年)第 2 节(1)规定,如果儿童系母亲在婚姻期间怀孕所生,则其母之丈夫视为该儿童的生父,且具有婚生地位。这个法条的适用前提是有效婚姻的存在,因此如果在一个婚生地位诉讼中当事人对婚姻效力有疑问,法官在适用该条法规之前,应当首先处理婚姻的有效性问题,这就是一个先决问题。③

(二)对先决问题构成要件之复杂性认识不足

依该观点,只有出现冲突规范冲突时才存在先决问题,解决先决问题就是在法院地的冲突规范和主要问题准据法所属国的冲突规范之间作出选择。如果一个案件的主要问题适用了外国法,且该外国法所属国解决先决问题的冲突规范和法院地解决先决条件的冲突规范一致,那么,根据三要素说也不存在先决问题。其理由是:如果法院地国的冲突规范和主要问题准据法所属国的冲突规范都指向同一个法律,这时

---

① 参见黄进主编:《国际私法》,法律出版社 1999 年版,第 299 页;李双元:《国际私法(冲突法篇)》,武汉大学出版社 2001 年修订版,第 224 页;赵相林主编:《中国国际私法立法问题研究》,中国政法大学出版社 2002 年版,第 71 页。

② 如果没有要件一和要件三,法院地法和主要问题准据法所属国法就会重合,这样就不会出现冲突规范的冲突,讨论先决问题就没有意义了。参见赵相林:上引书,第 71 页。戚希尔更是认为,如果没有这三个条件就不存在先决问题。*See* Peter North & J. J. Fawcett, Cheshire and North's Private International Law 47 (13th ed. 1999).

③ 施密特在其关于先决问题的海牙演讲中,一开始就举出这个例子说明"什么是先决问题"。*See* Schmidt, *The Incidental Question in Private International Law*, Recueil (1992 II) 315.

对先决问题的处理是一致的,讨论先决问题就没有意义了。① 这就没有充分考虑到国际私法实践中先决问题的多样性和复杂性,因为如果外国法所属国和法院地国之一接受了反致,且反致引用的法律对先决问题的处理有所不同,此时即使两国的冲突规范相同,对先决问题的处理仍然不一致,这就打破了三要素说的立论基础。

同时,从法理角度来看,一个概念的定义和构成要件应当在范围上保持一致,构成要件是对定义的进一步说明,而不能脱离定义或与定义相矛盾。但我国通行观点关于先决问题的定义和构成要件本身就存在着脱节和不一致。试以广州某法院1986年审理的关于李伯康房产继承案加以说明。李伯康于1938年在广东台山与范素贤结婚,婚后一直无子女。1943年,李伯康前往美国定居,并于1967年11月在美国内华达州与周乐蒂结婚。1981年7月,李伯康在美国洛杉矶去世。在李伯康的遗产中,有一栋位于广州的四层楼房。1986年5月,已离开广东台山到香港定居多年的范素贤得知李伯康在美国去世后,到广州某公证处办理了继承上述房产的有关证明,同年7月领得房屋产权证。周乐蒂在美国得知这一情况后,立即委托代理人在广州某区人民法院起诉,要求继承其亡夫留下的上述房产。② 在该案中,主要问题是涉外不动产继承,且法院在处理继承问题时必须首先解决李伯康和周乐蒂在美婚姻的有效性问题。因此,李、周婚姻问题符合先决问题的定义。然而由于主要问题即不动产继承应该适用我国的法律,这就不符合三要素说的第一个要件,因而李、周婚姻效力问题又不是一个先决问题。很显然,这里先决问题的定义和构成要件是不一致的。

(三)对先决问题之解决方法的多样性认识不足

如果将先决问题局限于引起冲突规范之冲突的问题,对先决问题的解决办法也就只有两种可能,即适用法院地的冲突规范或主要问题准据法所属国的冲突规范。但实际上,在处理先决问题时,法院常常既不适用主要问题准据法所属国的冲突规范,也不适用法院地的冲突规范,而是适用内国法或将支配主要问题的实体法律进行解释后适用于先决问题。③ 而且,在晚近的一些判例中,越来越多的法院趋向于根据结果选择的方法,直接适用法院地实体规范或主要问题准据法所属国的实体规范。

基于上述原因,本文认为有必要重新审视先决问题的含义和构成要件,并在此

① 参见赵相林主编:《中国国际私法立法问题研究》,中国政法大学出版社2002年版,第71页。

② 参见杜新丽主编:《国际私法教学案例》,中国政法大学出版社1999年版,第12~13页。

③ *See* Gotlieb, *Incidental Question Revisited-Theory and Practice in the Conflict of Laws*, Contemporary Problems in the Conflict of Laws 60 (1978).

基础上对先决问题的分类、范围及其解决方法做出重新定义和分析。

二、先决问题的含义、构成要件和分类

（一）先决问题的含义

1. 广义先决问题：先决问题的原本含义

我国学者论述先决问题时，一般认为其是国际私法中特有的问题，只能出现在涉外民事争议中。① 国外尤其是英美法系的一些学者也持这种观点，例如戚希尔（Cheshire）在定义先决问题时认为其是“在涉及国际私法的案件中有时产生的一个次要问题”。② 莫里斯（Morris）也认为先决问题出现在英国法院处理涉外诉讼时。③ 但多数学者持不同观点，例如冯·迈伦（von Mehren）和特劳德曼（Trautman）指出：不仅当主要问题的准据法是法院地法或外国法时存在先决问题，甚至在纯国内案件中也存在先决问题。④ 德国学者克格尔（Kegel）认为：如果要判定的法律效果（主要问题）由于实体规范或冲突规范要件的规定，而取决于另一法律效果（先决问题）是否存在，则后一种法律效果就是先决问题。⑤ 另一位德国学者霍夫曼（Hoffman）也认为：先决问题是适用内国或外国法律的前提，即适用时所必须考虑的要件，无论这一要件出现在国内还是国外，出现在冲突规范中还是实体规范中，只要构成适用法律规范必须首先解决的前提条件，就是先决问题。⑥ 他们的观点将先决问题从国际私法领域解放出来。施密特（Schmidt）的论述更具法理性，他认为：“法院在对某个案件适用法律时，如果需要首先解决一个附带性的问题（incidental question），此问题就是法律适用上的次要问题（subsidiary question）。”⑦ 而不问这里的主要问题是否含有涉外因素。

---

① 国际私法中有的争议问题的解决需要以首先解决另外一个问题为条件，这时可以将争议问题称为本问题，而把需要首先解决的问题称为先决问题。李双元：《国际私法（冲突法篇）》，武汉大学出版社2001年修订版，第224页；黄进主编：《国际私法》，法律出版社1999年版，第298页。

② Peter North & J. J. Fawcett, Cheshire and North's Private International Law 46 (13th ed. 1999).

③ *See* Lawrence Collins (ed.), Dicey & Morris on the Conflict of Laws 46 (13th ed. 2000).

④ *See* von Mehren and Trautman, The Law of Multistate Problems 439-441 (1965).

⑤ *See* Kegel, Internationales Privatrecht 325 (8. Aufl., 2000).

⑥ *See* Hoffman, Internationales Privatrecht 216 (6. Aufl., 1999).

⑦ Schmidt, *The Incidental Question in Private International Law*, Recueil (1992 II) 315.

因此，从法理学的角度来说，先决问题是一个在法律适用过程中普遍存在的问题，只要在主要问题和另一个次要问题之间存在先决关系，即被附带提出的次要问题本可以作为一个单独的诉讼提出，而且对主要问题的解决具有决定性意义，该次要问题就是先决问题，即广义上的先决问题。①

2. 国际私法上的先决问题：先决问题中的特殊问题

根据先决问题和主要问题是否含有涉外因素，可以将先决问题分为四类，即先决问题和主要问题都是国内法问题、主要问题为涉外法律问题而先决问题为国内法问题、主要问题为国内法问题而先决问题是涉外法律问题、先决问题和主要问题均为涉外法律问题。

对于第一类先决问题，即纯国内案件，法官往往直接依本国实体法律判断某一法律地位或法律关系存在与否，从而解决先决问题。② 在第二种情况下，如法院在审理一个涉外家事纠纷时首先要确定一项内国婚姻是否有效，这时法官往往不假思索地适用内国法律。由于这时先决问题并无涉外因素，这样处理并无不妥，因此，这两类情况下对先决问题的处理比较简单。

如果先决问题具有涉外因素，这时无论主要问题是否涉外，在解决先决问题时都有可能出现法律冲突，因此，第三类和第四类先决问题就是国际私法上的先决问题，即本文所讨论的问题。本文如果没有特殊说明，所称的先决问题都是这种国际私法上的先决问题。

在国际私法上的先决问题中，施密特认为存在一种特别复杂的情况，他称之为先决问题中的"特殊问题"（special problem）。这种特殊问题的出现需要三个条件：(1) 主要问题是一个涉外案件，并且根据法院地冲突规范选择的准据法为外国法；(2) 法院地和主要问题准据法所属国解决先决问题的冲突规范不一致；(3) 法院地国和主要问题准据法所属国解决先决问题的冲突规范指向的实体法不同，从而导致最终的处理结果（legal consequence）不同。这时会出现适用法院地冲突规范还是主要问题所属国冲突规范的问题，即出现冲突规范的冲突。③ 这种特殊问题

① 李双元教授也提出过广义先决问题这一概念，但他指的是国际民事诉讼法中用来确定管辖权的先决问题，即主要问题是以另外一个问题的裁决为条件。参见李双元：《国际私法（冲突法篇）》，武汉大学出版社 2001 年修订版，第 190 页。

② 此时先决问题和主要问题在同一个法律体系下，有一个共同的封闭规范体系可以使用，该体系不仅决定规定本身，也回答先决问题。*See* Thomas Rauscher, Internationales Privatrecht 106 (2. Aufl., 2000).

③ 先决问题的出现非常频繁，但引起特殊问题（special problem）的先决问题必须满足上述三个条件。*See* Schmidt, *The Incidental Question in Private International Law*, Recueil (1992 II) 316.

实际上就是莫里斯等人认为的“真正的先决问题”。①

因此，先决问题原本是一个非常宽泛的概念，既包括我国通说中认为的先决问题，也包括主要问题为国内诉讼时出现的先决问题，还包括纯国内诉讼中的先决问题。当先决问题具有涉外因素时，可能涉及冲突规范之间的冲突，这类先决问题是先决问题中最难解决的一类，故称之为先决问题中的特殊问题。对先决问题、国际私法中的先决问题、先决问题中的特殊问题三者进行区分是很有必要的，一则可以更全面地认识先决问题，防止以偏概全；二则可以更好地理解先决问题的构成要件；三则对先决问题的解决具有重要意义。本文讨论的是国际私法中的先决问题，当然也包括作为其中一部分的“先决问题中的特殊问题”，即引起冲突规范冲突的先决问题。

（二）先决问题的构成要件

戴赛（Dicey）、莫里斯以及我国大多数学者都认为先决问题应当有三个构成要件，虽然他们对于第三个要件的表述存在分歧，② 但均将先决问题局限于引起冲突规范之冲突的先决问题。而且，很多西方学者都不赞同这种三要件说。例如戚希尔也主张三要素说，但他的第三个要素是“法院地的冲突规范对先决问题的处理结果和支配主要问题的准据法对先决问题的处理不同”。③ 在他看来，先决问题并不仅仅意味着冲突规范的冲突。克格尔在其最新版的国际私法教科书中介绍先决问题时，认为当主要问题由法院地法律支配时，仍然会有先决问题的发生。另一英美法系学者高特里普（Gotlieb）在分析了反致和识别对先决问题的影响后也说：“莫里

---

① 由于施密特是在先决问题的框架下讨论特殊问题的，因此他的三个要素还要加上第四个要素：先决问题具有相对的独立性，可以单独提出并且有自己的冲突规范可以援引。而且其第二个和第三个要素可以合并为莫里斯主张的第三个要素。因此施密特提出的特殊问题恰好就是莫里斯认为的先决问题。

② 有的学者认为第三个要件是：“法院地解决先决问题的冲突规范和支配主要问题的准据法所属国解决先决问题的冲突规范不同，从而导致不同的处理结果”（the English conflict rule for the determination of the subsidiary question must lead to a different result from the corresponding conflict rule adapted by the country whose law governs the main question）。*See* Lawrence Collins（ed.），Dicey & Morris on the Conflict of Laws 46（13th ed. 2000）. 李双元：《国际私法（冲突法篇）》，武汉大学出版社 2001 年修订版，第 224 页；林欣、李琼英：《国际私法》，中国人民大学出版社 1998 年版，第 85 页；有的学者认为应当是：“在确定先决问题的准据法时，法院地国的冲突规范和实体规范与主要问题准据法所属国的冲突规范和实体规范均不相同，从而会导致不同的判决结果”。参见韩德培主编：《国际私法新论》，武汉大学出版社 1997 年版，第 192 页。

③ *See* Peter North & J. J. Fawcett，Cheshire and North's Private International Law 47（13th ed. 1999）.

斯博士提出三个条件，认为只有符合这三个条件才是真正的先决问题，这种说法未免太简单了。”① 施密特则更进一步，提出广义先决问题的概念，并认为莫里斯等人所指的先决问题只是先决问题中的一类而已。

可见，这种三要件说并非主流观点，更不是公认观点，② 而且，这种三要素说建立在对先决问题的狭义理解上，其对先决问题构成要件的认识有以偏概全之弊，这会导致法官在审理过程中，忽视对国际私法中先决问题的全面认识，尤其是当主要问题为国内问题时，对先决问题的涉外因素考虑不周，影响民事争议的妥善处理。因此，我们不能为一家之言所束缚，而应当广泛参照其他意见，以期更全面地认识国际私法中先决问题的构成要件，进而以其指导对先决问题的解决。本文认为，要正确理解先决问题的构成要件，应当着重考虑以下两个方面。

1. 主要问题依照法院地法处理时，仍然可能存在先决问题

持三要件说的学者强调先决问题是一种冲突规则的冲突。但很多学者认为，只要法院地的法律（包括冲突规范和实体规范）与主要问题准据法所属国的法律（包括冲突规范和实体规范）在解决先决条件时不一致，就存在先决问题。也就是说，即使主要问题依照法院地法处理，也可能存在先决问题。

克格尔在说明先决问题时举出了两个案例。③ 在第一个案例中，德国人 A 和无国籍人 B 于 1911 年在德国结婚，而后前往美国。A 随后发现 B 在 1893～1900 年间曾和 N 在纽约以夫妻名义共同生活，于是回到德国，以重婚罪为由要求法院宣布该婚姻无效。N 于 1887 年以德国人的身份在德国和一个德国人 E 结婚，1893 年迁往美国。④ 按照当时的德国民法施行法第 11 条，A 与 B 之婚姻的有效性应当依德国法判断。而按照德国法，如果一方在缔结婚姻时与第三人存在有效婚姻，则双方的婚姻是无效的。因此，首先要判断 B 和 N 婚姻的有效性。在第二个案例中，两个希腊东正教教徒于 1962 年 8 月在德国一个东正教堂依照宗教仪式举行了婚礼，并于 1963 年 10 月生有一女。1963 年 11 月，双方在德国户籍登记处进行了结婚登记。现在要判断他们的女儿是否为婚生。⑤ 根据德国旧民法施行法第 18 条第 1 款的规定，婚生问题应当由希腊法律判定。但是，第 18 条第 1 款的适用前提是母亲

---

① *See* Gotlieb, *Incidental Question Revisited-Theory and Practice in the Conflict of Laws*, Contemporary Problems in the Conflict of Laws 38 (1978).

② 对于先决问题存在与否、范围、定义、解决一直都存在争议。*See* Gotlieb, *Incidental Question Revisited-Theory and Practice in the Conflict of Laws*, Contemporary Problems in the Conflict of Laws 38 (1978).

③ *See* Kegel, Internationales Privaterecht 322-324 (8. Aufl., 2000).

④ 图宾根州法院判例，载《法律周刊》1934 年卷，第 2802 页。

⑤ 法院判决认为该女为非婚生。《联邦法院民事判例集》43，213。

在生产时或生产前应是结婚的,① 因此，适用该冲突规范时必须首先确定其父母婚姻的有效性。克格尔认为，这两个案件都存在先决问题（Vorfrage），即 B、N 婚姻的有效性是 A、B 婚姻有效性的先决问题；父母婚姻的有效性是婚生地位的先决问题。可见，克格尔主张的是一种广义的先决问题，只要在一个国际私法争议中存在一个为了解决主要问题而必须首先解决的问题，该问题就是国际私法上的先决问题，无论主要问题按照哪个国家的法律处理。

高特里普也提出和克格尔类似的观点，认为先决问题可以分为两类：其一是广义上的先决问题，包括适用法院地法或外国法解决主要问题时，出现的需要解决的先决问题。其二是特指当主要问题由外国法支配时，出现的先决问题。② 高特里普指出："当主要问题由法院地法律支配时，有人认为这里不存在真正的先决问题，因为没有冲突规范的冲突，这种看法是片面的……这时法院仍须在本国的冲突规范和实体规范之间做出选择。"③ 台湾学者吴光平认为国际私法中的先决问题只须具备四个要件，即附带性（在处理主要问题时附带出现）、涉外性（具有涉外因素）、独立性（可以作为一个单独的诉讼提出，并且有自己的冲突规范可以援用）和对主要问题之解决的决定性。只要具备了这四个要件，即使主要问题是以法院地国法律为准据法，亦不影响先决问题的构成。④

另外在实践中，当主要问题由法院地法支配时，法官在解决具有涉外因素的先决问题时仍然面临本国冲突规范和本国实体法之间的选择；当主要问题由外国法支配时，法官同样要在外国的实体法和本国冲突规范之间选择。在许多情况下，法院既不适用主要问题准据法所属国的冲突规范，也不适用法院地的冲突规范，而是适用内国法或将支配主要问题的外国法律进行解释后适用于先决问题。⑤

可见，先决问题解决的是法院地法律和主要问题准据法所属国法律之间的冲

---

① 德国旧民法施行法第 18 条：子之嫡出，如其子出生时母之夫为德国人或者母之夫于子出生前死亡时为德国人，则依德国法。

② *See* Gotlieb, *Incidental Question Revisited-Theory and Practice in the Conflict of Laws*, Contemporary Problems in the Conflict of Laws 61 (1978).

③ *See* Gotlieb, *Incidental Question Revisited-Theory and Practice in the Conflict of Laws*, Contemporary Problems in the Conflict of Laws 64-65 (1978).

④ 吴光平:《国际私法上的先决问题》，载《法律评论》（台湾）第 96 卷，第 40 页。

⑤ 例如，在 Doe ex dem. Birtwhistle v. Vardill 案中，原告依外国法是婚生子，但英国法院引用英国法认为其不是婚生子，从而无权继承在英格兰的土地；又如 Goods of Duchess D'Orleans 案中，尽管依照住所地法原告为成年，但是法院依英格兰法认为原告没有成年。*See* Gotlieb, *Incidental Question Revisited-Theory and Practice in the Conflict of Laws*, Contemporary Problems in the Conflict of Laws 60 (1978).

突，这里的法律包括实体规范和冲突规范，因此就衍生出四种冲突，即法院地冲突规范和法院地实体规范之间的冲突、法院地冲突规范和主要问题所属国冲突规范的冲突、法院地实体规范和主要问题所属国实体规范的冲突、法院地实体规范和主要问题所属国冲突规范的冲突。与之相对应的是四种可能的解决方式：适用法院地的实体规范、适用法院地的冲突规范、适用主要问题准据法所属国的实体规范、适用主要问题准据法所属国的冲突规范。① 如果认为只有出现冲突规范的冲突时才存在先决问题，就容易忽视对其他类型先决问题的认识和解决。

2. 冲突规范相同时，国际私法中的特殊制度也会引起先决问题

持三要件说的学者认为，只有当法院地和主要问题准据法所属国的冲突规范不一致，从而导致对先决条件的处理不同时才会出现先决问题，但实际上，即使两国的冲突规范相同，国际私法中的一些制度如反致和识别也可能会导致对先决问题的处理不同。例如，（1）法院地冲突规范和主要问题准据法所在地的冲突规范相同，但法院地国和主要问题准据法所属国之一采纳反致，适用了本国法律，就会使先决问题的处理不同。②（2）两地的冲突规范相同，但对连结点的解释不同，从而采用不同的冲突规范。（3）两地冲突规范相同，但对先决问题的识别不同，处理结果也不同。

可见，解决先决问题时不仅会出现两种法律、四类规范之间的冲突，还有反致和识别引起的冲突。因此，在确定先决问题时，不应强求三要件的具备。结合前文的论述，国际私法上先决问题的构成要件应为：（1）先决问题是一个国际私法上的问题；（2）需要先行解决的问题具有独立性，可以作为一个单独的争议向法院提起诉讼，并且有自己的冲突规范可供援用，无论该冲突规范和主要问题准据法所属国解决先决问题的冲突规范是否相同；（3）法院地的法律和主要问题准据法所属国的法律在处理先决问题时有所不同，这里的法律包括冲突规范和实体规范及冲突法的有关制度，因此这种不同指的就是在处理先决问题时存在不同的解决可能。据此，在上文所述的李伯康案中，由于李、周之间的婚姻效力问题是一个国际私法问题，其本身具有相对的独立性，并且有自己的冲突规范可以援引，依据中国的实

---

① 例如在 Haque v. Haque 案中，法院适用了支配主要问题的准据法所属国的实体法解决先决问题；在 Schwebel v. Ungar 案中适用主要问题准据法所属国的冲突规范；在 Doe ex dem Birtwhistle v. Vardill 案中适用了法院地的实体规范；在 Re. Goodman's Trusts 案中适用法院地的冲突规范。*See* Lawrence Collins (ed.), Dicey & Morris on the Conflict of Laws 48-51 (13th ed., 2000); *See also* Gotlieb, *Incidental Question Revisited-Theory and Practice in the Conflict of Laws*, Contemporary Problems in the Conflict of Laws 64-65 (1978).

② 例如在 R. V. Brentwood Marriage Registrar 案中，英国法院采纳反致，适用了意大利的冲突规范。*See* Lawrence Collins (ed.), Dicey & Morris on the Conflict of Laws 51 (13th ed., 2000).

体法律和中国的冲突规范处理该问题会得出不同的结果，因此构成一个国际私法上的先决问题。

新的构成要件说建立在对国际私法中先决问题的广义理解上，有利于更全面地考虑和解决先决问题，防止法院地法的滥用。因为当主要问题为一个纯国内问题时，法院往往无视先决问题的涉外性，而直接适用法院地的实体规范加以解决。例如，在伯特威斯诉威第尔案（Doe ex dem Birtwhistle v. Vaidill）中，枢密院无视外国法对婚生地位的认可，适用英国法否定了婚生效力。① 在另外一个案件中，尽管依照法国法律可以视为婚生，但英国法院最终适用英国法关于婚生地位的严格规定，否定了原告的权利。② 我国法院在上述李伯康案中直接适用中国法律判断李伯康在美婚姻的有效性，也是不妥当的。③ 依照《民法通则》第147条的规定，中华人民共和国公民和外国人结婚适用婚姻缔结地法。由于该规定没有区别婚姻的实质要件和形式要件，可以理解为既适用于实质要件，也适用于形式要件。④ 因此，应当适用内华达州的法律判断李、周婚姻的有效性。

同时，新的构成要件说也符合学者的主张和国际立法的趋势。例如，冯·迈伦和特劳德曼之所以强调主要问题依照法院地法支配时仍存在先决问题，就是要强调法院在这种情况下处理先决问题时，不应当简单地套用国内法，而应依冲突规范适用相关的外国法。⑤ 克格尔也说：不能因为作为实体规范要件的法律效果（先决条件）出现在某实体规范中，就认为可以用这个实体规范所属的法律调整该法律效果。⑥ 一些国际公约和内国立法也体现了反对滥用法院地法的意图，如1979年《美洲国家关于国际私法一般规则的公约》第8条规定：因主要问题提出的先决问题，不必一定依适用于主要问题的法律解决。1974年《阿根廷国际私法草案》第3条也规定，如果一项规则规定某一法律适用于一项特定争议，则此项规定专属地

---

① 7 CL. & Fin. 895 (1840).

② Re Goodman's Trusts, 17 Ch. D. 266 (1881).

③ 杜新丽主编：《国际私法教学案例》，中国政法大学出版社1999年版，第13页。这种做法的不妥之处在于，如果李伯康在美国的婚姻效力作为一个单独诉讼在中国法院提出，根据我国相关法律，应当适用美国法律进行判断。这样，同一事项在中国作为先决问题和作为单独问题处理就有了不同的处理结果，因而是不妥当的。

④ 韩德培主编：《国际私法新论》，武汉大学出版社1997年版，第330页。

⑤ *See* Gotlieb, *Incidental Question Revisited-Theory and Practice in the Conflict of Laws*, Contemporary Problems in the Conflict of Laws 45 (1978).

⑥ 比如在克格尔举的第一个案例中，A、B婚姻的有效性问题适用旧德国民法典第1326条。但当B和A结婚时，其与N的婚姻状况就不能简单地套用德国法判断，应当对于实质要件适用德国法律，但对形式要件应按照美国法律进行判断。*See* Kegel, Internationales Privatrecht 325 (8. Aufl., 2000).

适用于该争议，而不扩大适用于任何相关或附属问题。

（三）先决问题的范围

如果上文对先决问题之构成要件的重新定义有一定道理的话，先决问题的范围大大拓宽了，数量也随之增加。截至 1978 年，教科书和学者的文章中引用的有关先决问题的判例已达一百多个。估计在普通法下，实际含有先决问题的判决已经超过 1000 个。① 如冯·巴尔（von Bar）所言："婚姻家庭领域是先决问题的主战场。"② 即先决问题主要发生在婚姻家庭领域，因此人们在考虑先决问题时往往局限于这一领域。实际上，国际私法中的先决问题可以涉及任何法律关系或法律地位，③ 这些先决问题根据其与主要问题的关系可以大致分为以下几类：

1. 婚生地位作为继承的先决问题。典型案例如伯特威斯诉威第尔案，原告要求继承其父亲在英格兰的地产，其父亲死于其在 S 国的住所，依 S 国法律原告是婚生子，可以继承其父的地产，依法院地国的冲突规范也是婚生，但依法院地的国内法则不是婚生。④

收养关系作为继承的先决问题也属于这一类。例如，在穆恩诉穆恩案（Moen v. Moen）中，一人在 C 国住所死亡，留遗产于诸子。其中一子为死者早年在 X 国所收养。X 国法律承认被收养者的婚生地位，但没有规定继承权。C 国法律认为被收养者可以继承。该被收养人在 F 国起诉继承执行人，要求加入继承人之列。⑤

2. 离婚作为结婚效力的先决问题。典型判例如布兰特伍德案（R. v. Brentwood Marriage Registrar）⑥ 和施维伯尔案（Schwebel v. Ungar）。⑦ 这一类案件中容易出

---

① *See* Gotlieb, *Incidental Question Revisited-Theory and Practice in the Conflict of Laws*, Contemporary Problems in the Conflict of Laws 61 (1978).

② *See* Schmidt, *The Incidental Question in Private International Law*, Recueil (1992 II) 321.

③ 虽然莫里斯在其著作中只讨论了重婚、准正和继承三个领域中的先决问题，但他也承认先决问题可以产生在家事法之外的领域。*See* Lawrence Collins (ed.), Dicey & Morris on the Conflict of Laws 52 (13th ed. 2000).

④ 其他典型判例还有 Re Annesl, Ch. 692 (1926)、Re Ross, Ch. 377 (1930)、Sinna Peerage Claim, ALL E. R. 348 (1946)、Haque v. Haque, 108 C. L. R. 230 (1962), A. L. R. 34 (1964) 等。*See* Gotlieb, *Incidental Question Revisited-Theory and Practice in the Conflict of Laws*, Contemporary Problems in the Conflict of Laws 88 (1978).

⑤ 16 S. D. 210 (1902).

⑥ 2 Q. B. 956 (1968). 详见［英］J. H. C. 莫里斯主编，李双元等译，《戴西和莫里斯论冲突法》，中国大百科全书出版社 1998 年版，第 64 页。

⑦ 48 D. L. R. (2d) 622 (1963).

现二级先决问题，如婚生-结婚-离婚结构或结婚-离婚-继承结构。比如，夫妻在X地有住所，后在该地离婚。丈夫又在该地结婚，随后迁往C地，在该地取得住所后死亡，并在F、X、C地留下遗产。依C国冲突法，离婚是无效的。如果后妻来到C地法院起诉，要求获得遗产，这时除了要判断第二个结婚的有效性，还要考虑离婚的有效性。

3. 家庭关系作为侵权或合同的先决问题。如妻子的诉讼地位问题，包括在交通事故中对丈夫的诉讼权利和对丈夫雇主的诉讼权利；孩子的诉讼地位问题；妻子担保的合同的效力问题等。

如在莫撒克诉沙夫案（Masacco v. Schaaf）中，丈夫和妻子在F国有住所，丈夫在F国受雇工作，在工作中受伤。其后搬往法院地国，丈夫不久伤重死亡。妻子依照F国的雇主责任法，作为死者的遗孀对雇主提出诉讼，要求赔偿。被告提出，原告和死者结婚时居住在X国，按照该国法律其婚姻是无效的，原告因此不是死者的遗孀。① 又如在艾莫里诉艾莫里案（Emery v. Emery）中，父子二人在X国有住所，到C国旅行。在路上由于父亲和另外一个司机的过失，儿子在交通事故中受伤。儿子将父亲和该司机一同作为被告提出诉讼，按照C国法（侵权行为地法），儿子不能对父亲提出诉讼，X国则没有这种限制。②

4. 财产权、合同作为侵权或合同的先决问题。在涉外合同和侵权之诉中也会出现先决问题。如在一个交通事故案件中，原告要求赔偿汽车，须首先确定其是否拥有汽车的所有权。在合同案件中，有时要首先确定代理合同的有效性；在工伤赔偿案件要首先确定劳动合同的有效性。

比如在加州法院审理的一个关于工伤赔偿的案件中，工伤事故发生在犹他州，加州法院要适用加州的工伤赔偿法，就必须首先确定雇佣合同的订立地在加州。而雇佣合同是雇主通过代理人和劳动者签订的，因此，代理合同有效与否成为确定雇佣合同是否存在的关键。加州高等法院明确提出，该案中存在一个随附问题（incidental question）。③

（四）先决问题的分类

1. 根据主要问题的性质，可以分为主要问题为国内案件时出现的先决问题和主要问题为涉外案件时出现的先决问题。克格尔所举的两个案例分别代表了两种先决问题。这一分类的意义在于，无论主要问题的性质如何，都有可能存在国际私法

① 234 App. Div. 181 254 N. Y. supp. 439.

② 45 Cal. 2d 421, 289 P. 2d 280 (1955).

③ Travelers Insurance Co. v. Workmen's Compensation Appeals Board, 434 P. 2d 992 (1967).

上的先决问题，在处理主要问题时都不应忽视先决问题的独立性和涉外性。

2. 根据先决问题出现的领域可以分为作为冲突规范要件的先决问题①和作为实体规范要件的先决问题。一般常见的是作为实体规范要件的先决问题，但是在冲突规范的适用中也可能会出现先决问题。例如，在适用德国民法施行法第 14 条（关于婚姻的一般效力）、第 15 条（关于夫妻财产制）、第 17 条（关于离婚）和第 19 条（关于准正）时，首先要确定这些冲突规范的可适用性，即是否存在婚姻、离婚和收养等问题，因此就涉及到先决问题的处理。② 例如，一个意大利人和奥地利妇女于度假途中在牙买加结婚，二人此前在德国已经有固定住所。当婚姻的形式效力出现问题时，由于他们没有同一国籍，因此应适用德国国际私法第 15 条第 1 款和第 14 条第 1 款判断婚姻效力。但适用这两项冲突规范的前提条件是：他们须被视为夫妻，才能适用这一条规则，因此应当首先判断其婚姻的有效性。此即作为冲突规范要件出现的先决问题。③

3. 需要解决的先决问题和不需要解决的先决问题。这是克格尔的划分方法，他认为，当主要问题由法院地法支配，且法院地解决先决问题的冲突规范也指向法院地法时，不出现法律冲突。“那么我们此时面临的还是‘先决问题（Vorfrag）’，但不是‘要解决的先决问题（Vorfragproblem）’”。④ 在其他情况下，如当主要问题适用外国法，且该外国法和法院地法的冲突规则对先决条件的处理不一致；或者主要问题适用国内法，但法院地解决先决问题的冲突规范又指向外国法，这时出现的就是需要解决的先决问题。⑤ 高特里普也认为：“不会引起数个法律之冲突的，也

---

① 随着约翰姆（Jochem）1964 年的文章，法院适用冲突规范时发生的先决问题在德国被广泛的称为 Erstfrage，即 Primary Question，以区别于适用实体规范时发生的先决问题。*See* Schmidt, *The Incidental Question in Private International Law*, Recueil (1992 II) 326; *See also* Thomas Rauscher, Internationales Privatrecht 106 (2. Aufl., 2000).

② *See* Schmidt, *The Incidental Question in Private International Law*, Recueil (1992 II), 324.

③ *See* Thomas Rauscher, Internationales Privatrecht 110 (2. Aufl., 2000).

④ 克格尔所说的需要解决的先决问题指的是引起数国法律的冲突因而需要解决的先决问题。其实，即使不涉及多个国家的法律，也会出现法律选择的问题。例如当主要问题的准据法为法院地国法时，法院处理先决问题时仍然可能要面临内国实体法和内国冲突规范的选择。即使确定了适用内国的实体规范，由于先决问题和主要问题的性质不同，可能属于不同的法律领域，适用不同的具体实体法规范，因此法院仍然需要在实体规范中进一步选择。如在李伯康案中，主要问题是继承问题，次要问题才是婚姻效力问题，但法院最后却依据婚姻法的有关规定对案件中的主要问题作出判决，就是没有正确区分先决问题和主要问题的不同性质。

⑤ *See* Kegel, Internationales Privatrecht 326 (8. Aufl., 2000).

是先决问题。"① 这种划分方法有利于对先决问题的全面认识。

(五)二级先决问题:先决问题的延伸度

有时,一个案件中需要解决的先决问题可能不止一个。例如,甲死亡时未立遗嘱,乙主张以他作为甲的婚生子继承甲的遗产,而乙是否为甲的婚生子取决于其父母当时的婚姻是否有效这一先决问题;而其父母之间当时婚姻的有效性又取决于其父或其母以前和第三人所缔结的婚姻是否已经合法解除为前提条件,这就产生多个先决问题。②

在出现两个以上先决问题的情况下,不能简单地将其称为多个先决问题。因为这多个先决问题并不是并列存在的,而是有一定先后顺序的。并不都是解决主要问题的直接条件,而是前一个问题的先决问题。其结构类似于二级识别或者二级反致,因此可将其称为二级先决问题。莫里斯认为存在二级先决问题,但没有具体论述。③ 高特里普认为,主要问题的解决取决于先决问题的解决时,可能又会遇到第二个先决问题,这就是二级先决问题(incidental question of the second degree)。④ 克格尔指出,在自己所举的第二个案例中,B、N婚姻的有效性是判断A、B婚姻效力的先决问题,N、E婚姻的有效性又是B、N婚姻有效性的先决问题,即二级先决问题。⑤ 施密特认为不仅存在二级先决问题,还存在三级、四级的先决问题,即先决问题可以一直延伸下去。⑥

在出现二级,乃至三级、四级先决问题的情况下,法官是否应当一直考虑下去,这就引出另一个相关的问题:先决问题是由法官依职权主动考虑,还是必须由当事人提出才为法院考虑。我们认为,国际私法中的先决问题毕竟属于私法的范畴,应当坚持民事法律中的当事人意思自治原则和当事人处分原则。如果当事人对

---

① *See* Gotlieb, *Incidental Question Revisited-Theory and Practice in the Conflict of Laws*, Contemporary Problems in the Conflict of Laws 38 (1978).

② 李双元:《国际私法(冲突法篇)》,武汉大学出版社2001年修订版,第225页。

③ 第二级的附带问题也可能出现在同一个案例中。*See* Morris, The Conflict of Laws 45 (10th ed. 1980).

④ *See* Gotlieb, *Incidental Question Revisited-Theory and Practice in the Conflict of Laws*, Contemporary Problems in the Conflict of Laws 36-38 (1978).

⑤ *See* Kegel, Internationales Privatrecht 325 (8. Aufl., 2000).

⑥ 如果主要问题是继承,依法院地冲突规范由外国法支配,但是外国法认为只有婚生子才可以继承,就产生死者之子是否婚生的先决问题,这一问题又取决于其父母婚姻的效力,即二级先决问题;而此问题又取决于其父母一方在第三国离婚的效力,即三级先决问题。*See* Schmidt, *The Incidental Question in Private International Law*, Recueil (1992 II) 321.

实际上存在的先决问题没有争议，法官可以不考虑；如果仅提出一级先决问题，对于二级先决问题没有争议，法官也可以仅考虑一级先决问题。

三、先决问题和国际私法中相近制度的关系

（一）先决问题和分割论

根据国际私法的分割论分割出的各问题之间的关系，和主要问题与先决问题的关系具有一定的相似性：都是在同一案件中出现的若干问题；各问题都具有一定的独立性、有各自的冲突规范。但两者的区别也是明显的：（1）“当几个问题具有同等重要性时，法院解决的是分割问题，而不是先决问题”。① 即分割法所分割出的各问题之间是一种并立关系，不存在孰前孰后的问题，而先决问题和主要问题在出现上和解决上都是先后相继的，有一定的顺序性。（2）分割法分出的各个问题都是当事人所争执的主要问题的一部分，而先决问题是当事人没有直接提出的。（3）在先决问题或主要问题内部都可能产生分割问题。如在A、B婚姻效力案中，B、N婚姻的有效性是确定A、B婚姻效力的先决问题，这个先决问题本身就可以分割为形式方面的有效性和实质方面的有效性。根据德国旧民法施行法第11条第1款第2项和第13条第1款第1项，应分别用纽约法和德国法判断婚姻的形式有效性和实质有效性。

（二）先决问题和识别

国际私法上的先决问题和识别存在一定的联系，具体表现在：（1）两者具有一定的相似性，尤其是当先决问题作为冲突规范的要件出现时，两者的任务都是判断某一条冲突规范是否可以适用。（2）识别对先决问题冲突的构成有一定的决定作用。比如甲国认为离婚依当事人本国法，别居依当事人的住所地法，乙国认为二者都适用本国法。A、B为乙国人，二人在甲国有住所，在甲国诉讼要求离婚，两国的冲突规范本来都会指向乙国法，但是，如果甲国法院将二人的实际情况识别为关于别居的诉讼，就会适用甲国法即住所地法。可见，识别冲突增加了先决问题产生冲突的可能性。

但是，两者的区别还是明显的：（1）发生的时间不同。识别发生在准据法确

① *See* Gotlieb, *Incidental Question Revisited-Theory and Practice in the Conflict of Laws*, Contemporary Problems in the Conflict of Laws 43 (1978).

定之前，先决问题在特殊情况下出现在准据法找到之前，① 而在一般情况下出现在识别已经完成并且主要问题的准据法已经找到的情况下。② （2）两者的功能不同。识别是对现有事实、概念的归类和定性，从而决定适用哪一条冲突规范，而先决问题是对某种作为适用前提的事实状态存在与否作出判断，从而决定该条规范是否可以适用。例如，在李伯康案中，识别的任务是对主要问题的性质作出定性，将该诉讼确定为涉外不动产继承之诉，从而根据我国的冲突规范适用我国的实体规范处理该问题。先决问题的作用则是在准据法找到后，对配偶地位的存在与否作出判断，从而决定我国继承法第 10 条的规定是否可以适用。当先决问题作为冲突规范的要件出现时同样如此。③

（三）先决问题和反致

当国际私法上的先决问题表现为法院地冲突规范和主要问题准据法所属国的冲突规范的冲突时，先决问题和反致有一定的相似性，因为：（1）二者都表现为冲突规范的冲突；（2）当适用主要问题准据法所属国的冲突规范时，法官适用了外国的冲突规范。二者的区别在于：法官适用反致制度是为了找到准据法，而表现为冲突规范之冲突的先决问题则是为了适用准据法。

四、确定先决问题准据法的方法

（一）确定先决问题准据法的理论基础

对于如何解决先决问题，传统上有两种对立的意见：适用法院地法律（包括冲突法和实体法）和适用主要问题准据法所属国的法律（包括冲突法和实体法）。其争论的焦点在于偏重先决问题的依附性还是独立性、④ 优先考虑判决的国际一致性（international uniformity of decision）还是内国一致性（national uniformity of deci-

① 当先决问题表现为冲突规范的适用前提时，出现在冲突规范已经确定、但准据法尚未确定的时候。

② *See* Schmidt, *The Incidental Question in Private International Law*, Recueil (1992 II) 333.

③ 这时识别的任务是对通过对现有的事实和概念作出定性和归类，从而决定对主要问题适用哪一条冲突规范，而先决问题的任务是判断作为该条冲突规范适用前提的某种法律状态或关系是否存在，从而决定该条冲突规范是否可以适用。

④ *See* Kegel, Internationales Privatrecht 326-329 (8. Aufl., 2000).

sion)。①

主张适用法院地法的学者认为:②（1）适用法院地法律可以实现内国判决的一致。在一个国家之内，对某种法律状态的判断标准和效力认定应当是前后一致的。如果对于同一个问题作为主要问题时这样判断，作为先决问题时又那样判断，则有损内国判决的一致性。(2) 适用法院地法可以保持法律政策的一致性。法官可以出于国内政策的考虑适用某一规则。③（3）先决问题既然是一个独立问题，就应该与主要问题一样，独立地适用法院地法的冲突规范。(4) 先决问题经常涉及的婚姻、离婚及其他身份问题，与法院地的关系更为密切。因此，应当适用法院地法律。④ 持这一观点的学者在内部又分为两派，有的学者认为应当按照法院地的冲突规则解决先决问题，如格雷夫森（Graveson）认为:“应将每个问题看成是独立的法律问题，用各自的冲突规范解决。”⑤ 而柯里（Currie）及其追随者艾伦茨威格（Ehrenzweig）则认为，解决先决问题时只需考虑法院地的实体法。柯里在先决问题中引入利益分析说，并认为法院只能对自己国家的实体法进行利益判断，从而应当完全用内国法解决主要问题和先决问题。⑥ 艾伦茨威格更直截了当地说，先决问题和反致、公共秩序保留、识别一样，都是法官用来排除外国法，适用本国法的工具。⑦

---

① *See* Schmidt, *The Incidental Question in Private International Law*, Recueil (1992 II) 350.

② 认为应当主要适用法院地法（包括实体法和冲突法）的学者包括普通法系的 Cheshire（早期著作）、Cormack、Crampton、Currie & Kay、Brainerd、Currie、Dicey and Morris（早期著作）、Falconbridge、Graveson、Hartley、Nussbaum；大陆法系的 De Nova、Diena、Graulich、Lewald、Louis-Lucas、Kegel、Maury、Raape、Rigaux、von Hoogstraten、Heldrich、Doelle、von Bar、Luederitz、Kropholler、Schurig。*See* Gotlieb, *Incidental Question Revisited-Theory and Practice in the Conflict of Laws*, Contemporary Problems in the Conflict of Laws 51-53 (1978); *See also* Schmidt, *The Incidental Question in Private International Law*, Recueil (1992 II) 342-363.

③ *See* Gotlieb, *Incidental Question Revisited-Theory and Practice in the Conflict of Laws*, Contemporary Problems in the Conflict of Laws 55 (1978).

④ 参见韩德培主编:《国际私法》，北京大学出版社 2000 年版，第 131 页。

⑤ *See* Graveson, Conflict of Laws 79 (7th ed. 1974).

⑥ 如在 Masocco v. Schaaf (234 App. Div. 181) 案中，重要的并不是她是不是死者的配偶，而是法院地的法律是否有给予和死者生前有特殊关系的人以帮助的意图。*See* Gotlieb, *Incidental Question Revisited-Theory and Practice in the Conflict of Laws*, Contemporary Problems in the Conflict of Laws 56 (1978).

⑦ *See* Ehrenzweig, Private International Law: A Comparative Treatise, General Part 169-170 (1967).

认为应当适用主要问题所属国法律的学者①则强调判决的国际一致性，认为同一先决问题无论在哪个国家处理，都应当适用主要问题准据法所属国的法律，而不用各自不同的法律处理先决问题，这样可以维护判决的国际一致，避免同一问题在不同国家诉讼时适用不同国家法律的状况。该派学者还认为，如果过分强调内国判决的一致，就会引起国际间判决的不协调，无异于鼓励原告挑选法院。②

较新的观点认为，解决先决问题没有放之四海而皆准的一般原则（overall general rules），应当根据个案的不同情况，决定应当适用的法律。在大陆法系，以勒瓦德（Lewald）为首，包括加米谢克（Gamillscheg）、马科洛夫（Makarov）、费雷德（Ferid）、费尔辛（Firsching）、伯摩尔（Boehmer）、克林科哈特（Klinkhardt）、施未曼（Schwimann）等学者，对先决问题的处理都趋向取决于先决问题与法院地法律和主要问题准据法所属国法律哪个有更近的联系（nearness）。具体的判断标准包括重力中心（center of gravity）、当事人的利益、案件的具体情况、主要问题的特点等。③ 在英美法系，也有很多学者认为在解决先决问题时没有统一的规则。④ 例如艾伦茨威格、冯·迈伦、特劳特曼等认为在处理先决问题时，应当单独分析个案中法院地的政策。高特里普认为：影响先决问题之解决的因素（considerations）包括：法院地的政策利益、公共秩序问题、法院判决的一致性、法院地法律的合理解释、国际协调的促进、反致、公平正义等，这些因素在不同的案件中分量各不

① 梅尔希奥首先提出先决问题时认为“原则上，依照德国国际私法支配主要问题的哪个法律，也应当决定先决问题”。他主要考虑到了反致，因此主张适用主要问题准据法所属国的法律，这样即使德国法院接受反致，也会达到同一判决。（Melchior：《德国国际私法基础》，1932年德文版，第245页）温格勒支持梅尔希奥的观点，其主要理由是维持判决的国际一致性（international uniformity of decision）。其后主张适用主要问题准据法所属国冲突规范的学者还包括大陆法系的Wolff、Serick、Neuhaus、Ficker、Neumayer、Jayme、Hausman；普通法系的Anton、Castel、Lipstein、Mann、Roberson、Welsch、Westlake、Wolff。*See* Schmidt, *The Incidental Question in Private International Law*, Recueil (1992 II) 342-350 and 363.

② *See* Gotlieb, *Incidental Question Revisited-Theory and Practice in the Conflict of Laws*, Contemporary Problems in the Conflict of Laws 55-59 (1978).

③ *See* Schmidt, *The Incidental Question in Private International Law*, Recueil (1992 II) 351.

④ 认为没有一般原则（General Rule）的学者包括普通法系的Breslaer、Cheshire（后期观点）、Dicey and Morris（后期观点）、Ehrenzweig、Gotlieb、Webb and Brown、von Mehren and Trautmann、North、Morris、Hartley、Kahn-Freund、Nygh。*See* Gotlieb, *Incidental Question Revisited-Theory and Practice in the Conflict of Laws*, Contemporary Problems in the Conflict of Laws 53-57 (1978).

相同。①

我们认为第三种观点更为可取，其中分类解决的思想可以作为我们讨论先决问题之解决方法的理论基础和指导方法，理由是：（1）从实践情况来看，对国际私法中先决问题的广义理解使先决问题的范围和数量大大增加，类型也日益丰富，加之反致和识别等制度的影响，实践中先决问题的情况日益复杂和多样，用单一的方法已经不可能达到合理解决的预期目的。（2）从学理上来看，由于现实情况日益复杂，持传统观点的学者在坚持自己原则的同时，不得不用很多例外情况对其基本原则加以修正，② 这就使两种观点的对立性有所削弱。而且随着现实情况的发展和对问题研究的深化，很多学者已经改变了用统一规则解决的观点，转而主张对个案进行具体分析。例如，迪特·海因里希（Dieter Heinrich）在他关于先决问题的博士论文中认为：除了在继承案件中有些例外情况，适用法院地的冲突规则解决先决问题更适合，至少是最合理的。但在10年后，他在一篇文章中改变了观点，认为解决的办法应当取决于案件和法院地国之联系的密切程度。如果这种联系很密切，出于对内国判决一致的考虑，应当适用法院地国的冲突规范，但如果联系微弱，则宜适用主要问题准据法所属国的冲突规范。③（3）从先决问题的功能来看，在早期的判例中，先决问题往往被用来限制外国法的适用，扩大本国法的适用。而在现代国际私法中，随着冲突规则的日益灵活和软化，法官适用法律的灵活性大大增加，已经没有必要用先决问题达到适用本国法的目的，更多的是将其作为对僵硬冲突规范的一种变通方法。结合晚近法律选择学说中的结果选择、政策定向等发展趋势来看，先决问题在现代国际私法已经逐渐转化为一种实现法院地某种政策目的的工具，旨在为法官提供更多的法律适用的可能性，从而达到某种政策上的目的。因此，就不必一概规定先决问题由何种法律支配，而应由法院根据个案的具体情况进

① 高特里普提出先决问题的19种模式，并且分析了在不同的模式下需要考虑的首要因素。*See* Gotlieb, *Incidental Question Revisited-Theory and Practice in the Conflict of Laws*, Contemporary Problems in the Conflict of Laws 82-97 (1978).

② 这种例外如此之多，以至于有时很难看出其原则性。一派学者有时为了修正自己的观点，提出的例外甚至恰好就是另一派的论据，一个阵营中的人有时提出的例外太多，以至于不知不觉站到了另外一派。*See* Gotlieb, *Incidental Question Revisited-Theory and Practice in the Conflict of Laws*, Contemporary Problems in the Conflict of Laws 52-59 (1978).

③ 发生这种转变的还有戚希尔、莫里斯、温格勒等。*See* Gotlieb, *Incidental Question Revisited-Theory and Practice in the Conflict of Laws*, Contemporary Problems in the Conflict of Laws 52-59 (1978).

行灵活处理。①（4）从各国立法以及国际立法的规定来看，目前世界上绝大多数国内立法和国际条约都没有规定先决问题，仅有少数国家的国内立法和个别区域性国际条约提到该问题，也都没有对先决问题的解决作出硬性规定。如1979年《美洲国家关于国际私法一般规则的公约》第8条和《阿根廷国际私法（草案)》(1974年）第3条都只规定：先决问题的解决不必依主要问题准据法所属国的法律，并没有指明到底应适用何种法律。1995年意大利新国际私法第6条只对先决问题的管辖权做出规定，而没有规定法律适用问题。1996年《列士敦支登国际私法》第2条更是明确提出，先决问题的法律适用由法院决定。其他国际私法制度较发达的国家，如瑞士、奥地利、波兰等国也没有规定先决问题的解决。由此可见，在立法中对先决问题不做明确规定，而留待具体案件中个别解决是大多数国家的共同选择。

综上所述，对先决问题不必规定固定的解决原则，而应当根据个案情况，综合考虑相关因素，包括法院地的公共政策、判决的一致、外国法律的公共政策、防止挑选法院、国际协调、反致、公平等，才能作出判断。这些因素在不同领域或不同情况下的优先性也是不同的，应视具体情况灵活确定。

（二）不同类型先决问题适用不同的准据法确定方法

在上面讨论的基础上，解决国际私法中的先决问题应当从两方面考虑，首先是要考虑先决问题的类型，不同类型的先决问题有不同的解决方式；其次要考虑先决问题的性质，解决不同性质的先决问题需要特别考虑的因素也是不同的。

首先考察先决问题的类型。（1）先决问题作为冲突规范的要件出现时，主要问题的准据法还没有找到，不牵涉内外国法律的冲突，但是仍存在法院地国的冲突规范和实体法的选择。这时应当适用法院地国的冲突规范，如同这个国际私法问题单独提出一样，而不论主要问题是否具有涉外的性质。这样就顾及了先决问题的涉外性，也有利于内国判决的一致，即同一个涉外问题作为先决问题提出和单独提出时，获得的结果都是一样的。（2）主要问题具有涉外因素，且依照法院地的冲突规范应当适用法院地国的实体法律为准据法。此时虽然只涉及到内国的法律，但解决先决问题时仍存在内国实体法和内国冲突规范的选择。出于和类型（1）同样的考虑，也应依照法院地的冲突规范解决之。比如在李伯康案中，就不宜直接适用中

① 法律的逻辑一致性（Consistency），应当受到国际私法中公正判决之目的的限制。吴光平：《国际私法上的先决问题》，载《法律评论》（台湾）第96卷，第43页。

国法律判断李伯康在美婚姻的效力，① 而应当根据我国的相关冲突规范，依照内华达州法律判断其婚姻效力。（3）主要问题以外国法律为准据法，且先决问题作为适用外国实体法的要件出现，这时的冲突是法院地国的冲突规范和主要问题准据法所属国的实体法律之间的冲突。由于先决问题在主要问题准据法所属国看来是一个内国案件，因此不妨直接用该国的实体规范一并解决。（4）如果先决问题对于主要问题准据法所属国而言也是一个涉外案件，这时站在主要问题准据法所属国的立场上应适用该国的冲突规范，站在内国法官的立场上应适用法院地国的冲突规范，如果两者导致的结果不一致，就会出现冲突规范的冲突，此时就应当根据先决问题的性质选择适用法院地国的冲突规范或主要问题准据法所属国的冲突规范，对此下文将专门论述。

其次是考察先决问题的性质。上述按照先决问题类型的分类解决办法不是绝对的，在实践中仍应当具体分析先决问题的性质，在不同性质的先决问题中考虑不同的侧重点。例如，对有关身份地位的问题，应尽量考虑法律关系的稳定性和对当事人的合理公正；涉及收养、抚养关系的问题时，应尽量考虑对弱方当事人利益的保护；在侵权、家事等问题中应考虑法院地政策的实现、实质公正的追求等。试以下面两个案例说明对有关身份地位的先决问题的解决。

一个久居希腊的丹麦人在其前妻死后，和一个信仰东正教的希腊女子在德国结婚。婚礼在一个希腊东正教神甫的主持下举行，但没有在德国民政部门办理民事婚姻登记。依照德国当时的法律，若神甫获得希腊政府的授权，同时当事人均非德国人且其中一方为希腊人，则其主持的婚姻在德国有效（当时的德国婚姻法第 5 条，今日之民法施行法第 13 条（3）），但该神甫没有获得这种授权。婚后双方回到希腊居住，直到该男子去世。该男子死时无遗嘱，留有一个妻子和一个与前妻所生的儿子。其财产大部分在丹麦，因此诉讼在丹麦进行。丹麦法院面临的主要问题是财产继承问题，依照丹麦的国际私法，应依死者的最后住所地即希腊法律决定。依《希腊民法典》第 1820 条，遗孀可以获得 1/4 的财产。但儿子举出德国婚姻法第 11 条的规定，认为只有在民政部门办理的婚姻才在德国有效，因此其父的第二个婚姻是无效的，后妻无权继承遗产。妻子认为婚姻有效，她举出《希腊民法典》第 1367 条规定，说明在民政部门办理的婚姻和在东正教神父主持下的婚姻皆为有效。此时丹麦法院需要首先确定第二个婚姻的有效性，然后才能决定是否可以适用《希腊民法典》第 1820 条中关于“遗孀”的规定。如丹麦法院适用丹麦关于婚姻形式的冲突规范，则指向德国法即行为地法律，结果是否定婚姻的效力。如果适用

① 法院根据中国法律，认定李伯康和周乐蒂的婚姻属于重婚。参见杜新丽主编：《国际私法教学案例》，中国政法大学出版社 1999 年版，第 13 页。

主要问题准据法所属国即希腊的冲突规范，则指向希腊民法典，其结果是婚姻有效。①

A是X国人，和Y国人B结婚，婚后住在Y国，后在Y国离婚。这个离婚在Y国是完全合法有效的，但是X国出于某种原因不承认该离婚。其后A仍然住在Y国并与C结婚，二人在Y国一起居住了多年，直到A去世，但A死时仍然保有X国的国籍。A的遗产由Y国法院处理，依照Y国的冲突规范应适用死者的本国法，即依X国法律决定遗孀的继承权利和份额。这里首先就要判断C的遗孀地位，如果Y国法院适用主要准据法所属国法律即X国法律，A的遗孀就不是C，而是前妻B，因为X国从来没有承认过A的离婚。如果适用法院地国法律则C为遗孀。②

许多学者都认为，在解决先决问题时，应当特别注意身份的稳定性。如拉沛(Raape)在他的海牙演讲中指出："如果一个妻子在丈夫生前是其合法的妻子，尽了一个做妻子的所有义务，拥有作为配偶的一切权利。然而在丈夫死后，由于依继承主管国法院的法律其婚姻不符合形式要求，而突然变得一无所有，这是不可思议的……先前的有效联系不能因为适用了别的法律而一下子被切断，适用于婚姻效力的法律应当总是一致的。"③ 克格尔也认为在解决先决问题时，应当特别注意当事人身份的稳定性。④ 多伦伯格（Dorenberg）进一步指出，如果不认真考虑当事人的利益关系，任何法院都不能合理解决跛脚婚姻的问题。⑤

据此观点来考察上述两个案例，可以看出，在案例一中，问题产生的原因是由于当时的《希腊民法典》第1367条规定，希腊东正教徒的婚姻必须在希腊东正教神父面前举行，否则无效。这一条也适用于希腊人在德国、法国、奥地利、瑞士等外国举行的婚姻，而这些国家认为在其境内的婚姻必须是民事婚姻方为有效。⑥ 因此，当希腊公民在外国结婚时，希腊的这条规定就造成了很多跛脚婚姻。在这个案件中，首先，由于双方当事人在缔结婚姻时已经决定婚后回希腊居住，因此按照希

① *See* Schmidt, *The Incidental Question in Private International Law*, Recueil (1992 II) 317.

② *See* Schmidt, *The Incidental Question in Private International Law*, Recueil (1992 II) 318.

③ Raape, Recueil (1934) 492 f.

④ *See* Kegel, Internationales Privatrecht 330 ff (8. Aufl., 2000).

⑤ *See* Schmidt, *The Incidental Question in Private International Law*, Recueil (1992 II) 352.

⑥ 虽然依照希腊的国际私法，婚姻的形式由缔结地法律决定。但是大多数希腊学者和法院实践都认为第1367条不仅调整婚姻的实质有效性，也调整婚姻的形式有效性，无论婚姻在希腊还是在国外举行。这种情况在1982年得到改观，一项1982年生效的法令规定，当事人在婚姻缔结地按照当地的合法形式举行的婚姻也有效，而且这一规定对于该法生效以前在外国缔结的婚姻具有回溯效力，这样才解决了大量的跛脚婚姻问题。*See* Schmidt, *The Incidental Question in Private International Law*, Recueil (1992 II) 319.

腊法律的规定在东正教堂举行婚礼，可见双方缔结婚姻是真实意思的流露。其次，该妻子与死者共同生活了数十年，直到该男子去世，且在生活中互相扶助，从最密切联系的角度来看，后妻应当获得死者的部分遗产。再次，这种跛脚婚姻完全是由于国家的不同立法引起的，这种国家间立法在意识形态方面的差别造成的不利后果不应当完全由当事人承担。因此，应当适用主要问题准据法所属国的冲突规范，支持婚姻的效力，使妻子获得死者的部分遗产。在第二个案例中，问题产生的原因系由于在 1971 年和 1981 年以前，意大利和西班牙都不承认离婚，① 出于同样的考虑，法院应当适用法院地国的法律，确认 C 的遗孀地位。进而可以总结出，在有关身份的先决问题中，如果强行依照某种原则处理，会使原本有效的关系无效，影响法律关系的稳定性和当事人的合理预期。因此，应当将身份的稳定性和当事人的合理利益作为首先考虑的因素，适用有利于身份稳定的法律，并对当事人的利益关系做出具体的分析。因此，在上述的李伯康案中，尽管李伯康在和周乐蒂结婚时尚未解除和范素贤的婚姻关系，但是李、周在内华达州已经按照当地法律缔结了婚姻，并且共同生活了近 14 年，周乐蒂对李伯康的遗产有合理的期待权。同时李伯康和范素贤的婚姻并未合法解除，并且双方的分离是历史客观原因造成的，故也应适当考虑范素贤的相关利益。因此如果从公平公正的角度出发，将财产在二人间进行合理分割，不失为较合理的解决办法。

在实践中，这一观点也是可行的，已有法院根据这一原则的指导作出判决。例如，法国法院在 1980 年审理的一个继承案件就是如此。在该案中，一个阿尔及利亚人死后留下两个妻子，各有一子。死者在法国留有不动产，不动产继承由法国法调整。由于一夫多妻制度在阿尔及利亚有效但在法国无效，因此要判断第二个妻子及其子是否有权和第一个妻子及其子共同继承遗产，就必须首先确定其作为妻子和儿子的地位是否成立。法院没有考虑相关的冲突规范，而是直接适用死者的本国法即阿尔及利亚法确定其妻儿的地位问题，从而使第二个妻子及其子有权共同继承。② 德国联邦宪法法院审理的“遗孀抚恤金案”（Witwenrentensache）也体现了这一观点。一个德国妇女于 1947 年和一个英国士兵在一个随军牧师的主持下结婚，该婚姻依英国法律有效但依德国法律无效。婚后双方来到英国，妇女获得英国国

---

① 西班牙的禁止离婚尤为严重，一个未婚的西班牙人甚至不能和一个在外国离婚但配偶尚在世的外国人结婚；在意大利，一个在外国获得离婚的意大利人，如果其前配偶尚在，就不得再缔结新的婚姻。但是，意大利并不禁止意大利人和已经离婚的外国人结婚。*See* Schmidt, *The Incidental Question in Private International Law*, Recueil (1992 II) 319.

② Dame Bendeddouche c. Dame Boumaza, Cass. 3. 1. (1980), Revue crit. 331 (1980). *See* Schmidt, *The Incidental Question in Private International Law*, Recueil (1992 II) 337.

籍。两年后双方又返回德国，丈夫在英国驻莱茵的军队中以平民身份工作。夫妻双方都深信他们的婚姻是合法有效的，并且共同生活了25年，直到丈夫于1975年去世。由于丈夫在德国参加了社会保险，妻子依照德国相关法令第1264条请求遗孀抚恤金。联邦社会法院驳回其请求，理由是该婚姻依照德国法律无效，该妇女因此不是合法的遗孀。但联邦宪法法院推翻了这一判决，认为第1264条应当按照德国宪法第1节第6条的精神解释，即“婚姻、家庭享有国家的特别保护”。法院认为第6条也含有保护外国人婚姻的精神，第1264条应当被解释为，跛脚婚姻下的妇女也可以得到遗孀抚恤金，从而保护了该妇女的合法权益。①

（三）对我国立法层面的建议

我国现行法律中对先决问题尚没有明确规定，中国国际私法学会起草的《中国国际私法示范法（第六稿）》第15条规定：（先决问题）国际民商事案件或者事项的主要问题的解决依另一先决问题的解决时，先决问题所涉及的民商事关系的法律适用，应当根据本法依照该民商事关系的性质加以确定。可见其采纳的是适用法院地国冲突规范的观点。综合本文所述，我们认为，我国在立法中应当规定先决问题的构成要件，但不宜对其解决进行硬性规定，可以以司法解释的形式，对解决先决问题时应当考虑的因素加以规定。同时，通过若干典型判例的公布，为法官提供具体的操作指导。这样法官可以在审判实践中，首先依照我国的观念确定先决问题是否存在，进而在诸要素的指引下，根据案件的具体情况灵活决定应适用的法律。

① BVerfG 30. 11. 1982，BVerfGE 62. 323.

国际贸易体制的公共健康之维

□ 何志鹏 孙 璐*

内容摘要 公共健康与贸易的关系在理论上有着较为复杂的联系，总体上看，二者既有可能互相促进，也有可能互相掣肘。各国在对外贸易领域以公共健康的名义采取的有关措施产生了一系列的理论与实践问题，在国际上，多边环境协定与以《国际卫生条例》为代表的国际规则也对贸易自由化有着潜在的挑战。作为自由贸易的主要倡导者和重要规则体系，GATT/WTO在这方面的实践颇引人注目。就现有制度而言，WTO的一系列协定实际上都涉及到了公共健康的问题，但是规则自身的模糊性仍然需要进一步的细化和充实，WTO的争端解决案例为这些问题提供了更有说服力的解读。在目前进行的多哈回合谈判中，环境、公共健康已成为谈判议题之一，但就现在的进展而言，仍然没有任何可操作的规范。因而，有必要在生态标志、多边环境协定与多边贸易体制的关系等有关问题上探清道路，争取在WTO的框架之下，联合WHO以及其他有关组织机构，为妥善解决贸易与公共健康的关系创立良好的规则环境。

一、健康、环境与贸易

历史地看，自从国家对于经济交往进行管制的时刻起，各国政府部门就一直出于环境或者健康的目的对货物的进出口进行限制。而环境与公共健康在两个限制贸易的理由之间本身就存在着内在的联系。绝大多数环境危害都将在不同程度上或直接或间接地影响人类健康。事实上，在人类中心主义长期居主导地位的历史背景下，人们对环境的关注正是从对自身生命、健康、安全等的关注起步的。从特雷尔

* 何志鹏，法学博士，吉林大学法学院讲师；孙璐，吉林省社会科学院法学所研究人员。

冶炼厂案①、托列峡谷号事件②到切尔诺贝利核电站事故，从臭氧层空洞、全球变暖到土地沙漠化，都是因为人类生存与健康受到威胁才引起广泛重视；而从亚特兰大报告、斯德哥尔摩环境宣言到布伦特兰委员会推出的可持续发展理念，同样是以人的生命、健康作为主要着眼点。因而，我们所提到的环境/公共健康问题实际上是从公共健康角度观察和理解的环境问题，也就是作为公共健康一个角度的环境问题。

（一）贸易体制对于公共健康问题的关注

环境/公共健康问题与贸易之间的关系可以从经济发展这一点上进行分析。经济发展是为了增进人们的福利，而良好的健康和环境则是人类福利的重要组成部分；然而，为了迅速致富或追求当前的物质享受，人类在发展社会经济时往往趋向于忽视自然资源和环境保护，长此以往就会危及人类自身的健康、生命和生存。很显然，在疾病缠身、朝不保夕的状况下，即使是拥有锦衣玉食、花园洋房、别墅跑车，亦无意义。而且，如果经济增长的实现是以牺牲环境（即人类生命和健康所依赖的空气、土地和水）为代价的，那么此种增长从长远看来则不是可持续的。自由贸易经常被作为经济增长的重要因素或者催化剂，因此，如何适当地采用贸易政策来促进经济增长、增进人们的全面福利，使人们在生活水平得到提高的同时享有美好的环境和良好的健康状态，在可持续发展的时代背景下就变得更为重要。

众所周知，GATT/WTO是全球自由贸易的倡导者与维护者。在时代潮流的推动下，这一体制逐渐接纳了环境/公共健康方面的考虑。在1994年的《马拉喀什建立世界贸易组织协定》的前言中，各国政府肯定了为可持续发展而努力的重要性。③ 前言的第一段就指出：WTO各成员承认在指导其贸易和经济关系时应当"依据可持续发展的目标而考虑对世界资源最佳利用；寻求保护和维持环境，并以符合其在不同经济发展层次上各自需要和关注的方式，增进上述措施"；而2001年的《多哈部长宣言》有力地重申了其对可持续发展目标的承诺，并承认：按照WTO规则，在不违背多边贸易纪律的非歧视性等规定的前提下，各国有权在其认

① Trail Smelter Arbitration, 1938; documents *avaible at* 3 *R. Int' l Arb. Awards* 1911 (1938), reprinted in 33 *AJIL* 182 (1939)，情况简介可以参看中国政法大学国际法教研室编：《国际公法案例评析》，中国政法大学出版社1995年版，第22~25页。

② The Torry Canyon Incident, 1967，情况简介可以参看陈致中编著：《国际法案例》，法律出版社1998年版，第278~280页；该案在国际法上的影响参见吴焕宁主编：《海商法学》，法律出版社1996年版，第214、218~220页。

③ 关于《马拉喀什建立世界贸易组织协定》（*Marrakesh Agreement establishing the World Trade Organization*）的内容，*See* http://www.wto.org/english/docs_e/legal_e/04-wto_e.htm.（WTO的所有其他法律文件均列于WTO网站www.wto.org，2004年9月2日）。

为适当的水平上为保护人类、动植物的生命、健康或保护环境而采取相应措施。①

（二）贸易与公共健康问题的正相关性

自由贸易与环境/公共健康政策有可以互为补充的一面。环境/公共健康保护促进了对作为经济增长前提条件的自然资源基础（包括劳动力资源）的维持；而适当的、可持续的经济增长也会给环境/公共健康保护提供资金、装备、技术等方面的支持。首先，在广大发展中国家，贫穷是政府与民间的共同关注，也是环境保护的主要障碍；而在这些国家看来，世界市场对其出口产品的开放，即自由的国际贸易可以成为解决贫穷、改善环境的方法之一。对发展中国家出口产品的贸易自由化，加上金融和技术转让，可以增加这些国家保护环境、实现可持续发展的能力。实际上，在许多发展中国家，外国投资都可以引进更为安全、污染更小的现代化设备和产品加工方法。其次，对现代化“绿色”技术以及环境产品和服务的供应者取消贸易壁垒，也能发展改善环境和健康状况的潜力。再次，废除贸易扭曲政策（如补贴），既可以促进贸易，又可以有益于环境。② 例如，特定的渔业补贴有可能鼓励扩张捕鱼能力，直至超越了海洋从长期上看所能承受的限度，而不完善的渔业经营有可能进一步加剧这一状况。在这时候取消或减少渔业补贴，不仅会促进扭曲性更小、自由程度更高的贸易，还有助于缓解渔业储存的过大压力、保存海洋生物资源、保障人们未来的食物来源。

（三）贸易与公共健康问题的负相关性

但是，贸易与环境/公共健康并不是在任何时候都能相互支持、协调一致的，在自然资源有限而人类欲望无穷这一永恒矛盾中，贸易与环境/公共健康间还是存在着一些发生冲突的风险。尤其是在许多发展中国家，因为历史遗留的贫困落后、急于发展经济的心理、不甚公平的国际经济秩序贸易等因素的影响，自由化的规模和速度往往倾向于压倒该国发展并实施环境或职业健康法规的能力。在这种情况下，贸易就有可能加剧不完善环境政策之后果。为解决贸易与环境、健康间的潜在冲突，不仅国内层面上有关管理结构和适当政府调整要摆正位置、齐头并进，国际层面上各相关体系之间也要协调关系、相互支持。无论如何，对人类自身来讲，生命和健康是最重要的，只有在这一价值得到保障的基础上，自由、平等、发展等价

---

① *See* WT/MIN（01）/DEC/1，（visited on Sept. 2 2004）http：//www. wto. org/english/thewto_e/minist_e/min01_e/mindecl_e. htm.

② *See* WTO Agreements & Public Health, a joint study by the WHO and the WTO secretariat, 2002, pp. 78-79.

值才会对人有意义。世界贸易体系在规则完善和判例发展过程中，也要在承认这一价值排序的前提下，妥善解决自己所维护的价值、原则、规则与国际环境体系等其他体系所维护的价值、原则、规则之间的实际或潜在冲突，确保自由贸易和经济增长确实能给各国人民带来真正的长远的福利。

二、各国的公共健康措施对世界贸易体制的挑战

就各国的实践来看，为了维护公共健康、保护环境，政府部门往往会推行一些具有贸易影响的政策、法规或者具体做法。这些基于环境目的而采用的贸易措施被称为“与贸易有关的环境措施（trade-related environmental measures—TREMs）”。① 这些措施以及其背后所依据的原则对世界贸易体制的原则和规则提出了一系列挑战。

（一）国内受禁商品（DPGs）的进口控制问题

DPGs 对国际贸易体制构成了严重的威胁。② 一个宣称为自由的贸易体制似乎可以放手由市场调节，由商家选择。但是 DPGs 的进出口恰恰说明，当成本外部性大规模存在的时候，市场行为往往片面追求市场行为者的效率最优，却忽视了与市场行为密切相关的公众的环境利益和健康影响。在信息不对称的情况下这一点尤其严重。正是由于这，DPGs 的出口问题才备受发展中国家关注，并成为发达国家被指责以邻为壑的主要原因。③ WTO 日程上与健康特别相关的一个问题是 DPGs 贸易。早在 1982 年，一些发展中国家就提出了这样的关注：某些产品因健康及环境理由在国内被禁止或被严格限制（即 DPGs），却被生产商出口到了这些发展中国家。以下 4 类 DPGs 引起了广泛的关注：

1. 化学品（包括农药和杀虫剂）。据统计，1995 年美国出口的杀虫剂为 6.3

---

① 有的学者认为，凡是国家采取的阻碍贸易流通的措施均可以称为“贸易壁垒”，所以以环境或者公共健康为理由的措施自然就是“绿色壁垒”，我们认为，措施与壁垒之间还应当有差异。也就是：阻止贸易的措施中那些不具有合法性和正当性的可以称为壁垒；而那些具有合法性的则不适于称为壁垒。当然，这一点还可以进一步讨论。

② 关于 GMOs 问题上各国的立场和做法，详尽情况可参见：*The Economist*，February 20th-26th（1999）.

③ 值得一提的是，1982 年 12 月 17 日，联合国大会通过了《保护健康与环境免受产品危害》的 37/137 号决议，控制危险废物流向发展中国家。146 个国家支持，惟有一个国家（美国）反对。

亿余磅，1996 年增至近 6.9 亿磅，平均每天 936 吨，① 其中绝大部分以发展中国家为目的地。而且，至少有 950 万公斤是在美国国内受到禁止的。而上述数字仅仅是保守的估计，因为就将近 2/3 的出口产品来说，装船记录中都省略了具体的杀虫剂名称。② 在许多发展中国家目前市场上，杀虫剂法规都未得到遵行，控制性基础设施也不充分，且缺乏训练有素的人员。由于危险意识普遍缺乏，且在农村地区基本保健条件不足，健康和安全问题可能进一步恶化。比如，通常不具备防护性的服装，或者虽然具备但由于气候炎热而难以穿着；杀虫剂喷洒之后或者意外事故发生之时冲洗设备相当短缺；杀虫剂容器被作为储物或饮水器皿而再利用；较高的文盲率、繁杂的产品标签以及误导性的产品信息等因素，则把上述问题变得更为复杂。此外，缺乏管理也导致了过时的和废弃的有害化学品在许多发展中国家的累积存储，安全地处置这些化学品是一个仍需努力的艰巨任务。而就储藏而言，也存在着储藏条件不充足、渗漏及标签丢失等问题。③ 如果所涉及的是在出口国国内受禁止的杀虫剂，则上述问题尤其令人担心：与该产品相联系的健康和环境风险在出口国已经证据确凿、广为人知，但是它们却被出口到那些不了解该产品的属性，不严格遵行其使用、处置和储藏方式的国家，这就给人的健康和生命带来极大风险。目前市场上大约有 7 万种不同的化学品，而每年又有 1500 种新的化学品引入，这就使得对这些潜在危险物资进行监控和管理变得很困难。④ 由于国际上既存的各化学品和杀虫剂信息交换体制之间宗旨、职能和范围上的重合与交叠，协调和合作已经变得相当重要。面对此情况，《21 世纪日程》在第 19 章中呼吁要极大地加强国内的和国际的努力，以实现对化学品以及以下 6 个建议中规划领域的环境适当管理：(1) 化学品风险国际评估的扩展与加速；(2) 化学品分类和标签的协调；(3) 有毒化学品和化学品风险方面的信息交换；(4) 风险降低方案的拟定；(5) 化学品管理方面国内能力的加强；(6) 有毒和危险产品的非法国际流通的防止。⑤

2. 药品。发达国家所禁止或严格限制的药物制剂常常被出口到发展中国家。

---

① Carl Smith, *Exporting Risk: Pesticide Exports from U. S. Ports*, Global Pesticide Campaigner, Vol. 8, No. 2 (1998).

② *See, e. g.*, "*Exporting Risk: Pesticide Exports from U. S. Ports*, 1995-1996", Foundation for Advancements in Science and Education (FASE) Research Report (1998).

③ *Cf.* Danielle Knight, *Who Benefits, Who Suffers? – the Global Politics of Pesticide Use in Brazil*, Z Magazine, January (1997).

④ *Cf.* Joint UNEP/FAO News release, Geneva/Rome/Nairobi, 1 September 1998.

⑤《21 世纪日程》的英文本见于：http://www.unep.org/Documents/Default.asp? DocumentID = 52；上述引文的中文见于 http://www.un.org/chinese /events /wssd/chap19.htm (both visited Sept. 1, 2004).

为在发展中国家推销这些药物而发布的广告，却很少伴随有导致其在本国遭限制的那些科研信息。举一个典型的例子，复方苯已哌啶作为一种有效的抗腹泻药物，由于只要轻微地超过医生建议的剂量就会致命，所以在美国属于处方药物，而在苏丹，则不需经过处方即可直接而随意地在药店里买到它，其外包装上还声称该药在双子星座和阿波罗宇宙飞行中为宇航员所使用，同时建议 12 个月的儿童即可服用。① 长效避孕注射剂甲羟孕酮避孕针（Depo-Provera）由于可能具有致癌性以及会导致骨质疏松为 FDA 所禁止，制药商却轻而易举地将其转销到国外。一些研究证实：出口到发展中国家的药品一般都在标签中标明更广泛多样的适应症范围，却用细小字体来印刷警告语和否定语。在对德国制药工业的一份分析中，BUKO Pharma-Kampagne 在研究了 1991 ~ 1992 年间向 26 个发展中国家出口的 1409 种药物制剂后发现：53% 的出口药品在德国国内都被禁止使用，而且不符合疗效、合理的药物组合、充分的临床试验、剂量的可接受的风险/利益定量和适当量、配药形式等各方面的标准。②

3. 消费品。虽然 DPGs 只有限地涵盖消费者产品，但是出口这类受禁止或严格控制的产品仍可能会给人类、动物或植物的生命或健康或者给环境带来严重问题。例如，用一种叫做三氨基甲烷的致癌的防火物质加工处理过的儿童睡袍，在被美国的消费者产品安全委员会（CPSC）从本国国内市场上取缔之后，又有 240 万件以上从美国出口，受影响的儿童难以数计。③

4. 有害废物。④ 据估计，全球范围内每年生产的对人类或环境有害的废物达 4 亿吨。⑤ 这些废物中有 90% 是在工业化国家生产、商业化、加工和处置的，而余下那 10% 则涉及跨境流动，主要是从发达国家向发展中国家装运。在著名的“Karin B 号案”中，一位在尼日利亚工作的意大利国民获得了一份产品进口许可证，依此装载了数千吨高度毒性和放射性的废物，包括 150 吨受到多氯化联苯（PCB）污染的废物。这些废物在 1987 ~ 1988 年之间几个月的期间里用 5 艘船装载进口到尼日利亚。其中，在德国登记的 Karin B 号船，曾经在尼日利亚非法倾倒了 2100 吨

---

① Mark Dowie, *The Corporate Crime of the Century*, Mother Jones, November/December (1979).

② *See* http: //www. epo. de/bukopharma/index. html (visited on May 15, 2004).

③ *See* Mark Dowie, *supra* 14.

④ 有害废物指那些含有对人类健康有害的某些物质（基于毒性的、有毒的、爆炸性的、腐蚀性的、易燃的、生态有害的或者传染性的）、污染其他生物，或者在与环境的长期接触中转变成其他有害物质的废物。

⑤ *See* Basel Convention Secretariat (visited on May 15, 2004), http: //www. basel. int/.

有毒废物。① 一些国际协定和法律文件正在试图解决进口国如何在掌握充分信息的基础上处理此类货物的问题。一些国家在此方面提出了一些建议，如巴西政府提出：要想使当地能够发展起有害废物管理方面的适当技术，首要的是维持技术转让的持久流动。②

（二）产品的环境/健康标准问题

与环境/公共健康—贸易界面最为相关的是作为上述绝大多数措施根据的各种环境标准，尤其是施加于贸易商品的那些环境标准。在以某些进出口措施来保护本国国内环境或者人民健康时，一些国家倾向于采用边境税收调整，另一些国家则倾向于采取对进口产品施加某种环境/健康标准或法规等管理措施。就国内环境管理而言，各国在国家层面上以多种方式实践一些环境/健康原则，其中包括：物种和栖息地保护措施、环境税费、经谈判的自愿性协定、储存与退还或召回制度、特定产品和做法上的限制等。

从利用稀有原材料到制造、运输、贸易、销售、使用和处置，沿着产品的行进路径来看，存在诸多类型的环境标准，基本上可以归入以下 5 个大的类别：

1. 环境质量标准。即在对空气、水或土壤中一些特定物质进行集中表述而描述出环境状况的基础上对于产品的内在要求。具体方式可以是“危机量”标准，即污染物质的某种积累水平：只有在该水平以下，环境的一些要素才不会受到损害。亦可以是物种数目标准，要求保存已经受到威胁或濒危的特定一些物种。

2. 排放标准。即对某种装置可能排放的特定物质的数量做出限定或设置底线。排放标准对于受调整的生产过程会产生较为积极的影响，因为避免生产污染物质这种未雨绸缪的做法一般说来要好于在生产过程末端截获污染物质而后处理废物流的亡羊补牢式的措施。

3. 产品标准。即规定产品必须符合某些为避免产品使用或处置中的环境/健康危害所必须具备的特征。这种产品标准在实践中为保护人类健康而频繁应用。例如，禁止使用含铅的家用涂料，因为铅这种有毒重金属可能会为人所接触并带来危险；禁止在烟雾剂中使用氟氯烃，以免平流层中的臭氧层遭到破坏。

---

① Nigeria-Italy Waste Trade，案情简介见于 Trade and Environment Database（visited on May 15，2004） http：//www. american. edu/projects/ mandala/TED/ nigeria. htm；有关分析见 Andrew Cooke and Wendy Chapple，*Guilty by Association? The Case of The Karin B Scare*，5（1） *European Journal of Law and Economics* 5-12（1998）.

② *See* Maria Rita Fontes Faria and Breno Hermann，*Domestically Prohibited Goods*：*Hazardous Wastes*，report on The Second Regional Workshop of the UNCTAD Project on Strengthening Research and Policy-making Capacity on Trade and Environment in Developing Countries（Havana，Cuba，2000）.

4. 加工和生产方法标准（PPMs）。该标准指明产品应当如何生产，以及这种生产加工环节会对环境具有何种影响。以加工和生产方法为基础的标准对于国际贸易有很大冲击，这种冲击与对国内贸易的冲击截然不同。简言之，当把加工和生产标准适用于贸易商品时，等于是管理国给生产国国内的经济活动设立了标准。①

5. 行为标准。该标准要求有关方面做出诸如环境评价等特定行为，这些行为有望改进环境管理。②

上述标准的整体效果是促使生产者、贸易者和消费者通盘考虑其经济决定的环境/健康影响。他们必须习惯于将外部环境成本内化于其估算之中。总体看来，在分析某种单一产品的全部环境/健康影响时，把所有上述衡量方法和标准结合起来，即考察该产品在生产、使用和处置等过程中的所有环境/健康影响，并在单一的生命循环分析（LCA）中把它们结合起来是可行的。LCA 可以用于查明减少环境/健康影响的机会，或用于比较本来有可能“类似”的产品的不同环境/健康影响，例如在不同种类的饮料容器之间，或者在布尿布和一次性尿布之间进行比较。LCA 就其内涵而言应考察多种环境/健康影响类型，例如水、能源利用、各种污染物质的释放等。此外，还有一些以市场为基础的手段也可以用于实现与环境标准同样的目的，如税、费、可买卖的污染许可量、补贴等。不过，应当承认：不管是管理性的措施还是以市场为基础的措施，都会导致结构性经济变化，因为环境上良好的活动会受到欢迎而环境上不良的活动会被置于不利地位。

上述的不同标准常常不是单独而是结合起来使用的。这就产生出一个庞大的管理结构，其中各种标准互为补充，很少有哪一个标准仅凭自身就会有效。它们都具有经济效果，并且对世界贸易体制提出了潜在要求，而世界贸易体制迄今主要应对了在国际贸易实践中最有争议的产品标准问题以及 PPMs 这两个环境问题。就产品标准而言，它围绕着产品本身的特征而制定，有可能被作为影响外国产品市场准入的贸易壁垒；从 PPMs 标准来看，它虽不涉及产品本身的特征但涉及产品的制造方式，也影响着竞争条件。这两种标准和技术法规都可成为非关税壁垒，引起国内价格与边境价格间的差异并且保护着国内市场。由于这两种标准在本质上有很大差异，因此在协调各国做法上面临着诸多困难。

---

① 关于 PPMs 的问题，我们在《WTO、MEAs 与发展中国家》（载《厦门大学法律评论》第 6 辑）一文中讨论了其本质以及 WTO 体制的态度，可以参阅。

② 关于这些标准的分类及其特征，*See* The United Nations Environment Programme Division of Technology, Industry and Economics, Economics and Trade Unit and the International Institute for Sustainable Development, Environment and Trade: A Handbook, 2000, pp. 10-11.

（三）生态标志制度、环境管理体系认证规划、产品的包装和循环要求问题

与产品的环境/健康标准接踵而至的是各国对于产品友好性的评价、监督与导向。这方面的主要表现即为生态标志制度、环境管理体系认证规划、产品包装和循环要求。其中，生态标志和环境管理体系认证规划（EMS）被极力推荐为与 PPMs 相关问题的一种可能的解决方法。与政府法律和规章不同，它们多为自愿性工具，其目的为提供信息以有助于消费者做出知情的选择。也就是说，很多时候不是由政府通过法律来命令哪些 PPMs 为可接受的，而是由消费者在标签和认证等工具提供信息的基础上自己做出购买的决定。

生态标志（eco-label），亦称生态标签、环境标签或者环境标志，系由政府部门或公共、私人团体依据一定的环境标准向有关厂家颁布证书，证明其产品的生产使用及处置过程全都符合环保要求，对环境无害或危害极少，同时有利于资源的再生和回收利用。生态标志既可以显示产品特点，也可以显示加工和生产方法，可以作为一种“批准印章”，或者客观地传递信息，是提高环境/健康标准的常用方法。作为以市场为基础的旨在促进实现环境政策目标的工具，其理论根据是：生态标志以 LCA 方法为基础，可以向消费者提供关于产品的整个生命周期对环境影响的信息，进而通过市场和消费者在购物时做出的环境影响方面的消费选择，激励和推动企业生产环境友好的产品和服务。① 生态标志可以采取几种形式，如强制性的“消极成分”标签、强制性的“中性成分”标签以及自愿性的“多重标准”标签等。② 现实中存在着由政府、民间团体或这二者的结合来发动广泛多样的生态标志体制。世界上著名的生态标志计划包括德国的“蓝色天使”标志、北欧诸国的“白天鹅”标记、加拿大的“枫叶”标志、美国推行的“绿印章”标志、中国的山水标志以及日本、新加坡、欧盟的相应标志等。③ 各国政府正在越来越多地采用或支持此类规划。如果生态标志作为对进口商品的强制性要求，就可能导致对外国生产者的歧视并成为贸易的非关税壁垒；即使是非强制性要求，由于消费者环境偏好，那些没有生态标志的产品可能因此失去一些市场份额。

---

① *See* P. W. Birnie and A. E. Boyle, International Law & the Environment 719 (2nd ed. 2002).

② *See* US Environment Protection Agency, Status Report on the Use of Environmental Labels Worldwide, 1993.

③ 参见钱易、唐孝炎：《环境保护与可持续发展》，高等教育出版社 2000 年版，第 352 ~ 353 页；*See also* Elliot B. Staffin, *Trade barrier or trade boom? A critical evaluation of environmental labeling and its role in the 'greening' of world trade*, 21 Columbia Journal of Environmental Law 205-286 at 205, 225 and 230 (1996).

EMS 认证体制评价的是某一公司对环境问题的整体处理。生态标志使消费者了解某种具体产品，而 EMS 认证体制则使消费者了解生产该产品的企业（或者所属部分）的某些情况。与生态标志不同，EMS 认证体制要求各公司遵行当前的环境原则以及它们自己在经营业务时所确立的指导原则；而并不显示关于该公司产品的环境影响的任何情况。在没有普遍方法能确保盛行于国内、区域和国际市场中的各种品质要求实现协调一致的背景下，各企业往往倾向于采用 ISO9000 和 ISO14000 系列标准或者“欧洲生态管理体制”（ECOMAS）。此类自愿性体制中的各项要求通常是灵活的、可随意解释的，因而比起生态标志体制来一般较少引起争议。例如，ISO14001 环境管理体系标准作为国际层面上的体制，帮助各企业追踪、了解并改进它们的环境管理；它不要求企业遵守具体的原则或指导方针，各企业可以“自我认证”其符合有关标准的程度，但是大多都寻求独立的证明。① 此外，在生态标志和 EMS 认证之间，一类部门专用的环境认证已经在林业、渔业、有机农业和旅游业等行业中发展起来，如果一个独立的评审部门认定某企业符合本体制中所设定的原则和标准，该企业便可获得认证。

当消费者越来越关注环境、健康问题时，对绿色产品和企业的需求也在增长。而生态标志和 EMS 认证规划则给予消费者以其所需要的信息，使其能够做出环境上适当的购买决定，因此在这方面能提供裨益。但是它们也有可能会在国际层面上产生一些问题。（1）本来由于生态标志制度并不把遵守具体标准与市场准入相联系，因此一般说来是不违反 WTO 规则的；然而，有些时候它也确实提出了一些难题，这起因于最近几年中，生态标志制度在很多国家（还有国际组织）多层次地发展起来。由于其中绝大多数生态标志体制都是国内规划，是为各国国内经济和环境现状而发展起来的，而且考虑的是各国国内环境上倾向性，因此经由这一过程而发展起来的标准有可能与其他国家的环境和社会优先事项不相关。举例说，森林保护对于某些国家（尤其是森林再生速度很慢的那些国家）是一种优先考虑，消费者因而有可能希望纸张就所含的回收成分而被授予一种生态标志。但是这一做法会使纸张在其他国家因不合品质要求而受排斥；在那些国家，气候条件允许可获利的、可持续地安排的造林，而它们的产品成分是 100% 的原生木浆。在欧盟，各国的国内制度就被允许与欧共体生态标志制度同时运作。这些生态标志制度的多样性已经引起了极大的混淆，而且使得公共权威部门对它们进行的监管变得极为困难。②（2）问题往往涉及外国生产商必须遵行某种程序，才能被授予生态标志或

① *Supra* note 21, p. 48.

② 欧共体内有关生态标志的主要立法为理事会第 EEC/880/92 号规章，该规章授权各国单独订立生态标识方面的规则。

认证。在各种程序中，有些程序（如检验程序）可能会需要专门技术、基础设施和专家，而它们在某些国家（尤其是发展中国家）是不可得的。即使当发展中国家生产商能够进行此类检验时，也会涉及比发达国家生产商高得多的成本。例如，用于检验食品中所含转基因生物（GMOs）的技术就非常昂贵，这样，表明某产品不含 GMOs 的生态标志所提供的市场机遇，在不存在检验条件或者依赖于低劳动力和资本成本的一些国家中就有可能更为有限。对此，已经有人指出：生态标志，尤其是以不与产品有关的 PPMs 为基础的那些生态标志，针对进口产品（特别是那些来自发展中国家的进口产品）实行了歧视。① 美国和加拿大等一些具有强大的或上升中的生物技术工业的国家也都反对采用生态标志来表明食品是否含有 GMOs，认为那样会使处理、贮藏和运输成本增加 200 个百分点。②

除生态标志和 EMS 认证规划之外，一些国家为引入强制性的产品循环和包装迈出了坚定的步伐，以减少废物及其所导致的污染的产生和对垃圾填埋地的需求。德国开此风气之先，于 1991 年通过了适用于在德国境内分配的所有产品的《包装条例》，该条例调整产品的包装并就包装废物设定了强制性的回收要求，要求产品制造商收回包装废物并安排它们的循环使用，而制造商们则通过参与民间废物回收体系而履行此种义务，这些民间废物回收体系在收费的基础上从消费者那里搜集废物以履行这一义务，参与该体系的制造商们可以用一个绿点来标示自己的产品。③ 由于许多国家纷纷效仿此做法，为协调各成员国在这方面的法律体制，欧盟于 1994 年 12 月通过了一部适用于在欧盟境内销售的所有产品（包括进口产品）的包装指令。该指令设定了包装废物回收和循环的目标范围，对用于分析产品的生命循环、测量包装成分和废物的毒性的各种方法进行标准化，并确定了重金属在包装中的最高集中水平。④

这些法律反映了许多工业化国家在产品被最终处置之前的整个生命循环过程中考虑其环境/健康影响的渐增趋势。其目的在于通过下述做法来弱化这种影响：（1）最小化包装废物；（2）禁止在包装中使用有毒的及有害的材料；（3）为包装和产品的循环、再利用或适当处置而创造激励或要求。由于这些法律具有干扰国际

① *See* Alexey Vikhlyyaev, *The Use of Trade Measures for Environmental Purposes — Globally and in the EU Context*, paper present to "Trade and the Environment in the Perspective of EU Enlargement", Fondazione Eni Enrico Mattei, Milan, 2001, p. 6. available at: The Fondazione Eni Enrico Mattei Note di Lavoro Series, http://www.feem.it/web/activ/-activ.html (visited on May 15 2004).

② *Cf The Economist*, February 20th-26th 1999.

③ 20 August 1991 BGBI I S 1234. 英文译本见 21 *ILM*, 1135 (1992).

④ Council Directive 94/62 EC, 1994 OJ (L 365) 10.

贸易的潜力，因此制造集团警惕的是此类“产品生命循环”或“生产者责任”法律的蔓延将会具有保护主义效果，对国内市场予以隔绝。发展中国家尤其担心，它们的出口商将会没有能力遵守这些法律。① 然而，因为生命循环法律服务于环境、健康等重要宗旨，所以国际贸易体系应当做出顺应这些法律的调整。这里出现了一些问题：一是此类法律的数量激增。这样，仅仅由于须符合不同的国内（或次国内）体制，贸易就可能会因负担过重而受到阻碍。解决方法可以是在国际层面上协调产品生命循环法规，可以由 WTO 贸易与环境委员会来鼓励，也可以交给像国际标准化组织（ISO）这样的民间机构（它们可以与国内政府、工业、环保团体合作）。在协调过程中既应当强调环境保护，也应当认真审查当前法律所发挥的实际效用。二是这些法律的限制性超过了必需的界限，或者有可能有意无意地对外国生产商实行歧视。解决方法可以是按照国际贸易法规范对这些法律进行审查。国际贸易法承认，对于各国政府在采用补救措施时拥有某种灵活性来说，环境保护具有必要性。

从总体上看，WTO 体系在生态标志方面几乎没有获得什么进展。由于各国在生态标志尤其是 GMOs 生态标志问题上分歧很大，而它又涉及许多具体而复杂的事项（如“国际标准”的定义、“相当”的概念等），因此 WTO 在这个问题上可谓举步维艰。虽然有人认为：ISO 已在发展透明度、符合评估和相互承认等方面的指导原则上取得了一定进展；WTO 可以从中获得借鉴，甚至可以与 ISO 进行某种形式的合作。② 但也有人指出：尽管由 ISO 这样的机构来设立国际认证标准，并发展生态标志的那些努力在一定程度上已受到认可，并有助于使各项过程更为开放，且能促进各国之间对彼此主张的相互承认，但委派代表、参与活动也极为耗费金钱和时间，这就导致发展中国家极少能参与其中。而且，其过程通常也缺乏透明度。③ 因此有人担心，各种国际标准化机构有可能仅仅是为西方国家在此做出有策略的行为，而保护它们自己支配性的市场地位而添加的场所。④

（四）维持生物多样性的问题

维持生物多样性是环境保护领域的一个重要主题，它既与人类健康密切相关，也有可能影响到贸易。“生物多样性”是一个综合性术语，它包含了自然的全部的多种多样的组成部分：植物、树木、动物、微生物的所有物种，以及它们所附属于

---

① *See* P. W. Birnie and A. E. Boyle, *supra* 23, p. 718.

② 参见那力、何志鹏：《WTO 与环境保护》，吉林人民出版社 2002 年版，第 352 ~ 354 页。

③ 同上书，第 354 ~ 356 页。

④ *Supra* note 21, p. 49.

并提供给它们栖息地的各种生态系统。《生物多样性公约》对生物多样性的定义便是：所有来源的活的生物体中的变异性，这些来源还包括陆地、海洋和其他水生生态系统及其所构成的生态综合体；这包括物种内、物种之间和生态系统的多样性。①

从地球上的物种来看，据估计，人们已经确认的物种的数目大约为140万个，但是更多的物种（包括昆虫和更小的生物）尚未被编目，因此总数可能大约为1 200万个。在已知尚存的43 850个脊椎动物物种当中，只有大约4 000个是哺乳动物，9 000个是鸟类，6 300个是爬行类，4 180个是两栖类动物；而在软体动物方面，人们已经确认了至少5万个不同的物种。这一物种多样性是在过去45亿年里通过变异和向真空活动范围里扩展而产生的，只有到了那个阶段的末期，由于尚不为科学研究所知的一些事件，才出现了较复杂的生物和更有意义的物种形成过程，才产生了生物多样性当前的广度和深度。② 从那时开始，物种形成率和自然灭绝率已经处于平衡点，生物学上认为进一步的物种形成是不可能的。

由于现存的生物多样性的总量很有可能处于其最大值，因此生物多样性必须被看做是一种不可再生的资源。而人类无论为生存、健康还是为繁衍、发展，都依赖于自然，都依赖于地球上以土壤、水、大气层等形式出现的自然资源，以及森林、植被和它们所维系的生物多样性。这就要求人类对生物多样性进行保护，尤其要对生物资源进行保护。对生物资源的有效保护不仅仅是出于它们对生物多样性的价值，还出于其他一些价值，如人类衣食需要的保障、疾病的防治等。从历史教训来看，以20世纪最为典型，人口过度增长、经济发展和科技进步已经在全世界范围内极大地增加了对上述资源的需求，从而导致了自然、自然资源和生物多样性的加速退化和消失。如果人类不吸取教训、悬崖勒马，而是继续过度利用甚至破坏这些资源，使其面临毁灭性危险，那么这种生物多样性将是不可替代的。要知道假如生物多样性真的逐渐减少乃至消失，即使现代化科学技术再先进、再发达，也不可能在实验室里模仿出各个物种与不同生态系统间的复杂互动，从而再生出这些物种经过数百万年时间才进化成的相互间的微妙差别。

意识到保护生物多样性的必要性，各国从很早的时候开始就已经采用国内立法的形式来保护本国管辖领域内陆地的和水生的生物资源。这些法规可以是分配性的，决定哪些人可以拥有或者取得该资源；也可以是保护性的，依照该资源目前的

---

① 见《生物多样性公约》第2条，http：//www. biodiv. org/default. aspx；中文本见王曦主编：《国际环境法资料选编》，民主与建设出版社1998年版，第273页。

② *See* P. W. Birnie and A. E. Boyle，*supra* 23，p. 545.

状况来保护之，或者至少在能够维持开采利用的水平上保护之；还可以是命令性的，出于维持、伦理或者道德方面的理由而禁止开采利用该资源，或者禁止某些特定的开采利用形式和方法。早期的生物资源保护单纯以国家主权为依据，而以利用生物资源所带来的财富为目的，这就使得保护方法过于简单化，而且主要关注对生物资源的权利分配。一国被假定为对其领土、领海和领空内所发现的所有自然资源拥有排他性的权利，而在各国管辖范围之外（如公海、其下的海床、其上的空间及空气本身）所发现的自然资源则被认为是人类的共同财产，适用所有国家可以自由取得的原则。随后，当那些由两个以上国家共同猎捕的生物资源遭到过度利用，以至于某些特定物种开始不能形成种群，有可能面临灭绝的危险时，人们才意识到需要在一种可持续的基础上发展起生物资源保护和维持方面的法律义务和原则，由此产生了更为复杂的、国际性的各种法律体制。①

无论在国内层面上还是在国际层面上，对生物多样性的保护都要求在一种可持续的基础上实现对总体物种的保护以及对濒危物种的特别保护。这就有必要在一种灵活的基础上调节各种保护手段和措施，以确保当一些物种遭受威胁时，可以被追加到有关公约的保护名单中；栖息地和生态系统得到维护；外来物种的引进受到控制；保护区被免于其他用途；濒危物种及其产品的贸易受到限制。在为维持生物多样性而采取的措施中，许多都有可能对贸易具有影响，尤其是禁止或限制濒危物种贸易的措施、控制外来物种引进的措施、调整基因资源的取得及利益分配的措施等。

（五）风险预防的手段与原则问题

“风险预防”是国际环境领域一项新兴的原则。② 该原则的本意在于防止对人类健康、生命、自然资源等造成损害的风险，但其后果却可能与贸易有关。预防手段是所有里约会议本身的和里约会议之前的全球环境协定的共同特征，如《里约宣言》第15项原则就要求：“各国应依据本国的能力，广泛适用预防措施。”③ 与可持续发展一样，预防方法并不局限于全球环境关注，而是除此之外还涵盖了跨境

① 关于生物资源保护之中法律的作用，*See* P. W. Birnie and A. E. Boyle, *supra* 23, pp. 554-560.

② 风险预防原则（precautionary principle）亦被译为“预警原则”、“预防原则”，有关介绍见 P. W. Birnie and A. E. Boyle, *supra* 23, pp. 115-121；王曦：《国际环境法》，法律出版社1998年版，第116～117页；［法］亚历山大·基斯著，张若思编译：《国际环境法》，法律出版社2000年版，第93～95页。

③ 参见王曦主编：《国际环境法资料选编》，民主与建设出版社1998年版，第680页。

环境危害和国内环境危害，其目的在于为环境风险管理和自然资源可持续使用中的不确定性创造更大的允许范围，从而便利和拓展国内乃至国际层面上的环境/公共健康保护措施。就全球环境关注（如臭氧消耗、气候变化、海洋环境保护等）而言，由于所涉及风险的严重性和可能的不可逆转性，预防方法尤为重要。① 在此背景下对预防方法的广泛采用已经巩固了其作为全球环境责任一个重要因素的地位。

预防原则的形成及其内涵源于全球环境责任。1972 年斯德哥尔摩《人类环境宣言》仅仅区分了对国家管辖范围之内地区的责任和对国家管辖范围之外地区的责任，1992 年里约环境与发展会议上形成的诸文件则采用了“共同关注”这一概念来表示涉及全球责任的那些事项，从而首次缔造了全球环境责任的框架。这种全球责任不同于区域性的或跨境的责任，以及与共有空间相联的责任。在最初界定全球关注时有两个重要因素：（1）客体的普遍性特征；（2）对客体的有效保护需要所有国家的共同行动。这样，气候变化和生物多样性就都被明确称做“人类的共同关注”，随之成为全球管理性条约的主题。同样，按照上述内涵，就全球环境而言，臭氧层、海洋环境、鱼类，以及大洋、海和毗邻沿海地区等，都在实质上被作为“共同关注”的客体。② 而就各国国内环境而言，在一些特定背景下可能也可以主张：一国自己的国内环境管理是一个独立于任何跨境影响的共同关注问题。早在里约会议之前，调整野生生物保护、世界自然遗产和文化遗产地区、有害废物处置、人权等问题的一些多边条约③就已经涉足了对有关国家内部某些事项的国际调整。里约宣言则要求各国：在国内层面上便利个人接近信息与决策过程、司法和行政程序；“广泛地”适用预防方法；颁布有效的环境立法；采用环境影响评估“作为国内手段”④ 等。通过对各国提出这些要求，里约宣言已极大地扩展了国际环境法对国内事项的触及范围。正像可持续发展在某种意义上能够被看做是涉及一定程度国际监督的法律原则一样，国内环境/公共健康保护也有可能通过暗示而成为一

---

① 关于预防方法和全球环境关注，*See* P. W. Birnie and A. E. Boyle，*supra* 23，p. 104.

② 关于臭氧层，参见臭氧公约和蒙特利尔议定书的前言；关于海洋环境，参见 1982 年联合国海洋法公约的前言；关于鱼群，参见 1995 年洄游和高度迁徙鱼群协议，关于大洋、海和毗邻沿海地区，参见《21 世纪日程》第 17 章。

③ 如 1971 年郎姆萨具有国际重要性的湿地公约、1979 年野生动物迁徙物种保护公约、1972 年世界遗产公约、1989 年控制危险废物越境转移及处置巴塞尔公约、1994 年联合国保护和防止歧视少数人群委员会所提议的《关于人权和环境的原则宣言》等。

④ 参见《里约宣言》第 10、11、15、17 项原则。

个"共同关注"的问题。① 而从国际法的角度看，国家负有防止、减少和控制环境/公共健康危害的义务。各国因而不得造成或者允许对共有空间或者其他国家（甚至本国）的严重的危害。这一义务不单纯要求对已经发生的损害负责，更要求勤勉地控制和预防可能发生的损害，预防原则正是在此基础上逐渐得以确立。

从各个国家的角度来看，若想明了上述勤勉控制和管理的义务在哪些情况下适用，也就是何时可采取预防措施，只能参照危害及其潜在严重性的可预见性（或可能性）。特雷尔冶炼厂案表明：如果存在着有可能复发的实际的和严重的危害，便适用该义务；② 而科孚海峡案则表明：如果存在着对其他国家的某种已知风险，也会适用该义务。③ 一般说来，正如国际法委员会（ILC）在制定《防止跨境危害公约（草案）》时所表明的，在主观确定的风险意义上，只要存在着危害的可预见性，通常就足以引起有关国家的管理和控制义务。该公约草案要求各国防止或最小化有害活动所带来的风险。这里，"风险"被界定为既包含"造成巨大危害的一种较低可能性"，又包含"造成有意义危害的一种较高可能性"。④ 由此可见，危害的严重性和可能性对预防原则来说是重要的相关因素。

那么，如何判断危害的严重性和可预见性呢？从理论上来说，一般应当依据科学的信息、证据和方法等。科学可以说是所有环境/公共健康政策的起点。如果没有科学，人们就没有办法了解除了自己狭小活动空间外的自然环境中都在发生着什么事情；如果没有科学，那么在政策制定过程中环境便少了一个代言人。但是，科学知识总是有限的，科学方法并不是总能够为政策制定提供精确的信息。退一步讲，即使科学证据能够达到确定程度，其对政策的意义也仍然是暧昧模糊的。⑤ 科学与政策间的紧张关系一直是国际环境领域的主题。⑥ 相应地，作为一项基本的环

① 关于国内环境保护与全球共同关注的联系，*See* P. W. Birnie and A. E. Boyle, *supra* 23, pp. 97-98.

② 参见陈致中编著：《国际法案例》，法律出版社 1998 年版，第 275 ~ 276 页。

③ The Corfu Channel Case (1949), *see* Eric Heinze and Malgosia Fitzmaurice, Landmark Cases in Public International Law 857-893 (1998).

④ ILC Draft Convention on the Prevention of Transboundary Harm from Hazardous Activities, Art. 2, See: *Report of the ILC*, GAOR A/56/10 (2001).

⑤ 关于环境标准、科学和预防之间的关系，*See* The United Nations Environment Programme Division of Technology, Industry and Economics, Economics and Trade Unit and the International Institute for Sustainable Development, *Environment and Trade: A Handbook*, 2000, pp. 45-46.

⑥ 所有这些环境体制都拥有某种方法用于审查新的科学证据：经常是通过它们的"缔约国大会"；有时是通过它们自己的附属机构；在某些例外情况下，例如在气候体制那里，是通过专门创设的独立组织，如"政府间气候变化专家组"。

境原则，预防原则提出：有时候即使科学信息并不完备，也必须采取某种环境措施。正如里约宣言所称，预防原则表明，缺乏决定性科学证据并不能证明不行动的合理性，尤其在不行动的后果可能是毁灭性的或者行动的成本微不足道时。①

不过，实践已经证明预防原则在具体实行时有一些难度，因为政策制定者在此过程中需要行使一定程度的自由裁量权。因此，就预防原则的实施而建立起一些标准是当务之急。从上述《里约宣言》的表述也可以看出，除危害的可能严重性之外，行动（或不行动）的成本也是实行预防原则的一个重要的考虑因素。这样，有关标准应当力争在两个重要的因素之间实现一种平衡，一个是可能的损害的规模，另一个是行动（或不行动）的成本。首先，随着可能性危害的规模在扩大，采用预防行动的需要也在增长，当潜在损害很明显时，行动的需要就变得更加明确，更少引起争论；而当潜在损害不那么明显时，由于受影响的参与人会寻求保护自己的利益，预防行动就可能很有争议。在这方面，一些国家的政府使用风险评估②这一工具，试图把适用预防原则时的自由裁量权范围予以最小化。不过这种做法也有其缺陷，它将会延缓行动，并留下很多问题不能得以解决。其次，成本是影响预防原则适用的另一个因素，资源是有限的，因此政府必须做出关于在哪里运用资源的艰难决定。在存在可能性危害的前提下，如果某些预防行动不带有净经济成本，那么它们毫无疑问应当得到采取。不过，由于此类预防行动有可能导致某一个领域中的损失，即使这些损失可由另一个领域中获得的收益加以抵销，该预防行动也可能仍然招致来自损失者的强烈反对。然而，如果选择不行动，也有可能产生成本，即不受控制的环境损害，而且这种成本有可能相当巨大。在估算过程中，除考虑环境/健康损害的可能性之外，还应当把不行动的成本相对于行动的成本来加以衡量，从而选择是行动还是不行动并决定怎样行动。

三、国际公共健康实践对世界贸易体制的挑战

（一）多边环境协定

WTO 规则与多边环境协定（MEAs）之间的关系是贸易与环境界面的一个重要

---

① 《里约宣言》原则 15，参见王曦主编：《国际环境法资料选编》，民主与建设出版社 1998 年版，第 680 页。

② 现在世界上很多国家都有专门的环境风险评估（Environmental Risk Assessment）或者负责食品安全、健康因素风险评估的专门机构，对某些产品和事件对于环境和公共健康的影响进行科学的分析和评价。

方面。由于地方性环境风险以及有害物质贸易有可能具有全球性和区域性的环境后果，因此就需要国际性的和区域性的解决方法。为解决共同环境问题，各国政府已经签订了大量的 MEAs。MEAs 为批准这些协定的国家设立了共同的环境目标；并且为国内政策发展与执行创立了政策指导原则，以实现上述目标；它们所涵盖的问题领域从臭氧层消耗延伸到有害废物运输。有些 MEAs 包含了与贸易有关的规定。① MEAs 与贸易体制的冲突交叠处要体现在以下 4 个方面：

1. 在前提预设上，这些 MEAs 与 GATT/WTO 有所出入。WTO 的前提预设是，在绝大多数情况下贸易的自由化会提高生活水平、增加收入和就业机会，而 MEAs 却时时与此相左。比如，《濒危野生动植物种国际贸易公约》（CITES）的预设是通过禁止进出口限制对于濒危物种的需求会导致对濒危物种的保护；②《控制危险废物越境转移及其处置巴塞尔公约》的预设是为出口者对其出口产品在进口国内的处置设置责任将防止危险废物的倾倒；③ 而《关于消耗臭氧层物质的蒙特利尔议定书》的预设则是在事先存在着按协定禁止生产和消费的一些义务时，进出口贸易

① 关于多边环境协定的总体情况，*See* International Environmental Governance, Report of Executive Director of UNEP, IGM/1/2, 3 April 2001.

② CITES 序言中谈道："缔约各国……认识到，为了保护某些野生动物和植物物种布置由于国际贸易而遭到过度开发利用，进行国际合作是必要的"，参见王曦主编：《国际环境法资料选编》，民主与建设出版社 1998 年版，第 58 页。

③ 《巴塞尔公约》序言中谈道：

深信各国应采取必须措施，以保证危险废物和其他废物的管理包括其越境转移和处置符合保护人类健康和环境的目的，不论处置场所位于何处，

注意到各国应确保产生者必须符合环境保护的方式在危险废物和其他废物的运输和处置方面履行义务，不论处置场所位于何处，

充分确认任何国家享有禁止来自外国的危险废物和其他废物进入其领土或在其领土内处置的主权权利，

又确认人们日益盼望禁止的危险废物的越境转移及其在其他国家特别是在发展中国家的处置，

深信危险废物和其他废物应尽量在符合对环境无害的有效管理下，在废物产生国的国境内处置，

又意识到这类废物从产生国到任何其他国家的越境转移应仅在进行此种转移不致危害人类健康和环境并遵照本公约各项规定的情况下才予以许可，

认为加强对危险废物和其他废物越境转移的控制将起到鼓励其无害于环境的处置和减少其越境转移量的作用；……

申明各国有责任履行其保护人类健康和保护及维护环境的国际义务并按照国际法承担责任。

参见王曦主编：《国际环境法资料选编》，民主与建设出版社 1998 年版，第 138 ~ 139 页。

禁令将会制约公约成员国生产氯氟烃，并制止非成员国生产氯氟烃。①

2. 在内容上，这些 MEAs 都包含一些要求采用贸易限制措施的规定，这些措施包括施加于产品进出口的禁令、产品标准、通知或标志要求。② 在某些情况下，有关的 MEAs 本身便界定了应当采取的“特定”贸易措施；在其他情况下，有关的 MEAs 约束各签约方去实现特定的目标，而各签约方可以通过诉诸于“非特定的”贸易措施达到这一目的。这些措施有可能具有贸易影响并因此与贸易规则相互作用。上述“特定”贸易措施可以宣称自己是以某种程度的国际合意为基础的；而“非特定的”贸易措施则不具备这种表面上具有说服力的合理性宣示。

3. 在这些贸易措施的适用对象上，有些贸易措施仅适用于有关 MEAs 的缔约国，有些贸易措施则适用于未曾自愿同意受相关 MEAs 条款约束的非缔约国。而在 WTO 成员中，有 30 个不是《巴塞尔公约》的成员，有 15 个不是 CITES 的成员，有 7 个不是《生物多样化公约》的成员，有 8 个不是《蒙特利尔议定书》的成员，有 128 个不是《气候变化框架公约京都议定书》的成员。③ 这至少在理论上就会导致不同公约体制的约束范围不同，在同一框架下产生不同贸易措施的问题。

4. 在客观效果上，实行这些贸易措施除了会有助于保护有关的环境/健康利益，还可能产生自身的社会成本以及对国际贸易不可避免的冲击两个方面的影响。对于遵守有关 MEAs 的国家和作为贸易措施适用对象的国家（因为它们为非缔约国或者非遵守缔约国）而言，影响会明显不同。（1）对于监督和控制贸易的那些措施来说，实行批准或许可制度或者运作事先知情同意制度的负担会直接产生一些成本，主要是必要的官僚机构的行政管理成本，不过可以估计这种成本不会很高。（2）对于遵守有关 MEAs 要求的那些措施来说，虽然其成本不可能脱离有关 MEAs 缔约国遵守该 MEAs 的整体成本，但是在某些情况下，各缔约国还是有权选择可采纳的具体措施，从而做出更多地或更少地破坏贸易的选择；这些选择在影响其他国家的程度上可能会有所不同，有些国家可能会随之发现自己的出口产品在国际市场上被置于不利地位甚至被加以排斥。（3）对于强制执行有关 MEAs 的那些措施来说，尽管具体成本也难以量化，不过从 CITES 和蒙特利尔议定书中此类贸易措施

---

① 《蒙特利尔议定书》前言，参见王曦主编：《国际环境法资料选编》，民主与建设出版社 1998 年版，第 125 页。

② 例如 CITES 第 2 条至第 7 条、第 10 条；《巴塞尔公约》第 4 条第 5、7、9 款，第 6、8、9 条；《蒙特利尔议定书》第 3 条（b）项、第 4 条。

③ 关于这些统计数字以及此方面更详尽的一些信息，*See* Matrix on Trade Measures Pursuant to Selected MEAs, Informal Note by the WTO Secretariat, WT/CTE/W/160, 19 September 2000.

的成功强制遵守的实例看来，它们的成本显然很高，足以促使有关国家去遵守。① 例如，1999 年，在 UNEP 关于遵守和强制执行问题的一次研讨会上，泰国代表就提到，于 1991 年适用于他们国家并于 1992 年取消的一项 CITES 贸易禁令，就“导致了数十亿铢的损失”。②

几乎从 20 世纪 90 年代早期出现贸易与环境的争论以来，MEAs 的贸易措施与以 GATT 为核心并由 WTO 照管的多边贸易体系的相互影响就一直是关键问题之一。由于 MEAs 体系下各协定和 WTO 体系下各协定在成员组成上的重叠，从理论上讲，当一个体系下的某协定要求了一种特别的行动过程，而另一个体系下的某协定却禁止了这一行动过程或者要求了相反的行动过程时，就会产生冲突。当这两项协定的同一个缔约国不能够同时遵守两项协定项下的互相冲突的义务时，就出现了不相容。③ WTO 的基本规则要求 WTO 各成员不得在其他 WTO 成员的“类似产品”之间，或者在国内生产和国际生产之间实行歧视。而当进口产品在市场上受到了比国产产品更不优惠的待遇时，以 MEAs 为根据的有些措施潜在上可能会与上述要求背道而驰。而这一点在强制执行措施针对非遵守缔约国或者非缔约国而得以适用的情况下，就可能由理论转化为事实。GATT 第 20 条中所列举的相对于 WTO 要求的例外条件，并没有提到 MEAs；这丝毫不足为奇，因为当 GATT 最初被写成时，世界上只存在着极少几部 MEAs。尽管至今尚未出现依据某一 MEAs 而采取的贸易措施而在 WTO 体制内被质疑的情况，也不能预期这种情况在未来会出现，但由于法律规定上的含混等原因，在理论上存在矛盾。WTO 体系应当如何应对这个问题？尽管这方面的各种讨论和争论一时间进行得沸沸扬扬，却尚未出现任何定论。④

① 关于多边环境协定之下实施贸易措施的成本的更详尽分析，*See* Duncan Brack and Kevin Gray, Multilateral Environment Agreements and the WTO, Sustainable Development Programme Report, pp. 15-17 (2003).

② *See* Somnuk Rubthong, *Implementation of CITES in Thailand*, Enforcement and Compliance with MEAs, Vol. I, p. 118, (Nairobi: UNEP, 1999).

③ 关于 MEAs 贸易措施与 WTO 间潜在冲突的根据，可参见：Duncan Brack and Kevin Gray, *supra*, pp. 18-25 (2003).

④ 对于 WTO 与 MEAs 关系从发展中国家角度的审视，以及在此基础上对于改进 WTO 体制的设想，参见何志鹏、孙璐：《WTO、MEAs 与发展中国家》，载《厦门大学法律评论》第 6 辑，厦门大学出版社 2004 年版。并可参见夏友富：《技术性贸易壁垒体系与当代国际贸易》，载《中国工业经济》2001 年第 5 期；夏友富：《论国际贸易与环境保护》，载《世界经济》1996 年第 7 期。

(二)《国际卫生条例》(International Health Regulations, IHR)①

1. IHR 概况。IHR 与《国际疾病分类法》一样,为世界卫生组织(WHO)②框架下条约性的国际文件。IHR 是由 1851 年签订的《巴黎卫生公约》经过多次修订演变而来的,针对霍乱、天花、鼠疫、黄热病等流行性疾病规定了海、陆、空交通方面的检疫措施,而在某些传染病爆发的异常情况下,为了预防和控制,也可能会要求贸易或旅游限制。例如,IHR 规定在某些特定情况下,可阻止染疫人或染疫嫌疑人出境(第 24 条第 1 款);在旅程之中可对染疫人进行移运或隔离(第 38 条)以及对染疫嫌疑人进行就地诊验或留验甚至隔离(第 39 条第 1、2 款);港口或机场可阻止外国飞机或船舶停靠并命令其前往最近的对其方便的港口或机场(第 41 条);对不愿接受公共健康措施的外国飞机或船舶可准予其离境但不许其停靠本领域内其他港口或机场(第 44 条第 1 款);对过路的外国飞机或船舶不准其离境而必须接受有关公共健康措施(第 44 条第 2 款);对来自疫区的货物或物品应实施有关公共健康措施(第 46 条第 1 款);对染疫人、染疫嫌疑人以及携带有有关疾病的传染性物品或昆虫媒介的人员的行李可进行消毒或除虫(第 47 条);对装有某类物品的邮包可采取有关公共健康措施(第 48 条第 2 款);应尽力保证防止传染性物品、污染或昆虫媒介、啮齿动物等在装运货物时进入各种集装箱(第 49 条)等。③ 这些公共健康措施很显然会对国际货物贸易和服务贸易带来一定程度的负面影响。

2. 促使 IHR 修订的客观背景。除了 IHR 所明文针对并采取措施的几种传统流行病在继续对人类造成威胁外,随着经济和科技的进步所带来的人类生活空间的拓

① 所谓“国际卫生条例”,与“世界卫生组织”一样,其中的“卫生”(health)实际上就是本文中所述的“健康”。“卫生”一词在英语中一般对应的是“sanitation”。无论在汉语还是英语中,“卫生”的概念都比“健康”广泛,而且卫生经常与“清洁”有关。比如,在有关工具书中,“健康”指“人体各器官系统发育良好、功能正常、体质健壮、精力充沛并具有健全的身心和社会适应能力的状态。通常用人体测量、体格检查和各种生理和心理指标来衡量”、“身体和精神良好的一般状态”;而“卫生”则指“社会和个人为增进人体健康、预防疾病,创造合乎生理要求的生产环境、生活条件所采取的个人和社会的措施”、“保持健康、无疾病或干净的状态”等。参见:《辞海》,上海辞书出版社 1999 年版(缩印本),第 308、498 页;The Random House Dictionary of the English Language 882, 1700 (2nd ed. 1987). 在上述术语中使用“卫生”一语系中文约定俗成的习惯。

② WHO 由联合国经社理事会 1946 年 6 月在纽约举行的国际卫生会议所提议,64 个国家的代表在此签署了世界卫生组织组织法,1948 年 4 月,该组织法经 26 个国家批准而生效,WHO 宣告成立。该组织于 1948 年 9 月成为联合国的一个专门机构,其总部设在日内瓦。参见梁西著:《国际组织法》,武汉大学出版社 1998 年修订版,第 357 ~ 358 页。

③ 《国际卫生条例》的文本见:United Nations - Treaty Series, 1971, No. 10921.

展、生活方式的变化以及人与自然间相互关系的改变，越来越多的新的流行病毒，例如艾滋病病毒、尼帕病病毒①、裂谷热病毒②、非典型性肺炎病毒（SARS）等正在悄悄逼近人类并给人类的健康和生命带来极大的威胁；而许多较为古老的疾病，例如鼠疫③、霍乱④、肺结核、疟疾以及通过性行为传染的一些疾病由于对通常被用来治疗它们的药物已经发展起了抗药性，也成为一种更严重的威胁。

3. IHR 修订的进程。面对上述情况，为了更有效地预防和控制全球重大传染病的流行，1995 年以来，WHO 开始筹备修订 IHR，2002 年 12 月 15 日 WHO 第 111

---

① 1998 年，马来西亚森美兰州农民砍伐森林拓展养猪业，猪受到蝙蝠所携带的病毒感染开始剧烈咳嗽，并很快传染到人身上。1998 年 10 月至 1999 年 5 月期间，这种尼帕病毒病（Nipah virus disease，NVD）在马来西亚猪群和人群中大规模爆发流行，致使 265 名养猪工人发病，105 人死亡，迫使马来西亚政府关闭 6 个大型养猪场并捕杀了 116 万头猪。随后此病又殃及新加坡。2000 年 2 月以后，此病再度在马来西亚流行，引起该国和周边国家的恐慌和广泛关注。参见胡小秋：《与病菌共生》，载《三联生活周刊》总 241 期（2003 年 5 月 26 日）。

② 1930 年科学家 Daubney 等在肯尼亚的裂谷（Rift Valley）的一次绵羊疾病爆发调查中首次分离到裂谷热病毒。这种裂谷热（Rift Valley Fever，简称 RVF）是一种由裂谷热病毒引起的急性发热性动物源性疾病，本来在动物间流行，但偶然情况下也引起人类发病。1977～1978 年在中东埃及尼罗河三角洲和山谷中首次出现大批人群和家畜（牛、羊、骆驼、山羊等）感染，约 600 人死亡。1987 年，裂谷热首次在西非流行，其原因是建造塞内加尔河工程导致下游地区洪水泛滥，改变了动物和人类间的相互作用，从而使病毒传播到人类。1997～1998 年又在肯尼亚和索马里爆发。2000 年 9 月，裂谷热疫情首次出现在非洲以外地区，沙特阿拉伯和也门向 WHO 报告了确诊病例，至 2000 年 10 月 9 日，也门卫生部报告发病 321 例，死亡 32 例，沙特阿拉伯卫生部报告发病 291 例，死亡 64 例。原来从没有该病的阿拉伯半岛上发生流行，直接威胁到临近的亚洲及欧洲地区。因特网上资源，见 http：//www.cotf.edu/ete/modules/rift/rift.html（2004 年 5 月 15 日访问）；罗会明、许锐恒：《蚊媒传染病裂谷热的预防与控制》，因特网上资源，见 http：//www.cdcp.org.cn/expert/wm.htm（2004 年 5 月 15 日访问）。

③ 1994 年 9 月 19 日，印度古吉拉邦新兴工业城市苏拉特医院接收的 30 名病情相似的患者接二连三地死亡，此后病例呈几何级数不断上升。经过化验确诊为鼠疫后，人们大梦初醒：鼠疫已悄然来到附近地区。到 10 月 4 日，已有 1000 余人被送进医院治疗和检查，其中 50 人染病身亡。短短数星期，共 200 万市民的苏拉特有 30 万人逃向印度的四面八方，同时也将病菌和恐惧带到了印度 7 个邦和首都新德里。据官方统计，仅仅两周内，全国确诊和疑似患者多达 4780 人。为此，许多国家中止了与印度的各项经贸往来，使得印度经济损失难以估量。参见钱峰：《前事不忘　后事之师》，因特网上资源，见 http：//www.past.people.com.cn/GB/news/6056/20030514/991870.html（2004 年 5 月 15 日访问）。

④ 1991 年秘鲁发生霍乱，根据官方的统计，有 336 554 人染病，其中 3 538 人死亡。瘟疫在拉丁美洲蔓延，1994 年方最后平息。截至 1994 年 9 月，中美洲和南美洲报给 WHO 的感染人数为 1 041 422 人，死亡 9 643 人，仅秘鲁经济损失就达 7.7 亿美元。http：//book.sina.com.cn/2003-06-16/3/9205.html.

次执委会会议上确定了修订的基本问题。而2003年SARS的爆发则促使国际社会加速了IHR的修订工作。WHO总干事于2004年1月向会员国提交了IHR修订草案初稿，计划于当年3~6月间在6个地区进行区域磋商。执委会决定成立政府间IHR工作小组并于当年11月1日至12日在日内瓦召开会议。各执委普遍认为，应根据全球传染病形势的变化来修订IHR。① IHR的历史性宗旨为：确保针对国际疾病传播的最大保障，同时伴有对世界交往的最少干预。这一宗旨在新的IHR中将继续存在，而新修订IHR的目标为：把干扰世界交往的国际疾病传播降低到最小程度，以确保国家最大安全。其中，在流行病警报和反应方面，具体工作目标为：(1) 制定预防和控制已知流行病威胁（如流感、脑膜炎、双球菌性疾病、霍乱等）的特定计划；(2) 提高对不可预料结果或未知病原学的卫生紧急情况的侦查和反应能力；(3) 通过加强国家基础的疾病监测和反应来进一步改善准备工作，使各国家疾病监测和反应系统按要求达到全球一致的最低标准。② 如果说以往对传染病的控制侧重于检疫和贸易禁令的话，那么近年来，灵敏的早期警告监视体系、迅捷的检验程序和国际反应网络、时疫应对计划、必需药物的储备等因素结合在一起，已经降低了贸易禁令或旅游限制的必要性。支撑着WHO当前的IHR修订本的基本原则之一便是：一旦贸易限制措施被采用，它们在时间上应当为有限的，并应当试图把对国际贸易的中断加以最小化。③

4. IHR与贸易规则之间的关系。从WTO规则与IHR贸易禁令（服务限制）的关系来看，用于控制传染病的那些具体措施，不管是由国内政府（公共健康机构）采用的，还是由WHO在履行其IHR职责时所建议的，如果确实影响了商品贸易或服务贸易，都有可能受制于WTO规则。不过，具体应受制于哪些贸易规则，需视个别案例具体情况而定。尽管从理论上说，为阻止某种由食品携带的或由动物传播的传染病的蔓延而采取的卫生措施有可能具有一种实质上的贸易影响，因而可以被SPS协定所涵盖，为减少传染病蔓延的风险而实行的管理行为还是不大可能违反WTO规则。问题的关键在于：有关的健康目标在实践中在各国边境是怎样得以执行的。WTO规则在这方面要求的是：首先，只要既不损害预期中的健康目标又切

---

① IHR修订的有关介绍参见：David P. Fidler, Revision of the World Health Organization's International Health Regulations, *ASIL Insights*, April 2004；IHR最新修订动向见 http://www.who.int/csr/ihr/revision/en/（2004年5月15日访问）。

② IHR修订的目标有关介绍参见：David P. Fidler, Revision of the World Health Organization's International Health Regulations, *ASIL Insights*, April 2004。

③ WTO Agreements & Public Health, a Joint Study by the WHO and the WTO Secretaria, 2002, p. 59.

实可行，那么预防和控制传染病的贸易措施应当在所保护健康利益的重要性、措施本身的有效性、有关法规在进出口上的影响之间达成适当的平衡。这就是说应当优先选择非贸易措施，如果可以通过检验或抽样检查来实现有关健康目标，那么就不应当选择采取直接的贸易禁令。除非有关的健康风险极其严重，否则，通常会带来巨大经济损失的检疫措施和贸易禁令就有可能遭到质疑。其次，在采取卫生措施时不应当在来自不同国家的存在同样风险的产品之间实行歧视，否则就有可能受到质疑，有理由被认为有关措施背后的目标并不单纯与保护健康有关。①

四、WTO 在贸易—环境/公共健康方面现有的规则和制度

（一）DPGs 的出口

总体看来，GATT/WTO 体制在这方面的对策微不足道。自从 DPGs 问题于 1982 年被初次提出以来，在这上面几乎没有取得什么进展，DPGs 出口通报制度有名无实、未获成功，DPGs 出口问题工作组也无疾而终。

在 1982 年的 GATT 部长会议上，达成了审查 DPGs 出口问题的一致意见。各国政府决定开始把其所生产和出口的、但是出于健康原因被其国内权威部门禁止在其国内市场上销售的任何产品都予以通报。1982 年 11 月，在 GATT 缔约方全体第 38 次会议上，缔约方全体决定："在最大可能的程度上，把它们所生产和出口、但是被它们的国内权威机构基于人类健康和安全理由禁止在它们的国内市场上销售的任何商品通报给 GATT。"② 尽管在这项决定做出之后，通报制度开始实施，"关于国内受禁商品出口的通报制度" 在 1983 ~ 1990 年之间有效，然而各缔约方在实践中却趋向于把那些早已被禁止出口的 DPGs 予以通报，而不通报那些它们继续出口的 DPGs。这样，尽管 1982 年被采取来建立该制度的那项决定在法律上仍然是有效的，但由于 1990 年之后再没有收到任何通报，所以该制度实际上已不再发挥功能。该通报制度的一个重要缺陷为对 DPGs 缺乏明确的界定。在为时 7 年的通报期间里，共收到了 50 项通报，其中 36 项通报涉及对 DPGs 出口的一般禁止，而只有 14 项通报提到了具体的 DPGs。③

---

① 关于贸易规则与各国政府在控制传染病上的行动之间的关系，可参见：WTO Agreements & Public Health, a Joint Study by the WHO and the WTO Secretaria, 2002, p. 59.

② BISD 29S/19.

③ WT/CTE/W/43, Table 1.

虽然 1991 年 GATT 的一份决议草案①试图恢复通报程序，鼓励各缔约方参加 DPGs 通报方面现有的各项国际协定，同时声明，如果出口产品已在另一项国际协定之下通报，就不必再在 GATT 之下通报。而且或许 WTO 框架下通报要求的恢复和进一步精确化，可以填补因有关不同协定的成员构成不同而产生的那些鸿沟，进而强化由有关国际协定所构成的网络。但需要注意的是，WTO 通报不可破坏其他法律文件的执行，因为这些法律文件始终是专门知识的一个来源，还规定有它们自己的通报程序。加上由于在当前的形势下，WTO 不愿意集中精力解决那些可以在其他框架下解决的问题，恢复的希望极为渺茫。一些发达国家成员提出 DPGs 出口问题属于技术事项，其他一些场所对之进行处理可能比 WTO 更为适宜。②

从 WTO 中现有的与 DPGs 出口有关的规定来看，1995 年生效的《WTO 关于技术性贸易壁垒的协定》(TBT 协定) 承认各成员国家有权为保护人类、动物、植物的生命或健康，或者保护环境，或者为满足消费者利益，而采取诸如技术性法规、标准、检验及颁证程序这样的一些措施，不过，这些措施不得创设不必要的贸易壁垒。此类措施通常与产品特点或包装标志有关，从而有可能与 DPGs 有关。TBT 协定要求各成员在以下情况下向 WTO 秘书处进行通报：(1) 一成员颁行了涉及某种产品的法规，而就这种产品并不存在积极的相关国际标准，或者建议中法规的技术内容并不符合相关国际标准。(2) 该法规将在与 WTO 成员的贸易上产生一种较大的影响。安全、健康、环境问题或国家保障这些紧迫事项，必须立即通过表明所涵盖的产品和目标来加以通报。通过上述要求，在技术性法规以及适用于进口产品的符合性评估程序等方面，TBT 就向各成员提供了及时信息。TBT 协定中所涵盖的产品可以吻合不止一种 DPG 类别，1995 年所收到的各项通报中就包括了化学品、食品标签、食品添加剂、废物等方面的通报。然而，TBT 协定的本意并不在于提供国内生产或出口等方面的信息。因此，就提供 DPGs 出口方面的有用信息而言，TBT 通报仅仅具有有限的价值。它们识别出在 DPGs 进口上的限制，但是并不详细说明其国内生产或出口。而且，限制措施只有在以下情况下才不得不加以通报：它们确实有意义地影响了其他成员的贸易；或者，它们未被其他标准所涵盖。这样，一种

---

① *Draft Decision on Trade in Banned or Severely Restricted Products and Other Hazardous Substances*，但是当时并没有对此达成一致。*See* http：//www. wto. org/english/tratop_e/envir_e/te001_e. htm；http：//www. wto. org/english/tratop_e/envir_e/te007_e. htm (visited on May 15 2004).

② *See* Veena Jha and René Vossenaar, *Breaking the Deadlock*：*A Positive Agenda on Trade*，*Environment and Development*?

商品有可能在国内受到禁止并得以出口但是却未被通报。事实上，在一项 WTO 研究报告中所审视的所有的 1995 年和 1996 年 TBT 通报中，只有一份（荷兰所提交的 TBT 通报 95.102）包括了某种 DPGs 有可能被出口的一种情况。①

同样于 1995 年生效的《WTO 关于卫生和植物卫生措施的协定》（SPS 协定）也在一定程度上与 DPGs 相关。该协定在范围上更为有限，仅适用于某些措施，它们指向在成员领域内保护人类或动物的生命或健康免受食品、饮料或饲料中的添加剂、污染物、毒质或隐藏病菌的微生物等所产生的风险。这些措施涵盖了出于健康目的而限制或禁止 DPGs 进口的那些措施。SPS 协定的各项程序与 TBT 协定相同，而 DPGs 出口方面 SPS 通报有用性方面的局限，也和 TBT 一样。

此外，1995 年 12 月通过的《关于数量限制（QRs）方面通知程序的决议》也可能与 DPGs 有关。该决议要求各成员向秘书处通报各项数量限制以及由此所产生的变化。必须加以通报的数量限制当中包括进口和出口禁令、除符合指定条件的之外的禁令以及出口限制。尽管这些通报中有许多都适用于在国内市场上自由销售和使用的商品，它们仍有可能提供 DPGs 出口方面的信息。不过，尽管数量限制有可能提供 DPGs 出口禁令方面的信息，在 DPGs 出口受允许的一些情况下它们却不会提供相关信息。②

（二）PPMs 的适用

在 GATT/WTO 体制下，GATT 第 3 条在解释“国民待遇”概念时，通过着眼

---

① *See* A Review of the Information Available in the WTO on the Export of Domestically Prohibited Goods, WT/CTE/W/43 (1996).

② WT/CTE/43.

于“类似的”这一术语的含义，允许了国内产品标准在进口产品上得以适用。①然而，国内PPMs标准在进口产品上的适用将导致更不优惠的待遇，从而没能按照GATT第3条获得保护。

（三）产品生命循环和生产者责任等方面的法律

从原则上讲，按照GATT第3条关于产品生命循环和生产者责任等方面的法律是允许使用的，只要它们同等地适用于国内生产者和外国生产者。这种产品生命循环法律应当受制于TBT协定的某些原则，这些原则所施加的额外要求为：有关法规或措施不得制造“对国际贸易的不必要障碍”、不得为“比实现一项合理目标所必需的更具有限制性”（所谓合理目标当然包括环境保护）。② 这些标准确保能采用一个适当的平衡过程，这样有关措施的限制性相对其益处而言就不会超出比例。

---

① GATT第3条第2款规定：The products of the territory of any contracting party imported into the territory of any other contracting party shall not be subject, directly or indirectly, to internal taxes or other internal charges of any kind in excess of those applied, directly or indirectly, *to like domestic products.* Moreover, no contracting party shall otherwise apply internal taxes or other internal charges to imported or domestic products in a manner contrary to the principles set forth in paragraph 1. 第4款规定：The products of the territory of any contracting party imported into the territory of any other contracting party shall be accorded treatment no less favourable than that accorded *to like products* of national origin in respect of all laws, regulations and requirements affecting their internal sale, offering for sale, purchase, transportation, distribution or use. The provisions of this paragraph shall not prevent the application of differential internal transportation charges which are based exclusively on the economic operation of the means of transport and not on the nationality of the product. TBT协定第2条同样有类似的要求。GATT到WTO的争端解决实践证明：在甄别一项基于环境或者健康的贸易措施的合法性的时候，首先要判断的问题就是何谓“类似产品”及标准如何确定，这一问题在保障措施、反倾销等领域都同样存在。有关阐述参见后文以及杨国华：《谈WTO〈保障措施协议〉中的“相似产品（like product）”问题》，*see also* Rick Franzen, *Whealthe orill GATT Take a Bite Out of the Organic Food Production Act of* 1990?, 7 *Minn. J. Global Trade* 339 (both visited on May 18 2004).

② TBT协定第2.1条：Members shall ensure that technical regulations are not prepared, adopted or applied with a view to or with the effect of creating unnecessary obstacles to international trade. For this purpose, technical regulations shall not be more trade-restrictive than necessary to fulfil a legitimate objective, taking account of the risks non-fulfilment would create. Such legitimate objectives are, *inter alia*: national security requirements; the prevention of deceptive practices; protection of human health or safety, animal or plant life or health, or the environment. In assessing such risks, relevant elements of consideration are, *inter alia*: available scientific and technical information, related processing technology or intended end-uses of products. 第3.1条：Members shall take such reasonable measures as may be available to them to ensure compliance by such bodies with the provisions of Article 2.

（四）MEAs 与 WTO 的潜在冲突

可以让人略感欣慰的是：GATT 第 20 条（b）、（g）两项关于动物、人类和公共健康保护方面的例外条件，以及可耗竭自然资源维持方面的例外条件，理论上可能会是可适用的。① 贸易措施的最极端类型是对某种产品的进口禁令，而 GATT 的一般例外条款即第 20 条则允许了进口禁令以及在特殊情况下对于 GATT 规则的其他偏离，其中包括与人类、动物或植物的生命、健康或安全有关的，也包括与可耗竭自然资源的保护有关的。

（五）在 IHR 与 WTO 的关系以及技术标准等方面

除了 GATT 第 20 条最为相关外，作为乌拉圭回合农业谈判结果的 SPS 协定也与其相关，它涵盖了农业中与人类、动物和植物的健康与安全有关的那些措施，其中包括杀虫剂和杀真菌剂残留物的法定容许量，还有肉类的建议规则。此外，TBT 协定也是相关的，它通过乌拉圭回合最后文件而在多边基础上得以适用，其目的在于确保 SPS 协定中未提到的那些技术标准和法规并不出于贸易保护主义目的而被滥用。总的说来，GATT、SPS、TBT 之下的一般规则为：每个国家都可以诉诸贸易措施来保护生命和健康、保存可耗竭的自然资源，也都可以自主决定自己认为适于体现在自己的产品标准中的风险程度。只不过这一规则受到非歧视性、成比例性、科学根据等义务的限制，以确保有关贸易措施不会出于贸易保护主义目的而被滥用。

五、WTO 在贸易—公共健康方面的判例法

（一）石棉案：公共健康与贸易的价值排序

大多数论者赞同，直到加拿大诉欧洲共同体影响石棉和含石棉产品措施案②的最终结论出台，WTO 才真正确立了公共健康优于自由贸易这一价值顺位。石棉的

① GATT 第 20 条"一般例外"总体上规定基于某些特定理由、符合一定的条件，成员可以背离自由贸易纪律的一些基本要求。其中（b）项理由为：necessary to protect human, animal or plant life or health；（g）项理由为：relating to the conservation of exhaustible natural resources if such measures are made effective in conjunction with restrictions on domestic production or consumption. 正如后文所示，GATT/WTO 体制就是在这里打开了保护环境、维护公共健康的通道。

② 加拿大诉欧共体限制石棉产品进口纠纷，WT/DS135。2000 年 9 月 18 日，专家组将报告散发给各成员。加拿大、欧共体均提出上诉，要求上诉机构对专家组报告中的若干问题予以撤销或重新认定。上诉机构报告在 2001 年 3 月 12 日作出。

健康风险已广为人知,① 法国1996年12月24日发布、1997年1月1日起开始施行的《第96-1133号法令》把石棉和含有石棉的产品当作危害人类的物品进行查禁，其第1条和第2条规定禁止依据任何名目生产、加工、销售、进口、投放于国内市场上和运输石棉和含有石棉纤维的产品。1998年10月8日，主要的石棉生产国、向法国出口石棉居主要地位的加拿大在与欧共体磋商不成后要求DSB建立专家组，认为法国的上述法令违反了TBT协定第2条，构成对国际贸易的不必要的障碍，同时与GATT第3条第4款、第11条以及第23条第1款（a）项不符，构成对温石棉和含温石棉产品的禁止或限制。另外，如果专家组不认为有关的措施违背GATT第23条第1款（a）项，加拿大要求专家小组认定其违反了该款的（b）项，使得加拿大依据适用协定直接或间接获得的利益正在丧失或减损，或者使得协定目标的实现正在受到阻碍，加拿大因而可以主张"非违反之诉"，进而要求专家组建议法国修正该项禁令。欧共体主张，法国的法令属于GATT1994第20条规定的例外，是根据第20条（b）项下的为达到法国政府的公共健康目标所必要的，并且并未使进口产品所享受的待遇低于同类国产品所享受的待遇，也就没有构成第20条前言意义上的对相同条件下国家间任意的或无端的歧视或国际贸易中变相的限制。最后，欧共体还要求专家组认定并不存在"非违反之诉"。

2000年9月，专家组认定：温石棉和一些代用产品具有同样的"最终用途"使得这些产品极为类似。如此看来，法国的禁令就违背了GATT第3条第4款中的国民待遇规定。不过，专家组又确定：法国有权按照GATT第20条（b）项来采用该禁令，因为石棉的健康风险是巨大的。②

在上诉阶段，上诉机构审查了进口的石棉纤维与国产的代用纤维是否为"类似产品"，其强调指出：此问题必须联系起各成员的一项义务，即确保国产产品与类似进口产品之间"竞争条件的平等"。上诉机构重申了用于判断类似性的、传统的四项一般标准，即（1）产品的物质特征；（2）产品的最终用途；（3）消费者品位及习惯；（4）产品的海关分类。在所有案例中，所有这四项标准都必须得以审查，但是这并不是一份封闭的名单，所有其他相关的证据都必须加以考虑。上诉机构认定，某种产品中所隐含的健康风险有可能是相关的，并有可能影响上述标准中的至少两项：产品的物质特征；消费者的品位和习惯。2001年3月，WTO上诉机构公布了其裁定，确认了争端解决专家组所做出的有利于欧盟的裁定，同时认为

---

① 联合国环境规划署和粮农组织在2003年11月已经将包括石棉（包括铁石棉、阳起石、直闪石、透闪石和温石棉形式）列为受管控的危险化学品。

② *European Communities - Measures Affecting Asbestos and Asbestos-Containing Products*, *Report of the Panel*, paras. 8.119, 8.182, 8.200 and 9.1, WT/DS135/R, 18/9/2000.

WTO 各成员享有毋庸置疑的确定其认为适当的健康保护水平的权利；在按照 GATT1994 第 3 条第 4 款判断产品的“类似性”时，考虑其物质特征是否影响其相应的健康风险是恰当的；在 GATT1994 第 20 条（b）项之下并不要求把人类生命或健康风险加以数量化；各国可以基于少数科学家所持有的、够资格且受尊重的科学观点而采取健康或环境措施。

石棉案澄清了 WTO 规则中保护健康所“必需”措施的含义。上诉机构裁定：法国不可能像加拿大所设想的那样，合理地预期采用“有控制的使用”这一做法，因为“有控制的使用”不能被证明为在实践中有效。因此，该项禁令被认定为在第 20 条（b）项例外条件的意义上是为保护人类健康所“必需”的。该案例表明，当贸易和健康这两种价值在现实中发生矛盾时，健康应该得以优先关注，并在此基础上再考虑遵行贸易规则的要求。

正如泰国香烟案①促进了一些国家国内的反烟草行动，石棉案也鼓励了巴西等国的环境及职业健康倡议，使之推动公共健康保护方面更强有力的法律。比如，本案例强化了世界第 5 大石棉生产国巴西国内民间团体推动的关于需要石棉使用方面更严格法律的提议。近两年，巴西各城市和各州（包括拉丁美洲最大的城市圣保罗）都颁布了禁止石棉使用的法律，覆盖了全国范围内大约 70% 的石棉市场。②

（二）美国汽油案：“类似产品”及不歧视义务

在美国汽油案③中，美国在适用其环境措施时所涉及的、针对外国供应商或生产商的精炼汽油标准为 WTO 专家组和上诉机构所否定，认为其违背了国民待遇原则的“专断的且不能被证明为合理的歧视”。专家组认定：进口的汽油和国产的汽油是类似产品，而美国的底线确立方法使进口汽油在市场销售条件方面无法享受与国产汽油同等的待遇，达到将进口汽油被有效地阻止于市场之外的目的。该汽油规则构成对进口汽油的歧视，不符合 GATT 第 3 条的非歧视原则和国民待遇原则。专家组同意：用于减轻来自汽油消费的空气污染的一项政策，是与 GATT 第 20 条

① Thailand— Restrictions on importation of and internal taxes on cigarettes (BISD 37S/200).

② 2004 年 3 月 28 日，巴西的两大报纸 *Estado de S? o Paulo* 与 *Folha de Sao Paulo* 宣布了巴西在政策和实践上的重大转折。*See* Brazil Reverses Asbestos Position, Moves to Ban Asbestos, http: //www. miningwatch. ca/issues/Asbestos/Brazil _ reversal. html; Laurie Kazan-Allen, *Asbestos Meetings in Brazil*, available at http: //www. btinternet. com/ ~ ibas/lka _ asb _ meet _ brazil _ 02. htm (both visited on May 12 2004).

③ 巴西、委内瑞拉诉美国用于新订标准汽油和传统汽油的美国标准，WT/DS2、WT/DS4。1996 年 1 月 29 日，专家小组向争端解决机构提交最终报告（WT/DS2/R）。1996 年 2 月 21 日，美国提出上诉，4 月 22 日，上诉机构向争端解决机构提交了报告（WT/DS2/AB/R）。

(b) 项中所提到的对人类、动物或植物生命或健康的保护相关的一项政策。然而专家组又认定：美国的底线确立方法按照 GATT 第 20 条（b）项并不是“必要的”，因为还存在着其他一些相符的或者较为不相违背的措施，可以由美国出于同样的政策目标而合理地加以采取。专家组推翻了美国按照 GATT 第 20 条（d）项对有关措施所作的一番论证，因为该底线确立方法并不是一种用于“确保遵行”的执行机制，而仅仅只是用于确立个人底线的一些规则。最后，专家组认定：用于减少清洁空气损耗的一项政策，是 GATT 第 20 条（g）项意义上的用于保护某种自然资源的一项政策。然而专家组又认定本案例争议中的更不优惠的底线确立方法并非主要指向自然资源保护。鉴于以上各项认定，专家组不认为有必要确定有关措施是否符合第 20 条引语中所设定的那些条件。专家组总结认定，该汽油规则不能按照第 20 条（b）项、（d）项或（g）项被证明为合理。

上诉机构维持了专家组的意见。上诉机构认为，该汽油规则中所包含的底线确立方法虽可由第 20 条（g）项的措辞所涵盖，但是不符合第 20 条引语的各项要求。它指出，第 20 条引语没有过多地提及有争议的措施或其具体内容，而是提及了适用有关措施的方式。① 相应地，第 20 条引语的生命力在于这样一项原则，尽管各成员享有援引第 20 条各项例外的合法权利，在适用这些例外条件时却不应导致滥用或误用。上诉机构得出结论，该项美国法规的适用构成了不能证明其合理性的歧视，并构成了对贸易的变相限制。对进口汽油的歧视待遇与改善空气质量的目标之间并不存在必然联系，即改善空气质量无须以歧视进口汽油作为前提条件，因而美国确定内外不同的汽油标准并非主要出于环境保护的目的。这是由于在美国方面忽视了两个问题：首先，美国并未充分利用各种手段（包括与委内瑞拉和巴西的专门合作）去缓解那些导致美国拒绝了将个人底线适用于外国汽油提炼者的行政管理问题；其次，美国并没有计算由法定底线的施行所将导致的外国汽油提炼者的成本。报告建议美国修改国内相关立法，以符合 WTO 的非歧视原则。

从这一案例可以看出，关键的问题是当对产品的“类似性”进行认定时，健康被置于何种地位。在解决贸易规则与环境/健康措施间冲突的过程中，既要从长远出发确定价值的相对优先性，也要为具体实践找到一个合理适当的、各方都能接受的平衡点。

---

① 第 20 条的引语为：Subject to the requirement that such measures are not applied in a manner which would constitute a means of arbitrary or unjustifiable discrimination between countries where the same conditions prevail, or a disguised restriction on international trade, nothing in this Agreement shall be construed to prevent the adoption or enforcement by any contracting party of measures. 下面是包括前文注释中谈到的一系列可以作为例外的理由。

(三) 坦桑尼亚鱼类出口问题：科学证据的意义

1998 年年初，在一次 SPS 委员会会议上，坦桑尼亚申诉称：欧共体正在不公平地阻碍来自特定一些非洲国家的鱼类进口。欧共体随之告知 WTO 的 SPS 委员会，鉴于在坦桑尼亚、肯尼亚、乌干达和莫桑比克爆发了霍乱，而欧共体在来自这些国家的产品检测中已经发现了问题，所以确实已禁止了来自这些国家的水果、蔬菜和鱼类产品的进口；与此同时，欧共体各成员国正在探讨出台以风险评估为基础的共同霍乱政策。①

WHO 的一位调查员就此向欧共体表明，他认为鱼类进口禁令并不必要，因为鱼类产品在欧洲并非以生鲜的形式消费。该调查员援引了 WHO 对霍乱控制方面国内政策制定的指导原则："尽管理论上存在着与国际贸易中流通的某些食品商品相关联的霍乱传播风险，这一点却极少被证明为有意义，权威机构应当寻求适用进口禁令之外的解决此问题的方法。"

到 1998 年 6 月，坦桑尼亚向 SPS 委员会报告欧共体继续禁止来自上述四个非洲国家的新鲜、冷冻和加工后鱼类产品的进口，尽管各种检测都没有发现有关的细菌。并强调欧共体的禁令正在对这些非洲国家的经济产生严重的影响。最后，由于一位 WHO 官员向 SPS 委员会说明了并不存在经过证实的来自有关食品传播霍乱的风险，而一个欧盟科学委员会又重申了此种说法，欧共体才同意于 1998 年 7 月 1 日恢复相关贸易。②

本事例表明，具有贸易限制性的公共健康措施在相当大的程度上应以科学证据为基础，也表明，WHO 关于具体健康风险的建议对于解决贸易—环境/公共健康争端具有积极的作用和意义。

(四) 海虾—海龟等案例：GATT 一般例外的可适用性

迄今为止，虽然尚不存在因依照 MEAs 所采取的贸易措施而被 WTO 成员申诉的案例，但依据国内法采取贸易措施而产生多种多样的与环境有关的 WTO 争端已经适用了这些例外条件。在 9 个 WTO 案例中 GATT 第 20 条的范围受到了检验，其

① *See* Committee on Sanitary and Phytosanitary Measures, *Summary of the Meeting Held on* 10-11 *June* 1998, G/SPS/R/11, 17 August 1998, paras. 96-99.

② WTO Agreements & Public Health, a Joint Study by the WHO and the WTO Secretariat, pp. 60-61 (2002).

中 4 个案例与公共健康问题最为相关：金枪鱼一号和二号案①、前述的美国新订标准汽油案、海虾—海龟案②和石棉案。这些案例的结论集中于下列因素：第 20 条引语的功能和范围、管辖权适用、“必要”的概念等。值得注意的是，任何一个案例中的专家组都没有怀疑过有关国家的环境/健康目标或者政策本身，相反，它们只审查了用于实现这些环境/健康目标或者政策的贸易措施是否符合“非歧视性”、“成比例性”等规则或曰判断标准。在金枪鱼一号案的专家组判定：不是政策目标本身，而是与 GATT 的不符必须证明其合理性。金枪鱼二号案的专家组认为，按照协定起草者的本意，“可耗竭的自然资源”这一术语包括了活的动物（即海豚），而并不局限于矿物资源或石油。③ 在新订标准汽油案中，专家组同意清洁的空气也是一种可耗竭的自然资源。④ 而在石棉案中，专家组及上诉机构首次维持了出于非贸易原因（即人类生命和健康的保护）而采取的一项从贸易方面看不相符的措施。⑤

（五）欧共体荷尔蒙等案例：SPS 协定的实施

欧共体荷尔蒙案、澳大利亚鲑鱼案和日本农产品品种案分别考验了 SPS 协定的三大基石主题：人类健康、动物健康和植物健康。在欧共体荷尔蒙案⑥中，所宣称的由食物带来的人类生命和健康风险，与食物（即肉类和肉制品）中的污染物

① 金枪鱼一号案（Tuna/Dolphin I）是指墨西哥诉美国的金枪鱼-海豚进口措施纠纷（United States— Restrictions On Imports Of Tuna，DS21/R，39S/155，专家组报告 1991 年形成，但未被采纳）美国因墨西哥捕捞金枪鱼的方法伤害海豚大大超过美国的捕捞方法而对其出口金枪鱼实施禁令，GATT 裁决美国败诉；金枪鱼二号案（Tuna/Dolphin II）是指欧共体诉美国的金枪鱼-海豚进口措施纠纷（United States—Restrictions On Imports Of Tuna，DS29/R，专家组报告 1994 年形成，但未被采纳）。

② 海虾—海龟案是以下两个案件的结合：United States：Import prohibition of certain shrimp and shrimp products（Brought by Philippines），DS61；United States：Import prohibition of shrimp and shrimp products（Brought by India，Malaysia，Pakistan，Thailand），DS58.

③ *See* United States—Restrictions on Imports of Tuna，Report of the Panel，DS29/R，16 June 1994，para. 5. 13.

④ *See* United States—Standards for Reformulated and Conventional Gasoline，Report of the Panel，WT/DS2/R，29 January 1996，paras. 6. 36，6. 37.

⑤ *See* European Communities—Measures Affecting Asbestos And Asbestos—Containing Products，Report of the Panel，WT/DS135/R，18 September 2000，papas. 8. 119，8. 130，8. 179；European Communities—Measures Affecting Asbestosand Asbestos—Containing Products，Report of the Appellate Body，WT/DS135/AB/R，12 March 2001，paras. 155，157，162，165.

⑥ 牛肉荷尔蒙案是指美国与加拿大诉欧共体关于牛肉制品进口纠纷，案件编号 WT/DS48。

(即荷尔蒙残余)有关。在澳大利亚鲑鱼案①中，澳大利亚声称要保护本国的动物(即鱼类)不受24种鲑鱼携带病菌的感染。而在日本农产品品种案②中，日本希望避免引入被认为是一种害虫的苹果蠹蛾，并因而希望通过禁止来自美国的特定品种水果进口，来保护本国的植物。

总体看来，上述案例在“SPS原理在什么情况下适用于贸易措施”问题上做出了一些重要决定。首先，SPS协定被认定为适用于所有影响国际贸易的SPS措施，并且独立于GATT而适用，即不需要先认定对非歧视等基本义务的违反，便可直接适用保护人类、动物或植物的生命或健康等原则。其次，SPS协定被确定为溯及既往地适用，即既适用于1995年1月1日SPS协定生效之后实施的SPS措施，也适用于在那时之前颁行并且在那时之后仍然有效的SPS措施。这就意味着许多WTO成员必须重新审视其现有的SPS措施，以便符合这样一种义务，SPS措施应以某种风险评估为基础。关于食物带来的风险所要求的风险评估以及病菌或害虫风险所要求的风险评估，通过上述案例而发展起来的一些原则包括：风险评估既可以是数量性的，也可以是质量性的；一种可接受的风险水平甚至可以设在“零”点上；未知或不确定因素的存在不能证明背离风险评估要求的合理性；风险评估必须足够具体，针对每一事例都须进行一次独立的风险评估；施加了一项SPS措施的WTO成员不必亲自进行风险评估，而是可以利用由其他成员或国际组织所做出的此类评估；较之以某项国际标准为基础的卫生措施将会实现的卫生保护水平，各成员拥有一种自主权利，可设立更高的卫生保护水平。

按照SPS协定的一般要求，WTO各成员必须使自己最终选择的SPS措施以上述风险评估为基础；不过SPS协定第5条第7款又规定了可以对这一规则实行例外，即WTO成员可以实施包括以“风险预防原则”为基础的临时性SPS措施，条件是：(1)该措施是由于存在“相关的科学信息不够充分”的情况而采用的；(2)该措施是“以可以获得的恰当信息为基础”而采用的。然而，除非符合下面的条件，此类临时措施不得维持：(1)采用该措施的有关成员试图获得为更为客观的风险评估所必需的额外信息；(2)采用该措施的有关成员相应地在合理时间内审查该措施。在日本农产品品种案中，被告声称自己的有关措施是一项临时措施，而上诉机构认定SPS协定中上述4项关于临时措施的要求具有累加的性质。上述机构还承认了临时措施可以作为“一项合格的豁免”而背离在充分科学证据条件下维持SPS措施的义务的可能性，不过这种可能性意味着采用临时性SPS措施的成员负有证明自己符合上述所有4项要求举证责任。在欧共体荷尔蒙案中，欧共体

---

① 1995年加拿大诉澳大利亚——禁止进口来自加拿大的鲑鱼案，案号WT/DS18。

② 美国与日本关于限制农产品进口措施的纠纷，案件编号WT/DS76/2。

援引了"风险预防原则"，认为该原则是暗示在 SPS 协定第 5 条第 1 款之中的。而该案专家组把决定和适用可接受的风险水平的过程称做"风险管理"的一部分，认为社会的价值判断（即消费者的风险观念和容忍程度、特定种类风险的社会可接受性等）在这里是决定性的。该案上诉机构则裁定：与 SPS 协定第 5 条第 7 款中关于临时措施的表述相反，"风险预防原则"并不能凌驾于使 SPS 措施以风险评估为基础这一义务之上。上诉机构认为看起来还不甚清晰的是"风险预防原则"是否已经由各成员作为一般国际法或习惯国际法的一项原则而广泛接受。上诉机构还指出："至少在国际环境法的领域之外，风险预防原则仍然有待于权威的系统表述。"①

（六）金枪鱼二号等案例与 PPMs

金枪鱼二号案对于 PPMs 的理解提出了指向。根据该案的意见，GATT 第 3 条的要求仅限于产品之间的比较，而不是进口国与来源国的政策或实践之间的比较；所应当观察的是产品本身的类似性，而无论其生产或收获方式有何差异。该案在"产品"与"过程"之间做出一种明确的区分，从而防止各国由于与生产有关的，包括环保措施的一些活动而在边境阻挠有关产品进入本国的趋势。但在海虾—海龟案及石棉案中，WTO 的立场似乎又发生了转变，这两个案例援引了 GATT 第 3 条第 4 款，可以认为，"类似产品"的概念已变得更为开放，可以融合包括环境权、劳动权和其他方面人权在内的非贸易考虑。如果这种理解表明了 WTO 在这方面的态度和动向，则其不啻为解决贸易—环境/健康问题开辟了一条康庄大道。

六、WTO 处理贸易—环境/公共健康问题的组织机构

（一）WTO 贸易与环境委员会（CTE）

CTE 的形成和发展集中反映了 WTO 顺国际潮流推动而在贸易—环境领域的关注和应对。过去 30 年里，贸易的环境影响和环境的贸易影响，已经成为国际关注的重要主题。1971 年，WTO 秘书处的前身 GATT 秘书处准备了一份题为"工业污染控制和国际贸易"的研究报告。该报告集中探讨环境保护政策对国际贸易的影响，并且反映了贸易官员们的一种担心，即此类政策有可能阻碍贸易或者构成一种

① 关于与 SPS 协定有关的三个 WTO 案例的详尽分析，*See* J. Pauwelyn, *The WTO Agreement on Sanitary and Phytosanitary (SPS) Measures as Applied in the First Three SPS Disputes*, Journal of International Economic Law 651 (1999).

新型的保护主义。1971年，GATT各缔约国同意设立一个“环境措施与国际贸易工作组”（EMIT）。然而，直到1991年，应“欧洲自由贸易联盟”（当时由奥地利、芬兰、冰岛、列支敦士登、挪威、瑞典和瑞士组成）的要求，EMIT才首次召集。在1973~1979年东京回合贸易谈判中，依据《东京回合技术性贸易壁垒协定》，最惠国待遇、国民待遇以及透明度等义务得以适用于技术性环境法规和标准的准备、采纳和实行。而1986~1994年乌拉圭回合中形成的TBT协定和其他众多WTO协定的附加协定，如GATS、农产品协定、SPS协定、《补贴与反补贴措施协定》（即SCM协定）以及TRIPS协定，则意图把贸易限制性的或歧视性的或具有此类效果的国内环境/公共健康管理行为予以最小化。

20世纪90年代早期，多个GATT争端涉及特定商品贸易环境/公共健康法规的适用及其效果。在这些案例中，GATT1994争端解决专家组在对GATT环境方面的一般例外，即GATT第20条（b）、（g）两项进行解释时，通常都把环境措施的适用维持在严格的且相当限制性的标准之上，即此类措施必须满足某种合理的环境政策目标；它们必须是一般为“必要的”，或者在多种可选方案中限制贸易的程度是最低的；它们绝不能专断或具有不合理的歧视性，或者构成国际贸易的变相限制。1992年在里约热内卢召开的联合国环境与发展会议上，环境可持续性与经济发展之间的联系得以凸显，该会议所产生的《里约宣言》和《21世纪日程》等无法律约束力的文件，强调了国际贸易在促进“可持续发展”中所能够发挥的作用。

随着WTO的成立，CTE与WTO的其余部分一起，于1995年1月1日得以建立。CTE的创设依据是作为乌拉圭回合组成部分的1994年贸易与环境部长决议。其成员由WTO的全体成员组成，再加上来自联合国环境规划署（UNEP）等一些政府间组织的观察员。CTE的存在目的在于在WTO协定及其附属各项贸易协定的框架内确认和探索国际贸易与环境间的联系。

CTE拥有基础广泛的授权，涵盖了多边贸易体系的所有领域：商品、服务及知识产权。它既被赋予了分析的功能，又被赋予了指示的功能。依据1994年《贸易与环境部长决议》，CTE的授权为“（a）确认贸易措施与环境措施之间的关系，以促进可持续发展；（b）就是否需要对多边贸易体系各项规定进行任何修改问题提出适当建议，要与该体系的开放、平等和不歧视的本质相协调”。CTE已经采纳了一些用于其工作和各项讨论原则或者参项：（1）CTE强调：WTO不是环境保护机构，因此，WTO应当把与环境保护相关的政策协调局限于贸易，以及环境政策中与贸易有关并有可能对WTO各成员的贸易具有较大影响的那些方面。（2）CTE强调：WTO各协定已经为各国实行国内环境政策提供了很大的空间——只要这些政策不实行歧视。（3）CTE强调：对于解决环境关注而言，有必要进行更多的各国之内合作，以及国际合作。（4）CTE认为：确保市场准入机会对于帮助发展中国家走向可持续发展来说是一项基本条件。

CTE 的工作规划植根于 1991 年以来 GATT 之内已经着手的工作。CTE 首次召集于 1995 年早期，并于 1996 年向 WTO 新加坡部长级会议提交了它的第一份报告，表明了 WTO 各成员以建设性的方式应对贸易与环境问题的愿望。贸易与环境同为重要的政策制定领域，它们应当相互支持，以促进可持续发展。在该报告中，CTE 指出，WTO 有兴趣在贸易关注和环境关注之间营造一种建设性的关系。它还指出，它应当在自己工作规划中的各事项上做出进一步的工作。1997 年至 2000 年，CTE 共召集了 12 次会议，目的在于拓宽和深化其对贸易与环境关系的分析。

CTE 的各项讨论主要围绕着两个主题：市场准入以及多边环境与贸易日程之间的联系。实际上，CTE 已经把环境和可持续发展问题引入了 WTO 工作的主流之中。一个突出的表现是，最初出现于 CTE 背景下的渔业补贴问题，在多哈被推入 SCM 协定背景下的谈判中。过去数年中 CTE 对自身运作过程和结果的评议已导致涉及 WTO 和 MEAs 关系探讨的一系列结论，其中包括：多边主义优于单边主义；应当在产品上而不是加工和生产方法上使用标签；WTO 的规则和争端机制可以解决环境/公共健康方面的争端；不认可 MEAs 作为调控特定领域贸易的特别规则等。①

在多哈，部长们表示他们“深信维护和保障一个开放的且不歧视的多边贸易体系、为保护环境及促进可持续发展而采取行动等目标能够并且必须相互支持”。②因此，多边贸易体系有义务进一步融合种种环境考虑，并且在不破坏其开放、平等、不歧视等特征的条件下增进其对促进可持续发展所作的贡献。

（二）CTE 在多哈回合中的常会与特会

以前，CTE 仅仅是 WTO 内部一个实质上的谈话场所，而现在则由 WTO 贸易谈判委员会（TNC）授予了谈判的权力，这将极大地增进各成员在 CTE 会议中的活动水平和兴趣。对于实现这一目标来说，CTE 有望继续成为此方面的工作核心。为了完成这一使命，CTE 主要通过常会（regular session，即“常规会议”）和特会（special session，即 CTESS，“特别会议”是中文的官方通译，日语则称为“特别会合”。似乎译作“专门会议”更符合实际情况）来组织谈判。

常会属于相对开放性会议，主要目的是讨论 WTO 贸易与环境谈判的一般性问

① 关于 CTE 各方面情况的更详尽介绍，可参见：*Briefing Paper on The WTO Committee on Trade and Environment*, Prepared by Vicente Paolo B. Yu III, WTO Program Officer, Friends of the Earth International (FOEI), Geneva, Switzerland, 5 February (2002).

② Doha WTO Ministerial 2001：Ministerial Declaration，WT/MIN（01）/DEC/1，20 November 2001，para. 6.

题。讨论的议题为多哈部长宣言中第32、33和第51段内容，包括生态标志、环境措施，特别是对发展中国家和最不发达国家的措施对进入市场的影响、与贸易相关的知识产权、技术援助和能力建设以及为实现可持续发展，确定和讨论发展和环境方面的谈判内容。通常情况下由各参与谈判成员派政府代表、专家出席，联合国环境署和其他一些列入范围的多边环境协定以及非政府组织也可派员参加。

CTESS主要讨论多哈部长宣言中第31段的内容，即程序性和实质性问题。其主要讨论问题包括：（1）就有关现有WTO规则与多边环境协定（MEAs）中阐述的具体贸易义务关系进行谈判，现有WTO规则在讨论中的MEAs缔约方间的适应性；（2）在MEA秘书处和相关WTO委员会之间例行的信息交换问题、给予观察员地位的标准问题；（3）减少或酌情消除环境货物和服务的关税以及非关税壁垒；（4）CTE与MEA各秘书处和UNEP的信息交换合作、谈判框架下关于技术援助、资金支持发展中国家代表团参加CTE特会会议问题。各成员就上述问题进行磋商，并形成最终报告提交给WTO理事会。现在看来，关于第31.1、31.2段的讨论已经取得了很大进展，在其他领域，特别是第31.3段各成员间的环境货物确定问题，仍需进一步努力。①

（三）DPGs出口问题工作组

在1989年7月19日的一项决议②中，GATT缔约方全体决定设立一个"关于国内受禁商品和其他有害物质出口的工作组"，这样在GATT之内就设立了一个DPGs出口问题工作组。该工作组在1989～1991年之间碰了15次头，但是并没能解决DPGs出口问题，而到1991年，其授权已经期满。该工作组曾于1991年7月提交了一份关于DPGs的决议草案，也未获采纳。

七、WTO在贸易—环境/公共健康方面的讨论和谈判

（一）生态标志问题

就截至目前CTE的讨论情况而言，关于生态标志（基于生命周期的自愿性标

① 第一次CTESS召开于2002年3月22日，第八次CTESS召开于2004年4月19日。2003年7月10日向贸易谈判委员会（TNC）会议（7月14日召开）提交了有关报告，回顾了特会关于新一轮WTO贸易与环境议题谈判所取得的进展，并详细阐述了对CTE特会工作起到积极作用的一系列建议和特会在多哈部长会议授权方面所取得的一些重要成绩。进一步讨论，见后文第七部分之（七）。

② BISD 36S/406-409.

准）存在的仍然只是不同的观点。首先，关于是否必要在CTE领域讨论这一问题，就有不同的观点。一些成员认为，由于多哈授权要求CTE对环境标志给予特别关注，所以CTE需要加强环境标志工作。CTE的讨论可对TBT委员会谈判做出贡献。这些成员感到，TBT委员会没有对环境标志进行授权，因此不宜将CTE的工作纳入TBT委员会。然而，多数成员有不同的观点，认为TBT委员会已经从总体上讨论了标志（包括环境标志），因此TBT委员会商讨关于标志的WTO规则更合适。

其次，关于环境标志的意义，一些成员同意自愿的、参与性的、公开透明的、基于市场的环境标志为消费者对环境友好产品的知情来讲是有效的经济手段。而且，相对来说比其他手段的贸易限制更少。另一些成员强调，环境标志会被误用为保护国内市场的工具。因此，环境标志要遵循非歧视原则，避免造成不必要的贸易壁垒。

再次，关于如何使用环境标志，多数成员认为，树立生态标志的国际标准、更好地吸收发展中国家参与环境标准和规章的制定对推进贸易便利化十分重要。现在，有必要就环境标志达成一定形式的共识、解释或指南，并使之逐渐依据国际标准，这方面国际标准化组织（ISO）的标准可以参考。有成员提议，CTE可以就所涉标志类型及各种术语（环境标志、生态标志、出于环境目的标志）达成共识，对环境标志进行甄别，对必要的行动提出建议。而另外一些成员则认为，现有WTO规则足以处理环境标志问题，包括可能引起的具体贸易关注。它是SPS和TBT协定实施较好的一个方面。没有必要进行谈判以达成共识或指南。SPS和TBT协定已经在强制和自愿性标志的权利和义务之间达成了平衡。在自愿性环境标志计划方面已经存在了《TBT协定准备、采用和实施标准的良好实践规范》（TBT协定附件3），而且TBT就“建立国际标准的原则”达成的决定也提供了有用的信息。该决定包含了建立标准（包括环境标志标准）的原则，具体包括：透明度、兼容性或公开性、公平性、有效性、相关性、一致性，而且要适当包括发展中成员的需要与利益。与此同时，一些成员强调环境标志要以可测量的科学考虑为基础。很多成员强调关于生态标志的讨论要在现有的规则内展开，反对拓展到与产品无关的基于产品生产工艺和方法（PPMs）措施。

最后，在发展中国家的地位方面，很多成员提醒，日益复杂、多样的生态标志对发展中成员，特别是它们的中小企业在出口市场上造成了诸多困难。目前的情况是，发展中国家由于在标准与规章制定过程中参与不足而处于劣势。与此同时，发展中国家特别关注认证制度的公平性，认为努力帮助发展中国家设计环境标志非常重要。现有的或新的标志通知程序或其他合适的咨询方式已成为重要标志，而且需要帮助发展中成员进入瞄准机会的市场。①

（二）PPMs 问题

在 PPMs 问题上，CTE 倾向于在产品上而不是在加工和生产方法上使用标签。CTE 指出：PPMs 标签有可能具有负面的、贸易限制性的甚至保护主义的效果；将构成对出口国国家主权及生产方法的一种不正当干涉；“甚至可能按照 WTO 规则是非法的”。然而，CTE 又称，适用于产品本身的简单识别标签——即仅识别某产品的组成、内容或成分的标签，相对于描述进入产品制造过程的加工或生产方法的标签——若以一种不歧视的方式得以适用，将是符合 GATT 的。对 CTE 来说，“产品是‘客观的’，方法是‘主观的’……WTO 是以规则为基础的，因而要促进贸易体制中的‘客观性’（即仅关注产品而不关注方法），以确保各项规则尽可能地明晰”。

（三）DPGs 出口问题

随着 WTO 的创设，1994 年的《关于贸易与环境的部长决定》② 同意将 DPGs 纳入 CTE 的处理事项中，DPGs 作为“事项 7”被列在 CTE 的日程上。尼日利亚随之向 CTE 提交了关于 DPGs 的两项建议和一份决议草案，③ 希望在 1996 年新加坡 WTO 部长级会议上见到结果。然而，虽然 CTE 曾经提出，应当鼓励 WTO 各成员通过双边或者政府间组织的方式，给其他成员，尤其是发展中国家和最不发达国家提供技术援助，以帮助这些国家加强其在监督及必要时控制国内受禁商品进口方面的技术能力，迄今为止，CTE 在 DPGs 问题上却并没有做出任何决议，它声称 WTO 必须既不能重复其他致力于 DPGs 跨境贸易问题的专门化政府间场所的工作，也不能使其工作上的注意力发生偏移。

关于 DPGs 出口问题已经写成了若干份秘书处文件，而许多发展中国家也已经表达了以某种形式恢复 DPGs 通报程序的愿望，欧盟也表达了签署这样一份动议的意愿。④ 不过，缺乏对 DPGs 的精确定义仍然是一个掣肘点，而“其他组织更适宜于解决此问题”这一可能性也使许多 WTO 成员有理由踌躇。情况有可能是这样：

---

① Committee on Trade and Environment, Report to the 5th Session of the Ministerial Conference in Cancún - Paragraphs 32 and 33 of the Doha Ministerial Declaration, WT/CTE/8 (2003).

② Decision on Trade and Environment, Adopted by ministers at the meeting of the Uruguay Round Trade Negotiations Committee in Marrakesh on 14 April 1994.

③ WT/CTE/W/14 and WT/CTE/W/32.

④ PRESS/TE 25.

DPGs问题之所以尚未在CTE之内得到解决，是因为一些成员把CTE的日程当作"一揽子"事项，而让易于解决的问题来等待复杂问题。①

（四）解决依MEAs而采取的贸易措施与WTO规则的潜在冲突

MEAs与WTO的潜在冲突已为前文所揭示，然而如何解决这一问题实为仁者见仁、智者见智，众说纷纭，莫衷一是。② 为了在WTO的环境例外与MEAs的贸易要求之间增加契合、减少摩擦，修订GATT第20条是一种较为符合实际的选择。通过对指导思想的进一步明确，对具体例外项目的进一步完善，有望使WTO更为充分地融入包括环境/公共健康在内的可持续发展领域的考虑。在CTE之内，这一问题虽已受到特别关注，但相关的讨论尚未取得多少实质性的进展。CTE强调，跨境环境问题最好是通过多边合作和行动（不管是区域性的还是全球性的）而不是通过采取单边行动来加以解决。在CTE看来，"单边主义产生了专断的歧视及变相的保护主义之风险，而这种风险有可能损害多边贸易体系"。可以明确的是，供各国政府在处理跨境的或全球的环境问题时所采取的较好方法是一部MEA之下的、合作的、多边的行动；对单边行动的避免不仅减少了歧视和保护主义等风险，而且反映了国际社会对于全球共有资源的共同关注和共同责任。

关于若干MEAs中所包含的贸易规定（既包括MEAs各缔约国之间所达成的贸易措施，也包括MEAs各缔约国针对非缔约国所采用的贸易措施），CTE已认识到存在着冲突的可能性；这是因为这些MEAs所包含的某些贸易措施有可能会违反非歧视性原则，例如此类措施可能会允许就类似产品与某些国家进行贸易却不允许与其他国家进行贸易（违反最惠国原则），或者可能会允许在类似的国内产品与进口产品之间实行歧视（违反国民待遇原则）。不过，在讨论MEAs中所包含的贸易规定与GATT/WTO规则之间的相容性时，CTE认为，假如WTO成员同时为含有贸易规定的某部MEA的缔约国，那么关于此项MEA贸易规定对于各成员的WTO义务的影响，就"不太可能发生问题"。据CTE看来，问题更有可能发生在WTO方面，当有关MEA允许同时为WTO成员的缔约国针对不是该MEA缔约国的WTO成员而施加贸易限制性的或歧视性的措施时。CTE还指出，在目前有效的数百部MEAs

① *See* Tina Winquist, *Trade in Domestically Prohibited Goods*, IISD (1999).

② 关于MEAs贸易措施与WTO规则的潜在冲突及其解决方式上的争论，更详尽的分析可参见：The World Conservation Union (IUCN), *Sustainable Use*, *WTO and MEAs such as CITES*, written by Jon Hutton, September 2001; Alan Oxley, *MEAs and the WTO-The Real Trade and Environment Issues*; or Liane Schalatek (ed.), *Trade and Environment*, *the WTO*, *and MEAs*: *Facets of a Complex Relationship*, The Heinrich Böll Foundation Washington Office (2001).

中，只有 20 多部包含了贸易规定，因此 MEAs 与 WTO 的贸易规定之间的潜在冲突“不应当被夸大”；此外，尽管存在着潜在可能，迄今为止，WTO 这里还没有出现任何一项涉及 MEAs 贸易规定的争端。

在这个问题上，CTE 认为贸易规则应当在环境/健康政策制定中得到考虑，“国内层面上贸易与环境决策者之间更好的政策协调能够有助于避免 MEAs 内所包含贸易措施适用方面的争端出现于 WTO”，这就是说，未来 MEAs 的谈判应当确保不是有关 MEAs 缔约国的 WTO 成员的贸易权利，应当在最大可能的程度上，受到该 MEAs 的贸易规定及其各缔约国的承认和尊重。而一旦发生涉及 MEAs 贸易规定的冲突，CTE 相信 WTO 的规则和争端机制也完全可以用来解决此类冲突，它引用 GATT 第 20 条尤其是其（b）项和（g）项作为论据，来说明 WTO 体系足够广阔，允许以某些方式适用 MEAs 贸易措施，这些方式将被认为是符合或者合理地偏离于各成员的 WTO 义务的。因此 CTE 声称：“不需要改变 WTO 各项规定以在这方面提供更多的便利。”此外 CTE 还相信，WTO 的争端解决体系足够灵活，不论就授权、程序，还是就接近环境专家的能力而言，其能够令人满意地解决 MEAs 贸易措施实施方面有可能出现的任何冲突。虽然 CTE 中一种“被广泛支持的观点”主张，MEAs 贸易措施可以被看做是调控特定一些领域的特别贸易规则，在这些规则与 WTO 各附属协定中更为一般性的贸易规则不相符的情况下，按照国际公法中的“特别法优于普通法”原则，将优先于后者。然而，CTE 却强调，这“不是一种确定性的观点，仍然保留着相当多的不确定性”。可见，CTE 并不认可 MEAs 作为调控特定领域中贸易的特别规则。

（五）其他问题

在其他问题上，例如关于 TRIPS、生物多样性、本土知识以及知识产权问题，CTE 的某些与 TRIPS 相关的工作一直在围绕着“TRIPS 与 CBD 之间的一般可相容性”问题①。据 WTO 提供的材料，一些国家在此已经指出，CBD 第 16 条第 2 款中关于以“公平的且最优惠的条件”向发展中国家转让生物技术的规定，将会与按照 TRIPS 所赋予生物技术专利和知识产权的高水平保护相冲突。另外，关于服务贸易与环境问题，CTE 指出，GATS 第十四条（b）项中目前的例外规定将会充分地涵盖“各成员出于环境目的将适用于服务贸易的任何环境措施”，因此，此刻就不需要在 GATS 第十四条的表述中做出任何改变。CTE 还指出：“在适合于就服务

① 关于这些问题上 CTE 讨论情况的详尽分析，*See* Briefing Paper on The WTO Committee on Trade and Environment, Prepared by Vicente Paolo B. Yu III, WTO Program Officer, Friends of the Earth International (FOEI), Geneva, Switzerland, 5 February 2002.

贸易与环境之间的关系、政府间环境协定的相关性、其与 GATS 之间在可持续发展背景下的关系等问题得出任何结论之前，进一步的工作……是必需的。”

（六）多哈授权

各成员贸易部长们于 2001 年 11 月通过的《多哈宣言》第 31 段明确涵盖了 WTO 与 MEAs 的关系：

> 为了增进贸易与环境之间的相互支持，我们赞同在以下事项上展开谈判，同时并不预先决定其结果：(i) 现有 WTO 规则与多边环境协定中所设定的具体贸易义务之间的关系。此类谈判在范围上应当局限于有关 MEA 缔约国之间所存在的现有 WTO 规则的可适用性。此类谈判不应当损害不是有关 MEA 缔约国的任何 WTO 成员的 WTO 权利。(ii) 各 MEA 秘书处与相关 WTO 委员会之间的定期信息交换程序，以及观察员资格的授予标准。(iii) 环境产品与服务上关税及非关税壁垒的削减，或者在情况适当时的取消。

第 32 段则增加了一些相关的一般性原则和一个工作日程：

> 我们指示贸易与环境委员会，在按照其当前授权条款进行其日程上所有事项方面的工作时，要特别注意：(i) 环境措施对市场准入的效果，尤其在与发展中国家特别是其中的最不发达国家有关时，以及在贸易限制和扭曲的取消或减少将会有益于贸易、环境和发展的情况下。(ii)《与贸易有关的知识产权协定》的有关规定。(iii) 出于环境目的的产品标签要求。——上述各事项上的工作应当包括去辨认关于明确相关 WTO 规则的任何需要。委员会应当向部长级会议的第五次会议作出报告，并在情况适当时在未来的行动（包括对谈判的期望）方面提出建议。这一工作以及按照第 31 段 (i) 项和 (ii) 项所展开的谈判，其结果都应当符合多边贸易体系的开放和不歧视的本质；都不应当增益或减损各成员在现有各项 WTO 协定（尤其是卫生和植物卫生措施适用协定）下的权利和义务，也不应当改变这些权利和义务间的平衡；并将考虑发展中国家和最不发达国家的需要。①

① Doha WTO Ministerial, Ministerial Declaration, WT/MIN (01) /DEC/1 (2001).

第31段之下的任何谈判，以及在多哈日程中得以具体化的所有其他谈判，都应在2005年1月1日之前结束。关于MEAs与WTO关系的多哈授权，仅仅涉及特定化贸易措施，而且仅仅涉及MEAs各缔约国之间的关系，这就把WTO—MEAs讨论局限于更广泛争论中的极小部分。当然对目前已生效的MEAs（包括蒙特利尔议定书、巴塞尔公约、CITES、ICCAT、CCAMLR等）来说，难以设想这一范围内的任何事项会有可能被提交到WTO；即使真的发生了争端，它们也很有可能将在有关MEA的框架之内得以解决。从上可见，相当大的不确定性存在于非特定化贸易措施之上，以及缔约国与非缔约国的关系之上，但它们却被排除在多哈授权之外。

自2001年11月的多哈部长级会议以来，在2002年约翰内斯堡的世界可持续发展峰会上，WTO—MEAs关系问题被再度谈论。关于增进贸易与环境间相互支持的呼声再度高涨——尽管只是在许多代表已经表达了他们对澳大利亚和美国所提议草案文本的关注之后（该草案文本旨在确保任何贸易或者与贸易有关的活动与WTO的相容性，这就暗示着一种等级关系，其中环境从属于贸易）。世界可持续发展峰会执行计划的最后语句强化了关于贸易、环境与发展间相互支持的表述；它包含促进多边贸易体系与各项环境协定之间的相互支持，符合可持续发展目标，支持WTO工作规划。① 通过同意要避免偏离在多哈部长宣言中所达成的表述，各缔约国可能已经错过了一个具体实践相互支持的机会——尽管这一点在现实中很可能从来是不可能的。

（七）多哈环境谈判及其进展状况

在多哈环境谈判的背景下，各国将更为密切地关注现存WTO规则与MEAs中所设定特殊贸易义务之间的关系，这些谈判在范围上将限于此类现存WTO规则在有关MEAs缔约方之间的可适用性。进一步说，它们不是为了损害不是有关MEAs缔约方的任何成员所享有的WTO权利。除其他一些事项之外，这些谈判还将解决各MEA秘书处与相关WTO委员会之间定期信息交换的程序。根据贸易与环境委员会特别会议（CTESS）主席于2003年7月10日向贸易谈判委员会（TNC）所作的报告，② 在多哈宣言第31段（i）项上，自发起谈判以来，代表们积极地推动对多

① 关于对多哈授权的评价，可参见：Sustainable Development Programme Report：Multilateral Environment Agreements and the WTO，written by Duncan Brack and Kevin Gray，pp. 32-33（2003）.

② *See* World Trade Organization，Committee on Trade and Environment Special Session，Trade and Environment Negotiations：State of Play，Report by the Chairperson of the Special Session of the Committee of Trade and Environment to the Trade Negotiations Committee，TN/TE/7，10 July 2003（03-3728）.

哈授权的共同理解。这种理解在如下两个辅助性方法的基础上得以形成：识别MEAs中的特定化贸易义务（STOs）；关于WTO—MEAs关系的更为概念性的讨论。一些分任务组还开始预测该授权未来所可能产生的后果。关于“MEAs”，尽管一些代表相信需要界定这个概念以免超越授权的界限，其他代表却认为没有这个必要。有可能包含STOs的六部MEAs吸引了一些注意力，不过代表们尚未同意把讨论局限于任何一些特定MEAs。关于“STOs”，一些代表相信它们是按MEAs明确得以规定的，并且是强制性的措施。然而，关于MEAs中所包含的其他种类的贸易措施，以及它们是否可被认为是STOs，讨论仍在继续。而且，一些代表主张，在识别“MEAs中所设定的”STOs时，MEAs的整个运作框架都需要进行审查。

在第31段（ii）项上，一些代表已经指出，本段之下的谈判对于第31段（i）项可能会具有一种积极的溢出效果，因为它将减小WTO与MEAs间冲突的风险。在这方面，CTESS与六部MEAs和联合国环境规划署（UNEP）于2002年11月12日举办了一次MEA信息交换会议，在这里进行了很有裨益的思想交流。关于如何增进WTO与UNEP和MEAs相应机构之间的合作和信息交换，以及如何解决观察员地位问题，UNEP和MEAs都提出了一系列建议。在信息交换方面，代表们一致认为，WTO、MEAs与UNEP之间现有的合作和信息交换形式已经被证明是有价值的，且应当得到增强。他们还提到了UNEP与CTESS相配合组织各次会议的努力，此类会议提供了一个有价值的信息交换场所，允许了众多以资本为基础的环境官员参加CTE的定期会议和特别会议。在观察员地位方面，一些代表提出，必须等待总理事会和TNC决议在该问题上的结果。其他代表则声称，鉴于委员会的授权，需要进行CTESS中的讨论。他们还说，此类讨论能够给正在发生的平行讨论提供方向和动力。一些代表表达了这样的观点，观察员地位问题需要尽可能高效、迅即地加以解决。代表们注意到了UNEP和MEAs对于在多种WTO机构中观察员资格的迫切要求。在讨论中提到了《部长会议会期和总理事会会议的程序规则》① 附件三中所设立的标准，其间一些代表建议需要在它们的基础上进行建设。关于将要采用的标准，以及本授权所涉及的WTO机构，需要做进一步的工作。

在第31段（iii）项上，代表们支持这样的想法，即在“非农产品市场准入谈判组”和“服务贸易理事会特别会议”中进行环境产品和服务上的谈判。不过，一些参加者呼吁CTESS澄清环境产品的概念，与本授权相关的三个谈判机构的主席已经同意在他们各自委员会所取得的进展上进行定期合作。在讨论环境产品的概念时，有数次提到了“经济合作与发展组织”（OECD）和“亚洲太平洋经济合作组织”（APEC）的此类产品名单。不过，一些代表主张：需要制订一份“WTO名

① WT/L/161.

单”。其他代表感觉到，发展中国家在这些谈判中的利益需要加以考虑。

在其他事项上，CTESS已经在其2003年5月1~2日和7月8日的会议上临时邀请了UNEP和6个MEAs。通过这种形式的合作，CTESS已经通过与MEAs秘书处和UNEP的更丰富的思想交流而受益。一些代表还提出了谈判框架下的技术援助问题，尤其是为来自发展中成员的代表参与CTE会议而提供资金的问题。代表们受邀继续反映其未来的技术援助需求。此外，在为坎昆部长会议提出的一份建议中，有代表提议应邀请UNEP和某些MEAs（即WTO秘书处所制定的框架①中所查明的那些MEAs）来观察CTESS的工作，并签署CTE之内所举行的“MEAs信息会议”，使之至少能够每年召开一次。

总之，正如CTESS主席在该报告关于CTESS的结语中所说：“尽管在关于第31段（i）项和（ii）项的讨论中已经取得了一定进展，在若干领域中还需要进一步的努力。需要集中于第31段（iii）项，尤其是各国对于进口或出口方面环境产品的识别……考虑到尚未被涵盖的那些主题的重要性，以及2004年12月底之前剩下的有限的时间，应当不得不考虑召集CTESS的更频繁的会议，而代表们也将不得不做大量的工作。”②

八、反WTO的浪潮与WTO的自身改革

与WTO在国际经济贸易领域和贸易—环境/公共健康关系方面高度自信以及其应对环境/公共健康等挑战的缓慢步调相比照，近年来反对经济全球化、反对WTO的呼声逐渐高涨。反对的理由遍及WTO的各个领域和全部过程。

首先，人们对WTO的规则制度提出了的批评：（1）WTO不是一个民主的机制，一些大跨国公司具有进入WTO谈判内部的途径，而WTO的各项规则便由这些公司所操纵并为这些公司的利益服务；（2）WTO践踏劳工权和人权，当积极地执行劳工权利的国家与一贯违反国际劳工公约的国家相比处于不利地位时，WTO却拒绝解决自由贸易对劳工权和人权的冲击；（3）WTO在毁坏环境，一些公司把环境保护称为贸易壁垒，并利用WTO来破坏好不容易赢来的环境保护；（4）WTO在杀害人民，它对知识产权（专利权、版权、商标权）的全力捍卫，是以健康和

① WT/CTE/W/60/Rev. 2.

② *See* World Trade Organization, Committee on Trade and Environment Special Session, Trade and Environment Negotiations: State of Play (Supplement), Report by the Chairperson of the Special Session of the Committee of Trade and Environment to the Trade Negotiations Committee, TN/TE/7/Suppl. 1, 15 July 2003 (03-3832).

人类生命为代价的，它支持大制药公司而不支持试图保护其人民健康的国家政府；(5) WTO 破坏当地发展并使穷国处于严重不利地位，旨在奖励雇用了当地居民、使用了国内原材料、采用了环境上适宜做法的公司的那些当地政策，按照 WTO 规则将构成违法；(6) WTO 在助长贫富不均等现象，它的规则使得各国市场都对外国投资开放，从而使生产更容易进入劳动力最廉价、最易于剥削而环境成本又很低的地方，同时在必须参与全球竞争的发达国家内降低了工薪和环境标准。①

其次，有人指出争端解决机制的缺陷：(1) WTO 所创设的超国家的裁断体系破坏了国家主权，使得各国政府不再能够按照公共利益（包括环境和公共健康）而作为；(2) 由贸易制度体系来解决贸易—环境争端，本身就不可避免地带有亲贸易倾向，给专家组的授权恰恰是为了维持 WTO 规则的正当性和有效性，这样它们便乐于维持 WTO 规则（而不是其他规则，如 MEAs）的一致性；(3) 在组成 WTO 争端解决专家组时，其成员只是 3 名贸易官员，并没有审查其是否存在利害关系，他们可能不熟悉与国际环境保护有关的法律，甚至可能对其抱有偏见，故而这些官员做出的裁定难以保证客观和公允；(4) 作为争端解决根据的 GATT/WTO 体系实体法将任何属于国际环境体系的法律以及任何没有包含在 GATT 及其各项"分协定"中的法律或条约都看做是不相关的；(5) 以往的争端解决实践显示出国际环境保护和公共健康的追求一直居于类似拱顶的取消国内贸易限制性的管制而实现贸易自由化原则之下。②

再次，WTO 内环境/健康问题的专门机构及其讨论也遭到诟病：(1) 尽管 CTE 认定各国在环境保护方面的国内管理决策进行合作对于有效解决环境问题而言具有核心意义，但 CTE 自己的各项建议却清楚地表明此类管理决策不得为贸易限制性的或歧视性的。(2) 尽管 CTE 认为确保市场准入机会对于帮助发展中国家走向可持续发展而言至关重要，然而它没有意识到，如果不具备其他相应因素而只是单纯增加发展中国家出口产品的市场准入机会，可能会在发展中国家仅仅促成狭隘的、部门性的、不可持续的出口导向型半工业生产和农业生产模式。(3) 尽管 CTE 强

① 批评和反对 WTO 的系列理由以及其详尽论证见：Top 10 Reasons to Oppose the World Trade Organization, http://www.globalexchange.org/campaigns/rulemakers/topTenReasons.html; WTO 网站以"关于 WTO 的十个通常误解"为题，谈到了这些反对意见，但是认为这些是基于对 WTO 运作方式的误解，http://www.wto.org/english/thewto_e/whatis_e/10mis_e/10m00_e.htm (visited on 11 June 2004).

② 关于 GATT/WTO 体系不适于作为贸易—环境争端解决场所的理由以及由国际法院、一个新的国际环境法院甚至一个新的国际环境机构来解决此类争端的可能性，详尽分析可参见：Daniel T. McKillop, *Trade and Environment: International Dispute Resolution*, 4 Journal of the Pace Center for Environmental Legal Studie (2001).

调多边主义优于单边主义，然而，它丝毫未提及当前那些推动着非歧视性的和非贸易限制性的商品与服务流动，以及由此所带来的交通、生产和消费的增长的贸易规则究竟是跨境环境问题的直接原因还是间接原因。（4）尽管 CTE 指出 MEAs 中贸易规定与 WTO 规则的潜在冲突不应被夸大，然而关于 MEAs 中贸易限制性或歧视性规定与 WTO 各附属协定规定的同一时间适用问题，它并没有明确表示自己的立场。（5）CTE 当中没有非政府间组织（NGOs）的观察员或者参与，这种封闭和秘密的特点使得 CTE 中的各项讨论尤其难以体现环境保护、公共健康等其他价值和目标。根据 WTO 总理事会 1996 年 7 月 18 日“就与 NGOs 间关系上的安排的指导原则”①，CTE 已经说明：“允许 NGOs 作为观察员直接参与 CTE 的各项程序，将是不合适的。”相反，CTE 各项决议的公开透明性将要通过“在最大可能的限度上不限制工作文件、并且以一份贸易与环境公告的形式公开本领域中阶段性的、综合性的活动报告”来得以实现。CTE 只授权 WTO 秘书处“作为 NGOs 与 WTO 各成员之间的一个中介，为信息和观点的交流提供渠道”。虽然从积极方面看，近些年里，CTE 已经举办了一系列涉及 UNEP、众多 MEAs 秘书处以及 CTE 的“信息会议”，其目的在于探讨这些 MEAs 与 WTO 间的关系，同时在于就“贸易与环境”事项来“教育”WTO 各成员；WTO 秘书处还于 2000 年在南非共和国、马耳他、加蓬和阿根廷为来自发展中国家和最不发达国家的政府官员就贸易与环境问题举办了一系列区域性的研讨会，这些研讨会的目的在于“增进对于贸易、环境与可持续发展之间联系的认识，并促进来自发展中和最不发达 WTO 成员政府贸易部和环境部的决策者们之间的对话”。然而，NGOs 在这些研讨会或信息会议中的参与仍是微不足道的，甚至完全不存在。② 所以，论者认为，CTE 作为世界贸易体系内被授权专门讨论贸易—环境问题的机构，天然就具有一种有利于贸易而不利于环境的内在倾向。

综上所述，尽管自由贸易在当前经济发展中的核心作用以及经济全球化的大趋势都使得 WTO 体系在事实上成为解决国际上与贸易有关的一系列问题（当然包括与贸易有关的环境/公共健康问题）的主导力量和核心机构，但是面临着国内和国际层面上来自环境和公共健康关注、规定及实践的种种挑战，该体系从规则制度、争端解决到专门机构及其在上述背景下的谈判与讨论，都显露出了一些矛盾、不足

① Guidelines for Arrangements on Relations with Non-Governmental Organizations, Decision adopted by the General Council on 18 July 1996, WT/L/162 (1996).

② 关于 CTE 的讨论程序和进程中各种局限性的详尽分析，可参见：Briefing Paper on The WTO Committee on Trade and Environment, Prepared by Vicente Paolo B. Yu III, WTO Program Officer, Friends of the Earth International (FOEI), Geneva, Switzerland, 5 February 2002.

和缺陷。WTO应当在这一现实促动下，进行相应的改革，以使其所照管和推动的国际贸易能够在既恪守自己的宗旨，又尊重其他价值的前提下，以明确具体并足以调整与贸易有关事项的规则、灵活而无偏见的争端解决程序、务实高效的专门机构，来使全球人民的经济福利真正实现，并与其他方面的福利恰当结合。① 当然，说起来似乎很简单，实践中却不可能一蹴而就，它需要从发达国家到发展中国家、从各国政府到各相关国际机构、从自由贸易倡导者到环境保护主张者等不同主体持续的共同努力，需要这些主体的更长远的目光、更多的合作态度和更大的自我牺牲精神，因此这一过程必然是曲折而漫长的。

① Ernst-Ulrich Petersmann, *The WTO Constitution and Human Rights*, 3 *European Journal of International Law* 19 (2000).

南极环境保护法律制度之浅见

□ 王曦* 陈维春**

内容摘要 南极条约以及相关的几个国际条约形成了南极条约体系。该体系基于南极环境的特殊性，就南极环境保护作出了不同于其他国际条约的特殊规定，此乃南极环境保护法律制度。该制度要求我们在南极开展任何活动都要对南极环境给予特别的、足够的重视。我国作为南极条约协商国对南极环境保护问题应给予足够的重视并采取相应的对策。

一、南极问题的由来和现状

在国际法上，南极地区也称南极条约地区，是指1959年《南极条约》第6条规定的南纬60°以南地区，包括一切冰架。南极气候恶劣，98%的地表终年为平均1700多米厚的冰层所覆盖。终年冰封，夏季（一月）平均温度为摄氏零下28℃，冬季（七月）平均温度为摄氏零下50℃。人类所测量到的南极绝对最低温度为摄氏零下88.3℃，故有世界极寒之称。① 除少数科学家外，是地球上迄今为止尚无固定居民的惟一大陆。

南极的自然资源十分丰富。已知的矿物资源有20余种，包括异常丰富的石油和天然气，还有世界上最大的铁矿区，足够全世界开采200年。南极的水生资源也很丰富，鲸鱼捕获量占世界总数的90%。②但南极地区的环境和生态系统却非常脆弱。恒定的低温环境，使任何污染物，如人类遗弃的各种废物得以在南极地区长久

* 上海交通大学法学院副院长、教授、博士生导师，上海交通大学环境与资源法研究所所长，武汉大学法学院教授、博士生导师。

** 武汉大学法学院环境与资源法研究所博士研究生。

① 王曦编著：《国际环境法》，法律出版社1998年版，第269页。

② 梁西主编：《国际法》，武汉大学出版社1993年版，第150页。

保存。① 地球的温室效应正导致南极冰原大面积的崩塌、融化。② 南极冰原不仅储存了全球最多的淡水，而且也是地球气候得以稳定的重要因素，有地球气温调节器之称。南极环境的破坏将会对地球气候和生态系统的平衡带来致命的扰乱和破坏。因此，保护南极地区的环境对于保护地球环境和人类生存具有极为重要的意义。

有关南极的法律地位问题，起因于 1908 年英国以扇形理论对南极提出的领土要求。③ 新西兰和澳大利亚的南极领土要求最初也是由英国提出来的，其范围在阿德利地（东经 136°～142°）之外的南纬 60°以南东经 160°～45°之间，约占整个南极大陆面积的 42%。法国于 1924 年将阿德利地（东经 136°～142°）宣布为其南极领地，并于 1938 年将其范围扩展至南极点。挪威在 1939 年正式对南极提出领土要求。阿根廷和智利也于 20 世纪 40 年代初正式对南极提出领土要求，分别称为“阿根廷南极”和“智利南极属地”。

上述 7 国对南极提出的领土要求的根据尽管不同，但归结起来主要有发现、先占、行政管理、继承权利、毗连性、扇形原则等。④ 这些根据的有效性历来遭到国际社会绝大多数国家的反对，其来源也是令人怀疑的。比如，美国和俄罗斯一方面提出保留领土要求的权利，同时又明确地拒绝承认任何南极领土要求。⑤ 其他一些拉美国家，如巴西、乌拉圭、秘鲁曾私下考虑是否对南极提出领土要求，如巴西就曾提出一个所谓的“面对理论（frontage theory）”，即面对南极的每一个南美国家应拥有与其在毫无阻挡的子午线之间对应的一块直至南极点的扇形地区。⑥ 我国与世界上绝大多数国家一样，反对任何国家对南极主张领土主权。在 1985 年 10 月取得南极条约协商国资格后，我国根据南极条约的规定积极参与南极的各项活动，包括科学考察、和平利用和环境保护等。

1959 年的《南极条约》以及一系列相关的南极国际公约创设了南极法律制度。它不仅冻结了各国对南极地区的主权要求，而且促进了各国在南极地区科学考察、和平利用和环境保护等方面的国际合作。本文试图通过对南极条约体系和有关国家南极政策的探究，简要概述与南极环境保护相关的政策法律制度。

---

① 王曦编著：《国际环境法》，法律出版社 1998 年版，第 269 页。

② Kalee Kreider，*Giant glacier falls into ocean near Antarctica*，China Daily，2002 年 5 月 10 日第 7 版。

③ 王铁崖主编：《国际法》，法律出版社 1995 年版，第 250 页。

④ 王铁崖主编：《国际法》，法律出版社 1995 年版，第 251 页。

⑤ Olav Schram Stokke & Davor Vidas，Governing the Antarctic，the Effectiveness and Legitimacy of the Antarctic Treaty System，37（1996）.

⑥ 王铁崖主编：《国际法》，法律出版社 1995 年版，第 251 页。

二、对构成南极条约体系的相关国际公约的评价

南极条约体系是以1959年《南极条约》为核心而发展起来的一个区域性国际法律制度。该体系所具有三个主要的价值目标——和平、科学和环境保护，确立了南极条约体系在国际社会中的法律地位（standing）。① 首先，南极条约规定了南极的“和平利用”，并禁止建立军事基地和港口，禁止军事演习和任何类型武器的试验等任何其他非和平利用的活动。② 其次，“科学”价值体现在南极独特的地质条件、远离人口和生产中心的位置以及对南极冰层分析的机遇等特别适宜于诸如大气上方或地球空间现象、海平面变化或气候变化等环境问题的科学研究。最后，环境保护的价值是逐渐显现出来的，并以1991年《南极条约环境保护议定书》的制定为主要标志。③ 该体系除《南极条约》外，还包括与《南极条约》相联系却又独立的国际法文件，如1964年《保护南极动植物议定措施》、1972年《南极海豹养护公约》、1980年《南极海洋生物资源保护公约》、1988年《南极矿物资源活动保护公约》和1991年《南极条约环境保护议定书》等。兹分别介绍如下：

（一）有关《南极条约》的评价

1959年的《南极条约》是南极条约体系的基石和主干。④《南极条约》现有42个缔约国，包括26个协商国和16个非协商国，代表着90%以上的世界人口。《南极条约》是以南极大陆非军事化、科学考察自由和国际合作以及冻结法律现状为其三大支柱。⑤

1.《南极条约》确立了和平利用和科学研究的目标，“承认为了全人类的利益，南极应永远专为和平目的而使用，不应成为国际纷争的场所和对象”；⑥“南

---

① Olav Schram Stokke & Davor Vidas, Governing the Antarctic, the Effectiveness and Legitimacy of the Antarctic Treaty System, 3 (1996).

② 参见《南极条约》第1条。

③ Olav Schram Stokke & Davor Vidas, Governing the Antarctic, the Effectiveness and Legitimacy of the Antarctic Treaty System, 3 (1996).

④ Catherine Redgwell, *Protection of Ecosystems under International Law: Lessons from Antarctica*, from International Law and Sustainable Development, Edited by Alan Boyle and David Freestone, 1999, p206.

⑤ ［日］寺泽一、山本草二主编，朱奇武、刘丁等译：《国际法基础》，中国人民大学出版社1983年版，第262页。

⑥ 参见《南极条约》序言。

极只应用于和平目的";① "在国际地球物理年内所实行的南极科学调查自由和为此目的而进行的合作，应按照本条约的规定予以继续"。②

2.《南极条约》确立了科学领域的国际合作，包括科学资料情报交换、科学人员交换、国际组织之间的合作等。南极条约要求在南极促进科学调查方面的国际合作，缔约各方以及对南极具有科学、技术兴趣的联合国专门机构以及其他国际组织同意在一切实际可行的范围内：（1）交换南极科学规划的情报，以便保证用最经济的方法获得最大的效果；（2）在南极各考察队和各考察站之间交换科学人员；（3）南极的科学考察报告和成果应予交换并可自由得到。③

3.《南极条约》提出了冻结领土主权要求。南极条约本身并没有要求原先的领土要求的放弃，只是要求其冻结该主张，并且原来没有提出主权或领土要求的国家不得提出新的要求。在本条约有效期间所发生的一切行为或活动，不得构成主张、支持或否定对南极的任何主权权利的要求的基础，也不得创立在南极的任何主权权利。④

4.《南极条约》规定了事前通知程序。这个程序对于南极环境可以说起到了极好的保护作用。随着南极旅游业的升温，前往南极的人会越来越多，由此就会产生诸如固体废弃物的增加等对南极环境和生态系统平衡造成不良影响的问题。事前通知程序可以使缔约国互通情报，以便各方采取一些针对性的预防措施，也有利于观察员对这些活动进行监督。

5.《南极条约》创立了协商会议的新体制。协商会议最初是每两年召开一次，从 1993 年起每一年召开一次，它是南极条约体系决策制定和体系创新的主要机制。协商会议也是议定南极条约体系内法律文件的场所。《南极条约》协商国可以通过协商会议交换情报，一起协商共同关心的有关南极事项，并系统规划、审议并向本国政府建议旨在促进《南极条约》的原则和宗旨的措施。因此，该机制是整个南极条约体系不断发展和完善的关键。

6.《南极条约》开始规定对生物资源的保护。《南极条约》第 9 条有关"南极生物资源的保护与保存"的规定，已经涉及了环境保护问题，特别是生物资源的保护。但该条约并没有明确地提及对南极环境要采取一定的保护措施。《关于环境保护的南极条约议定书》才真正标志着国际社会向以南极环境保护为目标的法律体制的建立迈出了坚实的一步。

---

① 参见《南极条约》第 1 条。
② 参见《南极条约》第 2 条。
③ 参见《南极条约》第 3 条。
④ 参见《南极条约》第 4 条第 2 款。

7.《南极条约》规定了两种纠纷或争端的解决机制：一是外交机制，即通过谈判、调查、调停、和解、仲裁、司法裁决或它们自己选择的其他和平手段；二是司法机制，即在争端各方均同意的情况下，通过司法途径解决。

(二) 对《保护南极动植物议定措施》的评价

1964年《保护南极动植物议定措施》由《南极条约》第三届缔约国协商会议制定。首先，《保护南极动植物议定措施》的宗旨是促进并实现保护、研究和合理利用南极动植物资源。该协议宣布南极地区为特别自然保护区（Special Conservation Area）。[①] 其次，它规定了一系列的议定措施：要求各参加国政府（指该议定措施对其生效的国家的政府）应禁止在南极地区未经许可猎杀、伤害、捕捉、骚扰任何本地的哺乳动物和鸟类或企图作出此类行为；各参加国政府应限制此类许可的颁发以最大可能地确保不致过量捕猎本地哺乳动物和鸟类并保持南极地区的生态平衡；对捕猎特别保护物种的许可，只有为迫不得已的科学研究的目的及不损害生态系统的平衡和该物种的生存的情况下才能颁发。最后，该议定措施通过以附件形式列举了特别保护的物种和具有突出科学价值的特别保护区。

(三) 有关《南极海豹养护公约》和《南极海洋生物资源保护公约》的简评

《南极海豹养护公约》于1972年6月1日签订，1978年3月11日生效。该公约的适用范围是南纬60°以南地区，故其适用范围比南极公约地区的范围要大。该公约的主要目的在于保护南极地区的5种海豹和所有的南方海狗。公约规定未经许可不得捕杀受保护的海豹和海狗。公约要求缔约国为其国民和悬挂其国旗的船舶制定有关捕猎上述海豹和海狗的许可证制度。公约以附件详细规定了海豹和海狗的保护措施，主要有关于许可的捕获量、受保护的和未受保护的物种、禁猎区、禁骚扰海豹的特别区域、对各物种的性别、大小和年龄的限制、对捕猎时间、方法和器具的限制、捕获记录、便利科学情报审查和评估的程序等。此外，公约还规定了特别许可证、缔约国之间协商，以及关于公约的修订、签署、批准、生效等方面的规定。

1980年《南极海洋生物资源保护公约》的缔结起因于日本和前苏联对于构成南极生态系统基础的磷虾的大量捕捞。这种快速的立法反应，确保了在大量的南极渔业出现之前就通过缔结公约进行环境保护。[②]《南极海洋生物资源保护公约》是

---

① 王曦编著:《国际环境法》，法律出版社1998年版，第271～272页。

② Catherine Redgwell, *Protection of Ecosystems under International Law: Lessons from Antarctica*, from International Law and Sustainable Development, Edited by Alan Boyle and David Freestone, 1999, p210.

少数几个关于野生生物保护公约中在大规模的商业压力危及野生生物之前就设计保护的公约之一。该公约的目的，是为了保护所有的南极海洋生物资源，除了海豹和鲸（它们分别由1972年的《南极海豹养护公约》和1946年的《国际捕鲸公约》管制）。公约规定了关于保护的三项原则：（1）防止受捕获种类的数量低于保证能使它稳定补充的水平，为此，存活的数量要保持在不低于保证最大净增量的水平上；（2）维护南极海洋生物资源中被捕获的种群和相关种群之间的生态关系，使枯竭种群能恢复到能稳定补充的水平；（3）考虑到目前捕获对海洋生态系统、引进异种生物以及对环境变化的直接和间接影响，为了能持久保护南极海洋生物资源，应防止在近二三十年内海洋生态系统发生不可逆转的变化的危险，或尽可能减少这种变化的危险。①

（四）对《南极矿物资源活动保护公约》的评论

整个20世纪80年代南极协商国召开了一系列特别协商会议，试图创制一种能规范南极矿产资源将来发展的制度。这就是1988年的《南极矿物资源活动保护公约》。然而，在两年内这个条约却让大多数南极协商国失去了对它的法律吸引力和政治支持。到了1990年《南极矿物资源活动保护公约》的法律地位从一个被确认正在建立一个新的国际制度的国际法文件变为一个基于政治上的不希望和实践上的无效率而被抛弃的不受欢迎的概念。②

《南极矿物资源活动保护公约》创制了一个在南极管制采矿活动的体制，这样使它可能成为任何将来矿产开发活动的一个制动闸。《南极矿物资源活动保护公约》试图使曾经在南极进行的矿产开发活动的政治和法律形势得以稳定。该条约体制也通过有目的的分配可能发现的矿产资源的权利填补了一项法律空白。这虽然减少了法律的不确定性和有关矿产资源的经济敌对行为，但却可能在南极产生冲突和竞争并以南极环境为代价。

（五）关于《南极条约环境保护议定书》的简评

1991年6月23日在西班牙首都马德里制定了《南极条约环境保护议定书》。③

① 王曦编著：《国际环境法》，法律出版社1998年版，第273页。

② Olav Schram Stokke & Davor Vidas, Governing the Antarctic, the Effectiveness and Legitimacy of the Antarctic Treaty System 73 (1996).

③ 该议定书于1991年10月4日签署并于该日生效，现有9个协商国签署。我国于1991年10月4日签署了该议定书。

该议定书对南极地区的环境保护作了全面的规定，是南极环境保护的最主要的法律文件。但对于某些政府来说，其主要目的是对这些年来南极条约协商国批准的各种建议进行更新和发展以便为南极环境保护提供一个新的综合性的体制，对其他一些政府来说，南极环境保护只有通过禁止南极矿产活动并解除1988年的《南极矿物资源活动保护公约》才能满足国内公众舆论的要求。不管怎样，它是迄今为止内容最全面和最严格的环境条约。

《南极环境保护议定书》包括序言、27个条款、一个计划和五个附件。

序言部分,议定书申明加强对南极环境及依赖和与之联系的生态系统的保护的需要,重申《南极条约》关于南极只得用于和平目的而不得成为国际纷争的对象和场所,确认1964年《保护南极动植物议定措施》关于将南极地区划为特别自然保护区的规定和1980年《南极海洋生物资源保护公约》关于南极环境保护的三项原则。议定书特别指出建立一个全面保护南极环境及其附属生态系统的体制符合全人类的利益,牢记南极特殊的法律地位与政治地位以及各南极条约协商国保证使在南极的一切活动符合南极条约的宗旨与原则的特殊责任。从上述规定我们可以看出议定书已经将南极条约的和平与科学两项目标扩展为和平、科学和环境保护三个目标。

首先，议定书将南极地区定为贡献和平和科学的自然保护区,① 并为之规定了全面的保护措施。议定书规定保护南极环境及其附属生态系统和南极的固有价值，包括其荒野价值、美学价值和科学研究价值，必须是规划和在南极条约区域从事任何活动的基本考虑。② 为此，在南极地区区域的一切活动必须遵守该议定书规定的保护原则，如风险预防原则和风险防范原则，这些原则在1992年里约会议通过的国际公约中得到发展，对于国际环境法的原则体系做出了很大的贡献。其次，议定书要求缔约国加强合作，以促进有关保护南极环境及其生态系统的科学的、技术和教育的合作项目。再次，议定书规定南极条约协商会议有关南极环境保护的职责包括确定全面保护南极环境的一般政策、制定有关实施本议定书的措施和审查议定书设立的环境保护委员会的工作等。最后，议定书要求缔约国以立法、行政和执法措施保障对议定书的遵守。缔约国应将它采取的这些措施通知其他缔约国。每一缔约国应提请所有其他缔约国注意它所认为影响议定书的目标和原则的实施的活动。此外，缔约国在议定书中承诺制定关于在南极条约区域内的活动所致损害的赔偿责任的程序和规则，并以议定书的附件规定之。议定书规定缔约国应通过谈判、询问、调解、和解、仲裁、司法解决等和平手段解决其有关议定书的解释和适用的争议。议定书对争端解决程序的选择和争端解决程序作了比较详细的规定。

① 参见《关于环境保护的南极条约议定书》第2条。

② 参见《关于环境保护的南极条约议定书》第3条第1款。

三、世界主要大国有关南极问题的政策法规

（一）澳大利亚的南极政策

道格拉斯·毛森的南极探险为澳大利亚对南极领土的两个部分提出领土要求提供了基础。而对南极相当大一部分领土的主权要求是由于对南极的开发和利用的长期参与已经成为澳大利亚南极政策的一个主要因素。另外还有两个动机促使澳大利亚提出领土要求——安全和经济收益。澳大利亚的历届政府都保留着对澳大利亚南极领土的正式先占（formal preoccupation），甚至在南极条约第四条冻结了领土要求以后也是如此。澳大利亚官方对澳大利亚南极领土的责任已由南极条约生效后几年的外部事务转变为由一系列部门共同关心的内部事务。澳大利亚的主要目标是：取得澳大利亚在南极以及在南极次大陆等相关地区的科学的、环境的、政治的、政策的和经济的利益（除了矿产资源活动外），并保留对澳大利亚南极领土的主权要求。澳大利亚南极处——一个环境、运动和领土部组成的部门和外事贸易部对制定和解释国家优先考虑事项负主要责任。此外，由高级政策制定者和研究人员组成的南极科学咨询委员会，就科学研究的需要和有限考虑事项向环境部长提供直接的和独立的建议。对于南极政策的日常和特别的决策，这三个机构都被期望发出较早的和有分量的声音，虽然它们不能在每一个问题上发出同样分量的声音。澳大利亚南极处不仅对澳大利亚国家南极研究考察队提供逻辑支持，而且作为其行政部门对南极科学政策负主要责任。外事贸易部的责任则相对模糊，它主要负责所有的外交事务和谈判，也是南极条约会议代表团的领导。

澳大利亚的国内南极政策制定程序也随着南极条约体系的发展变化而变化。即澳大利亚的政治文化已经转向一个更加参与的、双重主义的政策制定的风格。① 很明显最近一段时期——从《南极矿产资源保护管理公约》到《南极环境保护议定书》的实施——已经成为特殊时期。澳大利亚在很大程度上是迫于公众的压力才在南极这个国际问题上起了一个带头作用。当南极问题不再聚焦为全球议程和制度变化的基础及为了澳大利亚的国家利益而产生的结果时，这么多不同的利益集团花费这么多的时间和努力来影响国内的南极政策的制定似乎是不可能的。就环境议定

① 这种转变也表现在南极政策程序中议会、非政府组织和公众比过去更充分地参与。但行政部门仍占据主导地位，澳大利亚南极处、外事贸易部和科学界仍是关键的官僚机构的和潜在的行为者。这些部门已经被重新组织，它们之间的相互关系也被重新解释，但没有新的部门来挑战它们在政策制定程序中的中心地位。

书而言，澳大利亚政府把遵守第 3 条的责任放在了环境部长的身上。通过把第 3 条结合进澳大利亚的国内立法，环境部长个人要对维持议定书的第 3 条第 3 款建立的监测标准负责。环境部长还要接受各种活动和探险的许可申请并被授权颁发许可证。他也有权基于议定书的目的和原则而改变、暂停或撤销某个许可证。联邦内阁享有广泛的立法权，包括制定遵守综合性环境影响评估的程序和废弃物的管理、处置和转移的程序的法规。另外，作为女王的代表，总督也有正式的决策权。他对议会制定的有关特别保护物种和地区的法令可以同意或否决。实际上，这仅是形式而已，环境部长制定的法律议会和总督必须同意，后一步仅是一种形式。

（二）智利的南极政策

智利新任总统拉格斯上任不久，即赴智利南极费雷站视察，并在室外签署了智利新的国家南极政策。智利新的国家南极政策的主要目标如下：

第一，该政策以鲜明的地理、历史和法律依据，保护和加强智利的南极权益，并通过忠实履行南极条约的行动，加强和提高智利在南极条约中的影响。①

第二，智利作为协商国积极参与南极条约体系的活动，加强国家南极机构的建设，加强智利南极政策委员会的计划和协调功能，将各类南极活动统一和集中到国家南极计划内。南极条约协商国的法律平等并不意味着对同一事物定义和立场的一致。南极主权要求国和非主权要求国通过协商一致的规则形成的内部共存，原则上可以解决南极条约体系内部的挑战和竞争。

第三，积极保护南极的和平区、科学活动区和自然保护区。南极条约体系应致力于将南极条约体系地区毗邻区域发展成无核区和和平区。坚持南极的科学考察自由和可进入性是一个对南极有主权要求及长期兴趣的国家的基本要求。但现在对信息的商品化倾向，利用专利手段对信息使用的限制，或由于其他国际论坛采纳的决议危及了科研信息的自由和可进入性。《关于环境保护的南极条约议定书》所宣布的自然保护不应被曲解为可以随意扩大保护区和管理区，而不考虑建立的理由是否严肃、它所代表的价值，以及对环境的保护等。

第四，国际合作应突出以下方面的国际合作：（1）同其他进入南极的桥梁国家，如阿根廷、澳大利亚、新西兰、南非等在政治、环境、经济和安全方面的合作。（2）同其他拉美国家在南极后勤方面的合作。（3）在“南极局长理事会”同各成员国的合作。（3）通过“南极科学研究委员会”同其他南极科考水平高的国家的合作。（4）参与所有关于南极大陆及毗邻海域的管理活动，在不损害智利领

① 参见李锐：《智利的国家南极政策》，载《全球科技经济瞭望》2000 年第 12 期，第 25 页。

土权益的前提下，加强成员国之间的政治合作。

第五，海洋生物资源保护和南极水域捕鱼对海洋生物资源的开发与根据科研成果和政治协议对这些资源的保护间产生了矛盾。世界捕鱼船队的超大规模和不能按比例的经济开发给这些资源带来了巨大的压力。包括磷虾在内的南极生物的药理和生物技术特性将会加大南极大陆及其资源的重要性。

（三）挪威的南极政策

挪威是惟一一个同时对南北极提出主权要求的国家。虽然主权要求一直是挪威南极政策稳定的主题，但它们通常是作为一种手段性术语而被主张的。主权要求的保留是为了支持其他的目标，开始是经济利用，后来是政治介入和环境保护。总的来说，以下四个方面构成了挪威南极政策的基础。

首先，挪威对南极的主权要求的正式基础是挪威人的独有的探险活动和对他们的活动地区的绘图。从此以后，主权要求的保留就一直成为挪威南极政策的一个稳定的组成部分。同时挪威又一直是一个相当冷静的主张者，即挪威政府不愿把它放在第一位，而是进行低调处理。挪威的南极主权要求在以下三个方面也是独特的：第一，不像其他南极主权要求国，挪威明确提到的只有沿海区域；第二，皇家法令对主权要求明确声明它不寻求排斥非挪威人在邻近海域的活动；第三，皇家法令避免提及参考扇形理论这一其他国家为支持它们对南极以南地区的主权要求而适用的理论。①

其次，捕鲸业曾经是挪威在南极存在的最初的直接原因。但是今天商业利益已不再是挪威参与南极政治事务的主要原因。在 1974 年关于矿产资源制度的非正式讨论开始之后，挪威的外交部长就向国会陈述，经济利用不允许干扰科学活动或脆弱的环境。挪威的观点是在法律问题被解决之前经济活动应该避免。从关于资源管理的南极条约体系的商讨开始，经济方面的考虑已经附属于其他主要的南极政策主题。当然这并不是说挪威公司在南极就没有商业利益，相当数量的设备和轮船服务是挪威卖给不同的南极考察队的。虽然目前挪威公司在南极旅游业中并未扮演重要角色，但这可能是挪威公司将来的一项活动。因为挪威公司在全球豪华客轮业中占主导的市场地位以及他们长期积累的经验。

再次，在外交政策的威望方面，挪威在南极所追求的重大的国家利益是与这个第七大陆的象征性的效率紧密相关的，即一个自我形象的承诺。尽管它只有有限的领土和财富，挪威在国际事务中却扮演着一个重要的调解人的角色。特别是通过帮

---

① Olav Schram Stokke & Davor Vidas, Governing the Antarctic, the Effectiveness and Legitimacy of the Antarctic Treaty System 387 (1996).

助其他国家在各种问题上达成一致以促进国际和平与合作。这种调解的角色在战后先是在东西关系中，后是在南北关系中被注意的地区，经常被描绘为具有特别的价值。

最后，挪威在南极所追求的环境保护包括了相互纠缠的三个方面。第一，像南极这样质朴、遥远并足以引起人们注意的地方，南极环境经常被描绘成具有极高的固有价值。其价值的来源是它代表了地球上其他地区具有相同特点的环境的象征性角色。第二，当人们常常愤世嫉俗地说通常官方关于南极环境需要保护的声明与对南极环境的真正关心并没有关系时，我们不能无视这样一个事实，即对于南极的这样的象征性的效率也产生了工具性的目的。在很多国内的背景下，在南极实行“绿色”行动，是一种证明对于南极环境目标的普遍态度的有效的和便宜的方式。它的效率已经使得南极成为环境保护组织努力刺激成员缴纳基金的一个舞台。第三，也是工具性的，即保护与全球环境监测有关的功能。① 比如，在可预见的将来，某种类型的经济活动诸如石油生产就可能会对南极环境造成损害。

如上所述，挪威在南极没有巨大的商业利益，而且其主权要求也是相当温和的。对挪威代表的惟一的重大限制就是他们参与南极条约体系的环境辩论的目的就是能够调解辩论双方，因此他们一般不愿意处于极端的地位。对南极保护主义的措施的支持对于挪威来说几乎不会花费昂贵的代价。挪威在1993年批准了环境议定书并在1995年春天通过了国内立法。

（四）美国的南极政策

美国南极政策的来源各式各样，或者来源于美国政治制度的国内需要和政治要求；或者通过美国外交政策的程序形成；也可通过管理和了解政策的人来制定。②要检讨美国外交政策的国内来源就要检讨美国内部的条件，而非仅仅检讨外部因素。考虑到内部因素的相互关联和相互影响，美国南极政策就是要承认美国社会内部的力量对于外交行为的质量和内容的贡献。美国南极政策无数的国内影响可分为三个大的部类：第一，美国的社会环境，主要指美国的政治文化——由美国人普遍享有的关于他们的政治制度的基本的价值、信仰和自我形象的序列——是怎样地影响外交政策的制定；第二，政府的组织结构，指美国政府的分支以及为决策和政策的制定承担责任的部门，也包括由决策者限制或提高外交政策的机会的美国政府的

① Olav Schram Stokke & Davor Vidas, Governing the Antarctic, the Effectiveness and Legitimacy of the Antarctic Treaty System 391 (1996).

② Olav Schram Stokke & Davor Vidas, Governing the Antarctic, the Effectiveness and Legitimacy of the Antarctic Treaty System 409 (1996).

财产和实施这些机会的条件；第三，美国决策者的个人的性格特点和决策者所占据的地位，前者是指决策者影响美国南极政策制定的态度和结果的个性、心理特征、领悟力和责任感，后者则指诱发某种行为的角色的期待而非心理的偏好。

美国的南极政策问题一般是通过美国政府以周期性的方式来进行制定和作出解释的。通过美国南极政策的最初阶段，我们可以看出为了提高政策的效果至少须经过三个阶段：第一阶段是议事日程的安排，南极政策被提交给决策者认真考虑因为一个政策要想变成公共政策，就必须是一个决策者感兴趣的、要表述的问题。进一步说，利益集团和国会议员必须能够就此政策和某些政府部门——必须有执行该政策所应有的激励和需要的资源——达成一致。第二个阶段是实际的政策制定，在美国，制定外交政策的焦点主要落在行政部门，特别是总统、国家安全委员会、国务院、国防部、贸易部和中央情报局。有关南极问题则通常落在国务院特别是它的南极政策工作组身上。第三个阶段就是实施，认识到事实上美国南极政策可能发生在美国政府这三个部门中的任何一个是很重要的。甚至不行动——社会现状的继续——也是导致政策形成的一种方式。这里至关重要的一点就是必须得到影响实施美国南极政策过程的资源。这方面最有用的资源是金钱、政治支持、信息和专业知识等培养跨部门的生产性的行为的传统资源。

对于建立保护南极海洋生物资源的制度，美国的外交政策是坚定的和一贯的。自从20世纪70年代以来，美国就强烈支持在南极条约体系内设计和制定一种特别的保护政策制度。美国决策者们已经强烈主张对整个南太平洋的生物资源实施科学的评估和监测并了解他们的分布情况。

（五）英国的南极政策

英国的立法要求首相确保对南极议定书的遵守。英国南极监察局可以向外事办提出建议以确保外事办会得到既科学又有实践的建议。英国南极监察局的介入意味着确保议定书和新的法规的实施是既简单又实在的。英国的立法要求所有在南极运行的英国船只，除军舰外，必须遵守南极环境保护议定书。英国对南极所有的探险活动都需要首相授予许可证。首相也可将此职责授权给英国南极领土行政官、英国南极监察局局长或者任何一个代表英国南极监察局在南极办站的人。然而，许可证的申请或授予在申请的任何一个阶段上都应公开接受公众的监督却未得到保证。关于申请问题，申请者被要求在7天内在伦敦的政府公报上公开其申请通知，并且要使每一个感兴趣的人都能得到一份申请书的副本。如果首相认为所提议的活动对南极环境有大于可忽略不记的影响，申请者就必须提交一份初始环境影响评估书。初始环境影响评估书必须考虑该活动对南极环境的环境影响的量，即该活动是否会与其他活动一起造成南极环境的累积性的影响，以及是否会减少环境影响的替代方案。如果首相认为该活动的环境影响超过了微小的或暂时的标准，那么综合环境影响评估草案必须由申请者本人完成。首相必须邀请感兴趣的人对综合环境影响评估草案作出书面评论（在公布后90天内），而且所有的最终的综合环境影响评估都必须在伦敦的政府公报上公布。

四、南极环境损害赔偿责任制度

在过去的20多年里有关南极环境保护的条约在数量上和范围上都有了很大的发展，《南极环境保护议定书》的着重点也在于强调损害的预防，这固然是很有必要的。但是，如果缺乏损害责任的规则，南极的环境保护体制将是不完整的。为此，《南极环境保护议定书》提出了以该议定书专项附件的形式制定出南极的环境损害责任制度。这种专项附件则被称为《责任附件》。为了配合《南极环境保护议定书》项下《责任附件》的制定，由德国的鲁迪格·沃尔弗罗姆（Rudiger Wolfrum）教授领导的专家小组专门拟定了一份关于《责任附件》的文本草案（以下简称“沃尔弗罗姆草案”）。此外，在《南极环境保护议定书》的谈判过程中发挥了重大作用的一个非政府间国际组织——南极与南大洋联盟也提出了一个有关《责任附件》的示范文本（下称“南大洋草案”）。但就南极环境损害责任制度而言却始终是“国际法这一重要法律体系中很少有人问津的领域”。①

《南极环境保护议定书》在其序言中就强调“深信制订一个保护南极环境及依附于它的和与其相关的生态系统的综合制度是符合全人类利益的”。② 该议定书通过一个附则和四个附件，基本建立了对南极环境进行保护的综合制度，但是对由于南极活动而引起的损害赔偿制度却缺乏规定。一个环境损害赔偿附件对于确保议定书的条款的遵守是必要的。它将全面保护南极环境及依附于它的和与其相关的生态系统的目标。③

（一）南极环境损害的定义

南极环境损害的定义是制定《责任附件》首先要解决的问题。由于《责任附件》旨在调整对南极环境造成损害时所应承担的责任及采取的救济措施，因此，《责任附件》必须明确规定什么情况下才能构成环境损害。沃尔弗罗姆草案将环境

① Francioni, *Law for Damage to Antarctic Environment*, in International Law for Antarctica 581 (1996).

② 参见《南极环境保护议定书》序言。

③ 参见《南极环境保护议定书》第16条。

损害定义为："因人类活动而给南极环境……造成的任何影响……这些影响从性质上说已超出了可以忽视的程度，除非在从事这些活动之前已经按照《南极环境保护议定书》作过评估。"① 南大洋草案则建议将南极的环境损害定义为"任何超过可以忽视程度的侵害"。②

《南极环境保护议定书》规定："（1）规划和从事在南极条约地区的活动应旨在限制对南极环境及依附于它的和与其相关的生态系统的不利影响。（2）规划和从事在南极条约地区的活动应避免：①对气候或天气类型的不利影响；②对空气质地或水质的重大不良影响；③对大气环境、陆地环境（包括水中环境）、冰环境或海洋环境的重大改变；④对动植物物种或种群的分布、丰度或繁殖的有害改变；⑤对濒危或受到威胁的动植物种或其种群的进一步危害；⑥使具有生物、科学、历史、美学或荒野意义的区域减损价值或面临重大的危险。"③ 我们认为该款规定对于环境损害范围做出了比较明确的确认。但是，这种不利影响是否可以成为对环境本身的损害，我们并不明白，可它却表明了议定书所建立的南极环境损害责任体制的目的在于加强南极的环境保护，以及对于南极生态环境具有重要意义的南极动植物及其种群的养护。这也反映了南极环境保护议定书与其他任何责任条约相比更加强调环境的价值。至于在什么情况下才构成对环境的损害，《南极环境保护议定书》第3条在列举应该避免的行为时，把损害概括为不可忽视的"不利影响"、"重大不良影响"、"不利的后果或重大变化"、"有害改变"、"进一步危害以及重大的危险"等。但这些用语没有对如何判断损害的成立提供实质性的指导，因为它没有解决对南极环境的损害达到什么程度才是无法接受的或不可忽视的不利影响，从而构成对议定书的违反。《南极环境保护议定书》附件2，即关于保护南极动植物的附件第1条第2款对"有害影响"下了定义。这一定义对解释什么活动及什么后果才是"不可接受的"具有一定的帮助。但这一定义仅适用于该附件2的范围，而且该定义也使用了未经定义的诸如"重大损害"、"重大不利变更"等模糊用语。不过有一点是很清楚的，即如果对南极环境的影响仅仅是微不足道的或暂时的则不产生责任问题。弗郎西奥尼给损害下了这样一个定义："人类活动给构成南极环境的生物及非生物所造成的影响，该影响已达到不可忽视的程度并按照环境影响评估程序断定为不可接受的。"④

① Wolfrum, The Chairman's Second Offering Annex on Environmental Liability, 1994.

② ASOC Commentary on Chairman Wolfrum's Second Offering Annex on Environmental Liability.

③ 参见《南极环境保护议定书》第3条第2款。

④ 李薇薇：《南极环境损害责任制度的新发展》，载《法学评论》2000年第3期，第76页。

南极环境损害责任制度是否仅适用于在南极所从事的某些活动还是应适用于在南极从事的一切活动？对此，《南极环境保护议定书》第16条也只是笼统地提到了“活动”，而没有对此作进一步解释。事实上，马德里会议最后决议把捕鱼活动排除于该议定书的适用范围之外，理由是捕鱼活动已经由专门的《南极海洋生物资源保护公约》予以调整。据此，有人主张《责任附件》作为《南极环境保护议定书》的附件应与该议定书的适用范围完全保持一致，因此，《责任附件》也不应适用于捕鱼活动。这一主张显然是有缺陷的。《南极环境保护议定书》第3条规定：“保护南极的环境及生态系统，保护南极的固有价值包括其荒野价值、美学价值、从事科研的价值，尤其是从事对了解地球的环境至关重要的科研的价值将是在南极计划和从事所有活动最根本性的考虑。”《南极环境保护议定书》第3条和附则确立了未来南极环境损害责任制度的基础——保护南极的环境及其生态系统，以及发生纠纷时的解决途径。该条文包含了一系列适用于南极所有活动的环境保护原则。这些原则就像在南极撒下了一张环境安全网，即使没有在《南极环境保护议定书》或其附件中列明的活动也须符合第3条的要求。第3条还列举了南极活动应避免产生的后果，即所有的南极活动在计划和进行中应避免对气候或气象形态、空气或水质、大气、陆地、冰川或海洋环境、动植物种类造成不良或重大影响。这一环境原则表明了一种对南极环境的所有方面予以全面保护的强烈意愿。

（二）南极损害责任的赔偿责任

如果南极环境损害发生，从承担责任的主体来看，公约规定的应该是在南极从事各种活动的个人或国家，这里个人包括单个的自然人也包括法人。首先，在南极的活动已经不仅仅限于科学考察，现在还包括旅游等活动，所以责任主体也就不仅仅限于国家，还应该包括自然人和法人。从责任后果的角度来看有两种后果：第一种后果是《南极环境保护议定书》第15条明确规定成员国有义务对“在南极条约地区所从事的科学研究项目、旅游及一切其他政府性和非政府性活动包括相关的后勤支援活动可能产生的紧急事态采取迅速、有效的反应行动，对南极环境或依附于它的和与其相关的生态系统有潜在不利影响的事故作出反应的应急计划以便立即终止或纠正损害行为”。第二种后果就是恢复原状和损害赔偿。南极具有独特的环境，对南极环境的损害通常无法完全恢复，因此恢复原状并非切实可行，而且从经济角度来说代价也太高。其理由在于无论损害最终能否复原，《南极环境保护议定书》第15条所规定的各项旨在恢复原状的义务如反应行动、遏制不良影响和尽量减少损害等仍然需要履行。其次，如仅仅因为损害无法最终完全恢复便免除有关国家或其他主体在恢复原状方面所承担的各项义务，这将是非常不公平的。赔偿限额的问题是各国争议的焦点之一。对该问题如果达不成协议可能会阻碍《南极环境保护议定书》建立的综合责任体制的执行。所以南极环境损害赔偿责任制度中可以不设立最高赔偿限额。根据国家责任原则，在国际环境污染争端中对于并非是国家本身行为引起的，而是由其控制的法人和自然人的越境污染活动所引起的环境损害，国家仍然要承担责任。在确定国家责任时，受害国面临举证的双重困难：一是证明行为人的主观过错；二是证明行为人的行为与其国家失控有因果关系。如果受害国不能举证就不追究国家责任而自己承担损失，这显然有悖常理。行为人、法人或自然人承担民事上的责任是毫无问题的，但从防止国际环境污染的发生和取得应有的赔偿双重目的出发，仍有理由要求行为人的国家承担赔偿责任。① 如果应予赔偿的数额超出了债务人的能力，债务人所属的国家应承担未清偿部分的剩余责任。再次，如果赔偿限额的目的在于降低经营者的风险或损失的话，那么强制责任保险或剩余责任制将是更好的解决方法。而赔偿限额这种方法则会削弱《南极环境保护议定书》已确立的全面保护南极环境及其生态系统这一基本原则。最后，对赔偿责任规定一个限额是经营者求之不得的，他们会因此认为，不管其行为如何，其承担的责任总是有限的。这样显然不利于加强行为人的责任心和国家的监管。相反，如果对责任不规定限额，则会给国家施加更大的压力和动力，促使其积极监督其经营者在南极的活动，并严厉制裁违法行为，同时也使经营者谨慎从事，确保其遵守《南极环境保护议定书》。

（三）南极环境损害的纠纷解决程序

根据《南极环境保护议定书》，在对议定书的解释或适用上发生争端时，该争端各方经其中任何一方提出要求，应尽早彼此协商，以便通过谈判、调查、调解、和解、仲裁、司法解决或争端各方同意的其他和平方法解决该争端。② 如果以上方法不能解决争端，那么争端各方可以以书面声明的方式在国际法院或仲裁法庭之间任意选择一个，默示就视为同意仲裁。对于争端解决的程序有八种方式可以选择：

1. 各缔约方可于签署、批准、接受、核准或加入本议定书时，或在其后任何时间，以书面声明的方式选择下列一种或两种方法来解决关于本议定书第 7、8、15 条及任何议定书的规定（除非该附件另有规定）以及第 13 条（如其与上述条款和规定有关）的解释或适用的争端：（1）国际法院；（2）仲裁法庭。

2. 依据上述作出的声明不得影响议定书第 18 条和第 20 条第 2 款的实施。

3. 未依据上述第一款作出声明或其在这方面的声明已失效的缔约国，应被视为已接受仲裁法庭的管辖权。

---

① 周洪均主编：《国际法论》，同济大学出版社 1992 年版，第 144 页。

② 参见《南极环境保护议定书》第 18 条。

4. 如争端各方接受了解决争端的同意方法，除非各方另有协议，该争端仅可提交该程序。

5. 如争端各方未接受解决争端的同一方法，或它们都接受了解决争端的两种方法，则除非各方另有协议，该争端仅可提交该仲裁法庭。

6. 未依据上述第一款作出声明在按照该声明的规定期满之前或在撤销该声明的书面通知交存于保存国后满 3 个月之前，应一直有效。

7. 新的声明、撤销声明的通知或声明的期满均不得影响国际法院或国际仲裁庭中尚未终结的诉讼程序，除非争端各方另有协议。

8. 本条所指的声明和通知应交存保存国，保存国应将其副本分送所有缔约国。①

争端解决的程序如下：首先，如关于本议定书第 7、8、15 条或者任何附件的规定（除非该附件另有规定）或第 13 条（视其与上述条款和规定的相关程度）的解释或适用的争端各方未能在依照上述第 18 条的协商要求提出后 12 个月内就解决争端的方法达成协议，经争端任何一方提出要求，该争端应提交根据第 19 条第 4 款和第 5 款的规定的程序加以解决；其次，仲裁法庭无权裁决或裁定南极条约第 4 条范围内的任何事项。此外，本议定书任何规定不得解释为授予国际法院或其他为解决各缔约国之间争端而设立的任何法庭裁判或以其他方式裁定南极条约第 4 条范围内任何事项的权限或管辖权。②

由于仲裁是南极环境损害争端的最重要的解决方法，所以议定书附则专门对于有关南极环境损害的国际仲裁用 13 个条款作出了详细的规定。它规定了仲裁员的资格、任期、仲裁庭的组成及仲裁员的委派方式、提起仲裁程序的通知、仲裁庭的管辖权、仲裁庭的裁决方式和裁决以及对仲裁附件的修正或修改。

以上这些规定为南极条约的争端解决提供了制度上的安排。我们认为我国作为南极条约的协商国同样应该遵守南极环境保护议定书的规定。我们应该利用该议定书第 18、19、20 条规定的有关争端解决程序及其选择机制对损害南极环境的行为进行监督并在其对南极环境造成损害时可以向国际法院或其他的国际仲裁机构提起诉讼以保护南极环境。

综上所述，南极环境损害责任制度是全面保护南极环境的重要环节。一旦实际发生了损害，责任制度将成为明确责任和进行赔偿的法律基础。因此，未来的《责任附件》对保证《南极环境保护议定书》各条款的履行十分重要。《南极环境保护议定书》中所规定的环境影响评估、监测和计划制度的有机结合创立了一套

① 参见《南极环境保护议定书》第 19 条。

② 参见《南极环境保护议定书》第 20 条。

重要的损害预防体系，而有效的责任制度的建立正是为了加强这一体系。但是任何责任制度都必须做到切实可行。这就要求在环境保护和开发利用之间达到一种平衡。过于严格的责任制度是脱离现实的，而过于宽松的责任制度又失去了其存在的价值。在建立一个普遍接受的法律责任制度过程中既要考虑现实状况，又要循序渐进。

五、我国对于南极环境保护的立场和对策

地球是一个整体，中国的自然环境的形成和演化是地球环境的一部分。南极的存在与演变与中国有着密切的关系。南极作为最后一块未被开发的、受人类干扰最少的原生大陆，它不仅提供了全球环境演变的历史背景信息，并且还是研究目前全球气候变化的最有价值的参照区。南极洲生态系统比较独立而且基本上保持其原生状态，全面综合研究南极植物、植物与动物、生物与环境之间以及南极大陆与其他大陆之间的关系，不仅为生物的专业学科填补了空白，而且可以认识南极洲特殊的生态环境，并使人类与之相适应。① 因此，对南极环境的背景研究、容量研究以及动态分析，将为人类环境研究提供依据，为衡量人类活动强度提供指标。通过对钻取冰样的研究分析，可以了解全球气候的历史演变过程，可以判别人类活动（特别是进入工业社会以来）对全球环境的影响，还可以获知天体和地球演化史上发生的重大事件。

经济、科技发达的国家对南极的领土和资源的欲望从来没有减弱过，它们千方百计想染指南极大陆，独霸南极资源，提出分割南极和开发南极资源的种种理由，并基于各自的利益提出所谓的扇面理论、对面理论、先发现先占有理论等，为在南极地区的利益分配寻找依据。正是这样，南极事务一开始便带有很强的政治色彩，使原本和平、稳定的南极，成为国际事务中的热点，致使南极的资源开发和领土纷争的国际磋商和争论长达11年之久。在惠灵顿会议上通过的《南极矿物资源活动保护公约》，终因许多国家政府拒绝签字而夭折，取而代之的是1991年马德里会议上签字的《南极环境保护议定书》。我国作为南极条约体系的一个重要的协商国当然应该在有关南极的一切重大问题上有我们自己的立场。我们应该坚持南极条约体系所确立的和平、科学和环境保护这三大基本价值，并在此基础上积极地参与对南极的科学考察活动和环境保护活动。

《关于环境保护的南极条约议定书》是有关南极未来的长期辩论的一个具有重

① 吴金友：《南极考察十八年成绩斐然》，载《海洋开发与管理》2002年第2期，第16页。

大意义的转折点。该议定书规定的有关南极环境保护的有法律约束力的义务为对在南极地区的人类活动进行计划、颁发证件、实施监督等提供了一个法律制度框架。缔约国被要求在国家的水平上采取任何必要的法律措施和政策措施确保议定书的要求被适当地遵守并产生圆满的效果。这就意味着要颁布新的国家法律、法规或修正现存的法律法规。为此，笔者建议我国应根据《关于环境保护的南极条约议定书》的有关规定制定我国的南极环境保护的政策法规，并应主要包括以下内容：

第一，应确立中国南极环境保护政策法规的立法目的，即中国承诺全面保护南极环境及依附于它的和与其相关的生态系统，并同意将南极指定为自然保护区，仅用于和平、科学和环境保护的目的。认识南极环境的内在价值，包括其荒野形态的价值、美学价值和南极作为从事科学研究，特别是从事认识全球环境必须研究的一个地区的价值；确保和平利用南极环境并禁止一切具有军事性质的活动；促进在南极所进行的科学考察活动及其国际合作以及南极地区的可持续发展。

第二，应确立该法规的适用范围和效力，即该法规只管辖中华人民共和国的自然人和法人在南极条约规定的南极地区进行任何的科学考察、旅游以及其他可能对南极环境造成危害的任何活动。

第三，应确立冻结南极的领土主权要求。在南极条约有效期间内，中华人民共和国不对南极地区提出领土主权要求，也不允许其他国家包括南极条约其他缔约国对南极的领土主权提出新的要求或者扩大现有的要求。

第四，为了保护南极环境及依附于它的和与其相关的生态系统，对中国在南极条约地区的所进行的活动进行规划并应避免：对气候或天气类型的不利影响；对空气质量或水质的重大不利影响；对大气环境、陆地环境（包括水中环境）、冰环境或海洋环境的重大不利影响；对动植物物种或种群的分布、丰度或繁殖的有害改变；对濒危或受到威胁的动植物物种或其种群的进一步危害；或使具有生物、科学、历史、美学或荒野意义的区域减损价值或面临重大的危险。

第五，应进行定期有效的监测，以便对正在从事的活动的影响，包括对预计产生的影响进行核查并作出评价；应进行定期有效的监测，以便有利于早期检测出在南极条约地区内外从事的活动对南极环境及依附于它的和与其相关的生态系统所可能产生的无法预见的影响。根据科学研究计划对中国在南极条约地区从事的活动、在南极条约地区的旅游及一切其他政府性和非政府性活动，根据南极条约第 7 条第 5 款均需事先通知；上述一切活动包括相关的后勤支援。

第六，中国在规划和从事南极条约地区活动时应与其他国家进行合作。为此目的，中国应努力促进具有科学、技术和教育价值的关于保护南极环境及依附于它的和与其相关的生态系统的合作性项目；在其他缔约国准备环境影响评价时向其提供适当的帮助；根据请求向其他缔约国提供有关潜在环境危险的信息并提供协助，以最大程度地减少可能破坏南极环境及依附于它的和与其相关的生态系统的影响；与其他缔约国就未来的南极站或其他设施进行协商，以避免因过于集中在一个地方而造成累积性的影响；在适当的时候共同进行考察，共同使用南极站和其他设施；并且执行南极条约协商会议一致同意的其他此类步骤。

第七，中国对在南极地区根据科学研究计划所进行的科学考察活动，在南极条约地区所进行的旅游及一切其他政府性的和非政府性的活动，根据《关于环境保护的南极条约议定书》的附件一和《中华人民共和国环境影响评价法》的规定的程序并根据此类活动是否确定为具有下列几种影响来进行环境影响评价：小于轻微或短暂的影响；轻微或短暂的影响；大于轻微或短暂的影响。如果《中华人民共和国环境影响评价法》的规定与《关于环境保护的南极条约议定书》的附件一的规定有不同之处，则按照《关于环境保护的南极条约议定书》的附件一的规定进行。

第八，中国将根据南极条约第 7 条的规定，指派观察员对在南极条约地区所进行的一切活动进行视察，以保护南极环境及依附于它的和与其相关的生态系统。

第九，中国将根据《关于环境保护的南极条约议定书》第 16、18、19、20 条及议定书附则的规定对于上述第 10 条规定的活动对南极环境及依附于它的和与其相关的生态系统所造成的损害或者其他的人身或财产损害的，根据《中华人民共和国环境影响评价法》，《中华人民共和国环境保护法》以及相关的有关国际法的规定进行处理。中华人民共和国应在国务院内设立一个由各方面专家组成的南极问题环境保护委员会，其组成人员应由科学家和环境法学家组成。

第十，应根据《关于环境保护的南极条约议定书》附件二和附录的规定，制定南极特殊动植物保护名录。应根据《关于环境保护的南极条约议定书》附件三的规定，对因上述第 10 条规定的活动所产生的废弃物进行管理和处理，并不会对南极环境及依附于它的和与其相关的生态系统产生不利的影响。

总之，我们认为我国应该及早采取相应的对策，为保护南极环境做出应有的贡献。

伊拉克战争中的国际法问题：挑战与回应

□ 尹 生*

内容摘要 伊拉克战争对国际法造成了极大的冲击和挑战：国际法基本原则遭到践踏，联合国集体安全体制受到挑战，一系列新的国际法律问题亟待解决等。这主要是由不完善的国际法律责任制度和实施机制、联合国的体制性弊端、国际法和国际组织作用的限定性和法律的滞后性等原因造成的。国际社会只有完善国际法，锐意改革联合国集体安全体制，解决反恐和伊拉克战争中出现的新问题并推动国际社会多极化，国际法才能得到良性和顺利的发展。

2003 年 3 月 20 日，美国在伊拉克武器核查尚未结束的情况下，撇开联合国安理会，把盟国的反对和各国抗议当作耳边风，以“伊拉克拥有大规模杀伤性武器”① 以及伊拉克与“基地”组织有联系为由，悍然发动了伊拉克战争。伊拉克战争对国际法和国际秩序造成了极大的冲击和挑战，对其进行法律研究实属当务之急。本文拟对伊拉克战争对国际法的种种挑战、挑战的原因以及相应的法律对策作一些初步的探讨。

一、伊拉克战争中的国际法：效力与挑战

（一）伊拉克战争映射出国际法效力

伊拉克战争的爆发、经过及结果在一定程度上反映了现代国际法的效力。主要表现在以下几点：

首先，国际法基本原则具有一定的权威。现代国际法的一系列基本原则深入人心，如国家主权平等原则、不干涉内政原则、禁止使用武力或以武力相威胁原则、和平解决国际争端原则、国际合作原则、善意履行国际义务原则、民族自决原则、

* 武汉大学法学院国际法专业博士研究生、中南财经政法大学法学院讲师。

① *See* http：//www. dufe. edu. cn. html. 2003 年 3 月 20 日访问。

保护人权等原则已得到国际社会绝大多数国家的尊重和遵守。伊拉克战争开战前，美国慑于世界各国（尤其是安理会常任理事国）的反对和联合国的权威，展开了大规模的外交和心理攻势，希望联合国和其他国家能按美国的意志与之合作，授权对伊拉克动武。但由于美国的极端自私和苛刻而没能拿到梦寐以求的安理会的“动武授权”。这说明，美国只能在现代国际法允许的范围和联合国框架内解决问题。违反国际法，尤其是国际法基本原则，违背《联合国宪章》，必然会受到国际社会最大多数国家的反对。

联合国在伊拉克的武器核查是现代国际法发挥作用的极好例证，尽管核查由于战争的爆发而未能完成，但这种通过和平的、技术性的核查来解决危机是一种很好的尝试。它将法律手段和技术手段结合在一起，既回避了敏感的国家主权原则又能实实在在地澄清事实，开创了和平解决争端的新途径。

伊拉克战争中，一方面是美国对伊拉克“狂轰滥炸”；另一方面，在联合国的组织安排下，描绘了一幅国际人道主义救援的美好图景。即便是美国，也在战争中极力表现出遵守战争法规则、履行战争法义务的姿态。

伊拉克重建中，国际法基本原则也得到了体现。1928 年《巴黎非战公约》缔结以前，国家有战争的权力，战争结束之后缔约、割地、赔款是司空见惯的事情，有的甚至连战后谈判与和约都省掉了，但高度文明的现代社会不再适用上述“丛林规则”。从伊拉克政府的重建可以看出，法、德、俄等国极力主张不能将伊拉克殖民化，美国方面也说要建立伊拉克人自己的政府，而不是让伊拉克成为美国的“势力范围”、“殖民地”或“第 52 个州”，这表明历史进步了，国际法得到了各国的尊重，国家主权观念、非殖民化观念和政治民主化等观念深入人心，现代国际法已经为国家行为设定了一个不可逾越的法律底线。正如 1990 年伊拉克吞并科威特一样，倒行逆施只会遭到世人唾弃和彻底失败。

其次，集体安全制度发挥了一定的作用。“二战”后，建立了以《联合国宪章》为基础、以安理会为核心的联合国集体安全制度。所谓“集体安全”是指国际社会成员以相互约定，对国家使用武力实施法律管制，并采取有效的集体办法，共同防止侵略，维持普遍和平与安全的国际制度。集体安全就其起源和传统而言，一般指先前的国际联盟和当今联合国的安全保障体制。① 五十多年来，联合国集体安全体制在维持国际和平、制止侵略、遏制战争等方面发挥着重要作用。

在整个伊拉克危机中，集体安全制度也发挥了一定作用，但其运作是不成功的。针对美国对伊拉克萨达姆政权的指责和一触即发的伊拉克战争，联合国采取了一切力所能及的和平解决措施：大会和安理会出台了第 1441 号等一系列决议，安

---

① 黄惠康：《国际法上的集体安全制度》，武汉大学出版社 1990 年版，第 9 ~ 11 页。

南秘书长斡旋于各国际组织和国家之间以及恢复对伊拉克武器核查等。尽管战争最后还是爆发了，集体安全体制没能阻止美国的霸权和强权，但这只能说明现行的集体安全体制还不太完善，需要进一步改革和强化，而不能否认集体安全制度本身。集体安全体制是人类社会在吸取一战、二战惨痛教训的基础之上国际社会明智的选择，是国际社会维持国际和平与安全的经验和智慧的结晶。

再次，战争法得到一定程度的遵守。二战以来，国际战争法得到了长足的发展，尤其是其中的人道主义法部分，这是与国际社会文明程度提高、尊重和保护人权的呼声日渐高涨相适应的。

在伊拉克战争中，战争法（含战时人道主义法）原则和规则基本上得到了适用和遵守。可以看到交战双方都很重视战争法规则的适用，而且往往利用这一点来进行舆论宣传和谴责对方。美国还一再宣称要战后审判战犯，指责萨达姆总统“没有成功地保护战争中的平民并将他们置于危险之中”而犯了战争罪行。尽管美国的指责不一定成立，审判战犯也不一定能实现，但这从一个侧面反映出国际战争法深入人心，交战双方都想以此作为斗争的锐利武器。

（二）伊拉克战争挑战国际法的权威

伊拉克战争开始前不久，联合国秘书长安南表示，没有经过安理会授权而使用武力“违反联合国宪章”。许多国内外法律专家也认为美国对伊拉克的袭击是侵略行为，违反了国际法。① 中国的饶戈平教授认为，伊拉克战争是“一些国家对一个主权国家非法使用武力、推翻一国政府的严重的军事行为，是公然违背国际法、破坏联合国集体安全体制的严重行为”，“这一行为是赤裸裸的以武力干涉一国内政的违法行为，是对以联合国宪章为基础的、行之有效50多年的联合国集体安全体制的肆意破坏，是对现代国际法的严重冲击和挑战”。② 日本东京大学藤原归一教授认为：什么“保卫美国社会”，什么“解放伊拉克”，所有这些强词夺理都缺乏国际正统性。显而易见，这是一场没有国际社会授权的战争。美国攻打伊拉克是侵略战争。在这场战争中，美国将未来的危险视为对国际秩序的威胁，代替没有实力支撑的联合国，发动了行使“世界政府”职能的战争。③

总的看来，伊拉克战争对国际法造成的冲击和挑战主要表现在如下几个方面：

---

① 参见 http://www.globalpolicy.org/security/issues/iraq/attack/lawindex.html. 2003 年 8 月 27 日访问。

② 参见《伊拉克战争与国际法笔谈会》，载《环球法律评论》2003 年夏季号，第 207～217 页。

③ 参见《帝国的战争》，《参考消息》，2003 年 5 月 2 日第 3 版。

首先，美国发动的对伊军事行动公然践踏了国家主权平等、不干涉内政原则等国际法基本原则，产生了极其重大的恶劣影响。一日本学者指出："从近处讲，它是对自二战以来建立的以联合国为主导的国际秩序的一个极大破坏；从远处讲，美国发动所谓反恐战争以致于公然侵犯一个国家的主权和领土的完整，并且决定这个国家的政权走向，粗暴干涉这个国家的内政，这是对自威斯特伐里亚和约以来建立的国际法体系的一个野蛮践踏。其核心是通过打击恐怖主义和武力输出美式民主实现以美国价值观为核心的美国霸权统治下的世界帝国秩序。"① 其次，伊拉克战争的爆发剧烈冲击了联合国的集体安全体制，联合国的权威和作用再度受到世人的质疑。作为负有维持国际和平与安全主要责任的联合国安理会没能成功启动以断定美国对伊战争是否构成侵略，更不用说对侵略者采取强制措施，这是对集体安全体制的极大嘲讽。再次，美国精心炮制的反恐新举措、新思维（如"预防性自卫"、"先发制人"②、"民主输出"等）引起国际法的极大混乱。最后，伊拉克战争还暴露出现行战争法（含战时人道主义法）和外交领事关系法等的缺陷与不足。

（三）伊拉克战争对国际法的挑战具有局限性

俄罗斯总统普京说："美英等国发动的伊拉克战争是冷战以来最严重的全球性危机，有动摇全球稳定和国际法基础的危险。"③ 也有学者认为，伊拉克战争"可能表明旧的框架已经打破，预示着新的规则在逐渐产生"。④ 笔者赞同伊拉克战争对现行国际秩序和国际法提出了尖锐的挑战，但不认为伊拉克战争打破了旧的国际法律框架或法律基础。主要原因如下：

1. 现行国际法赖以存在的社会基础——主权国家林立的国际社会没有实质性的改变。美国希望单极独霸、构建帝国秩序，美国发动的伊拉克战争便是其国际战略中的重要一环。但美国的霸权主义和强权政治遭到了包括美国同盟国在内的国际社会的强烈反对和坚决抵制。有的学者认为："伊拉克战争虽然对现有秩序有相当严重的冲击，但在相当长的时期内现有国际秩序仍难有大的变革，对美国完全以自

---

① 寺岛实郎，《美国的新外交理念》，载日本《世界》月刊6月号；转引自《参考消息》，2003年6月17日第3版。

② *See* Michael J Glennon, *The fog of law: Self-defense, inherence, and incoherence in Article* 51 *of the United Nations Charter*, 25 Harvard Journal of Law and Public Policy 539-558 (2002).

③ 参见薛朝晖：《从伊拉克战争谈国际法面临的新挑战》，载《天津市政法管理干部学院学报》2003年第2期，第10页。

④ 参见《伊拉克战争与国际法笔谈会》，载《环球法律评论》2003年夏季号，第207～217页。

己立场为标准建立国际秩序的危险性也不应估计过高。”①

2. 国家主权平等原则仍是现代国际法和国际关系的基石，没有哪个国家（包括美国在内）公开否认这一点。美国尽管发动了伊拉克战争，推翻了萨达姆政权，但还美其名曰“解放伊拉克”，声称要“尊重伊拉克的主权，组建伊拉克人自己的新政府”。

3. 违法行为本身并不能否定法律的有效性。美英对伊战争是违反《联合国宪章》和违反国际法的行为，但是这一行为不能否定《联合国宪章》和国际法。如果完全没有违法行为发生，要法律何用？国内社会不一样有违法犯罪行为吗，是否就此认定国内法无效呢？所以，不能将对国际法的违反武断地视为“国际法被废止”或“国际法的框架被打破”。

4. 美国在反恐新形势下出台的一些新的国际法理念（如“预防性自卫”、“先发制人”等）仅属学理之言或一国政策，不能等同于国际社会公认的国际法律制度和规则。国际法上国际条约的签订和国际习惯的形成都是很严肃的事情，绝不是哪一个或少数国家可以说了算的。

5. 国际法是不断发展的法律。其间，既有量变也会有质变。每当新形势、新问题出现时，现行的法律制度便会受到或多或少的冲击与挑战。冲击和挑战意味着一定程度的否定，但也蕴含着法律变化发展的新的生机！所以我们要辩证地看待伊拉克战争对国际法的挑战，不要一味地喊叫“狼来了”！

6. 在整个伊拉克危机中，美国没能打破现行国际法律体制，而且还不得不迁就、屈从或回避它（至少表面上如此）。如伊拉克战争开战前，美国展开了强大的外交和心理攻势，目的明确，就是想拿到联合国安理会的动武授权以赢得国际法上的合法性。绝望之后，美国才绕开联合国和国际法自行开战，但美国还是在国际法中寻找所谓的“合法的战争理由”，如“自卫权的行使”、“反恐”、“安理会第1441号决议”、“人道主义”等。不过美国也为“师出无名”付出了许多道义上的、政治上的代价（有形的和无形的），这也算是“国际法的隐形的威慑力或约束力”吧。又如伊拉克战争中，美国又不得不遵守战争法等规则，即便有所违反也总是托辞狡辩，而不是明目张胆地否认国际法的效力。在战后重建问题上，尽管美国一再地想“吃独食”，但最后还是不得不回到联合国的框架内来安排伊拉克的重建。

① 参见《伊拉克战争与国际法笔谈会》，载《环球法律评论》2003 年夏季号，第 207～217 页。

二、伊拉克战争挑战国际法：原因反思

以《联合国宪章》为主的现代国际法律制度是二战后国际力量对比关系在法律上的反映。冷战结束后，世界力量在重新分化组合，旧的国际法制度和规则已经不再符合一些国家的利益和要求。因此，像美国这样的超级大国试图通过武力和收买的办法，确立完全符合他们利益的国际社会秩序。俄国家杜马国防委员会主席安德烈·尼古拉耶夫大将指出，苏联解体后，整个国际关系体系发生变化，特别是在军事政策发挥积极作用的领域，国际社会力量结构被破坏，这理所当然地加剧了国际法及其执行机构效力的问题。① 尼古拉耶夫大将的话大致道出了伊拉克战争挑战国际法的原委。具体说来，伊拉克战争对国际法提出严峻挑战的原因主要有以下几点：

（一）国际法缺乏完善的法律责任制度和强有力的实施机制

国际法经常受到霸权主义、强权政治的挑战，其权威性和约束力有限的主要原因之一，就是缺乏一套完善的、强有力的法律责任制度和实施机制。这一点在国际法基本原则方面表现得尤为突出。如国际法规定了国家主权平等原则和不干涉内政原则，但其实体法规定缺少重要一环，即要么没有规定违法犯罪行为的明确的法律责任，要么规定得十分抽象而不具可操作性。另外，也没有相应的程序规则和机构来将违反者绳之以法。尽管二战结束后，曾有过特设法庭审判战犯的实践，但这仅仅是个案，还远远未能形成一种常规的机构和制度。联合国安理会负有断定侵略、维持国际和平与安全的主要职责，并有权采取各项必要的强制措施，但这一机制在半个多世纪的实践中被证明是“有选择的正义”，对于五大常任理事国的违法犯罪行为无能为力。新近成立的国际刑事法院对侵略罪享有管辖权，但因为国际上尚无公认的侵略定义等原因而一时无法实施。基于此，国际法的实施迄今仍采取双轨模式（间接模式与直接模式相结合），以间接模式为主。其结果是，真正的违法者逍遥法外，屡次严重违反国际法基本原则和强行法规则没得到法律的制裁，而处于弱势的被侵害方反而受到法律的严肃审判和苛刻制裁。无怪乎许多人将国际法称为“弱法”。

当然，我们也应看到国际法中“硬的因素”在逐步加强。常设国际刑事法院的建立、强行法的出现、联合国维和行动的开展等都说明了这一点。另外，许多经济性、技术性的国际法律制度似乎正在努力克服上述国际法的缺陷。

---

① 参见《伊拉克战争的主要教训》，载《参考消息》2003 年 4 月 29 日第 3 版。

（二）联合国主导的集体安全制度存在与生俱来的体制性弊端

以联合国安理会为核心的集体安全体制在伊拉克危机中捉襟见肘，呈现出被边缘化的危险。这主要归因于联合国集体安全体制本身的体制性弊端。

《联合国宪章》中没有关于“和平之威胁、和平之破坏或侵略行为”的定义或任何解释，安理会的断定无法可依。根据《联合国宪章》第39条的规定，安理会一旦断定“和平之威胁、和平之破坏或侵略行为”的存在，就可以启动《联合国宪章》第7章的程序。但宪章中没有关于“和平之威胁、和平之破坏或侵略行为”的定义或任何解释，这样，安理会理事国就可以利用自己的解释特权、根据自己利益的需要对它们做出任意的解释，从而导致权力滥用和集体安全体制权威受损。

安理会常任理事国的双重否决权成了少数大国胡作非为的“法律保护伞”。如伊拉克战争明明是严重违反国际法的侵略行为，但由于“作为常任理事国的美英两国……拥有一票否决权，因此，安理会不可能作出对美英不利的决议案。……安理会甚至连认定作为安理会常任理事国所发动的军事行动的性质是否构成侵略都是障碍重重”,① 更不用说对美国进行制裁或采取强制执行行动了。

安理会的构成不能适应新的国际力量对比关系和维护新形势的需要。安理会是联合国权力重心，担负着维持国际和平与安全的主要职责，其构成是二战结束时国际力量对比关系的反映和体现。在二战中做出杰出贡献的、爱好和平的五大盟国成了安理会的常任理事国。但国际局势瞬息万变，德国、日本早已重振雄风和第三世界的兴起都预示着安理会改革风潮的到来。曾经是维持国际和平与安全中坚力量的五大国的地位受到了挑战，安理会的传统格局极大地阻碍甚至损伤了其他爱好和平并有能力参与维持国际和平与安全的国家的积极性和信心。五大洲中，非洲、南美洲无一常任理事国，占世界国家总数2/3以上的发展中国家在安理会常任理事国中只有一个代表——中国。这与国际社会的新的力量对比和民主化进程格格不入。

联合国集体安全体制没有自己的“牙齿”（即独立的武装力量），极大地限制了它的活动能力和活动的国际性与公正性。众所周知，联合国迄今为止尚无一支由其自己组织、控制和指挥的，独立的、公正的、具有国际性的联合国军。联合国为维持国际和平与安全采取执行行动时，不得不临时与各会员国协商，请求并授权他们出兵，这极大地影响了联合国活动的效率和公正性，也为少数大国借此要挟联合国、实现自己的自私目的埋下了伏笔。梁西先生指出：“欲使安全组织具有执行集体强制措施的行动能力，各成员国需共同配备一支真正由安全组织直接管辖（而

---

① 参见王虎华等：《从国际法视角看战后伊拉克重建》，载《法学》2003年第5期，第90页。

不是由霸权国家操纵）的国际军队。"①

《联合国宪章》中的"修正条款"是改革安理会的绊脚石。《联合国宪章》第18章第108条规定了修正宪章的程序和规则。"本宪章之修正案经大会会员国三分之二之表决并由联合国会员国之三分之二、包括完全理事会全体常任理事国、各依其宪法程序批准后，对于联合国所有会员国发生效力"，也就是说，五大常任理事国对宪章的任何修正都有一票否决权。任何希望限制和取消五大国特权的尝试都得经过他们的一致同意，"修正条款"成了联合国体制更新与发展的巨大的绊脚石。

联合国副秘书长明石康指出，联合国是一个有缺陷的组织，其发挥的机能本身有局限性。这是个事实。但是现在需要的是不断努力使它的机能变得更加完善。②"修改《宪章》的内容使其顺应国际法发展的时代要求将成为今后联合国在维持世界和平与安全领域中能否全面有效地发挥作用的一个不可忽视的重要环节"。③

（三）法律的滞后性决定现行国际法穷于应付伊拉克战争所暴露出许多亟待解决的国际法律问题

法律"制定出来之后有一定的稳定性……但是，它要处理的现实社会生活是具体的、形形色色的、易变的。因而，不可能有天衣无缝、预先包容全部社会生活事实的法典"。④ 即法律存在一定的滞后性和与社会的相对不适应性。伊拉克战争就暴露出许多亟待解决的国际法律问题。

1. 美国反恐新理念的国际法定位问题。"9·11"事件后，美国调整了其反恐策略。首先，美国将大规模杀伤性武器的扩散与恐怖活动联系起来，视大规模杀伤性武器为最严重的现实威胁，并把防止恐怖分子拥有和使用大规模杀伤性武器确定为美国安全的"优先目标"；其次，"9·11"恐怖袭击使美国认识到，如果在受到恐怖袭击之后再反击，已经为时太晚，所以，布什总统在2002年西点军校的演讲中指出，今后将对拥有生化武器和核武器的恐怖分子和敌对国家，采取"先发制人"的打击；最后，美国对国际法上的"自卫权"作了扩张性解释，认为其对阿富汗和伊拉克的战争都是行使自卫权打击恐怖主义的结果。

作为反恐的法律后果，美国抛出的"预防性自卫权"挑战现行国际法上的自卫权制度。按照《联合国宪章》第51条的规定，当联合国会员国"在受到武力攻

① 参见梁西：《国际组织法》，武汉大学出版社2001年版，第192页。

② 参见《世界新秩序应以联合国为主导》，载《参考消息》2003年5月3日第3版。

③ 参见王虎华等：《从国际法视角看战后伊拉克重建》，载《法学》2003年第5期，第92页。

④ 沈宗灵著：《法理学》，高等教育出版社1994年版，第78页。

击时……（有）行使单独或集体自卫之自然权利”。即国家行使自卫权应受到“在受到武力攻击时”等条件的限制。但美国发动伊拉克战争之时并未受到伊拉克的武力攻击，因而与传统的自卫权行使有区别，是一种国际法上目前尚无规定的“预防性的自卫”。另外，“先发制人”挑战国际法的国家主权平等原则、不干涉内政原则、禁止使用武力和以武力相威胁原则等强行法规则。

国际恐怖主义不仅是20世纪的“政治瘟疫”，更是21世纪的全球性难题。在用法律手段预防和惩治国际恐怖主义的过程中，一系列国际法律问题尚待解决：“预防性自卫权”和“先发制人”的合法性问题；大规模杀伤性武器扩散的控制问题；窝藏、支持恐怖主义犯罪的国家的法律责任问题；恐怖嫌疑分子是否享有日内瓦公约规定的战俘地位等问题。归根到底，当务之急是建立一套完善、高效的国际反恐法制，填补法律漏洞，规范各国反恐行为，防止现行国际法因反恐产生进一步的混乱。

2. 战争合法性问题。伊拉克战争的合法性问题涉及美国发动战争的所谓“理由”是否成立的问题。这些理由包括：美国要代表国际社会消除伊拉克可能拥有的大规模杀伤性武器；伊拉克多次违反联合国安理会的决议，这次又违反了联合国第1441号决议；联合国第1441号决议实际上已经授权美国采取军事行动，没有必要再出台新的授权决议；萨达姆同基地恐怖组织有联系；美国“先发制人”或“预防性自卫”反击恐怖主义；美国希望“解放”伊拉克并在伊拉克推广民主政治体制。

3. 侵略行为的法律后果问题（前已述及）。

4. 战争法及人道法中存在的问题。这一问题主要涉及伊拉克战争中交战双方是否遵守了日内瓦公约和海牙公约。

平民和新闻记者保护问题。日内瓦公约规定，交战双方有义务保护平民，禁止对平民使用集束炸弹，占领军有义务保护在其控制下的平民和财产，即使平民和军人混为一体也应得到保护。① 但在伊拉克战争中，美军使用了大量的非常规武器，如集束炸弹和炸药、凝固汽油弹等，美国在伊拉克的军事行动还导致过多的伊拉克平民伤亡，日内瓦公约已被明显的践踏。② 另外，自3月20日伊拉克战争开始至4月8日，在伊拉克战争中殉职的新闻记者高达12名，失踪2人（其中大部分被美军打死）。国际新闻工作者联合会、记者无国界组织等国际组织和许多国家的政府都纷纷予以谴责，称袭击记者和记者驻地的行为是“战争罪行”，是“故意的、有

① 参见《伊拉克战争中使用的非常规武器》，载《参考消息》2003年4月16日第5版。

② *See* http://www.globalpolicy.org/security/issues/iraq/attack/lawindex.html. 2003年8月27日访问。

预谋的罪行"，令人震惊并应受到严厉的惩罚。

占领国的义务问题。1949年日内瓦第四公约第54条第2款规定，占领国必须维持该地有秩序的统治。① 但美军控制伊拉克后，伊拉克呈现出极度的无政府状态，偷盗、抢掠成风。17万件珍贵文物被盗，中国、德国、巴基斯坦等许多国家的驻伊使馆和机构，以及联合国驻伊机构都未能幸免。国际社会极度愤慨和震惊，对美国占领伊拉克后的无政府状态坐视不管表示了强烈的谴责并提出了严正的交涉。一些阿拉伯联盟国家于2003年4月19日发表了一项各国外长起草的联合声明。声明中强调了占领国的义务，认为占领国应该从伊拉克撤军，并允许伊拉克人行使其自决权。② 伊拉克许多大城市都爆发了大规模的反美游行示威。迫于其他国家对伊拉克战争的批评，美国于2003年5月9日作出让步，在一份安理会决议草案中正式承认它作为占领国的义务。③

战争结束和虐待战俘问题。尽管伊拉克战争因英美联军取得"绝对的胜利"而结束，但布什总统并没有马上发表"战争结束宣言"，共同社华盛顿5月2日电称："国际法是布什不能发表'战争结束宣言'的障碍。"因为一旦宣布战争结束，盟军就必须履行有关的国际法义务。首先，在不清楚萨达姆生死，反美情绪强烈的地区依然发生零星武装冲突的情况下，美军不得首先动用武力而处于被动，在抓捕萨达姆等高官时也不得动用武力。因为《海牙公约》规定禁止杀伤敌对国士兵和公民。其次，《日内瓦公约》规定，战胜国有义务在发表"战争结束宣言"后释放战俘。当时美国拘留有6 000多名战俘但又没有确定起诉战犯的程序。"自2004年4月28日美国哥伦比亚广播公司率先披露美军虐俘事件以来，更多黑幕相继被美国媒体抖落出来，一发而不可收拾……美国在伊拉克漠视和践踏人权丑闻曝光，成为对这个'人权卫士'和'世界人权法官'的绝妙讽刺"。④ 越来越多的证据显示，在美英政府的默许、纵容或直接批准下，有关人员肆意践踏《日内瓦公约》等国际战争法和人道法规则。而拉姆斯菲尔德却公开宣称"美国不适用人道法"。美、英等国政府及相关责任人员是否应对虐俘承担国际法律责任？应该通过何种法律程序承担何种责任？⑤ 另外，美国将成为占领国并应履行占领国的义务。

其他细节问题。伊拉克战争暴露了战争法和人道主义法的缺陷与不足。如怎样

---

① 参见王虎华等：《从国际法视角看战后伊拉克重建》，载《法学》2003年第5期，第72页。

② 参见《"我们不希望美国人留在这里"》，载《参考消息》2003年4月20日第1版。

③ 参见《美英西取消制裁提案未遇反对声》，载《参考消息》2003年5月11日第2版。

④ 参见《虐俘丑行拷问美国人权》，载《参考消息》2004年5月13日第12、13版。

⑤ 参见《布什为何不宣布"战争结束"》，载《参考消息》2003年5月4日第2版。

区分军事目标和民用目标、战斗员和非战斗员、战斗员和平民？伊拉克可否把军队化装为平民并将武器藏在居民区（民间设施作军事用途之用）？若这样，美国是否还要遵守区分原则？人道主义救援因安全问题而无法施行该怎么办？虐待战俘问题（关塔纳莫美军基地关押着大量所谓的“阿富汗及伊拉克战争罪犯”，他们未经审判而且受到美方虐待）该怎样解决？非法战争发动者是否有权享受战争法及人道法赋予的权利？

5. 外交领事关系法方面的问题。战争前后及战争期间，美国通过各种方式迫使世界各国驱逐伊拉克外交官员。2003 年 6 月 13 日美国又暂时取消在伊拉克外交人员的特权与豁免。美国的所作所为合乎国际法的规定吗？其他国家根据国际法应作出何种反应？

6. 其他方面的问题。如原伊拉克政府欠俄罗斯等国的巨额债务，该由谁来承担？此处涉及政府的债务继承等国际法问题。

（四）法律对政治的依赖性和国际组织的“利益不均衡性”决定了国际法和国际组织作用的有限性

法律对政治的依赖性决定了国际法作用的有限性。

国际法的立法及司法对国际政治均具有相当程度的依赖性。国际法主要是由国家间协议达成的，并主要通过国家自觉遵守来实施。国际法实施所需的国际司法机构和制度，往往也是经由政治手段和各国妥协让步建立的。这样，由于国家利益的个体性，各主权国家都会尽力通过国际法的制定和实施最大限度地实现自己的国家利益。实际上，国际法并不完全排斥国家利用国际法为自己的利益服务，只要这种利益和国际上大多数国家的利益一致，而且其“利用”不违反国际法的强行规则和其承担的国际法律义务。如现行国际法中五大国主导国际和平与安全事务的制度便具有浓厚的战胜国主宰意味。安理会常任理事国享受很多特权，只约束别国而不约束自己，且可利用自己手中的双重否决权让联合国为自己的利益服务，从而扭曲联合国作为国际社会“共同或公共利益服务者”的角色和法律本应具有的公平正义性。遗憾的是，我们生活在现实的社会生活中，制定和服从的是“实然的法律”，不可能完全排除政治等因素的干扰和破坏。

尽管法学工作者一直呼吁减少法律的政治取向，增强其规则取向（这也是当代法律发展的趋势之一），但国际法，尤其是有关国际和平与安全方面的国际法，其政治性就相对明显得多，可谓“国际和平与安全法的高度政治性”。这是由国际法的性质和其社会基础决定的。当然，国际法的政治性也在日趋减弱，但相对于民商法律来说，其非政治化进程却要缓慢得多，这是由国际社会的复杂性和主权国家的利益取向所决定的。总的看来，当今“国际法……的作用虽然有很大提升，但仍然是有限的，并不能从根本上消除国家间冲突的可能”。① 法律对政治的依赖性决定了国际法作用的限定性。

国际组织的“维护利益的不均衡性”决定了以联合国为代表的国际组织的作用的有限性。伊拉克战争凸现了联合国的局限性。

俄报文章认为，雅尔塔式的协作已成为历史，……联合国应当改变自己的性质，它现在的这种存在方式是一种错乱。它或者应当成为反美多级联盟的胚胎，或者应当消亡。② 面对种种言论，不禁让人反思，作为一个全球性的负有维持国际和平与安全主要职责的国际组织——联合国，以及其他国际组织究竟应该处于什么地位、发挥什么作用，而事实上又是怎样，为什么会这样？

所谓国际组织“维护利益的不均衡性”是指在力量对比悬殊、利益纷繁复杂的国际社会里，国际组织自其产生便决定了它不可能绝对地为其每一组建者均衡地服务和谋取利益。国际组织“维护利益的不均衡性”决定了国际组织作用的有限性。“对国家利益的深思熟虑是理解国际组织职能和结构的中心环节”。③ 从国际组织的创立和运作来看，国际组织是国家之间政治、经济等方面合作的一种法律形式。合作只是形式，维护及追求共同的和个体的利益才是根本与实质。国际社会往往对国际组织的国际性及公平性期望过高，认为国际组织应该不偏不倚地为所有成员国利益服务，各成员国应该从其国际组织成员资格中获取相同的利益和实惠。而实际上，国际组织的国际性、公平性也有一个渐进发展的过程，有时甚至会出现倒退。国际组织本身并没有明确固定的利益导向（除共同利益之外），其利益导向来自参与国际组织活动的成员，他们在国际组织中的实力、地位及活动在极大程度上决定了国际组织的性质。有人认为，国际组织实质上只是一个媒介、一个工具，就看谁能让它为自己的利益服务。是整个国际社会、国际社会的大多数，还是少数几个国家，甚至是个别国家。也就是说，国际组织本身具有“维护利益的不均衡性”。

在整个伊拉克战争期间及其前后，一直困扰着国际社会的问题是：联合国在伊拉克危机中应该起着什么样的作用。而实际上它又起着什么样的作用。前一问题是探究联合国的应然地位与作用，后一问题是探究联合国的实然地位与作用。两者之间有一定的差距自是必然。国际社会一直期望联合国是代表整个国际社会、维持国

① 参见刘志方：《试论当代国际关系理论中的国际法角色定位》，载《现代国际关系》2003年第2期，第23页。

② 参见《对伊拉克战争的五点思考》，载《参考消息》2003年4月11日第3版。

③ W. J. Feld & R. S. Jordan, International Organizations: A Comparative Approach 41-42 (1998).

际和平与安全的第一大权威机构，掌握着授权动武、断定侵略、制止及惩治非法武力行为的生杀予夺的大权，并能成功地制止和惩罚侵略者，有效地维持国际和平与安全。但联合国的现有机制却不能完全满足实现其宗旨和目标的需求。在维持国际和平与安全上，联合国奉行的体制仍基本停留于二战结束后“战胜国代表及主宰世界和平”的基线上。结果是，联合国未能成功阻止伊拉克战争的爆发，未能公正地为国际社会的共同利益有效地服务，战争结束后也未能惩治侵略者。

目前的情形是，联合国是各会员国国际合作的高级法律形式，其本身不具有独立的军事强制力量，而且如果没有会员国的一致合作，就无法真正的发挥作用。但它具有国际社会公认的法律上的权威性和正统性。美国作为目前惟一的、盛极一时的超级大国，它拥有压倒其他任何国家甚至是国际社会的经济、军事力量，但它现在不具备，在可预见的将来也不具备国际社会代表者的权威性和合法性。怎样才能使国家对利益的追求在国际法允许的范围内进行？怎样使国际法在各国追求国别利益的情形下得到遵守？目前比较现实、理智的选择是，将联合国的权威性与合法性同美国等有能力国家的强制力结合在一起，顺应大多数国家的意愿和利益，在遵守国际法的前提下维持国际和平、促进世界发展，这才是国际社会和平、进步、民主与发展的希望之所在。

三、伊拉克战争挑战国际法：若干思考

伊拉克战争冲击和挑战国际法，国际法的权威受到严重损害，但挑战和冲击本身蕴含了国际法发展的生机。国际社会理应从伊拉克战争危机中寻找迎接挑战、重塑国际法权威的应对之策。

（一）逐步建立和完善国际法的法律责任制度和法律实施机制，增强国际法的权威性和实效性

建立完善的国际法律责任制度，使国家希望通过违法行为追求不当利益的企图化为泡影而且得不偿失。主要包括两个方面：

一是补充和完善国际实体法，弥补国际法的结构性缺陷，做到有法可依。现行国际法多只规定该怎样作为与不作为，却没有或很少规定违法后所应承担的相应法律责任，所以，国际社会必须明确规定各项违反国际法基本原则或规则的行为所应承担的相应的法律责任。这既需要大量的补充立法工作，同时也需要对现行的国际法律责任形式予以继承、改革和创新，如对违反国际法基本原则的国家应根据犯罪的严重程度限制其国家主权，对国家主权的限制还应分为不同的等级，使其与犯罪的严重程度相匹配。在完善国际法律责任制度方面，国际社会已经做了大量工作。

从1952年起，国际法委员会就开始拟定国家责任公约条款。1979年《关于国家责任的条文草案》、2001年《国家对国际不法行为的责任条款草案案文》和2001年《关于预防危险活动的越境损害的条款草案案文》都是这方面的典型成果。

二是建立和完善国际司法机制，扩大国际法直接实施模式的适用范围，切实实施国际法的实体规定，做到有法必依、执法必严、违法必究。“通过违反义务的国家之外而代表国际社会的一个机构来强制执行国际法，是有一项公认的国际法原则为根据的”,① 即随着国际社会组织化，其法律执行或制裁也趋于制度化。② 目前最现实的就是要扩大和完善国际法院和常设国际刑事法院的管辖权，使一切国际违法犯罪行为都难逃国际司法机制的审判和惩治。

总的看来，国际法实效性和权威性的增强，除了上述国际法律责任制度和国际司法机制的完善外，还需要其他因素的紧密配合，在此限于篇幅不详述。

（二）强化联合国主导的集体安全体制，防止战争爆发和非法使用武力

伊拉克战争再一次表明联合国集体安全体制需要注入新的活力，需要加以强化以适应新的形势。首先，安理会断定“和平之威胁、和平之破坏或侵略行为”的客观标准应该尽快出台；其次，一支随时待命的、作战和维和能力强的国际性的联合国部队的建立实属当务之急，以期对各种局面作出灵活反应；另外，当安理会就某一常任理事国的违法行为进行表决时，应排除违法嫌疑国的表决权与否决权。为绕过修改宪章的障碍，可以采用“被动弃权”方式处理此情形，通过程序上的小手术改变大国不受监督的不合理的特权地位。

（三）迅速解决伊拉克战争暴露出的新的法律问题，填补国际法的滞后性带来的法律真空

1. 创造性地建立有效的国际反恐法制，防止个别国家的反恐新理念冲击国际法已经取得的成就。主要举措如下：明确界定“国际恐怖主义”的内涵与外延；有效防止大规模杀伤性武器的扩散，使恐怖分子寻求大规模杀伤性武器的希望化为泡影；对“预防性自卫”和“先发制人”的行使加以严格的法律限制并被完全纳入联合国集体安全制度之中。其行使至少应满足如下条件：事先有确凿的、国际社会公认的恐怖犯罪嫌疑证据，联合国安理会断定“和平之威胁或和平之破坏”情

① ［英］詹宁斯、瓦茨修订：《奥本海国际法》（第9版，第1卷第1分册），王铁崖等译，中国大百科出版社1995年版，第7页。

② 参见曾令良、黄志雄：《论21世纪国际法与国际秩序的应有构建》，载《珞珈法学论坛》（第1卷），武汉大学出版社2000年版，第110页。

势之存在，先用尽一切和平的解决方法，联合国安理会授权使用武力（或称“预防性自卫”或“先发制人”），使用武力对象的明确性、限定性和武力打击程度的相称性等；明确规定国家参与恐怖活动的各种情况（如支持、包庇、纵容、指挥、授意、直接参与等）所应负的有区别的法律责任，改变此领域无法可依或一味地武力打击的状态；确认恐怖犯罪嫌疑人的人权主体地位，使他们享受免受酷刑虐待、接受公正审判等一切应该享有的权利。

2. 联合国大会或安理会应断定伊拉克战争的非法性质，驳斥美国及其盟国的一切所谓的“战争理由”。

首先，“消除伊拉克可能拥有的大规模杀伤性武器”和“萨达姆同基地恐怖组织有联系”理由不成立。因为迄今为止都没有发现伊拉克拥有大规模杀伤性武器和萨达姆同基地恐怖组织有联系的确凿证据。

其次，“伊拉克多次违反联合国安理会的决议”理由不成立。违反联合国安理会决议与否，其断定权应属于联合国或国际社会，绝不属于少数或个别国家。少数个别国家不能代表整个国际社会。即便要动武，也应由联合国安理会来发动，至少要得到安理会的授权。“禁止使用武力和以武力相威胁”早就成为一项公认的国际强行法规则，世界各国都必须遵守。

再次，“联合国第 1441 号决议实际上已经授权美国采取军事行动”理由不成立。第 1441 号决议警告伊拉克“如果再不履行决议或不与联合国充分合作，将面临严重后果”。美国等国认为，“严重后果”实际上包括了“动武”，联合国安理会已经给美国授权了。但联合国安理会的多数成员国认为，第 1441 号决议不能自动引起战争。① 安南秘书长强调说，美英行使武力“缺乏联合国宪章的支持”。② 安理会决议的解释权在安理会，个别国家是不能任意对其作出有效的扩张性解释的。

然后，“先发制人”和“预防性自卫”理由不能成立。“先发制人”和“预防性自卫”是美国单方面提出的反恐新理念，其国际合法性尚不明确，因而不能作为伊拉克战争合法性的理由。即便自卫，也“并不包括自卫的国家侵犯另一个国家领土主权的行动，因为自卫国家的自卫行动将限于将入侵者驱逐出其本国领土”。③

最后，“推广民主政治体制”理由不成立。国际社会民主化是不可逆转的历史潮流，“民主”、“自由”、“解放”是人类社会几千年来梦寐以求并孜孜追求的目

① 参见《伊战后若干问题探讨》，载《参考消息》2003 年 4 月 27 日第 3 版。

② 参见《伊拉克战争给历史打上五道烙印》，载《参考消息》2003 年 4 月 13 日第 2 版。

③ ［英］詹宁斯、瓦茨修订：《奥本海国际法》（第 1 卷第 1 分册），王铁崖等译，中国大百科全书出版社 1995 年版，第 309 页。

标。但“民主”、“自由”和“解放”需要通过万恶的战争，通过肆意践踏国际法基本原则来实现吗？为了达到目的可以不择手段吗？“强加式民主”本身就是对“民主”的一种扭曲，民主化思想在这里发生了根本上的改变。即便是为了达到目的可以不择手段，也应计算一下得失。“自由、民主”诚可贵，但伊拉克战争代价太高昂。

总的来说，即便不谈这次军事行动的实质非法性，从法律程序上看，先发动战争后论证其合法性本身就是程序不合法。

3. 国际社会应完善侵略的法律责任制度，让侵略行为切实受到法律的严厉制裁。首先，应确定侵略的定义；其次，对侵略国应课以赔偿法律责任，不仅赔偿侵略战争所引起的直接损失，还要赔偿其间接的、长期的、隐形的损失，如环境责任、难民责任、平民及战斗员伤亡责任、无政府状态责任、债务流失责任等，责任形式应多样化，包括限制国家主权、赔偿、道歉等，赔偿的数额应大得足以让侵略者望而生畏、得不偿失，以期在一定程度上阻止侵略行为之发生；再次，除实体规则外，还应有对侵略享有自动强制管辖权的常设性法院的存在和一整套的程序规则（类似国内法中公诉制度的引入、国际公务员性质的检察官提起公诉或由某一国家国民或国家或国际组织或联大投票表决提起公诉等）。

4. 国际社会应补充完善国际战争法和人道法，审判和惩治违法者，强化战争人道法的实施并推动其发展。对于伊拉克战争中出现的新问题，战争法有的没规定，有的规定含糊不清或属原则性规定，在实践中适用均出现了困难，故应予以补充、明确和细化。如战争法中应明确规定战胜国在满足特定条件的情况下有义务宣布战争结束，战胜国不能故意拖延宣布战争结束以逃避自己应承担的国际法义务；占领国应承担维持被占领土治安、保护被占领土文化财产、保障被占领土上外国使领馆人员和财产安全等一系列具体义务；新闻记者应受到交战各方的保护，保护不力造成伤亡与损害的应由责任方负责赔偿甚至是承担相应的刑事责任；新武器的使用是否合法应设立一套常设的国际法律机制予以确定；战俘也应享有人权，享有被公正审判和人道对待的权利，虐待战俘者，应受到法律的审判和制裁等。

5. 世界各国应区分外交上的政治行为和法律行为，维护各国外交自主权，捍卫外交特权与豁免。笔者认为，根据现行的外交与领事关系法，美国没有权利要求别国驱逐他国外交人员，现行国际法中尚无这方面的规定，所以美国的行为只能算作一种外交上的单边政治性行为，被美国打压的各国也没有法律义务非要驱逐伊拉克外交人员，除非他们基于政治、利益等方面的考虑愿意响应美国的号召。对于美国 2003 年 6 月“暂时取消在伊拉克人员的特权与豁免”的问题，很大程度上美国违反了现行的外交与领事关系法。当然这里还应区分特权与豁免的来源和性质，国际习惯法中认可的或者美国与相关各国缔结条约承认的外交特权与豁免，美国没有权利单方面限制或取消它，即便取消，也应征得他方明确的书面同意并给予适当的补偿；对于伊拉克原政府单方面给予外交官的超出上述公认范围的特权与豁免，美国的取消行为至少没有违反国际法，因为伊拉克原政府已不存在，而美国没有义务继续原伊拉克政府的政策与措施。对于受到美国外交打压的世界各国来说，应坚决捍卫自己的外交自主权，极力主张本国外交人员所应享有的外交特权与豁免，反对外交领域的霸权主义和强权政治。

6. 国际社会应尽快妥善处理其他法律问题，促进国际法的完善和发展。比如说确立"向独裁者的非法贷款"不用偿还和不应得到偿还原则，即新国家或新政府至少不应偿还前国家或政府独裁者用于享乐或独裁统治而产生的外债。这实际上涉及国家或政府债务继承制度的改革和完善问题。伊拉克人民是否必须偿还这个已被推翻的独裁者的所有债务呢？美国哈佛大学的经济学家迈克尔·克雷默认为，伊拉克人民可以提出这样的免除债务的理由，即这些巨额债务都是萨达姆欠下的。这些钱中许多被萨达姆及其亲信装进了自己的私人腰包，或被用来购买违禁武器和镇压伊拉克人民，这些债务属于恶债，因此不用偿还。① 笔者认为，在上述制度的建立和实施中，联合国应处于核心的主导地位。应由联合国而不是少数一个或几个国家来界定哪些政府属于独裁政府，哪些债务属于向独裁政府提供的非法贷款，并由此从经济上施加压力给独裁者，鼓励、推动并引导独裁国家进行民主改革和法制进程。这样，既可以制止贷款国向独裁者贷款用于非法目的，又可以推动独裁国家进行民主改革。

（四）客观地看待和发挥国际法及国际组织的作用，反对国际法及国际组织"无用论"或"万能论"两种极端思想

布朗利指出"单靠规则，无论阐述得多么细致，都不能使各国以文明的方式行事"。② 即国际法的实施和权威还受制于其他一些因素，如人们对国际法和国际组织的看法、国际政治秩序等。

习惯上，人们认为既然国际社会将维持国际和平与安全的主要责任及特权赋予联合国安理会，联合国尤其是安理会理应保证国际和平与安全之实现，并对一切"和平之威胁、和平之破坏或侵略行为"采取强有力的、令国际社会满意的防范或惩治措施。实际上，非也。原因至少有如下几点：国际和平与安全的维护是一个极其复杂的系统工程，不仅仅是国际法和联合国的功能和任务，法律维和仅仅是维和

① 参见《伊拉克冲突的经济学分析》，载《参考消息》2003年4月29日第4版。

② *See* I. Brownlie, *International Law at the* 50th *Anniversary of the United Nations: General Course on Public International Law*, 255 Recueil des Cours, 209 (1995).

大战役中的一个组成部分而已。除了法律维和外，还有政治、经济、文化、军事等维和手段的存在。国际法及国际组织的作用本身具有限定性（详见本文第二部分）。现行国际法不完善，联合国具有体制缺陷。实现国际和平与安全具有高难度性、艰巨性和长期性。

因此，有必要让国际社会对国际法以及以联合国为代表的国际组织的地位和作用有一个现实的、客观的和公正的看法和期待。期望值过高，不仅对国际法和国际组织发挥作用没有帮助，反而会形成一种无形的压力，打击它们的积极性，并影响对国际法和国际组织成就的公正评价。在现实生活中，我们既要反对和驳斥消极的国际法和国际组织“无用论”，又要反思和修正天真的国际法和国际组织“万能论”。与时俱进地改革发展国际法，完善国际组织的构成和运作机制，推动国际法和国际组织尽量为最大多数的国际社会成员的权益服务，最大限度地发挥国际法和国际组织在各个领域的应有作用。

除上述四方面的法律对策外，极力推动国际社会多极化进程和国际政治新秩序的建立以营造国际法生存与发展的良好的国际政治环境，以及大力推动国际法（尤其是国际习惯）的编纂以增强国际法的透明度和可操作性也是应对伊拉克战争对国际法的挑战，增强国际法权威性和有效性的途径之一。

挑战意味着某种程度的否定，但也往往蕴含着发展与生机。国际法在第一、第二次世界大战中惨遭践踏，几乎被破坏无遗，但战后却迎来了国际法大发展的春天！新世纪之初，从伊拉克战争中映射出的反恐新理念、霸权主义和强权政治对国际法提出了最严峻的挑战，人们期待着国际法大发展的新的春天！

国际法面临的挑战与国际法的发展

——从伊拉克战争谈起

□ 徐军华*

内容摘要 美英联军发动的伊拉克战争不仅侵犯了伊拉克的国家主权，给伊拉克人民造成了严重的人道主义灾难和文化灾难，而且再一次践踏了国际法的基本原则，动摇了国际法的基础，从根本上违反了国际法；伊拉克战争引发了对国际法相关问题的思考，其中权力政治与国际法律秩序以及对联合国集体安全机制的检讨是本文关注的重点；以伊拉克战争为视点，展望国际法在21世纪的发展是拨开战争的烟幕给予世界的期望，但国家之间的真诚合作与国际义务的善意履行才是走向国际法美好未来的最佳途径。

冷战的结束并没有使我们生活的地球变成一个没有冲突、完全和平的星球，各种国际争端和武装冲突不断提醒我们在通向和平的道路上充满了荆棘。2003 年 3 月 20 日，美、英等国未经联合国安理会的授权，不顾全世界多数国家和人民爱好和平与反对战争的强烈愿望，悍然发动了对伊拉克的军事打击。这场战争是继北约空袭南联盟以后国际法上的又一重大事件，战争的结果又一次造成了该地区大规模的人道主义及文化灾难，严重危害了世界的和平与安全。这场战争再一次对国际法提出了空前的挑战，国际法所面临的挑战使得我们不得不思考国际法未来的发展问题。

一、伊拉克战争根本上违反了国际法

2003 年 3 月 20 日，美、英等国以伊拉克没有如实地执行联合国第 1441 号决议为由，将该决议中对伊拉克的警告即“如果伊拉克继续实质性违反解除武装的义务，它将面临严重的后果”扩大解释为可以采取军事行动，在没有得到联合国安理会明确授权的情况下，发动了对伊拉克的军事打击。伊拉克战争造成了巨大的人员伤亡与财产损失，环境遭到破坏，大量的古文物遭到了掠夺，人道主义与文化灾

* 武汉大学国际法研究所博士研究生，湖北省社会科学院政法研究所助理研究员。

难再一次在这一国家悲情上演。

战争的爆发对于伊拉克人民来说是应被同情的，对于联合国来说是悲伤的，而对于国际法来说则是尴尬的，因为非正义的战争冲破国际法律秩序又一次在世界人民面前活生生的展现。

以国际法为视角，审视伊拉克战争，我们可以清楚地看到有许多国际法原则与制度被美英联军的铁蹄践踏。

在经历了二战浩劫后，于战争废墟上孕育出来的《联合国宪章》将和平解决国际争端原则和禁止以武力或武力相威胁原则确定为联合国会员国应遵循的基本原则。《联合国宪章》在其序言中明确宣布："我联合国人民，同兹决心，欲免后世再遭今代人类两度身历惨不堪言之战祸……并为达此目的……接受原则，确立方法，以保证非为公共利益，不得使用武力……"《联合国宪章》在第 1 条的宗旨中首先明确："维持国际和平与安全；并为此目的采取有效集体办法，以防止且消除对于和平之威胁，制止侵略行为或其他和平之破坏；并以和平方法且依正义及国际法之原则，调整或解决足以破坏和平之国际争端或情势。"在第 2 条第 3 款和第 4 款进一步规定了联合国与会员国应遵循的基本原则："各会员国应以和平方法解决其国际争端，俾免危及国际和平、安全及正义。……各会员国在其国际关系上不得使用威胁或武力，或以与联合国宗旨不符之任何其他方法，侵害任何会员国或国家之领土完整或政治独立。"

根据《联合国宪章》有关规定，在现行国际法的理论框架之下，和平解决国际争端已经成为解决国际政治矛盾的最主要的方法，而以武力方式解决国际争端只能作为和平解决方法的例外。根据《联合国宪章》的规定，只有在下述四种例外情况下使用武力才是合法的。

第一，反对原先敌国的行动。《联合国宪章》第 107 条规定："本宪章并不取消或禁止负行动责任之政府对于在第二次世界大战中本宪章任何签字国之敌国因该次战争而采取或授权执行之行动。"随着时间的推移，二战的遗留问题已基本解决，世界上的大多数国家都被接纳为联合国的会员国了，因此《联合国宪章》中的此条规定已经成为历史的遗迹，而没有现实的意义了。

第二，区域机关的执行行动。《联合国宪章》第 52 条第 1 款规定："本宪章不得认为排除区域办法或区域机关，用以应付关于维持国际和平及安全而宜于区域行动之事件者；但以此项办法或机关及其工作与联合国之宗旨及原则符合者为限。"第 53 条第 1 款规定："安全理事会对于职权内之执行行动，在适当情形下，应利用此项区域办法或区域机关。如无安全理事会之授权，不得依区域办法或由区域机关采取任何执行行动。"可见，区域机关在解决区域问题上是有权利依据宪章采取武力行动的，但这种武力行动必须得到安理会事先的授权。此外，区域机关也可以根据宪章第 51 条的规定对涉及区域内成员国的国际争端采取集体自卫措施。

除了上述两种可以使用武力的情况以外，联合国宪章还规定了两种使用武力的例外情况。实际上，现阶段也只有在这两种情况下动用武力才是实际可行的和平解决国际争端的例外。

其一，安理会授权动用武力，这主要规定在联合国宪章第 7 章有关集体安全措施的规定之中。《联合国宪章》第 7 章第 42 条规定："安全理事会如认为第 41 条所规定之办法为不足或已经证明为不足时，得采取必要之空海陆军行动，以维持或恢复国际和平及安全。此项行动得包括联合国会员国之空海陆军示威、封锁及其他军事举动。"安理会有权对有可能威胁到国际和平与安全的国际形势作出判断，以决定是否授权某些国家或组织采用武力形式解决有关的国际争端。

另一项例外是指遭受到武力攻击的国家，有权依据国际法行使自卫权。根据是联合国宪章第 51 条"联合国任何会员国受武力攻击时，在安全理事会采取必要办法，以维持国际和平及安全以前，本宪章不得认为禁止行使单独或集体自卫之自然权利"。

根据后两种情况，即建立在联合国宪章规定的基础上，能够证明伊拉克战争的合法性吗？

（一）联合国安理会的授权：战争的第一种可能基础

1990 年 11 月，联合国安理会通过第 678 号决议，授权各国"配合科威特政府使用各种可能的手段"① 将萨达姆军队驱除出科威特。这项决议授权使用武力的惟一目的是将伊拉克军队驱除出科威特，这个目的已经在 1991 年完全实现了。除非萨达姆再次入侵科威特，否则这项决议就不能被引用。

然后，在海湾战争结束时，安理会通过了第 687 号决议。这项决议中要求伊拉克毁坏或放弃各种武器，包括生物、化学和核武器。这项决议还陈述了安理会的目的是"采取各种合适的必要措施"确保伊拉克和科威特边界不可侵犯。虽然这项决议的语言是概括性的，但并没有涉及解除武装的规定。第 687 号决议解释道，解除武装的规定需要由安理会根据"对情况的掌握、为执行现有决议而需要采取的进一步措施以及保护这一地区的和平与安全"来决定。这项决议不能被理解为任何安理会成员国或其他国家可以自行采取行动要求伊拉克解除武装。相反，它建议安理会本身可以通过补充决议采取"进一步的措施"。

2002 年 11 月，安理会通过了第 1441 号决议。这项决议警告，如果伊拉克继续"实质性违反"解除武装的义务，它将"面临严重的后果"。利用这项决议的语言，布什政府声称伊拉克正在"实质性违反"义务，因此伊拉克战争是合法的。

---

① *See* Resolution 678 (1990) of 29 Nov. 1990 of Security Council, available at http: // www. un. org.

然而，第 1441 号决议意在让安理会本身断定是否存在实质性违反义务的情形，并明确规定，在存在这种违反的情况下，由安理会本身“考虑当时情况和完全遵从所有安理会相关决议的需要以保护国际和平与安全”。

（二）自卫：战争的第二种可能基础

这次战争最大胆的理由是，美国和其他国家正面临着伊拉克“武装攻击”的危险，借以证明它们使用武力进行自卫的主权权利的正当性。但是，伊拉克无疑并不打算入侵美国或者科威特，自从海湾战争开始，成千上万的美国和英国军队就一直驻扎在科威特。布什和布莱尔也没有提供任何信息显示出一种迫在眉睫的威胁，他们的理由主要是害怕萨达姆将来对大规模杀伤性武器的直接或间接使用。

这样，这种自卫的理由必须建立在对自卫概念的扩大解释基础上，自卫本是作为一种对正在进行或迫在眉睫的攻击的抵制，现扩大解释为对害怕未来攻击的预防性行为。

布什政府声称，根据预防性原则，拥有大规模杀伤性武器的敌人在使用这些武器前就可以被攻击。然而，这个原则并没有成为一项国际法原则，而且可能证明是相当危险的。根据传统国际法的理解，自卫非常类似于规范个人的国内法律中的自卫。如果攻击者正在或者即将进行攻击，则对方不需要首先受到攻击后再还击。然而，这种攻击必须是迫在眉睫的，如果不是正在进行的话。

这种紧迫性的要求在国际事务中是极其重要的。如果美国在安理会授权的情况下可以采取先发制人的或者预防性的军事行动，那么其他国家也同样可以。这样，担心邻近竞争对手力量增长的地区力量就会断定，最好在威胁完全变成事实以前就对其未来的敌人展开行动。

对预防性原则的引用可能是建立在判断错误的基础上，美英联军攻陷伊拉克后，到如今都没有找到所谓的大规模杀伤性武器，其发起战争的理由已经受到国内与国际社会的质疑。其他情况只是借口，即在预防的伪装下试图证明进攻的正当性。从根本上说，这一允许对长期威胁进行预防性攻击的原则本身是非常不稳定的。

因此，从上面的分析可以清楚地得出美、英发动的伊拉克战争被证明是非法的结论。

伊拉克战争还涉及对战争法中有关战时人道主义保护规则的违反，在伊战中突出的问题是如何保护平民及对战俘的保护。保护平民的规则较早地出现在 1899 年海牙第二公约和 1907 年的海牙第四公约附件的第 2、3 编中。1949 年有了专门保护平民的公约，即《关于战时保护平民的日内瓦公约》（第四公约）。1977 年日内瓦四公约第一附加议定书又对第四公约作了进一步的补充。① 上述国际公约中对战时平民保护的主要内容包括：平民居民和平民个人应享受免受军事行动所产生危险的一般保护，他们不应成为攻击的对象；禁止不分皂白的攻击，民用物体不应成为攻击或报复的对象；禁止使用旨在对自然环境造成损害，从而损害居民健康和生存的作战方法或手段；对妇女和儿童的权益给予特殊保护等。

至于对战俘的保护方面，1899 年和 1907 年的海牙章程有明确的规定，1949 年《关于战俘待遇的日内瓦公约》作了更加详细的规定。根据国际公约的规定，战俘在任何时候都应得到人道主义的待遇。拘留国对他们不应该施行任何报复行为，不应该加以惩罚、虐待，更不能加以杀害，而应给予适当的人道主义待遇。不得基于种族、肤色、宗教或信仰、性别、出身或财力或其他类似标准而有所歧视；不得对其生命与人身施以暴力，特别如谋杀、残伤身体、虐待及酷刑；不得作为人质；不得损害个人尊严；未经具有文明人类所认为必需之司法保障的正规组织之法庭之宣判，不得举行判罪及执行死刑。伊拉克战争爆发以后，美英联军对伊拉克境内的大规模轰炸，造成了大量的平民伤亡，而且双方对在交战中所俘虏的战俘也有虐待甚至杀害的情况。双方对国际人道法的有关规定都有违反。

必须提及的是，伊拉克战争还造成了该国的文化灾难。伊拉克战争爆发以后，尤其是在巴格达沦陷之后，伊拉克国家博物馆遭到了洗劫，大量的珍贵文物被劫掠或毁坏。在巴格达无政府和混乱状态中损失的无法替代的文物都是历史悠久的、人类早期文明的证明，这一浩劫，不仅是伊拉克国家和人民的灾难，而且是全世界人民的文化灾难。对于这一灾难，占领国——美国负有不可推卸的责任。根据战争法，美国有义务确保所占领领土的公共秩序，防止抢劫和其他形式的非法行为。更明确地说，美国必须保护博物馆和其他文化财产免遭损害。关于这方面的主要条约是 1954 年通过的《武装冲突情况下保护文化财产公约》，该公约明确规定占领国必须采取必要措施保护和保存被占领国的文化财产。伊拉克和其他 102 个国家是本公约的缔约国，因为这条规则由法律变成了习惯国际法，它对于那些签署但还没有批准该公约的国家如美国也是有拘束力的。由于美军在保护博物馆及其他文化财产上的无动于衷，没能阻止洗劫和毁坏的发生，一个本可以避免的灾难就这样被记忆为近期中东历史上的巨大文化灾难之一。

由此可见，美英发动的伊拉克战争不仅严重地侵犯了伊拉克国家的主权、政治独立与领土完整，造成了严重的人道主义灾难与文化灾难，而且严重破坏了《联合国宪章》的和平解决国际争端及禁止以武力相威胁或使用武力的原则，动摇了国际法的基础，根本上违反了国际法，严重损害了国际法律秩序。

① 参见梁西主编：《国际法》（修订第 2 版），武汉大学出版社 2000 年版，第 522 页。

二、伊拉克战争引发的国际法思考

伊拉克战争是继北约轰炸南联盟后对国际法的又一次巨大的冲击，战争再一次警示人们：国际法治的道路是不平坦的，国际法依然是一种比较“原始”的和“软弱”的法律，国际法仍处于动荡之中。伊拉克战争引发我们对相关的国际法律问题进行深思。

（一）权力政治与国际法律秩序

冷战后，随着前苏联的解体，两极格局终结，各种力量重新分配，世界朝着多极化方向发展，新的格局的形成将是长期、复杂的过程。① 在这一过渡时期，美国凭借其强大的政治、经济、军事实力在国际关系中处于“一超”的优势地位。在没有与之相抗衡的国家的情况下，美国的霸权逐渐抬头，企图建立由其领导的单极世界，新的帝国秩序得以复兴，权力政治的阴云重新笼罩着国际社会。

刚刚结束的伊拉克战争，是美国强权在国际关系中的一个极端体现，美英联军在没有联合国安理会决议支持的情况下，悍然出兵伊拉克，严重违反了不使用武力或不以武力相威胁的国际法原则，侵犯了国际法最基本的原则——国家主权原则。应该讲，美国的此种强权做法已不乏其例，1999 年，美国及其北约盟友提出“人权高于主权”的原则，在主权国家南联盟的土地进行了持续了 78 天的轰炸。除此极端的严重违反国际法原则的行为之外，美国出于自身的利益，对国际法主要渊源的国际公约，更是接连的放弃，包括有关防止全球气候变暖的《京都议定书》、有关防止小型核武器扩散的协议、《全面禁止核试验条约》以及单方面退出《反弹道导弹条约》等，其理由及出发点皆是出于所谓的美国要避免恐怖分子和“无赖国家”的导弹袭击以及“美国大量消耗能源的生活方式神圣不可侵犯”等，应该讲，美国上述的做法，充分体现了其在现今国际关系中所遵循的强权做法，对现存的国际法原则及体系提出了强有力的挑战，在一定的程度上，使得国际法陷入了尴尬的境地。

国际法是在国际交往中形成的，用以调整国际关系（主要是国家间关系）的，有法律约束力的各种原则、规则和制度的总称。国际法是以一定的社会目的为根据而逐渐形成和发展的，建立国际法律秩序是世界各国进行交往的一种内在需要。国际法基本上是一种“平等者”之间的法律，它建立在国际社会之上，国际社会同国内社会相比，是一个高度分权的社会，各国彼此独立、主权平等，是一个主权并

---

① 陈岳：《如何认识冷战后国际格局的多极化》，载《国际政治》2001 年第 7 期，第 19 页。

立的“平行式”社会。因此，国际法与国内法不同，不是以统治权和统一的强力部门为基础的法律：它不像国内法那样具有超于当事者（国家）的实质的最高权威。国际法基本上是以国际社会主权者“相互协作”为条件的法律体系。它在一定程度上，是以国家意愿和国际舆论为动力的。①

以美国为首的西方国家的国际强权再一次证明了国际法受国际政治深刻影响的属性，“作为平等者间的法律，国际法最大的陷阱是排除主权平等原则的权力政治”。② 国际法的发展史显示了其在权力政治面前的苍白无力与屡遭挫折的状态，突出地表现在它对国家的约束力较差，特别是对强国、大国的约束力较差。

然而，即使在复杂多变的国际社会里，作为维持国际交往与协调国际关系的必要手段，国际法仍然在曲折的轨道上继续向前发展。因为，除了强权政治等因素在阻碍国际法的发展以外，还有很多的因素在推动国际法的发展。国际社会的组织化、第三世界的兴起、经济全球化的潮流、科学技术的发达，成为推动当代国际法发展的四大动力。战后的全球演变，导致人类“共同利益”与“基本价值”的凸现，从而使整体国际社会逐渐成为现代国际法关注的一个至为重要的方面。

国际法是调整国际关系的法律，国际关系是国际法的社会基础。一般而言，平等互利的国际关系有助于国际法的成长，而国际社会强权政治与霸权主义的出现则有可能扼杀国际法的生机。国际政治给国际法带来时隐时现的局限性，是国际法的重要特征之一。就像国内法一样，我们不能因为有抢劫、杀人的现象就否定刑法的效力，同样也不能因为国际强权对国际法的践踏就否定国际法的效力。正是由于国际法没有条件建立一种统一的立法机构，也没有条件建立一种真正能够实施国际法的机构，所以，国际法仍然处于比较“原始”和“软弱”的状态，这也是国际法的本质的属性和特征。

为了使国际法能够在国际关系中发挥更加有效的作用，建立公正合理的国际法律秩序，国际社会必须改善和加强现有的国际法律制度。可以采取的措施有：促进国际社会的民主化，多极化的国际格局可以在一定程度上削弱或遏制强权政治试图建立的单极世界的倾向，平等互利的国际社会才有可能形成；进一步加强联合国在国际法律秩序维持中的主导地位；适应国际社会的需要，改进现行国际法律制度的不足，进一步强化国际法的实施制度；在国际社会缺乏有效的执行机制的情况下，号召国际社会维护国际法律的权威，加强国际合作，增强国际法律意识。这一点对于强国与大国来说尤其重要。

---

① 参见梁西：《国际法律秩序的呼唤——“9·11”事件后的理性反思》，载《法学评论》2002年第1期，第10页。

② 邵沙平、余敏友主编：《国际法问题专论》，武汉大学出版社2002年版，第20页。

（二）对联合国集体安全机制的反思

美英联军在未经联合国安理会的授权的情况下对伊拉克进行军事打击，这是一种野蛮、公然践踏国际法，严重违反联合国宪章的侵略行径。联合国在维持国际和平与安全这一首要责任上再一次被边缘化了，这不得不引起我们对联合国集体安全机制的反思。

《联合国宪章》重申“采取有效集体措施以防止且消除对于和平之威胁，制止侵略行为或其他和平之破坏”。宪章规定安理会对维护国际和平与安全负有主要责任，是惟一有权采取执行行动的机关。联合国集体安全机制的核心是安理会，而以否决权制度为基础的安理会表决程序是这一机制的基石。然而，否决权是一柄双刃剑，它既可以作为正义者对抗邪恶的手段，又可能被侵略者用来助纣为虐或作为推行侵略和霸权的挡箭牌。既然联合国承担着维护国际和平与安全的神圣职责，后一种情况更应引起我们的关注。

从多年来的国际实践来考察，在地域或集团政治的影响下，集体安全制度曾经或仍然受到若干难以逾越的障碍的制约。首先，在以分权为基础的国际社会里，由于大国及各国家集团之间错综复杂的矛盾，安理会很难就某些重大问题通过决议。从实践的情况来看，否决权的行使与其说是依据正义和国际法原则，不如说是依据常任理事国的权利关系和利害关系。大多数情况下，否决权成为大国之间在安理会进行政治斗争的工具而被滥用。其次，关于成立“联合国军”的问题，经多次协商，各国对于军队的规模、类型及各国分配的定额等具体问题，均未达成协议。因此，对有关制裁措施至关重要的国际军队，迄今尚未建立起来。① 最后，否决权给了常任理事国一种豁免权，即强制措施几乎是无法适用于任何常任理事国的，比如苏联入侵阿富汗，美国入侵格林纳达和巴拿马等。

联合国的集体安全机制是雅尔塔格局的产物，它反映了当时大国之间的力量对比，也是各方相互妥协的结果。冷战时期，由于东西方两大阵营的对峙，两极格局之间的势力均衡使得联合国的集体安全机制能够发挥出积极的作用，那时，大国对否决权的滥用至多不过是大国用以维护自己的既得利益，还不至于敢抛开联合国而自行其是。

然而，冷战后国际局势的翻天覆地的巨大变化对联合国的集体安全机制提出了挑战。正如前面所述，美国的霸权与强权不是因为两极格局的终结而有所收敛，相反，却四处伸张其霸权与强权。在联合国的集体安全机制中，它已经不再满足于安理会的否决权这一特权，而是寻求更大的行动自由，因此它对联合国采取一种

① 梁西：《国际组织法》，武汉大学出版社 2001 年版，第 182 页。

“顺我者用之，逆我者弃之”的现实主义态度。“北约新战略”① 的出台更使联合国集体安全机制面临着被架空的危险。在实行集体安全机制的过程中，除强权政治的压力外，还存在各种障碍，主要包括：国际社会的集体安全行动颇难适应当世民族主义潮流及强化国家主权的要求与倾向；至今尚存的对抗性国家同盟体制，对集体安全产生不利影响，妨碍世界各国对危害和平的行动作出一致反应；军备竞赛的势头尚难控制，集体安全措施若不能压过战争准备，各国就不可能真正得到不受侵犯的确切保障。

尽管联合国的集体安全机制有一定的局限性，但这丝毫没有减损它是有史以来最完善的政治性国际组织这一事实。正如联合国成立五十周年的《千年宣言》所宣称的：“联合国是整个人类大家庭不可或缺的共同殿堂，我们将通过联合国努力实现我们全人类谋求和平、繁荣和公正的世界所必不可少的依据。”联合国以否决权制度保证了所有大国的充分参与和权利义务的统一，以国家主权平等原则保证了广大发展中国家平等地参与国际事务，从而使其成为一个最普遍的国际组织。尽管集体安全机制不能有效阻止强权与霸权的权力政治，但是，自联合国成立五十多年以来，它还是成功地阻止或平息了一些地区性争端，如对南非以及海湾战争中对伊拉克的集体安全措施，就是比较成功的。

在坚持联合国固有权威的基础上，我们还应当推动联合国的改革，使之更有利于实现《联合国宪章》的宗旨和原则。具体而言，应当从以下几个方面着手：第一，有必要建立起具有实际的威慑力而足以事先预防破坏者轻举妄动的执行集体安全机制的强大机构，国际军队也许是这一设想的首选，这一军队必须由各国共同配备并由安全组织直接管辖。第二，加强五大常任理事国的协调与合作。江泽民同志在联合国千年首脑会议中倡议举行的常任理事国首脑的会晤具有积极的意义，并提出了五个常任理事国在新形势下应该遵循的四项原则，即相互尊重、平等相待；扩大共识、求同存异；加强沟通、密切协调；顾全大局、促进合作。这一举动及原则的提出将对世界的和平与发展产生积极和重要的影响。② 第三，为对付“和平之威胁，和平之破坏的侵略行为”提供一个判断标准和指导方针，增强可操作性，减少安理会常任理事国行使否决权的随意性和滥用否决权的可能性，并且创造一种否决权行使的监督机制。

集体安全的最佳条件是出现一个超越一切国家的公正的世界权力中心，但是这

---

① 北约新战略的核心是将北约全球化，最终形成一个以美国为领导、以西欧为主导的国际安全秩序，于是北约便成为美国建立单极国际格局的最佳工具，利用这个无可匹敌的军事力量，美国可以摆脱受制于联合国一两个国家否决权的局面，从而彻底以“北约”这一地区性军事组织替代联合国。

② 参见王发恩：《新世纪：联合国任重道远》，载《国际组织》2001 年第 2 期，第 99 页。

个神话般的奇迹还是非常遥远的。同时，我们也应该认识到，在当今条件的国际社会里，集体安全机制不可能成为一个最后消除战争与国际冲突的一劳永逸的措施。联合国是人类智慧的结晶。如果每一个国家都“一秉善意，履行其依宪章所担负之义务”，那么，一个联合国体制下的和平与公正的国际秩序将完全有可能成为现实。

三、从伊拉克战争展望国际法之发展

梁西先生曾就冷战终结后的国际法的发展作了一个形象的比喻，他说：“作为协调国际关系的一种手段的国际法，将像一艘潜入深海的潜艇，它必须蛇形地绕过种种暗礁，才有可能到达目的地。”借用这一比喻，国际法这艘“潜艇”驶入21世纪的海洋后就撞上了“伊拉克战争”这一块巨大的暗礁，这艘潜艇是带着满身的创伤沉入海底，还是在人类追求和平与发展的强大动力下冲破浮冰，去开创国际法21世纪的海阔天空呢？

如同北约对南联盟进行人道主义干涉是“人权高于主权”理论的一次试验一样，美国以“先发制人”为指导思想对伊拉克发动的战争，是“9·11”事件以后“预防性战争”①的又一次试验。这次战争表明，美国企图挣脱现有国际法的约束，尝试建立一个完全以其利益为转移的新的国际法律秩序和新的国际法。我们应该以伊拉克战争作为视点，检讨与展望国际法在21世纪的发展。

第一，众多主权国家同时并存、彼此进行交往与协作而形成的各种国际关系和整个国际社会的存在是国际法产生和发展的社会基础。只要国际法的社会基础存在，国际法作为调整国际关系的法律就会客观存在，况且，国际社会的组织化趋势的进一步发展更加强了这一基础。国际法并不会因为强权的存在与扩张而消灭。

第二，国际法是根据国际社会的需要而存在的。国际社会的需要不断推动着国际法的发展。国际社会有很多种需要，但归根结底，人类的和平与发展才是最终的需求，也是国际法所追求的归宿。进入21世纪后，战争随着冷战的终结不是减少了而是增多了，由于冷战时期所掩盖的民族、宗教、边界的问题随着两极格局的崩溃而纷纷凸现，以至于区域性的武装冲突及战争不断增多；经济全球化的消极方面造成了贫国与富国之间的数字鸿沟越拉越大。因此，21世纪国际法所担负的任务将是非常沉重的。

第三，21世纪的世界格局将深刻地影响国际法的发展。国际法容易受到国际

① 预防性战争是指在缺乏迫在眉捷的武装攻击下发动的战争，是以假想的威胁之存在作为战争发起的依据，它不符合国际法中的“自卫”的定义，不合法也没有形成为习惯法，这一概念的引入具有极大的危险性。

政治影响的特点表明，平等互利的国际关系有助于国际法的成长，国际强权的出现很可能抹杀国际法的作用，伊拉克战争就是一个鲜活的例子。因此，判断21世纪的世界格局对于展望21世纪的国际法的作用具有重大意义。世界格局不是一成不变的而是处于变动之中的，总的说来，多极化的世界格局有利于国际社会的民主化，有利于国际法发挥强有力的作用，也有利于国际社会的法治化。两极格局终结后的世界格局是“一超多强，多极并存”，虽然在短期内，美国凭借其强大的政治、经济、军事实力在世界范围内施行其单边主义政策，但从长远看，单极格局是极不稳定的，也不利于国际社会的发展。制约美国强权的力量有很多，欧盟、俄罗斯、中国在国际事务中起着越来越重要的作用。强权必然会受到国际均势的制约，单极格局的膨胀势必造成国际社会的多极化。因此，21世纪的国际法仍然会有一段曲折的路要走，但前景将是建立在多极化格局之上的公正合理的国际法律秩序。

第四，伊拉克战争中美国采用“先发制人”的军事战略冲破了传统意义上的自卫理论，开创了一个极其危险的先例，尤其是在核武器时代，如果每个国家都以这一理论进行所谓的“预防性自卫”，那么世界将面临毁灭的灾难。因此，新的形势要求世界各国理性地面对这一先例，并在战争法中对“先发制人”的行为加以禁止；另外，伊拉克战争中所凸现的美英联军和伊拉克军队对战争法中有关战俘及作战行为规定的违反，要求国际法进一步加强实施机制同时应补充和修改现行战争和武装冲突相关的规则。

第五，伊拉克战争师出无名，没有合理的国际法律依据，如何追究大国的国际法律责任以及惩罚战争罪犯无疑是伊拉克战争留给国际法的一个难题。虽然国际刑法有了飞速的发展，尤其是国际刑事法院的建立给国际法治带来了可喜的突破，但是，美、英两国依然没有受到国际法的制裁，战争罪犯也没有得到应有的惩处，这不得不说是国际法（主要是国际刑法）的一大缺憾。“徒法不能自行”，国际法的软弱性再一次说明国际法应迫切地加强其实施机制，这也许是未来国际法发展所应关注的一个重大问题。

第六，面临困境与挑战的联合国在21世纪将会任重而道远。联合国成立50余年来，在维护世界和平与安全及制定国际法方面发挥了重要的作用。然而，对世界和平与安全负有首要责任的联合国未能阻止美英联军对伊拉克的侵略战争暴露了集体安全机制的缺陷。在新的世纪里，联合国面临的挑战主要有二：一是解决多极化与单极化倾向在联合国内的斗争；二是如何把经济全球化引导到促进各国平等，逐步缩小贫富差距，实现共同发展和繁荣的轨道上来。在坚持联合国权威的情况下，推动联合国的改革将是其在21世纪的艰难任务。联合国在21世纪的发展将呈现如下特点：21世纪的联合国将依然是一个由民族国家组成的国际组织；大国将继续在联合国起重要作用，联合国在相当程度上将继续是实现大国利益的手段，同时也将继续是协调国际关系的中心；联合国的中心任务仍将继续是维护和平与安全；发展问题将在联合国的议程中占有越来越重要的位置；联合国将渐渐从原先主要是为了维护国际和平与安全的国际政治组织向着为建立规制社会、担负治理全球任务的国际组织演进。①

第七，经济全球化与科技的发展使得国家之间的交往日益频繁，国际社会对“共同利益与价值”的认同将极大地促进国际法的发展。WTO 规则的制定和实施，使得各国间经济贸易往来日益密切，而各国国内法受到规则的影响，也在不断地调整、趋同，国际法的发展首先将在国际经济法方面取得巨大的成就。全球化还带来其他的全球化问题，诸如国际反恐、国际走私、国际贩毒、环境污染、气候变暖及资源短缺等，而这些问题，具有跨区域、超国界的特点，要求国际社会长期的共同合作和努力，从这一方面来说，国际法将会在 21 世纪发挥更加充分而积极的作用。

无论国际法在 21 世纪如何发展，都离不开一切国家，特别是富强的国家进行真诚的国际合作，依法履行国际义务。如果让伊拉克战争中所体现的强权政治肆意发展，那么，我们所期望的国际法在 21 世纪的“海阔天空”的美好前景就成为“镜中之花、水中之月”了。

① 参见钱文荣：《论联合国在 21 世纪的地位和作用》，载《国际问题研究》2001 年第 1 期，第 7~8 页。

论经济全球化背景下国际劳工权益保护监督机制

□ 李雪平*

内容摘要 经济全球化背景下自由贸易的激烈竞争，使劳工权益保护更加敏感，也使劳工权益保护的监督较其他人权保护的监督更为复杂。普遍意义上国际人权保护监督机制、国际劳工组织保护劳工权益的监督机制以及 WTO 的监督机制，面对充满竞争的经济全球化，都凸显出在保护劳工权益目标方面的局限性。为确保能减少劳工遭受贸易侵权的风险，使劳工权益保护不致成为新的贸易壁垒，相应有效和实事求是的国际劳工权益保护监督机制的建立和运作愈加重要。

经济全球化使世界变成了一个巨大的市场，各国都在尝试用尽所有可能和可以的办法和条件，以谋求本国在这个市场中占有尽可能大的份额，从而保持本国经济的不断增长。资本市场与贸易市场作为经济全球化的主要标志，其更为激烈的竞争严重震荡和冲击着与两者都密切相关的劳动力市场。最突出的表现是，随着贸易壁垒与投资壁垒的减少，劳工权益正在遭受着前所未有的侵蚀。国际劳工组织（ILO）认为，尽管经济全球化是经济增长的一个因素，但所有情况都证实，这并不是一个充分的条件。因此，它需要伴以最低限度的、以共同价值为基础的社会游戏规则，从而使劳工能要求得到其为之作出贡献的所创造财富的合理份额。①

作为经济全球化的典型代表，世界贸易组织（WTO）为人们寻求解决由市场竞争引起的社会问题提供了可能。有人戏称，“WTO 是百宝箱，一切东西都可以往里装”。从 WTO 的发展历程及其容纳的经济发展因素看，这话有一定的道理。当然，WTO 对于巩固既有成果以促进贸易自由化和维护市场竞争公平化有重大的意义，但意义同样重大的是发展和健全与之相伴的多边贸易法律体制。1996 年 WTO

* 武汉大学 WTO 学院教师、法学博士。

① 参见《国际劳工组织关于工作中的基本原则和权利宣言》“导言”部分。

新加坡部长级会议上的“社会条款”之争以及关于国际公认的核心劳工标准问题的宣示,① 为在多边贸易体制内保护劳工权益提供了机会和可能。2001 年多哈部长级会议重申核心劳工标准问题宣言，表明其注意到“国际劳工组织正在进行的关于全球化的社会问题的工作”,② 这似乎又肯定和巩固了这种机会和可能。

国际核心劳工标准规定的是劳工在工作中或者在雇用条件下应有的基本权利，其目标是通过这些权利的实现，使劳工在经济全球化过程当中、在全球财富的不断增长当中、在世界各国的激烈竞争当中，能拥有“体面的劳动”,③ 能得到其所创财富的合理份额，进而维持社会公正，保持经济增长和社会进步之间的平衡，保障世界的持久和平。④ 这些内容和目标能否实现，不仅取决于“以最低限度的、以共同价值为基础的社会游戏规则”在 WTO 中的引入，更取决于相应有效和实事求是的保护劳工权益的监督机制,⑤ 从而一方面减少劳工遭受贸易侵权的风险，另一方面确保多边贸易体制内的劳工权益保护不致成为新的贸易壁垒。WTO 已有一套自身相对完善的负责监督与实施乌拉圭回合谈判所达成的各项多边贸易协议与诸边贸易协议的机制，但自由贸易的复杂性和劳工权益保护的特殊性为原有的监督机制提出了难题。尽管劳工权益保护是国际人权保护的特定组成部分，但在多边贸易体制

① 公认的国际核心劳工标准建立在国际劳工组织的 8 个公约的基础上，并在 1998 年国际劳工大会第 86 届会议上通过的《国际劳工组织工作中基本原则和权利宣言》中得到进一步的确认，具体包括结社自由和有效承认的谈判权利、消除一切形式的强迫劳动、有效废除童工以及消除就业与职业歧视四个方面的内容。

② *See* http://www.wto.org/english/thewto_e/minist_e/min01_e/mindecl_e.htm. 2002 年 12 月 8 日访问。

③ *See* http://www.ilo.org/public/english/standards/relm/ilc/ilc87/rep-i.htm. 2002 年 11 月 29 日访问。

④ 在 2002 年 10 月 26～27 日于武汉大学召开的“中国—北欧‘国际劳工标准与工人权利’和‘商业与人权’学术会议”上，来自国际劳工组织的代表 Lee Swepston 在他的发言中认为，其实在第一次世界大战开始之前的 1914 年就已经存在着全球化经济，它与当今小规模范围内的情形非常相似，其中之一就是对受全球化影响的劳工的低水平保护。当时，各国通过给付工人低水平工资和给予些微保护等方式，以提高自身的竞争地位，致使社会动荡，这是发生一战的主要原因之一。因此，在一战结束后的和平会议上，首批处理的国际问题当中就有劳工问题，国际劳工组织也因之于 1919 年诞生了。

⑤ 木文所论的国际劳工权益保护监督机制，是指在国际范围内保障或保护受经济全球化影响的劳工权益的良性运行机制。从内容上看，它应包括监督准则和监督机构的建立、健全和完善；从运行过程看，应包括对被广泛接受的国际劳工权益保护内容在各个国家内的实施情况的监督。

下对劳工权益保护的监督可能较其他人权保护的监督更为敏感，也更为复杂。①

一、普遍意义上国际人权保护监督机制的有效性

（一）全球性人权条约所规定的监督机制分析

全球性人权保护条约尽管在其所保护的内容方面有所区别，但由于条约的根本目的基本一致，它们所规定和要求的监督机制在很大程度上都有类似或相通、相同之处。

就《联合国宪章》（以下称《宪章》）来说，它所倡导和承载的内容，在促进和保护人权方面无疑开创了一个新篇章。《宪章》是一个以人权保护为主题之一的多边条约，联合国的会员国承认了《宪章》，也就承认了人权问题的国际性。人权问题不再属于国家绝对管辖的事项，它已跨出国界，走进了国际社会共同关注、共同维护的视野。

《宪章》的宗旨之一就是“促成国际合作，以解决国际间属于经济、社会、文化及人类福利性质之国际问题，且不分种族、性别、语言或宗教，增进并激励对于全体人类之人权及基本自由之尊重”（第1条3款）。这一宗旨是对《宪章》中促进和保护人权内容全面而精确的概括。它看似简单，但实际内容相当广泛和复杂，可以说，它囊括了普遍意义上所有人权保护的内容。基于此，《宪章》下促进和保护人权的监督机制也随之庞大和复杂。从法律意义上的监督主体来看，它们不仅包括联合国这一组织及其各会员国，而且还包括联合国范围内与促进和保护人权有关的各专门性国际组织及其成员国。从监督机构来看，除了联合国各主要机关以外，还有这些主要机关下设的与促进和保护人权有关的委员会以及联合国范围内通过的人权条约的执行机构。从监督的内容来看，上述《宪章》宗旨中所涉及的与人权保护有关的全部内容都包括在内，不仅有公民权利、政治权利、经济权利、社会权利和文化权利等个人权利，而且还有民族自决权、发展权等集体权利。而监督的程序则更为复杂，一方面，联合国各会员国要采取共同及个别行动与本组织进行合作，以达成《宪章》所载之宗旨，同时，各会员国之间在人权保护方面也要相互进行监督；另一方面，联合国各组织机构以及各自下设的与人权保护有关的委员会

① 国家一级和国际一级的监督机制或许都被看做是反对滥用个人权利的必要保证，然而，正像一国之内设置的保障权利的机构可能成为镇压的工具一样，国际监督机制，除非是十分小心地建立的，也有可能成为被滥用的政治权术工具。参见（泰）素帕猜：《全球贸易自由化：协调与一致》，载《战略与管理》，2000年第5期。

及其他技术性或专门性辅助部门等行政机构，就全球范围内的人权保护状况进行审查或者调查。

如果说《联合国宪章》所规定的人权保护监督机制由于联合国的职能而必须如此复杂，那么1987年生效的《酷刑公约》下的人权保护监督机制则由于其内容具体而显得比较简单。《酷刑公约》作为专门性人权条约，其保护人权的内容比较单一，而且也容易为国际社会的大多数成员所接受。因此，《酷刑公约》要求缔约国承诺采取“有效的立法、行政、司法或其他措施”，防止在其管辖的领土上出现酷刑行为，任何特殊情况，包括战争状态、战争威胁、国内政局动荡或任何其他社会紧急状态等，均不得援引为施行酷刑的理由（第2条）。同时，公约还要求缔约国应保证将一切酷刑行为定为刑事罪行，在法律中规定适当的惩罚（第4条），并把它视为属于缔约国间现有的任何引渡条约所列的可引渡之罪，从而进行司法协助与合作（第6～8条）。为使本公约得以较好实施，还要建立以下制度予以监督：（1）定期报告制度（第19条）；（2）国家间任意性指控制度（第21条）；（3）个人投诉制度（第22条）；（4）禁止酷刑委员会的协调和管理制度（第17条）。①

根据上述内容以及其他的普遍性或专门性人权保护条约的相关规定，全球性人权条约下的监督机制具有以下法律特征：第一，国际组织和会员国或缔约国是国际层面的监督主体，个人或个人群体或代表性组织是国内层面的监督主体。第二，监督程序包括国际组织机构和条约机构的一般审查、报告制度、国家间的控诉、国别监督以及个人申诉等内容，但大多不具有司法性质。第三，监督的内容包括相关条约所规定的人权保护的全部内容的实施情况。第四，监督的目标是确保缔约国根据相关人权条约所承担的义务，实现该相关人权条约序言中所载之宗旨和目的。

然而，全球性人权条约所规定的监督机制中还存在着一些需要解决的法律问题。（1）相关人权条约规定的缔约国报告和审议制度，虽有助于国际社会了解各缔约国的履约情况，也有助于条约的有效执行，但由于各条约监督机构间的工作缺乏协调，繁多而重复的履约报告已给众多缔约国，特别是给发展中国家带来了沉重的负担。而且，要真正实现报告形式与报告内容真实、有效的统一，不仅需要缔约国的诚信，更需要受理报告的部门能给予准确的评价和建议。（2）关于国家间的

① 从本质上看，该公约所规定的监督机制，与联合国1966年《公民权利和政治权利国际公约》中的规定有许多相似甚至是相同的地方。只是由于《酷刑公约》中对人权要求的内容比前者更加具体，而且也比较容易得到绝大多数国家的承认和接受，因而强调缔约国间的司法协助与合作，强调个人投诉在促进本公约实施中的监督作用。也有学者认为，《酷刑公约》的执行机构部分地模仿了联合国早期人权条约规定的执行机构。参见［加］约翰·汉弗莱著：《国际人权法》，世界知识出版社1992年版，第187页。

控诉程序，由于国与国之间多层次及多方面的复杂关系，这种监督到目前为止还起不到其应有的作用，甚至“有关委员会也还没有运用过这项监督机制”。①（3）就相关人权条约执行机构的监督职能来说，条约没有规定其拥有就争执事件可以作出司法裁决的权利，也没有规定其可以就缔约国是否有违反该相关人权条约的情况发表意见的权利，更没有强制执行的权利。尽管它们可以以其某些行动制造一些“国际舆论”，并以这种“软性执行力”来影响和促进相关人权条约的实施，但这并不能从根本上及时解决存在的问题。（4）相关人权条约规定其执行机构有自行调查行为，这在一定程度上必然会触及国家主权，从而引起相应的国际法律问题。例如，《酷刑公约》规定，禁止酷刑委员会在收到“可靠的情报”后，“认为其中有确凿迹象显示在某一缔约国境内经常施行酷刑”，委员会可以根据自己的意见和判断，“指派其一名或几名成员，自行在缔约国境内进行秘密调查”（第20条）。就国际人权条约的执行和监督而言，这是一项不同寻常的创新。后来，1998年在罗马通过的《国际刑事法院规约》中，关于检查官可以自行启动调查程序的规定，与该《公约》中的规定，似有异曲同工之效。除上述问题外，相关人权条约中的某些规定，如条约的保留、缔约国的克减权等，都可能在一定程度上影响其监督机制正常、顺利和有效地运行。

（二）区域性人权条约所规定的监督机制分析

人权国际保护的区域办法和全球办法是相行不悖的，但就目前状况而言，区域办法要有效得多。② 由于区域性国际组织自身的特点，区域性人权保护条约所规定的监督机制也有其自身的优势，这不仅表现在区域组织行政机构的职能上，更突出表现在区域司法机构的职能上。

1969年《美洲人权公约》是在1948年《美洲人的权利和义务宣言》的基础上产生的，是在联合国1966年国际人权两公约通过之后达成的第一个区域性人权保护公约。该公约希望“在本半球，在民主制度的范围内，巩固以尊重人的基本权利为基础的个人自由和社会正义的制度”，并承认“人的基本权利的来源并非由于某人是某一国家的公民，而是根据人类人格的属性，因此以公约形式来加强或补充美洲国家国内法提供的保护而对上述权利给予国际性保护是正当的”。该公约认为，根据《世界人权宣言》，只有在创造了使人可以享有其经济、社会和文化权利

---

① 参见国际人权法教程项目编写组编写：《国际人权法教程》（第1卷），中国政法大学出版社2002年版，第491页。

② 杨成铭：《人权保护区域化的尝试——欧洲人权机构的视角》，中国法制出版社2000年版，第299页。

以及享有其公民和政治权利的条件下，才能实现自由人类享受免于恐惧和匮乏的自由的理想。因此，该公约明确规定：（1）各缔约国承诺尊重公约所承认的各项权利和自由，并保证在它们管辖下的所有人都能自由地全部地行使这些权利和自由，不因种族、肤色、性别、语言、宗教、政治见解或其他主张、民族或社会出身、经济地位、出生或其他任何社会条件而受到任何歧视。并且，当公约规定的权利和自由尚未得到立法或其他规定的保证时，各缔约国应依照各自的宪法程序和本公约的规定，采取为使这些权利或自由实现所必需的立法或其他措施（第1、2条）。(2) 设立美洲国家人权委员会①。(3) 设立美洲国家人权法院。

与全球性人权条约的监督机制相比，《美洲人权公约》的监督机制在监督主体、监督程序、监督目标和监督内容等方面，都与前者非常相似，甚至还有些相同的地方。但是，由于后者带有明显的行政和司法的强制色彩，《美洲人权公约》监督机制也较前者更为完善，运行起来也较前者更顺利、更有效。第一，从公约所规定职责内容和权利内容看，美洲人权委员会作为条约执行机构，在促进和保护本区域的人权方面带有非常明显的强制行政的性质。它除了努力推进各缔约国对人权的尊重外，还对某些大规模侵犯人权的状况进行实地调查，并就某些个人对侵犯人权的指控采取行动。尽管"只有由一个已声明承认委员会具有上述权限的缔约国提出时，才可以被接受和审查，否则，委员会不得接受针对该缔约国提出的任何通知书"，但是其"发展人权意识"的义务以及保护人权的实践经验，却深深地影响着它的决策和行动。第二，美洲人权法院为人权保护提供了司法保障。美洲人权法院是区域人权保护法制化的象征，对维护美洲人权和提高美洲人权保护水平以及增强人权保护意识方面都起到了重要的作用。

实际上，普遍意义上人权保护监督机制中有相当多的内容是从国际劳工组织监督机制中借鉴过来的。由于国际劳工组织监督机制独具特色、富有成效，以至于有人建议说，无论在整体上还是就某个特别的规定上，国际劳工组织监督机制都可以作为其他国际组织在这方面的示范。②

---

① 美洲人权委员会作为美洲国家组织的一个自治性机构，最初还仅是该组织处理人权事务方面的一个协调机构，并协助该组织起草一些像《美洲人权公约》及其他重要的人权文件。但在1970年《布宜诺斯艾利斯议定书》生效之后，尤其是在《美洲人权公约》生效之后，美洲人权委员会便成了该组织中一个正式的人权保护机构。参见国际人权法教程项目组编写：《国际人权法教程》（第1卷），中国政法大学出版社2002年版，第491页。

② 仔细比较起来，其他国际组织制定的劳工标准的监督办法，如联合国《经济、社会、文化权利国际公约》第16条至20条的规定、《欧洲社会宪章》第20条至29条的规定等都不及国际劳工组织所规定的监督机制。甚至，欧洲联盟所采取的各项关于劳工标准的条例或指令，尽管对各成员国来说是"超国家"的，但其监督机制与国际劳工组织的监督机制相比，仍显逊色。

二、国际劳工组织保护劳工权益监督机制的完整性

国际劳工组织自1919年成立以来,就一直在为保护国际劳工权益而努力地工作着,其成绩卓著,不同凡响。作为国际机构,国际劳工组织不仅是国家政府机构职能的延续,也是得以反映国际上各种社会力量不同意见的极其理想的场所。国际劳工组织"主张通过劳工立法来改善劳工状况",①并"确定了接触人民,动员舆论从而影响政府决策的方法",②以使其制定的"以劳权本位为基点和核心"③的国际劳工标准(包括国际劳工公约和建议书)得以有效地实施,从而力求解决"任何地方的贫穷是一切地方繁荣的威胁"的问题,确保"普遍和持久和平建立在社会公正的基础之上"。④

国际劳工组织存在的目的和价值,特别是国际劳工公约自身的一些特点,⑤决定了其必须有一套完整、有效的关于劳工权益保护的监督机制。国际劳工公约中的某些规定被视为直接适用于国内法而不需要转化的,因为它们是"自我完备"的,并且明确地规定了个人或组织的权利,或者是作了禁止性的规定。⑥但"国际劳工公约中有许多条款不是自动执行的,在国内实施时需要有补充法律或条例,这一点特别适用于那些规定'纲领性'标准的文件。这些纲领性标准不能直接产生个人的权利,它们只包含一般的目标和政府应采取的行动纲领,这些就是'促进性'公约"。⑦"自我完备"的劳工标准的实施需要监督,"纲领性"标准的促进实施也同样需要监督。为此,国际劳工组织作出了巨大的努力,形成了较为完备的、有效的、独具特色的监督机制。

---

① 梁西:《国际组织法(总论)》(修订第5版),武汉大学出版社2001年版,第317页。

② 工人日报工会工作部编:《国际劳工组织与劳工公约知识读本》,中国工人出版社2002年版,第7页。

③ 常凯:《劳权本位:劳动法律体系构建的基点和核心》,载人大复印资料《经济法学、劳动法学》,2002年第4期,第42~47页。

④ *See* http://www.ilo.org/public/english/about/iloconst.htm. 2003年3月12日访问。

⑤ 与一般国际法相比,国际劳动立法的特点在于其立法机构组成方面的"三方性"、立法适用方面的"国内性"、立法条文规定方面的"伸缩性"以及立法批准决定方面的"自愿性"等。参见任扶善:《世界劳动立法》,中国劳动出版社1991年版,第261~263页。

⑥ 参见刘有锦编译:《国际劳工法概要》,劳动人事出版社1985年版,第112页。

⑦ 参见刘有锦编译:《国际劳工法概要》,劳动人事出版社1985年版,第111页。

(一)全面监督——三方协商机制

素有“天才创造”① 之称的三方协商机制，不仅是国际劳工组织组织法的核心内容，更是它与其他国际组织相区别的独特之处。三方协商机制要求，在处理劳动问题和社会问题的过程中，政府代表、雇主代表和工人代表地位平等，独立发表意见和建议，独立投票表决，不受任何外来支配。

从形式上看，三方协商是国际劳工组织的组织规则和议事规则，也是国际劳工组织对其会员国在促进国际劳工标准实施方面的制度性要求。但在本质上，三方协商体现的是对国际劳工标准的实施进行监督的最为独特的方式。许多国际劳工公约和建议书都规定有“就实施公约和建议书的措施问题要与雇主组织和劳工组织进行协商”的条款。1978 年生效的《三方协商促进实施国际劳工标准公约》(第 144 号公约)更是对三方协商机制监督劳工标准实施予以法律化、制度化的体现。它要求批准该公约的国家应采取措施，促进国家一级的政府当局与雇主组织和劳工组织之间的有效协商，以促进本组织会员国充分履行国际劳工大会通过的或者会员国已经批准的国际劳工标准。由于三方协商的过程本身就包含协调和磋商、监督和促进的内容，而且三方协商在国际劳工组织范围内已经形成制度，因此说，它是对劳工权益保护的普遍监督。

当然，在协商的过程中，三方的法律地位是平等的，但在实践中还存在着差别，这在一定程度上影响了劳工应有的权益保护。无论工人代表的人数，还是工人代表的知识水平，都不足以与其他两方单独的或集体的“力量”相“抗衡”。这一点单从国际劳工大会的议程报告中就可以看得出来。② 在工人代表人数和知识水平都处于劣势的情况下，劳动立法过程中“民主”的意愿和初衷恐怕很难实现。也有学者认为，“国际劳动立法不能真正反映工人阶级的意志和要求”，因为其目的“本来就是为了缓和劳资之间的阶级矛盾和斗争”，三方协商机制当中“处处都贯穿着阶级调和的精神”，因此，“公约和建议书的通过，在很大程度上取决于政府和雇主的同意和支持，工人实际上起不了决定性的作用。所以，要在公约和建议书中充分体现工人阶级的意志，彻底保障工人阶级的权益是难以做到的”。③

---

① *See* Roger Blanpain & Chris Engels (eds.), The ILO and the Social Challenges of the 21st Century: The Geneva Lectures 93 (2001).

② *See* in detail International Labor Conference (61st Session 1976), Report IV (1): Establishment of Tripartite Machinery to Promote the Implementation of International Labor Standards (Fourth Item on the Agenda), International Labor Office, Geneva.

③ 参见任扶善著:《世界劳动立法》，中国劳动出版社 1991 年版，第 264 页。

（二）一般监督——实施和促进实施国际劳工标准

一般监督是国际劳工组织对各成员国国内就实施和促进实施国际劳工公约而采取的劳工政策、劳工立法及其他措施所进行的常规监督，包括提交定期报告、国家间的控诉以及雇主组织或工人组织的申诉等三方面的内容。一般监督是保护劳工权益监督机制重要的组成部分。

第一，关于成员国提交定期报告。国际劳工组织采用定期报告制度，对国家就劳工公约所采取的措施和行为进行监督。但是，这与普遍意义上国际人权条约所规定的定期报告制度有所不同，主要表现在提交报告的主体和报告所包括的内容两个方面。普遍意义上的国际人权条约要求缔约国仅就所缔结条约在国内的实施所采取的措施提交报告，而国际劳工组织则要求所有成员国（而不单是某一劳工公约的缔约国）提交定期报告。各成员国代表有义务向本国有关机关提交公约，但这只是公约在国内的影响或实施迈出的第一步，更重要的是会员国就公约的有关事项向国际劳工局提交报告。① 报告的内容不仅包括成员国对已经批准的公约的实施所采取的措施，而且还包括成员国对国际劳工大会已经通过但该国尚未批准的公约所采取的措施和行动。在第一种情况下，对批准国提交报告的要求与普遍意义上国际人权条约所规定的提交报告的要求几乎完全相同，这里不再赘述。但在第二种情况下，会员国由于没有批准公约，除了把相关公约提交有关机关进行审议外，不再承担更进一步的义务，但提交的报告有助于敦促各国结合已经变化了的实际，重新审议未批准的公约，从而增加批准的可能性。

但是，这里还存在问题。首先，国际劳工组织如何准确评价成员国实施或促进实施公约所采取的措施或行动。如前所述，国际劳工公约的许多规定需要国内法的转化，但这种转化要以国内的实际需要为前提。再者，依据文件资料进行的监督和评价，如果仅仅停留在立法层面而不顾及实践层面，那么监督和评价的结果是否客观。② 因此，在要求政府提交关于采取措施的报告的同时，还要求其以报告的形式提供关于这些措施在国内实际实施的信息，以及要求国内的雇主组织或工人组织就公约的实施提交观测报告，③ 在很大程度上可能会对该问题的解决有帮助。最后，

---

① 参见刘有锦编译：《国际劳工法概要》，劳动人事出版社 1985 年版，第 108 页。

② *See* N. Valticos and G. von Potobsky, International Labor Law, Deventer-Boston: Kluwer Law International, 288 (1995).

③ 《国际劳工组织章程》第 23 条第 2 款规定："成员国应将定期报告的副本送交本国有代表性的工人组织和雇主组织。"这样，尽管可以在国家和国际劳工组织之间以及国家政府和工人组织、雇主组织之间形成一种监督机制，但从实践来看，这仅是形式上的，没有太多的实际意义。

国内劳动立法与国际劳工公约是否应该完全或者基本一致。一般认为，“监督与实施已经批准公约的义务，必须理解到旨在改善工人条件的国际劳工标准是最低的标准”,① 但是不排除工人享有比国际劳工公约规定更高的标准。

第二，关于国家间的控诉。《国际劳工组织章程》第26条规定：“任何成员国有权对其他任何成员国在遵守双方都已经批准的公约中的不满向国际劳工局提出控告。”“在国际劳工组织的监督程序中，控诉程序在形式上最接近司法程序”,② 换句话说，它是一种准司法性程序。这一监督程序包括下列步骤：（1）在把某一国家的控诉提交给调查委员会以前，理事会如果认为合适，将与有关的国家政府进行沟通，敦促该国就没有遵守相关公约的情况作出说明。（2）如果理事会认为没有必要和被控国进行沟通，或者已经沟通但被控国家没有在合理期间内作出相应的答复，理事会将指定一个调查委员会对该控诉进行审议，在这期间，被控国可以派代表参加；其他的国家，无论与该控诉是否有直接的关系，应委员会的请求都要在提供与该控诉有关的信息方面与之进行合作。（3）在调查委员会对该控诉进行充分的考虑之后，应就其关于控诉的所有事实问题的答案，以及它所认为解决该控诉的适当步骤和时间做成报告，由国际劳工局局长和理事会就该报告的内容进行交流并与当事国进行沟通；当事国政府在三个月之内，就其对调查委员会报告中的建议是否接受通知国际劳工局局长；如果不予接受，要表明是否愿意把该控诉提交国际法院。（4）国际法院可以对调查委员会的结论予以肯定、改变或者推翻，国际法院的判决是最终判决。（5）如果当事国对调查委员会的建议或者国际法院的判决或建议不予执行，理事会可以把这些行为通知国际劳工大会。1961年加纳诉葡萄牙关于1957《强迫劳动公约》（第105号公约）在其非洲领地上的适用问题，是对这一准司法程序最早的运用。但由于国家间种种复杂的利益关系，国际劳工组织对这一程序的运用也是困难重重。③

第三，关于雇主组织或工人组织的申诉。《国际劳工组织章程》第24条规定，如果雇主组织或者工人组织认为任何成员国（包括本国政府和外国政府）对其所批准的公约的任何方面没有有效地予以遵守，该雇主组织或工人组织可以向国际劳工局就该国的行为提出抗议，理事会要把这项抗议通知有关的政府，并要求该政府

---

① 参见刘有锦编译：《国际劳工法概要》，劳动人事出版社1985年版，第108页。

② 参见林燕玲著：《国际劳工标准》，中国工人出版社2002年版，第280页。

③ 这方面最突出的例子是1984年“波兰87号和98号公约案”。当时，国际劳工组织理事会第277次会议通过了调查委员会关于波兰违反第87号和第98号公约案件的结论和提出的建议后，曾引起波兰、苏联和一些东欧国家联合提出抗议，一度造成国际劳工组织内部东西方势力严重冲突。波兰还为此致函国际劳工局局长，声称要退出国际劳工组织，以抗议“对波兰内政的干涉”。参见林燕玲：《国际劳工标准》，中国工人出版社2002年版，第282页。

作出适当的说明。第25条又规定，如果在合理的期间内，有关政府不能给以说明，或者理事会对该政府的说明不够满意，理事会就有权将该抗议以及该政府对该抗议的说明（如果有的话）予以公布。

雇主组织或工人组织向国际劳工组织的申诉，尽管没有国家间控诉监督的准司法性质，但是它所包含的分量也许比后者更为充分。首先，批准某项公约的国家，在履行该公约的过程中同时处在本国的和外国的雇主组织和工人组织的监督之下。其次，理事会公布抗议内容以及公布其不太满意的政府抗议说明内容的行为，事实上是在制造国际舆论，给当事国制造压力。尽管抗议的内容首先交由理事会的一个三人委员会进行审议，并向理事会提出报告，由理事会全体会议作出决定，但是，这里还依然存在着不足：（1）对于雇主组织和工人组织的抗议，没有调查程序的要求，更没有在控诉排除之后的后续措施的规定。（2）如何判断某一公约的批准国对该公约的“有效”执行和实施。（3）关于理事会对相关政府的说明是否满意的判断标准，《章程》没有作出规定，这在一定程度上给了理事会太多的自由裁量权，同时也为在理事会内部形成统一意见带来一定的困难。

（三）特别监督——保证遵循结社自由原则

结社自由体现了劳工的团结权利或者组织权利。它是《国际劳工组织章程》和《费城宣言》所确立的国际劳工立法的一项基本原则，1948年《结社自由和保护组织权利公约》（第87号公约）和1949年《组织权利和集体谈判权利公约》（第98号公约）在国际劳工大会上的通过，进一步巩固了该原则的地位，并且也使该原则在法律上具有了可操作性。

特别监督程序是针对结社自由公约的实施而设立和制定的，“其特殊之处在于任何成员国不论是否已经批准第87号公约，都可成为被指控的对象”。① 对此，国际劳工组织的解释是，仅仅基于国际劳工组织成员国这一事实（成员国已接受了确立结社自由原则的《章程》），这条原则就应该被遵循②。第98号公约作为对第87号公约所规定之权利的补充和延伸，也就自动地被纳入到这一特别的监督程序当中。

很明显，这一特别监督带有一定的强制性。尽管在原则上，案件未经有关国家政府同意不得提交国际劳工组织相关委员会，但是，如果该有关国家政府已经批准

① 参见林燕玲著：《国际劳工标准》，中国工人出版社2002年版，第280页。

② 这一观点特别是在1974年1月23日国际劳工组织大会第二次欧洲地区会议上的决议中给予了非常明确地表述。

相关结社自由公约，该委员会就有了对案件的“管辖权”。但是，在相关委员会对所指控的事项进行调查时，由于国际法上的国家主权原则，还需要当事国的同意与合作，这在一定程度上会阻滞调查的进展和效果。根据国际法，一般的观点是：无论关于结社自由的公约规定得多么详细，如果国家没有批准相关公约，就不能强加给该国家，不过，国际劳工组织有权通过调查和调解促进自由结社原则的实施。① 再者，该委员会所接受的控诉必须是政府所提出的或者是全国性的或国际性的雇主或工人组织所提出的，但这并不取代普遍监督，也不取代一般监督，而是对这些监督必要的和强制性的补充。

国际劳工组织监督机制的原有目标是保证成员国实施已经批准的公约，以有效保护成员国内劳工的权益。但从上述内容看，这一原有目标已经有所改变，随着国际劳工组织对劳工标准效果的不断追求，其监督机制的范围也在不断地扩大，并逐渐延伸到成员国促进实施未批准的劳工标准方面，甚至触及到国家要承担公约规定的非正式义务的范围。

尽管如此，面对经济全球化，国际劳工组织在劳工权益保护的监督方面也感到了前所未有的压力和挑战。国际劳工组织认为，经济全球化对劳工权益的负面影响是无法否认的，国际竞争有促使把劳工标准降到最低点的趋势。因此，国际劳工组织极力推动国际核心劳工标准在多边贸易体制中的影响和作用，并在 1996 年新加坡部长级会议的宣言中，与 WTO 正式建立了“官方联系”，② 进而也有可能尝试把本组织保护劳工权益监督机制的触角延伸到多边贸易体制的范围内。

三、WTO 保护劳工权益监督机制的可行性

“人权与贸易有着明显的联系”，③ 而经济全球化又使劳工这一特定人群的权益遭受侵害的风险和程度随着不断升温的资本和贸易竞争在进一步加大和加剧，无论在发达国家还是在发展中国家，都存在这种状况。因此说，在不把对劳工权益的保护用于贸易保护主义的前提条件下，把劳工权益的保护纳入到多边贸易体制内，在经济全球化的今天，有其现实的合理性和必要性。

---

① *See* N. Valticos and G. von Potobsky, International Labor Law 295 (1995).

② *See* Marjorie Cohn, *The World Trade Organization: Elevating Property Interests Above Human Rights*, 29 Georgia Journal of International and Comparative Law 434 (2001).

③ *See* Benjamin James Stevenson, *Pursuing an End to Foreign Child Labor Through U. S. Trade Law: WTO Challenges and Doctrinal Solutions*, International Law and Foreign Affairs 131 (2002).

就目前国际社会的要求看，WTO保护劳工权益的内容①就是国际劳工组织制定的核心劳工标准。但鉴于WTO（作为政府间国际组织）的职能及其在国际经济和贸易中的独特作用，应该说，在多边贸易体制内对劳工权益保护进行有效的监督与制定相关的规则同等重要。

（一）不同的可能监督主体——权利协调

在WTO体制内已有一套包括监督主体、监督机构、监督程序和监督对象（或内容）等在内的完整的监督机制，② 在核心劳工标准纳入WTO之后，无论从逻辑上还是从法律上，WTO各成员及WTO这一组织都是国际层面上保护劳工权益的当然监督主体，同时，对它们来说也是一种不可推卸的责任和义务。因此，在WTO体制内的劳工权益保护问题上不应该有任何其他的监督主体之争。不过，劳工权益从根本上说也属于普遍意义上人权保护的内容，而且由于把它与贸易相联系，在国际范围内更具敏感性，因而可能会受到来自不同的国际人权保护机构的关注。

第一，联合国行使其在普遍意义上保护人权的权利。由于《联合国宪章》的普遍作用和联合国组织的特殊地位，人权问题对联合国来说是普遍性和全球性的问题；由于劳工权益是普遍人权保护的一个特定的组成部分，劳工权益保护问题也当然地成为其需要关注、帮助和解决的领域。而且，在《世界人权宣言》和1966年国际人权两公约中都有关于劳动权利的规定，尤其是1966年《经济、社会和文化权利国际公约》的第6、7、8和10条，对劳工的权利作了比较详细的规定，从一定程度上说，这几条规定基本包含了国际核心劳工标准的全部内容。这些国际人权条约中规定的监督机制以及联合国组织的作用，如果在实践中涉足劳工权益保护问题，在法律上是完全可以成立的。

---

① 除了在《服务贸易总协定》中关于对“劳动力市场一体化协定”（第5条之二）以及关于在服务贸易总协定下“提供服务的自然人流动”的较为笼统的规定外，涉及劳工权益保护问题最为具体的规定是GATT1994中第20条（一般例外）e款，即与监狱囚犯产品有关的措施。也就是说，任何缔约国在不构成任意或不合理歧视的手段或构成对国际贸易的变相限制的要求前提下，可以采取或实施禁止监狱囚犯生产的产品的贸易。禁止囚犯产品贸易的依据是，在监狱中，囚犯失去了作为人的自由，不得不去做自己不愿意做或被强迫去做的工作，在这种情况下生产出来的产品不符合工作道德，更造成了WTO成员间的不公平竞争。

② WTO的监督主体是指监督权利的独立享有者和监督职责的独立承担者，因此，在国际层面上，监督的主体是WTO各成员和WTO这一组织。监督程序主要包括透明度要求、行政机构的一般审查、贸易政策审议以及争端解决等四个不同的程序。详见张军旗著：《WTO监督机制的法律与实践》，人民法院出版社2002年版，第55～67页。

第二，联合国妇女地位委员会和消除对妇女歧视委员会应该对妇女劳工的合法权益予以关注。依据相关条约或公约的规定，它们的主要职责是在全世界范围内保护妇女的合法权益，使其不因性别而受到不公正的甚至是违法的待遇。国际核心劳工标准有“消除就业与职业歧视”的规定，根据国际劳工组织《同工同酬公约》（第100号公约）和《（就业和职业）歧视公约》（第111号公约）的规定，“消除就业与职业歧视”的含义是：消除在就业当时和就业过程中的性别歧视，男女都享有平等待遇的权利，男女工人同等价值的工作应付予同等报酬。在实践中，性别歧视主要是针对妇女的歧视。根据1980年联合国大会通过的《消除对妇女一切形式歧视公约》中的规定，“对妇女的歧视”是“指基于性别而作的任何区别、排除和限制，其作用或目的是要妨碍或破坏对在政治、经济、文化、公民或任何其他方面的人权和基本自由的承认以及妇女不论已婚未婚在男女平等的基础上享有或行使这些人权和基本自由”。因此，妇女劳工的权益一旦在贸易的范围内受到侵害，同样会引起消除对妇女歧视委员会和妇女地位委员会的特别关注。

第三，联合国儿童权利委员会对儿童权利的保护。依据1989年11月联合国大会通过的《儿童权利公约》促请各专门机构、联合国儿童基金会和联合国其他机构就本公约所规定的儿童权利的领域内进行国际合作，同时设立儿童权利委员会，促进和监督该公约在缔约国内的实施。国际核心劳工标准中原本没有关于童工保护的内容，但在1998年，国际劳工组织根据实际情况对此作了补充，要求以1973年的《最低就业年龄公约》（第138号公约）和《禁止和立即行动以消除最恶劣形式童工劳动公约》为基础，“有效地废除童工”。并且认为，把最恶劣形式的童工的劳动产品用于贸易，不仅是一种经济上的剥削，而且也是一种对儿童人权的侮辱和侵犯。因此，儿童权利委员会也有权对“童工”提出保护的主张和要求。

第四，国际劳工组织对劳工权益的保护。国际劳工组织可以说是劳工权益保护的权威机构，对在国际上出现的劳工问题，只要是在该组织制定的国际劳工公约的范围内，它都可以进行监督，并就此提出质疑、建议和要求。更不用说国际核心劳工标准本就是由其提出和制定的，它可以当然地拥有对核心劳工标准的适用作出解释的权利。因此，从某种程度上说，国际劳工组织对国际范围内出现的劳工权益保护问题是最有发言权的。

除了上述的可能监督主体之间以及它们与WTO的监督主体之间引发的不协调甚至是矛盾之外，其他的国际司法机构（如国际法院）和区域性人权保护机构（如区域人权委员会和区域人权法院）在劳工权益保护方面的参与同样也不可忽视，而且，由于区域人权保护监督机制相对比较完善，尤其是司法程序的运用，劳工权益保护在区域人权机构工作的范围内正变得“炙手可热”。

(二) 与劳工权益保护有关的贸易争端的解决——贸易制裁

争端解决机制是 WTO 整套监督机制中最重要的组成部分，它是“一种滚动式的争端解决程序”，从非司法程序到司法程序再到执行程序①。这些程序之间“具有很高程度的统一性”,② 同时又有“相当大的强制性”和“绝对的优先排他性”③，“由于其独特的强制性的争端解决机制和上诉机制以及其近似国内法院的补充保证，WTO 法在保护‘规则之治’方面较其他任何国际条约似乎更有效”。④可以说，WTO 争端解决机制不仅增加了 WTO 的魅力，更增强了 WTO 的作用和权威。

WTO 现有的争端解决机制主要用于成员之间因贸易而发生的不涉及人权保护内容的争端的解决。一般情况下，在运用司法程序解决之后，都会根据 WTO 中的某些规则，根据争端解决机构（DSB）的建议或裁定以及 DSB 的授权采取对自己有利的救济措施，包括贸易补偿和中止关税减让，较为通俗的说法就是进行贸易制裁。但是，同一般的贸易制裁相比，与劳工权益保护有关的贸易制裁会有所不同。首先，贸易制裁的目的和受益者不同。一般贸易制裁的目的是为了保护本国的国内市场，而由劳工权益保护引起的贸易争端从而采取制裁措施的受益者是被制裁国国家内的工人，即通过贸易制裁使没有遵守 WTO 中关于劳工权益保护规则的成员国能够履行保护其国内工人的义务，不能为了贸易竞争而损害其国内劳工的权益。但是，表面上，采取保护劳工权益的措施是为了保护他国国内劳工的权益，然而，鉴于“不公平竞争”是产生贸易纠纷的根本原因的事实，这些措施在本质上是间接地保护本国的劳动力市场。况且，在实践中也会很难分清为保护劳工权益的制裁的真正目的，因为 WTO 的权利主体是各国政府，当一国企业因违反劳工标准而被另一国投诉时，投诉国政府极易把被投诉国的劳工权益问题变成外交和贸易政策的一部分，特别是当争端双方在劳工权益保护方面存在巨大分歧的情况下。⑤ 其次，内

---

① WTO 内的争端解决，还可以运用仲裁程序，但根据谅解书第 25 条的规定，WTO 内的仲裁是一种选择性的争端解决方式，不是争端解决机制中的必经程序，而是一种供当事方选择以解决特定事项的辅助方法。参见曾令良著：《世界贸易组织法》，武汉大学出版社 1996 年版，第 122 页。

② 参见曾令良著：《世界贸易组织法》，武汉大学出版社 1996 年版，第 132 ~ 133 页。

③ 参见余敏友著：《世界贸易组织争端解决机制法律与实践》，武汉大学出版社 1998 年版，第 176 页。

④ *See* Ernst-Ulrich Petersmann, *Human Rights and International Economic Law in the 21st Century—the Need to Clarify Their Interrelationships*, Journal of International Economic Law 25 (2001).

⑤ 参见常凯、乔健主编：《WTO：劳工权益保障》，中国工人出版社 2001 年版，第 97 页。

容不同。前者仅是对违背WTO贸易规则的成员国进行贸易制裁，而后者不仅有贸易制裁，而且还有被制裁国在本国国内对劳工权益给予的保护和补偿。不过，由于劳工权益也属于人权保护的范围，具有极端敏感性，因此，与劳工权益有关的贸易制裁的内容很难被给予具体的规定。最后，效果认定不同。一般的贸易制裁的效果从一些数字上可以很清楚地反映出来，但源于劳工权益保护的贸易制裁，由于核心劳工标准中的某些内容本身就不够清晰和具体，① 制裁的效果或结果较一般的贸易制裁的效果要抽象得多，因此，很难确定和证明制裁是否有效。②

由于WTO争端解决机制固有的政治性特征以及与国际劳工权益保护有关的多边贸易的敏感性和复杂性，尤其是与之有关贸易争端解决的裁定和执行中存在的一些问题，在一定程度上，增加了WTO监督机制的负担。这对本来就需要解决诸多问题的WTO监督机制来说，无疑又是一个十分艰巨和复杂的任务。

结　语

根据上文分析，对于经济全球化背景下劳工权益保护监督机制问题，谨达成以下概括性认识：第一，由于劳工权益是普遍人权的特定组成部分，劳工权益保护监督机制的建立也应该遵循普遍意义上人权保护监督机制的一般原则，即精确认定事实原则、公正评估情势原则、坚持权利和义务关系原则、平衡意识与现实主义相结合原则以及通过共同的富有建设性的讨论取得有效成果的原则。③ 第二，国际人权保护监督机制运行的经验和教训、国际贸易的特征、劳工权益保护的特殊性、WTO现有监督机制的法律与实践以及以国家为主轴的国际社会的现实，对设计多边贸易体制内劳工权益保护监督机制来说，尽管是一笔笔巨大的财富和一堆堆丰富的资料，但还需要进行总结、思考和“扬弃”。第三，在WTO解决了一系列贸易竞争要素的问题之后，环境、人权等问题便跃上台面。当然，贸易与人权保护本有着天然的内在联系，把在国际贸易中对人权的保护缩减到对劳工权益保护的范围，

---

① 例如，在“结社自由和有效承认集体谈判的权利”中，到何种程度才叫“结社”、“自由”，什么样的“承认”才是“有效”；在“禁止强迫或强制劳动”中，判断“不想做或者不愿意做”的个人意志的标准是什么。这些都尚不确定，似乎也无法确定。

② 萨拉·H·克莱维兰德（Sara H. Cleveland）在论及人权制裁和国际贸易的关系时认为，采取的针对被制裁国的措施看似保护该被制裁国的人权，但实际上是为了保护本国的市场，因此很难弄清人权制裁的真正目的，也很难判断制裁是否真正有效。*See* Sara H. Cleveland, *Human Rights Sanctions and International Trade: A Theory of Compatibility*, Journal of International Economic Law 133-134 (2002).

③ *See* N. Valticos and G. von Potobsky, International Labor Law 305 (1995).

进而指向产品贸易的竞争上，在当今经济全球化背景下当然有着非常积极的意义。但是，倘若以保护劳工权益为由来限制公平竞争，达到贸易保护的目的，那么多边贸易体制的监督机制从整体来说就有可能被扭曲。

就中国来说，它也是 WTO 协议得以有效实施的基本监督主体之一。对 WTO 各项协议实施的监督，不仅是作为 WTO 成员应负的责任和义务，同时也是保护本国贸易在国际竞争中不受侵害的权利。

中国是 WTO 体制内的发展中国家，是世界上劳动力数量和劳动力市场最大的国家，面临的关于劳工权益保护问题的压力也最为沉重。目前，由于自身劳动力的比较优势以及保护劳工权益方面存在的一些问题，经常受到 WTO 某些成员的“嫉妒”和指责，发达国家所谓的“社会倾销或劳动力倾销”① 的论调常常影响中国贸易的顺利进行。有些国家由于在 WTO 法律框架内还找不到所谓的反“劳动力倾销”的规定，就转而求助于 WTO 现有的其他模糊规定，从而对中国进行贸易制裁。② 在多边贸易体制中，中国要充分利用自身劳动力的优势，但也不要“讳疾忌医”，而且也不能“讳疾忌医”。

WTO 现有的监督机制，中国因加入而不得不被动地接受；但就劳工权益保护的监督机制来说，中国现在还很有机会，因为多边贸易体制内劳工权益保护的内容还处在讨价还价之中。因此，中国要提前做好准备，要根据已经批准的国际劳工公约和已经签署或批准的国际人权条约，关注和借鉴其他成员国的劳动立法和劳动政策，发展和健全中国现有的劳动立法和劳动政策，逐步实现与国际核心劳工标准的接轨；同时，还要对 WTO 与劳工权益保护问题进行专题研究，尽力做到有备无患，并以此能对该机制的诞生产生相应的影响，为中国未来能有效运用这一监督机制打下基础。

---

① 罗杰·布兰佩恩（Roger Blanpain）在其《雇用和劳动法：欧洲联盟》（*Employment and Labor Law: the European Union*）一文中认为，由于“没有社会反措施机制，欧洲已经成了社会倾销的天堂（a paradise for social dumping）”。*See* Karel Wellens (ed), International Law: Theory and Practice——Essays in Honour of Eric Suy 412 (1998).

② 例如，“中国加入世贸后首起中美反倾销案”中，通用美国轴承制造协会部分成员挑起本次反倾销调查的真正原因就在于，“美国的一些跨国公司已经趋向经营全球化，它们在美国生产高档轴承，在东南亚国家设立分支机构生产低档产品。在中国质优价廉产品的冲击下，它们的低档产品陆续失去了在美国地段市场的份额”。尽管此案历时 14 个月，最后以中国应诉企业取得完全胜利而告终，但它已足以引起中国对所谓的“倾销”的重视。该案详情请见陈东升：《较量——中国打赢加入世贸后首起中美反倾销案始末》，载《法制日报》，2003 年 4 月 13 日 1 版。

船舶油污损害赔偿的国际立法及实践*

□ 艾素君**

内容摘要 在船舶油污损害赔偿领域，目前存在着以国际油污损害民事责任公约及国际油污赔偿基金公约为基础而构建的国际油污损害赔偿制度和以1990年油污法为主体的美国国内法制度两大体制。与1990年油污法相比，国际油污损害赔偿制度在责任主体、归责原则等方面的规定更加合理，但是，其有关赔偿范围方面的规定则存在局限性，尤其是其没有明确对环境损害的赔偿责任，在纯救济损失的赔偿上也没有确立起一个有约束力的准则。

船舶油污损害赔偿制度在历史上出现的时间并不长，尚属新生法律制度。但是伴随着世界石油运输量的大幅增加和环保主义浪潮在全球的兴起，船舶污染问题日益受到各国的广泛关注。自20世纪60年代起，在一些国际海事组织的推动下，国际上陆续出现了一些有关船舶污染的国际公约，其中《1969年国际油污损害民事责任公约》（以下简称“CLC公约”）和《1971年设立国际油污损害赔偿基金的国际公约》（以下简称“基金公约”）（两公约生效后曾经进行过三次修订，最近的一次是在1992年，且两公约1992年议定书已于1996年生效）是专门就船舶油污损害赔偿问题而制定的。由于大多数国家认可对油污损害赔偿问题在国际上采取一致的行动更为适宜，因而在制定国内立法和加入国际公约之间均选择后者，这在某种程度上使得CLC公约和基金公约制定油污损害赔偿国际统一立法的目的得以实现。但是进入20世纪90年代以来，公约的统一适用却受到了严重的挑战。这种挑战一方面来自外部，世界头号石油进口大国美国最终选择在公约体制之外自行其是，于1990年颁布了与公约责任制度迥异的《1990年油污法》（以下简称“OPA90”）。另一方面，公约受其产生的时代和环境的影响，在一些问题上的规定有其自身的局限性，而且这种局限性正随着公约在实践中的应用而逐渐暴露出来。

---

* 本文为教育部人文社科基金2002年度项目《海上油污损害赔偿的理论、实践及我国油污损害赔偿制度的建构》项下的子项目。

** 武汉大学国际法研究所博士研究生。

本文拟以公约的现有规定为基础，结合国际基金的赔付实践，采用比较分析的方法，对公约统一适用中的若干问题进行分析和探讨，以期为船舶油污损害赔偿制度的进一步完善提供意见和建议。

一、责任主体

（一）现有规定

CLC 公约确定船舶所有人为公约体制下惟一的责任主体。公约规定，在事故发生时的船舶所有人，或者，如果该事故是由一系列事件构成，则第一个此种事件发生时的船舶所有人，应对船舶因该事故而造成的任何污染损害负责，公约另有规定的除外。①“船舶所有人”是指登记为船舶所有人的人，在未登记的情况下，指实际拥有该船的人。②

如果船东根据 CLC 公约所承担的责任不能充分补偿受害者的损失或者船东可以依法免责时，则由国际油污赔偿基金承担补充责任或替代责任。③ 根据基金公约，国际油污赔偿基金款项的来源采用摊款制度，意即由缔约国国内每年进口石油超过 15 万吨的石油公司分摊缴纳。④

OPA90 的责任方是指拥有、经营或光船承租船舶的任何人，⑤ 如果油污事件完全、排他性地是由第三方的作为或不作为造成的，则第三方被视为责任方。⑥“第三方”指除责任方雇员或代理人以外的人，与责任方有合同关系的人不属于第三方。⑦

（二）对比分析及评价

CLC 公约将船舶所有人作为惟一的责任主体，并明确规定不得要求船舶所有人的雇佣或代理人员、引航员、船舶租赁人及其代理人、救助人及其代理人、采取预防措施的行为人及其代理人承担责任。⑧ 理由是船舶所有人控制船舶和货物，能够

① 参见 1969 年、1992 年 CLC 公约第 3 条第 1 款。
② 参见 CLC 公约第 1 条第 3 款。
③ 参见基金公约第 4 条。
④ 参见基金公约第 10 条。
⑤ 参见 OPA90 第 1001 条。
⑥ 参见 OPA90 第 1002 条（d）款。
⑦ 参见 OPA90 第 1003 条（a）款。
⑧ 参见 1969 年、1992 年 CLC 公约第 3 条第 4 款。

有效地防止事故，同时易于安排保险，而且容易认定，便于索赔人确定索赔对象。①

而 OPA90 所规定的责任主体则相对宽泛，除船舶所有人外，还包括光船承租人、船舶经营人和第三人。理由是船舶所有人、光船承租人或经营人有能力及时发现溢油，有权力指示控制油污设施的人，因而有能力防止或减少油污损失。

单就受害人可以索赔的责任主体的范围来看，似乎 OPA90 的规定对受害人更为有利，对船舶所有人也更为公平。但事实上，CLC 公约的规定可能更方便受害人求偿，并与它所一贯倡导的为受害人提供及时有效赔偿的宗旨相符，同时也避免了多重诉讼和重复保险的问题。首先，CLC 公约将船舶所有人作为惟一的责任主体，同时又对船舶所有人规定了一个简单的识别标准：一般情况下以注册为准，在没有注册的情况下，以实际拥有为准。这也就意味着公约在一般情况下并不鼓励适用所谓的“揭开法人面纱（piercing the corporate veil）”理论以追究真正的船舶所有人。其次，CLC 公约排除了货物所有人的直接责任，同时又规定设立国际油污赔偿基金承担补充或替代责任。之所以排除货物所有人的责任，是因为在公约的起草者看来，在海运实践中，有时货物的所有权几易其手，要通过买卖合同和提单来判断真正的买主，这显然会对受害人的索赔造成不便。② 然而考虑到油污损害的发生毕竟是由货物的固有性质所致，CLC 公约虽然没有直接规定货物所有人的责任，但通过设立国际油污赔偿基金的方式由货方分摊责任。当然这种责任是由诸多的石油界货方共同承担的，与就特定事故所直接承担的严格责任毕竟有所不同。应当说，公约的这种处理方式是值得赞许的，它一方面方便了受害者的索赔；另一方面也符合法律的公平原则。毕竟在国际海洋石油运输中，从中获得利益者，除了船舶所有人以外，石油公司也是最大的获利赢家，在正常的营运状况下，船舶油污事件并非为任何一方所乐见，若仅由船舶所有人来负责善后的赔偿，似乎不太合理。由货方石油公司来分摊基金款项的来源，不但对于受害人与自然生态的回复是较为公平且有保障的做法，同时也在相当程度符合使用者付费的理念。③再次，与 OPA90 不同的是，CLC 公约未将船舶营运人及光船承租人纳入责任主体的范围。原因在于船舶营运人通常是一个比较模糊的概念，事实上，即使是 OPA90 也没有给出一个明确的

① *See* Wu Chao, Pollution from the Carriage of Oil by Sea: Liability and Compensation 50-52 (1996).

② Official Record of IMO, 1969. LEG/CONF/C. 2/SR/. 2-6, see Wu Chao, Pollution from the Carriage of Oil by Sea: Liability and Compensation 52 (1996).

③ 陈骏赋：《船舶油污损害民事责任研析》，载《东海大学法学研究》2003 年第 18 期，第 144～145 页。

概念，实践中通常以对船舶的控制能力作为识别的要素，但由于在船舶营运中，有若干人可在不同程度上对船舶施以控制，例如船舶所有人、光船承租人、船舶的建造人、船舶的修理人等，而这种对船舶的控制能力要达到何种程度并不明确，因而将他们纳入责任主体的范畴对受害人并无帮助，相反却可能造成他们之间互相推诿，逃避责任。至于光船承租人，似乎有强有力的理由将其纳入责任主体的范围。因为在光船租船合同中，承租人拥有船舶的使用权与占有权，有权指派船长、轮机长和其他船员，负责船舶营运中的一切开支与费用，而船东则仅保留了对船舶的所有权，因而通常认为应当由承租人承担船舶营运中的一切风险。OPA90 就明确将其规定为责任主体之一。1999 年 12 月 Erika 号油轮事故发生后，欧洲也有一些国家提出应当在油污损害赔偿制度中增设租船人的责任。欧盟委员会指出，判断一个油污民事责任和赔偿机制是否完善的标准之一，是其是否有效地禁止船舶营运人和货主在运输石油时选用那些存在瑕疵的船舶。① 而公约体制中承租人责任的缺位，决定了公约难以起到此种作用。值得注意的是，从油污损害赔偿法律制度的发展历史来看，通常重大油污事件的发生都会给既存的油污损害赔偿法律制度带来挑战和冲击，并导致既有制度发生变革。Erika 事件也不例外。它是欧洲历史上最严重的一起溢油事件，事件发生后，各国尤其是欧洲国家提出了很多改革现有海事安全和海上污染法律制度的建议，包括提高船东的责任限额，建立补充基金，增设租船人的责任等。这些建议应否采纳，关键视其与现有法律体制的目的是否一致。笔者以为，油污损害赔偿国际公约的惟一目的在于为污染受害人提供迅速有效的赔偿，至于预防污染、惩罚肇事者，固然也很重要，但不应由民事责任体制来解决。将船舶所有人作为惟一的责任主体，一方面易于索赔人识别，另一方面能够促进纠纷的迅速解决。而将租船人纳入责任主体的范围，表面上看扩大了索赔人的索赔范围，实质上却可能使公约简洁迅速的优势遭到破坏。而且，CLC 公约将船舶经营人和光船承租人排除在公约的责任主体之外，只是意味着他们无须在公约体制内承担责任，而并不妨碍船舶所有人在承担了赔偿责任之后依据租船合同和相关的国内法，向有过错的第三方，通常情况下是租船人、造船厂、修船厂或碰撞船舶的所有人提起索赔。② 最后，还应指出的是，虽然船舶所有人是公约中的惟一责任主体，但依据 CLC 公约，油污受害人提起索赔的对象可以不止于此。公约规定，除了船舶所有人，油污受害人还可以直接向承保油污责任的保险人或其他财务保证人提起索赔，

① Charles B. Anderson Colin de la Rue, *Liability of Charters and Cargo Owners for Pollution from Ships*, 26 Mar. Law 30 (2001).

② 参见 1969 年、1992 年 CLC 公约第 3 条第 3 款。

即所谓的“直接诉讼制度”。①

此外，除了船舶所有人和营运人以外，CLC 公约和 OPA90 关于责任主体的规定还有一点区别：OPA90 规定在油污事件完全地、排他地是由第三方的作为或不作为造成时，第三人承担直接责任。CLC 公约也曾经提到过第三人的责任，但按照 CLC 公约的规定，只有在油污事件完全是由于第三人有意造成损害的作为或不作为所引起时，才有可能涉及其责任，而且此种责任并不适用公约而是适用相关的国内法。② 从 OPA90 对第三人的界定来看，其范围相当狭窄，既不包括定期租船人和航次租船人，也不包括船舶的建造人和修理人，实践中似乎只有具有过失的碰撞船舶的所有人可被视为第三方，因而 OPA90 将第三方纳入责任主体对目前公约的船舶所有人责任体制影响并不大。

二、责任基础

（一）现有规定

CLC 公约确立了以严格责任为基础的船舶所有人责任制度。在严格责任下，受害人只要证明自己的损失是由船舶造成的油污损害事实而引起的，船舶所有人的油污赔偿责任就得以成立，除非他能证明自己符合法定的免责条件。

公约规定的三种免责的情况分别为：③

其一，由战争行为、敌对行为、内战、武装暴动，或特殊的、不可避免的和不可抗拒的自然现象引起的损害；

其二，完全是由第三人有意造成损害的作为或不作为引起的损害；

其三，完全是由负责灯塔或其他助航设施管理的政府或其他主管当局，在履行其职责时的疏忽和其他过失行为造成的损害。

CLC 公约还规定，如果船舶所有人能证明，污染损害完全或部分地是由于受害者有意造成损害的作为或不作为所引起的，或是由于受害者的疏忽所造成的，则该船舶所有人可全部或部分免除其责任。

OPA90 下的责任主体同样承担严格责任，亦即责任主体应承担船舶溢油和存在重大溢油威胁情况下所产生的清污费用和油污损害的赔偿责任，除非符合法定的免责条件。对船舶所有人、光船承租人和船舶营运人而言，如果其能够证明船舶溢

---

① 参见 1969 年、1992 年 CLC 公约第 7 条第 8 款。

② 参见 1969 年、1992 年 CLC 公约第 3 条第 2 款。

③ 参见 1969 年、1992 年 CLC 公约第 3 条第 2 款。

油或产生重大溢油威胁是由于下列原因造成的，其可以免除责任:①

(1) 天灾;

(2) 战争行为;

(3) 第三方的作为或不作为;

(4) 前述三种情况的竞合。

OPA90 还规定，当受害者对油污事件的发生有重大过失或恶意行为时，责任主体可以免责。

(二) 对比分析和评价

就上述规定来看，CLC 公约和 OPA90 同样规定的是责任主体的严格责任，亦即无论船舶所有人在主观上是否具备故意或过失，除具备特殊的免责事由以外，只要一发生船舶油污事件就必须担负赔偿责任。在船舶油污损害赔偿中，之所以对责任主体科以严格责任，是因为通常船舶油污所造成的损害，对于自然生态环境而言，有着相当深远的影响。此外，油污损害对于相关受害人而言，又是非常残酷的，甚至令其不堪忍受。尽管在归责原则上，公约和 OPA90 均采用严格责任，但是二者的严格性却有所不同。

首先，就免责事由来看，CLC 公约将政府管理助航设施中的过失作为免责事由之一，而 OPA90 则无此项规定。因此，当油污事件的发生是由于政府的管理过失而引起时，根据公约，责任人针对所有请求人的索赔请求均得以解除；而在 OPA90 下，政府一般性的过失行为并不导致责任主体赔付义务的豁免，而只有政府对油污事件的发生存在严重的过失或恶意行为时，责任主体的赔偿义务才能在一定范围内得以解除，因为根据 OPA90，当受害者对油污事件的发生有重大过失或恶意行为时，责任主体可以免责，但是此种免责抗辩只能针对政府提出的赔偿请求，而不能对抗其他请求人的赔偿请求。

其次，就免责条件来看，根据 CLC 公约，责任主体要援引免责事项，只需要证明第三方的有意行为或政府的过失是污染发生的惟一原因 (exclusive causation)，或者在发生战争或不可抗力的情况下，证明战争或不可抗力是污染发生的原因之一，而不论其重要程度如何，换言之，只要存在战争或不可抗力，责任主体就可以免责，即使在战争或不可抗力事件外，还存在其他原因，包括责任主体本人的过失。② 而在 OPA90 下，船舶所有人、光船承租人和船舶经营人要援引上述免责条

① 参见 OPA90 第 1003 条 (a) 款。

② Wu Chao, Pollution from the Carriage of Oil by Sea: Liability and Compensation 60-61 (1996).

款，必须证明：污染损害完全（wholly）是由其所援引的抗辩事由造成的，自己并无任何过失；而且在其知道或应当知道油污事件后依法向有关当局报告，同时对主管部门尽可能地提供一切合理的清污活动的合作或协助，并遵守法律所规定的有关清除或减轻污染责任的法定义务。① 因此，如果油污事件是由战争、不可抗力和责任主体的过失所共同引起，则责任主体不得免责。如果责任主体对油污事件的发生没有过失，但在油污事件发生后，责任主体怠于履行其法定义务，亦不得免责。同时在上述第三种情况下，亦即第三方的作为或不作为系事故发生的惟一原因时，责任主体还必须证明他自己已尽到适当的谨慎义务，并考虑到了油类货物的品质及其他所有相关因素，采取了相应的措施，以避免可以预见的第三者的作为或不作为以及由此种作为或不作为而引发的可以预见的后果。此外，根据 OPA90，如果天灾或战争与第三方行为或疏忽共同引起油污事故，则由后者承担责任。②

最后，CLC 公约和 OPA90 同样允许受害者的过失可以作为责任主体对抗其赔偿请求的抗辩事项，但严重程度却有所不同，前者只需受害者的有意行为或疏忽，而后者却要求受害者的严重过失或恶意行为。换言之，根据 OPA90，责任主体不得免除其对受害者的赔偿责任，除非后者具有严重过错。这一规定同样体现了 OPA90 项下责任的严格性，及加强受害者利益保护的倾向。但从实践来看，该条规定的最大受益者并非受害者个人，而是联邦或州政府。因为，由个人原因而引起油污事件发生的情况极为罕见。

总之，尽管二者规定的同为严格责任，但勿庸置疑的是 OPA90 所确定的规则要比国际体制严格得多。就责任主体可以援引免责条款的限制性条件而言，甚至可以说 OPA90 确定的是一种近乎绝对性质的责任。事实上美国在参与 CLC 公约的谈判时的确曾经建议确立绝对责任，因为在它看来，任何事由都不应当对抗污染受害者个人的赔偿请求。虽然美国最终在国内立法中选择了严格责任，规定了若干可供责任主体援引的免责事项，但由于它所确定的免责条件责任主体几乎不可能满足，因而这种责任与其说是严格责任倒不如说是绝对责任。因为它既要求责任主体没有任何过失，还要求其履行若干法定义务。按照立法者的意图，这一方面是出于防止和减少污染的目的，通过施加给责任主体的若干义务，可以确保在污染事故发生后责任主体可以迅速及时地采取一切可能采取的措施以防止或减轻污染损害的发生；另一方面也体现了其优先保护污染受害人利益的立法倾向。但应当指出的是，油污损害固然是由于运输中的石油而引起，“污染者承担赔偿责任（Polluter Pays Principle）”也符合法律的公平原则，但另一方面，不应忽视的是，石油是一国经济发展

① 参见 OPA90 第 1003 条（c）款。

② 参见 OPA90 第 1002 条。

必不可少的能源，石油运输是一项授益全社会的活动，如果对石油运输者科以过重的义务，使其承担的风险超过其可能赢取的利润，必将会对海上石油运输产生消极影响，进而可能会影响世界经济的发展。事实上，在 OPA90 出台后，一些大型石油公司都选择不再使用自己所有或光租的船舶运输石油，而是期租或程租一些单船公司的船舶来运输，以避免承担 OPA90 下的严格责任。单船公司的主要资产仅限于当事船舶，一旦发生污染，根本无力支付昂贵的清污费，更难以弥补受害者的损失。因此，一项有效的油污责任立法，无论是国际立法还是国内立法，都应当致力于实现和维持一种平衡：保护受害者利益和考虑责任者负担之间的平衡，保护环境和发展经济之间的平衡，船东和货主之间责任分摊的平衡。就这一点而言，应当说公约体制是比较成功的，它一方面规定由船东承担严格责任，另一方面又规定责任主体承担责任的限额和可以免责的事由，同时还创设了一个由货物所有人承担补充责任的国际基金。而反观 OPA90，由于其为责任主体设定的责任过于严格和苛刻，使得责任主体为规避责任而选用资产极其有限的单船公司的船舶，从而使得海上石油运输和环境保护的风险性大大增加。

三、赔偿范围

（一）现有规定及其分析

公约的赔偿范围限于公约所定义的“污染损害”。按照 1969 年 CLC 公约的规定，“污染损害”是指由于船舶溢出或排放油类而在载油船舶之外所造成的灭失或损害，包括采取预防措施的费用，以及由于采取预防措施而造成的进一步的灭失或损害。①

按照这一定义，公约的赔偿范围主要有三类：损害本身；预防措施的费用；预防措施造成的损害。

从上述规定来看，公约对油污损害的限制是比较严格的：

油污损害必须发生在船舶之外；

油污损害必须由污染引起，排除了因溢油后而引发的爆炸或火灾而引起的损失；

污染必须是由于船舶溢出或排放油类而造成，一般认为这里的排放仅包括事故

① 参见 1969 年 CLC 公约第 1 条第 6 款。

性排放而不包括操作性排放。①

“预防措施”是指在事故发生之后由任何人采取的旨在避免或减轻污染损害的任何合理措施。②

预防措施造成的损害，有时可能比污染本身还要严重，也属于公约的赔偿范围，而且与污染损害不同的是，公约对此种损害没有规定任何限制条件。

由于1969年CLC公约规定的赔偿范围过窄，1992年CLC公约对1969年CLC公约中的“污染损害”进行了修订，按照1992年公约，“污染损害”是指（a）由于船舶溢出或排放油类而在船舶之外所造成的灭失或损害，但对环境损害的赔偿（该种损害的利润损失除外），应限于已实际采取或将要采取的合理恢复措施的费用；（b）预防措施的费用以及预防措施造成的进一步的灭失和损害。

“预防措施”是指事故发生后或存在船舶溢油而导致污染损害的严重和紧急的危险时，为防止或减轻污染损害而由任何人所采取的任何合理措施。③

OPA90规定应由责任方对清污费用和油污损害付赔偿责任。④ 清污费用包括发生溢油后引起的清污费用和存在重大溢油威胁的情况下，防止、减少或减轻油污的费用。应予赔偿的油污损害包括：

因自然资源的毁坏、破坏、损失或失去用途而遭受的损害，包括评估损害的合理费用。对这种损害的索赔可以由联邦、州、印第安部落或受外国委托的管理人提出。

因不动产或个人财产的毁坏或其破坏引起的经济损失而遭受的损害，由拥有或租用该财产的索赔人受偿。

因损失自然资源的生活用途而遭受的损坏，由使用被毁坏、破坏或损失的自然资源的索赔人受偿，而不考虑该资源的所有权或管理权。

因不动产、个人财产或自然资源的毁坏、破坏或损失而遭受的税收、矿区使用费、租金、收费或净利润份额的净损失，美国政府、州或州的政治部门有权提起索赔。

因不动产、个人财产或自然资源的毁坏、破坏或损失造成的利润损失或盈利能力的削弱，可由任何有关人员提起索赔。

---

① *See* Wu Chao, Pollution from the Carriage of Oil by Sea: Liability and Compensation 48-49 (1996).

② 参见1969年CLC公约第1条第7款。

③ 参见1969年CLC公约中的“事故”定义仅包括实际发生的污染损害，1992年CLC公约增加了“造成油污损害的严重和紧迫威胁的事件”，故相应地针对事故采取的预防措施的范围也随之扩大。

④ 参见OPA90第1002条（a）款。

因清污活动期间或之后而提供额外的公共服务所增加的费用，州或州的政治部门有权提起索赔。

（二）国际油污赔偿基金（IOPC）的相关法律实践

根据1971年基金公约设立的国际油污赔偿基金，是一个政府间国际组织，根据公约的规定对油污受害者承担补充赔偿责任。由于国际基金作为各缔约国参加的国际组织，代表了各国的利益，并且在处理索赔时总是去参照缔约国法院与自己过去处理的案例，尽量保持公约适用的一致性，因而它对索赔案件的处理意见具有一定的权威性，被学者认为具有“准判例法”的地位。①

在国际基金的赔付实践中，财产性损害、清污费用等一般性的赔偿请求，已成为公认的可以获赔的损失，但在“预防措施”、“环境损害”、“纯经济损失”等问题上，颇有争议。

1. 预防措施

公约中的预防措施不同于一般的预防措施。从国际基金的理赔实践可以看出，公约最初认可的预防性措施仅限定在事故实际发生后所采取的措施，1992年公约生效后扩大到包括发生重大事故威胁后所采取的措施。Tarpenbek案是一个典型的体现基金赔付政策的案例，在该案中，公约以没有证据表明在碰撞发生后有持久性油类溢出为由，拒绝了船东、英国政府及其地方当局提出的索赔请求。②

公约中的预防措施也不同于一般的救助行为。基金组织在实践中以行为人采取措施的目的作为区分预防措施和救助行为的标准，如果行为人采取措施的目的在于防止污染损害，那么此种措施就是公约意义上的预防措施，行为人可以要求船东或基金组织赔偿其遭受的损失和支付的费用，反之，如果行为人以救助船舶和货物为目的，那么该项行为就构成救助行为，行为人只能向获救财产的所有人请求救助报酬。至于某项措施本身的效果，则并不重要。因而，即使救助船舶或货物的行为客观上产生了避免污染损害的后果，也不能使其成为公约意义上的预防措施。相反，如果行为人有避免或减轻环境污染的目的，即使这种目的最终未能实现，也不影响行为人向船东或基金索赔。如果行为人采取措施是基于双重目的，即既救助船舶、货物，也防止、减轻环境污染，并且两个目的均已实现，行为人可以根据责任公约和基金公约而受偿，但只能限于该行为防止污染的限度以内。在Portfield案中，基

① Gaskell, Nicholas, *Development in International Maritime Law*, 28 Environmental Policy & Law 165 (1999). 转引自高雪雁：《船舶油污损害责任制度论》，载《海商法研究》2001年第2辑，第179页。

② IOPC Fund 1983 Annual Report.

金组织通过考察船东实施行为的最初目的，将船东行为所产生的费用划分为两部分，其中2/3是为了采取预防措施而支付的，1/3是为救助船舶和货物而支付。①

同时，公约对采取的预防措施有合理性的要求。国际基金干事 Jacobsson 认为："预防措施是否合理，应根据采取措施时，所能获得的油污或事故威胁的信息，从客观的角度进行判断。然而必须意识到采取措施的有关各方常常在来不及获得更充分的信息的情况下，而不得已迅速作出决定。因此，在判断措施是否合理时，应允许行为人有一定的决策失误。"②从实践来看，国际基金对合理性的要求，总是倾向于放宽，而不以实际效果为限，但在一般情况下，要求采取措施所遭受的损失不得大于所避免的损害，基金在处理 Braer 号油轮事故的索赔时，即表达了这样一种观点。③

由于公约对预防性措施的规定是原则性的，裁决机关在实践中适用的空间较大。国际基金通过对索赔个案的处理，在实践中发展了一些标准，弥补了公约的不足。国际基金在不同个案中所认可的预防措施的内容是不尽相同的。例如，在 Haven 号和 Braer 号油污事故的索赔中，就出现了一种新的预防措施的内容——"为恢复地区声誉而产生的费用"。在 Haven 号事故中，污染地区的市政府在污染发生后采取了一系列的措施以恢复该地区的旅游形象。在 Braer 号事故中，代表渔民、渔业产品加工商及生产商的各种组织为消除污染事件对谢德兰岛渔业产品声誉造成的不利影响，组织了一些活动，并由此发生了一些费用。上述行为人都要求对此类费用给予补偿，理由是这些措施的目的都是为了恢复受污染地区的声誉，进而减少因污染而引起的经济损失。国际基金认为上述措施符合公约所定义的预防措施的标准，决定有条件地接受这种防止或减少经济损失的措施作为预防措施。当然，对这样的一种损失根据公约究竟应不应当赔，理论上和实践中都还存在争议。有学者指出，这种为恢复地区声誉而采取的措施符合 CLC 公约英文文本中"预防措施"的定义，但却与法文文本中"预防措施"的定义不符。④ 因为按照英文文本，预防措施是指在污染事故发生后任何人所采取的旨在避免或减少污染损害的任何合理措施，⑤ 而按照法文文本，预防措施不是指避免或减少污染损害的措施，而是那些旨

---

① Wu Chao, Pollution from the Carriage of Oil by Sea: Liability and Compensation 283-284 (1996).

② Jacobosson and Tortz, *The definition of Pollution Damages in the* 1984 *Protocols to the* 1969 *Liability Convention and the* 1971 *Fund Convention*, 4J. M. L. C. 467 (1986).

③ 高雪雁：《船舶油污损害责任制度论》，载《海商法研究》2001年第2辑，第191页。

④ Wu Chao, Pollution from the Carriage of Oil by Sea: Liability and Compensation 287 (1996).

⑤ Preventive measures means any reasonable measure taken by any person after an accident has occurred to prevent or minimize pollution damage.

在避免或减轻污染的措施。但遗憾的是，国际基金一直以英文文本作为解释的基础，而忽略了英文文本和法文文本的差异。① 笔者也认为，对此种措施和费用的赔付要持谨慎态度，因为，一方面，采取此种措施所意欲避免的损害的性质并不确定，有些可能并不属于公约的赔偿范围；另一方面，此种损害和污染事故之间有时并不存在直接的因果关系，在很多情况下这种因果关系会受到外部因素（如新闻媒体的宣传）的严重干扰。

2. 环境损害

从 1969 年 CLC 公约的字面规定来看，并不排除对环境损害的赔偿，因为环境损害也是由油类物质溢出或排放而造成的灭失或损害的一种，公约的起草者虽然给污染损害下了一个很宽泛的定义，但其本意并非是要将环境损害纳入其赔偿范围，事实上在当时他们根本就没有预见到这种损失的产生。从 IOPC 基金的实践来看，基金对环境损害的赔偿也多持限制态度。国际基金在处理 1979 年发生在前苏联的 Antonio Gramsci 油轮事故中，首次遇到对环境损害提出的索赔。该案中，苏联法院确认了有关生态损害的抽象性质的索赔，苏联政府依照苏联法律规定的数学公式进行计算，以收回多少浮油来推算环境破坏损失及将来的修复费用，并就这一数额对国际基金提起索赔，遭到基金的拒绝。② 1980 国际基金大会为此专门通过一个决议，申明向基金提出的索赔不得基于按照理论模式所计算出来的抽象损失数量。在该决议通过之后，基金大会又设立了一个工作组专门研究环境损害的可赔偿性问题，工作组认为除非请求人遭受的是可以量化的经济损失，否则不能得到基金的赔付，这一观点得到了基金大会的赞同。毫无疑问，这个决议的通过受到了当时历史条件的限制，在当时大多数国家还没有保护环境的意识，即使是在美国环保也尚处于萌芽阶段。然而随着时间的推移和形势的发展，该决议的局限性逐渐暴露出来。反观另一方面，缔约国国内法院却在国内的环保压力下，倾向于对环境损害的索赔采取更为灵活务实的态度，这无疑损害了公约的统一适用，同时也使得公约为受害人提供公平赔偿和制定油污损害赔偿统一规则的宗旨最终落空。发生于 1985 年的 Patmos 案，1987 年的 Antonio Gramsci 号第二次事故案、以及 1991 年的 Haven 号事故案是这方面比较典型的三个案例。在 Patmos 案中，希腊油轮 Patmos 号在意大利墨悉尼海峡与一艘空载油轮相撞，大约 700 吨原油泄漏，造成意大利海岸的污染。意大利政府就海岸环境遭到的损害对国际基金提起索赔，但没提供关于赔偿额的任何解释与计算方法，遭到国际基金的拒绝。意大利上诉法院于 1989 年 5 月 30 日作出初审判决，认定船舶所有人和国际基金应对意大利政府承担赔偿责任。这是第一

---

① 公约第 21 条规定，本公约原本一份，用英文和法文写成，两种文本具有同等效力。

② IOPC Fund 1980 Annual Report, p. 2.

个通过对公约进行解释的方式对环境损害赔偿予以支持的判决，它认为 1969 年 CLC 公约第 1.6 条关于“环境损害”的定义足以扩展至包括纯粹环境损害，而且它还指出，在对环境损害进行评估时，应当将那些无法用市场价格进行衡量的环境因素考虑进来，并应在公平的基础上对环境损害作出赔偿。1994 年 1 月意大利上诉法院作出终审判决，意大利政府有权对环境损害获得 210 亿里拉的赔偿，包括对可捕鱼类和浮游藻类的赔偿，因该赔偿额未超过船舶所有人的责任限额，国际基金没有向最高法院上诉，但上诉法院的判决无疑与国际基金大会的 1980 年决议相矛盾。1987 年 Antonio Gramsci 号发生第二次事故，前苏联政府又一次依据同样的理由就同样的计算方法所确定的数额提起环境损害请求，船东和基金对前苏联政府所采用的损失评估方法提出质疑，国际基金同时还提请前苏联政府注意 1980 年决议。苏联法院没有对该案进行最后审结，该案以船舶所有人和前苏联政府签订和解协议而告终。尽管和解协议所确定的数额少于请求人最初的请求数额，但船东同意对这种损害给予赔偿本身就表明其对纯粹环境损害在 CLC 公约体制内的可赔偿性没有异议。① 1991 年的 Haven 号事故同样发生在意大利沿海，意大利政府和利比利亚地区政府及法国的一个公共机构（国家公园）就环境损害提起 9300 万里拉的索赔。国际基金以 1980 年决议为由拒绝赔偿。1996 年 4 月，Genoa 第一法院作出判决认可了意大利政府的索赔。法院认为，公约体系中的污染损害概念具有广阔的外延，不应被看作是获得自然资源损害索赔的障碍。法院通过参考有关自然资源损害程度和自然资源恢复进程的研究，认为已采取的清污措施是不充分的，判决的损害赔偿额是在清污过程中没有获得修复的那部分损害，约为清污费用的 1/3。② 基金认为以清污费用为基础估算损失是“荒唐的决定”，原告也对赔偿额不满，双方均提起上诉。后通过国际基金、保赔协会和意大利政府协议的方式得以解决，协议允许意大利政府自由使用赔付款，根据授权意大利政府达成协议的法令来推测，有一部分赔款被用于受损沿海地区自然资源的恢复。在此之后生效的 1992 年 CLC 公约基本上沿用了 1984 年议定书的内容，对这一问题仍然沿用了以往的立场。

3. 纯经济损失

纯经济损失（pure economic loss），也称“经济财产上的损失”，是契约法和侵权行为法上的重要争议问题。英美法系把它解释为“一种不是伴随着物质损害的经济损失”，大陆法系国家则并不将其视为区别于其他类型损失的一类独立损失。

---

① Wu Chao, Pollution from the Carriage of Oil by Sea: Liability and Compensation 365-366 (1996).

② Court of First Instance of Genoa, 10 (April 5, 1996), *see* Edward H. P. Brans, Liability for Damage to Public Natural Resources: Standing, Damage and Damage Assessment 334 (2001).

1969年CLC公约在关于“污染损害”的定义中没有提到纯经济损失，而在1992年公约中则提到“……对环境损害（此种损害的利润损失除外）的赔偿，应限于……”。这里所明确认可的因环境损害而产生的利润损失，其实是对“纯经济损失”部分内容的接受。公约此处对“利润损失”未加任何限定，但这并不意味着公约对任何类型的利润损失均予赔偿，事实上由于油污损害具有复杂性，纯经济损失的外延有时被索赔人扩展到很广的范围，公约肯定不可能对所有类型的利润损失均予赔偿，公约之所以对此未加限定是因为难以确定一个适用于所有缔约国的标准，因此将此问题留给各缔约国法院裁量。

就IOPC基金的实践来看，国际基金在处理纯经济损失的索赔请求时所采用的原则与大陆法系国家更为类似，也就是说，不将是否伴有物质损害作为赔付与否的关键因素。考察国际基金所处理的索赔案件，不难发现，一般只有那些直接依靠对受损的沿岸或海洋环境进行商业开发获得收入的人，如沿海的渔民①、旅馆经营人、饭店经营人等才可以获得赔偿，在例外情形下，国际基金也曾经对因溢油而导致生产中断的发电厂所遭受的经济损失进行过赔偿。在Tanio案中，受海滩污染直接影响的旅游部门就其收入的减少所提起的索赔，也获得了国际基金的认可，而在同一个案件中，公共当局就其税收收入的减少所提起的请求则遭到基金的拒绝。②概括起来，国际基金对“纯经济损失”予以赔偿的情形主要包括以下几方面：③

一是油污与损失之间具有纯粹的直接的因果关系。典型的受害人是渔民，他们的惟一生活来源是捕鱼收入，一旦海水遭受油污，则不可避免会蒙受损失。另外，一些鱼类贝类养殖人也属于这种情形。对这类受害人的损失，国际基金在原则上是全部给予赔偿的。

二是油污与损失之间具有纯粹但非直接的因果关系，这类损失必须完全是由第一类损失直接引起的，比如鱼类加工商，他的日常原料完全来自渔民的供应。在1993年发生的Aegean Sea案的索赔中，国际基金对在码头工作的鱼箱搬运工人及鱼网修理工进行了赔付，理由是他们的活动已经构成了“捕鱼活动不可分割的一部分”。

三是油污与损失之间具有及物（transitive）的因果关系。具体指受害人所遭受的损失都是由油污的完全直接受害人所延伸的内容。如因油污事故而导致旅游业收

---

① 实践中向基金提起索赔的渔民多系日本渔民，他们的请求都几乎毫无例外地得到了满足。原因有几方面，首先这种请求与公约所界定的污染损害相关，其次这种请求涉及的数额比较小，最后，还有一个实际原因，日本是基金最大的摊款国。

② IOPC Fund 1992 Annual Report, p. 64.

③ 高雪雁：《船舶油污损害责任制度论》，载《海商法研究》2001年第2辑，第187页。

入下降，饭店主人因此而减少的收入、饭店雇员因此而减少的薪金就属于这种情形。同样在 Aegean Sea 一案中，在海滩出售贝壳等纪念物的小商人也得到了国际基金的赔付。

（三）美国法院的相关实践

1. 纯经济损失

在 OPA90 生效之前，根据最高法院的判例 Robin Dry Dock and Repair Co. v. Flint,① 在海事侵权诉讼中，除某些物质损失外，纯经济损失不予赔偿。按照 OPA90 第 1002 条的规定，责任方对溢油引起的纯经济损失应予以赔偿，但该条规定措辞的含糊性，使得各法院在这个问题上的实践并不完全一致。尽管大多数法院依据 OPA90 的规定对纯经济损失的索赔予以了支持，但仍然有相反判决的存在。Petition of Cleveland Tankers, Inc. 就是其中的一例。在该案中，由于 M/V JUPITER 轮在海湾装卸天然气起火爆炸，后部沉入航道之中，因此河道关闭了近一个月，该海湾的商业使用者就其丧失的租金和由于商业中断和迟延而增加的费用提起索赔，理由是 OPA90 第 1002 条规定对溢油而造成的纯经济损失应当进行赔偿，具体到本案而言，其所遭受的损失既符合第 3 项因损失自然资源的生活用途而遭受的损坏，又符合第 5 项因不动产、个人财产或自然资源的毁坏、破坏或损失造成的利润损失或盈利能力的削弱。船东则拒绝进行赔偿，理由是 Robin Dry Dock 禁止此种赔偿。受理此案的密歇根中部地区法院以 OPA90 有关纯经济损失的规定不予适用为由驳回了原告的诉讼。法院认为，原告的请求不能依据第 3 项而受偿，因为原告对自然资源的利用是出于商业目的，而非用以满足生活用途；同样原告也不能依据第 5 项的规定而受偿，因为在本案中原告的财产没有遭受任何损坏、破坏或灭失。②

2. 环境损害

OPA90 适用过程中最棘手的一个问题就是对环境损害的赔偿问题，因为对环境损害很难进行量化。OPA90 要求美国商业部的国家海洋与空间署（National Oceanic and Atmospheric Administration，简称 NOAA）制定对环境损失进行量化的规则。NOAA 已根据油污规模的大小设计出不同的评估模式，并制定了专门的手册以指导对环境损害的评估和量化技术以及恢复环境的方法。按照 NOAA 规则的规定，受托人所主张的环境损害索赔既可以包括积极用途（active—use）的丧失，也可以涉及消极用途（passive—use）的丧失。前者是指那些实际使用者的损失，而后者

① 275 U. S. 303，1928 AMC 61（U. S. 1927）.

② Steven R. Swanson，*OPA90 + 10：The Oil Pollution Act of 1990 After Ten Years*，32 Journal of Maritime Law & Commerce 153（2001）.

则指那些了解该资源的可利用性，但从未使用过，或者也未打算使用的人的损失。① 自然资源积极用途的丧失包括其市场使用价值的丧失和非市场使用价值的丧失，该种损失比较容易评估，评估结果也相对准确和可靠。然而，众所周知的是迄今为止很多自然资源尚未被人类所利用，因而也就不存在使用价值，但这些资源的确本身具有某种非使用价值或内在价值，在美国这种价值被称为自然资源的选择价值（option value）和存在价值（existence value）。② 问题是对这种价值应当如何进行评估。NOAA 规则规定，受托人可以选择采用任何合适的评估技术，包括条件评估法（contingent valuation）。所谓条件评估法，也称假设市场评估法，是指通过一个假定的市场得出个人对某一自然资源的经济评估，③ 实践中通常是组织一组人员进行一个简单的问卷调查，接受调查者被要求回答为了享受某一种由自然资源所带来的利益他们愿意付出多少的对价，或者说要忍受某种损失他们希望能得到多大的补偿。条件评估法评估的结果在很大程度上取决于被调查者的态度，因此往往会受到很多外来因素的影响，包括被调查者的教育程度、其对相关信息的获知数量、其接受询问的方式、其在社会上所担负的职责等。客观地说，采用这种方法获得的结果很难让人信服，因为被调查者的支付意愿并不能代表自然资源的真正价值。因此，这种评估方法遭到了污染责任方的强烈反对。但从实践情形来看它却越来越多地受到了法院的青睐。在 General Electric Co. v. United States Department of Commerce 案中，通用电器公司和其他企业提出 NOAA 制定的规则带有很强的主观任意性，尤其是不应当允许条件评估法的适用，哥伦比亚地区上诉法院驳回了这一主张，理由是没有证据显示正确采用条件评估方法得出的结果存在问题，而且 NOAA 在制定规则时也考虑到了条件评估法可能会产生某些问题，因此它只是规定受托人有权选择适用，更何况，如果责任人认为评估结果不可靠的话，还可以提起诉讼就特定案件中条件评估方法的适用提出质疑。④

（四）对比分析和评价

从上述立法规定和司法实践来看，公约体制和 OPA90 在赔偿范围上的差异主要体现在对环境损害和纯经济损失的赔付上。

---

① General Elec. Co. v. United States Dep't of Commerce, 128 F. 3d 767, 772 (D. C. Cir. 1997)

② Wu Chao, Pollution from the Carriage of Oil by Sea: Liability and Compensation 355 (1996).

③ 43 C. F. R. (1991) § 11. 83 (d) (5).

④ Steven R. Swanson, *OPA90 + 10: The Oil Pollution Act of 1990 After Ten Years*, 32 Journal of Maritime Law & Commerce 156 (2001).

公约对环境损害的索赔限制较为严格，一般仅对可以量化的环境损害进行赔偿，而 OPA90 的态度则要宽松得多。要求责任人对环境损害承担赔偿责任，一是可以对责任人起到威慑作用，促使其更加严格地履行审慎义务，以避免或减少损害的发生；二是可以将获赔费用用于环境的复苏与再生。如果仅仅对实际可量化的已经或即将付诸于实际的恢复环境的费用进行赔偿，这些功能难以充分实现。① 目前对环境损害的索赔已经不是一个可以忽略的问题，遗憾的是订于 1984 年的现行公约受时代所限，没有反映出环境损害赔偿的这种动向。而缔约国国内法院在国内环境保护的呼声下，开始积极探索对环境损害的赔偿问题，在实践中也出现了与基金赔偿政策不一致的趋势。前述 Patmos 案，Antonio Gramsci 号第二次事故案以及 Haven 号事故案就是这方面的典型例证。如果任此情形发展下去，对环境损害的赔偿问题完全由国内法决定，必然对公约的统一适用造成障碍，削弱公约统一适用的效力。因而在这一背景下，将环境损害的赔偿纳入公约的赔偿范围无疑是公约体制的现实选择。在此基础上应当解决的关键问题是应当对哪些损失进行赔偿，采用何种损失评估标准。在这方面，OPA90 均有明确的规定，问题是 OPA90 的这些规定能否或在多大程度上为公约体制所借鉴。OPA90 详细规定了对自然资源损害的赔偿责任，根据 OPA90，由于自然资源的损坏、毁坏、灭失或丧失用途而引起的损害，可以由公共当局向责任主体提起索赔。具体的赔偿措施包括：受损自然资源的恢复或替代费用；恢复期间自然资源价值的减损；对损害进行评估的合理费用。在计算自然资源的价值时，可以使用包括条件评估法在内的任何合适的评估方法。此外，由于丧失自然资源的生活用途而引起的损害，可以由任何使用自然资源的人提起索赔，无论其是否享有对该资源的财产权或管理权。毫无疑问，一方面，OPA90 在保护环境方面比公约体制大大前进了一步，但另一方面，其赔偿范围过于宽泛，评估规则带有很强的主观任意色彩。首先，就赔偿范围来看，允许请求人就丧失自然资源的生活用途提起赔偿，是一项被公认为超前于实践的立法，尤其遭到船舶所有人和租船人的反对。任何因污染而丧失对该自然资源享受的人，都可以依据该条提起索赔，但该损害很难依市场价值进行计算，有很大的推测成分在内。其次，就评估标准来看，NOAA 所制定的规则有较强的主观任意性，尤其是条件评估法，将被调查者愿意支付的价格作为自然资源的价值基础，其准确性和可靠性难以保障。事实上，据说条件评估法之所以被美国立法和司法机关所接受，是因为它是目前惟一的一个可以对自然资源的非使用价值进行评估的措施和方法。这显然是不符合逻辑的，缺乏其他评估方法并不意味着就要采纳一个有缺陷的、不公正的方法。因而，公约在具体问题的规定上，如提起环境损害的主体、损失价值的确定上，不宜照搬

① 高雪雁：《船舶油污损害责任制度论》，载《海商法研究》2001 年第 2 辑，第 183 页。

美国的规定。油污损害赔偿国际立法，既要对污染受害人提供公正有效的赔偿，也要考虑到责任主体的负担和石油运输本身对整个社会的贡献和价值，既要顺应环境保护的世界潮流，也要兼顾世界经济的正常发展，既要考虑到来自发达国家的要求，也要倾听发展中国家的声音，并且要致力于实现它们之间的协调和平衡。一味地强调环境保护，可能会不适当地加重责任主体的负担，而且可能损害其他受害人的利益，因为赔偿基金毕竟是有限的。

就纯经济损失的赔偿而言，则和环境损失的赔偿正好相反，公约通常对纯经济损失的索赔持比较宽容的态度，而各缔约国的国内法则施加了较多的限制。普通法系很多国家对伴随着物质损害的损失和不伴随着物质损害的纯经济损失进行严格区分，对后者通常不予赔偿。美国在颁布 OPA90 之前，对除渔民以外的其他请求人的纯经济损失通常也不予赔偿，在 OPA90 颁布后，允许对由于环境损害而引起的利益损失和收入减少予以一定程度的补偿，但限制仍然较为严格。即使同意赔付，赔偿金也明显较少。大陆法系国家一般不区分物质损害或纯经济损失，但这并不意味着纯经济损失在大陆法系国家更容易获得赔付，事实上，它们也有自己的要求，如法国坚持以损失是否直接或确定地由被告的行为所引起作为惟一的判断标准。至于何谓确定或直接，则由司法机关在实践中根据案件事实加以确定。从 CLC 公约的规定来看，公约本身不禁止对纯经济损失的赔偿，但由于纯经济损失的种类很多，范围很广，因此不可能对所有的损失都予以赔偿，相反只有符合规定的限制条件的损失才能获得赔偿，但在这方面公约没有任何细化的规定，只能由国际基金和缔约国法院根据自己的标准进行把握。国际基金在该问题上，不以“物质损害”为索赔成立的前提，受害人只要证明自己的损失是由油污引起的即可，其着眼点是污染，而非事故本身。为了限制索赔，国际基金掌握的尺度是污染与索赔人遭受损失、损害之间要有合理的近因关系。仅以“如果溢油没有发生，损失或损害就不会发生，所有的损失因溢油而产生为由”，国际基金不予接受。是否有合理近因，可考虑下列因素：①索赔人的活动与污染的地域邻近关系；索赔人在经济上对受损资源的依赖程度；索赔人有无其他替代供应或商业机会。另外，还需考虑索赔人在多大程度上可以减轻其损失。因此，对于直接依赖沿海或与海相关的活动获取收入者，如渔民、在海边经营旅馆和饭店的人都给予了赔偿。对于旅游业部分的索赔，1992 年国际基金区分为两类：一类是直接将货物卖给旅游者或直接为旅游者服务的索赔人，由于事故地区观光者人数的减少，其业务直接受到影响；另一类是向旅游业中的其他商行提供货物或服务，但不直接对旅客服务的索赔人。1992 年国际

① 罗从蕤、朱国林：《国际油污赔偿系统简析》，载《交通环保》1999 年第 6 期，第 28 页。

基金认为，在第二类中污染与索赔人声称的受损之间接近程度一般都不够，所以第二类索赔原则上通常都不获准。① 此外，采取措施防止纯经济损失而产生的费用可予以接受，但须满足以下要求：费用合理；措施的费用与期望减少的损失和损害之间比例相当；措施适当并有成功的合理前景；如果是市场促销受到影响，所采取的措施应具有针对性。如在 Erika 事故发生后，当地政府为了消除游客心中的不良影响，做了大量的宣传工作，起到了积极的作用，国际基金认为这项支出应予以赔偿。笔者以为，从民法理论和近年来的国际实践分析，纯经济损失应当获得赔偿。在民法理论上，油污损害责任是一种侵权责任。侵权要承担损害赔偿责任，以财产为内容的损害赔偿，其目的就在于通过承担经济补偿的方式使受害人的经济状况恢复到受害前的状况。因此，在一般民事责任计算财产赔偿范围时，既包括财产的实际灭失或减少，也包括消极损害，也就是可得利益的损害，即指当事人已经预见，一般也可预见的能够期待和获得的利益。纯经济损失应当视为可得利益的丧失。但纯经济损失的种类繁多，在实践中的确难以量化和举证。国际基金通过多年的实践，确立起了一些判断准则。应当说，这些标准具有一定的确定性，对于纯经济损失的确定有所帮助，但是应当指出的是这些判断准则又具有较大的灵活性，裁决机关具有相当大的自由裁量权，这种灵活性在某种意义上意味着对“纯经济损失”赔偿的不确定性。而且，尽管缔约国法院在处理油污损害索赔案件时往往会参照和借鉴国际基金的做法，但并不意味着国际基金在实践中所确定的这些准则对缔约国具有当然的约束力，所以在大多数案件中，国际基金对形形色色的纯经济损失给予了赔付，而缔约国法院则不尽然。因此，对于国际基金而言，一方面要增强指导纯经济损失索赔的准则的确定性，另一方面要加强指导准则的约束力，只有这样才能解决缔约国法院与国际基金在适用公约中的分歧。综上所述，纯经济损失获赔合于法理，见诸实践，在损失数额的确定这一棘手问题上也有所突破。虽然更为明确的赔偿数额标准尚待实践中进一步寻求，但在是否赔偿问题上公约体制的态度是值得肯定的。

总之，由于船舶污染具有国际性，因而要有效地防止污染，准确地确定污染责任，必须在一个国际的水平上采取行动。CLC 公约和基金公约从产生至今在有效解决法律冲突，保护海洋环境和油污受害人的合法权益方面发挥了积极的作用。但公约体制在实践中也暴露出了一些不足，对这些不足应当在国际组织和成员国的共同努力下加以解决。OPA90 的某些先进立法经验可以在一定程度上为公约所用。但从总体上来说，在公约之外单行立法的方式并不可取，一味地加重污染者负担的做法也并不值得效仿。

① 危敬添：《关于国际油污赔偿基金组织索赔手册》，载《交通环保》1999 年第 4 期，第 34 页。

腐败犯罪国际控制的新突破

——《联合国反腐败公约》述评

口 丁明方*

内容摘要 2003年《联合国反腐败公约》是国际社会以合作手段对抗腐败犯罪的最新成就。公约在完善国内预防措施、加强国际合作与交流、促进司法协助等方面制订了具体的执行方案，对于预防和控制各国腐败犯罪以及加强反腐败领域的国际合作必将产生深远影响。公约在我国的实施宜以转化实施为主，这需要进一步完善我国国内相关法律制度及其他措施。我国应以主动积极的姿态去实施公约，这将更有利于我国对腐败犯罪的预防和控制。

2003年10月31日，联合国大会第58届会议通过了《联合国反腐败公约》(以下简称为《公约》)。2003年12月9~12日，《公约》签署大会在墨西哥梅里达市（Merida）召开，共有94个国家签署了公约。① 联合国秘书长安南对公约的通过表示欢迎，称公约的通过是一个非凡的成就，标志着国际社会打击腐败的坚定决心，并对公约的有关内容作了高度评价。②

《公约》是联合国通过的第一个专门控制腐败犯罪的普遍性公约。《公约》自制定之初即受到了国际社会的广泛关注和支持，其谈判从开始到结束仅用了两年不到的时间，整个谈判过程有125个国家参与，这在联合国公约谈判史上是一个记录。《公约》在反腐领域首次以综合性、多学科的方式建立了一系列打击腐败的措施。可以预期，《公约》对于加强国际社会和各国的反腐行动、提高反腐成效、促进反腐国际合作将具有重要意义。

---

* 武汉大学国际法研究所博士研究生。

① 引自《〈联合国反腐败公约〉公开给各国签署》，参见联合国网站新闻中心：http://www.un.org/News/，2003年12月15日访问。

② 参见何洪泽：《联大通过反腐败公约》，《人民日报》2003年11月2日第3版。

一、《公约》出台的背景

腐败犹如瘟疫，是人类文明社会的公敌。腐败不仅破坏民主、法制，侵犯人权，而且引发洗钱、走私、有组织犯罪、恐怖主义等一系列行为，严重腐蚀着人类社会。随着全球化的进程，腐败越来越呈现跨国性的特点。① 跨国腐败的直接后果是，腐败分子不断地将腐败黑钱转移至他国，而且由于借助现代高科技手段，腐败资金转移非常迅速。② 这不仅极大地损害了腐败分子所属国的利益，同时，腐败资金转移的跨国性和迅捷性使得一国单凭自身的力量很难对其加以控制。

面对日渐猖獗的跨国腐败犯罪，国际社会尝试通过国际合作的手段对其加以控制。1975 年，联合国大会通过一项决议，谴责跨国公司、本地公司和中间人的贿赂行为。1979 年，联合国起草了一项国际协定，规定对“提供或送给与国际商业交易的不正当行为有关的官员报酬、礼品或好处”和“官员直接或间接请求、要求、接受或收受与国际交易有关的报酬、礼品或好处”等行为可以根据各国的国内法处以刑罚。③ 20 世纪 90 年代以来，联合国又陆续通过了几个反腐败的法律文件，如 1990 年通过的《反贪污实际措施》、1996 年通过的《公职人员国际行为准则》和《反对国际商业交易中的贪污和贿赂宣言》、1997 年通过的《打击商业往来中贪污、贿赂行为的宣言》、1998 年通过的《关于国际合作打击国际商业往来中贪污贿赂行为的决议》等，为各国打击腐败犯罪提供了指导。

与此同时，一些专门性、区域性国际组织也展开了与腐败犯罪的斗争，并通过了关于预防和打击腐败的各种法律文件。如美洲国家组织于 1996 年 3 月 29 日通过

---

① 例如，美国 Heba shams 博士在分析腐败的定义时，将腐败分为国内腐败和跨国腐败。*See* Heba shams, *The Fight Against Extraterritorial Corruption and the Use of Money Laundering Control*, Law and Business Review of the America 89-90 (Winter/Spring 2001).

② 据估计，目前中国外逃贪官达 4 000 多人，保守估计涉案资金至少在 50 亿美元以上。参见梁燕：《外逃贪官没地方藏钱了》，《环球时报》2003 年 11 月 3 日第 3 版。而世界银行在《联合国反腐败公约》签约大会上指出，保守估算，腐败分子吞食的资产总计高达 1.5 万亿美元，约相当于全球 33 万亿生产总值的 5%。参见联合国网站新闻中心：http: //www. un. org/News/，2003 年 12 月 15 日访问。

③ ［美］马歇尔·克林纳德、彼得·耶格尔：《法人犯罪——美国大公司内幕》，何秉松译，中国广播公司出版社 1992 年版，第 220 页。

了《美洲反腐败公约》,① 该公约是国际社会第一份多国联合反腐败的国际协议，其宗旨是推动美洲国家之间的反腐败合作，建立一套预防、侦查、惩治乃至根除腐败的机制，提高对跨国腐败案的查办效率。经济合作与发展组织于 1997 年 11 月 21 日通过了《禁止在国际商业交易中贿赂外国公职人员公约》，对国际经贸领域公职人员（包括外国公职人员）的贿赂行为作出了规范，要求各签字国制定明确的刑事处罚和经济处罚法规以及贿金和财产的查封和没收办法，对贿赂外国官员的行为进行严厉惩罚。② 为对付日益严重的腐败犯罪行为，欧洲委员会部长委员会于 1999 年 1 月 27 日及 1999 年 11 月 4 日分别通过了《反腐败刑法公约》和《反腐败民法公约》，确定了关于腐败罪的统一标准和定义，提出了各国合作反腐败的基本原则和具体方式，包括调查协助、引渡、信息交流、设立专职机构等内容。为保证公约落实到位，欧委会设立了专门监督机构，对各成员国反腐败情况进行检查和评估。非洲联盟国家和政府首脑也于 2003 年 7 月 12 日通过了《非洲联盟预防和打击腐败公约》等。

国际社会控制腐败犯罪的第一个普遍性公约是联合国于 2000 年 11 月 15 日通过的《联合国打击跨国有组织犯罪公约》（以下简称为《跨国犯罪公约》），腐败犯罪是该公约规定的四种主要的跨国犯罪行为之一。③ 但是，该公约重在打击跨国犯罪，并未全面涉及反腐败问题，无法适应各国全面打击腐败犯罪的实际需要；同时，国际社会现有的控制腐败犯罪的各种法律文书，已经给专门性的全球反腐败公约提供了有益的经验，各国要求出台专门性全球反腐败公约的呼声也日益高涨。

在这种综合背景下，联合国大会 2000 年 12 月 4 日通过了第 55/61 号决议，认为一项独立于《跨国犯罪公约》的有效打击腐败的公约是必要的，并决定在药物管制和预防犯罪办事处（现称毒品和犯罪问题办事处）国际预防犯罪中心总部设立一个负责公约谈判的特设委员会。特设委员会从 2002 年 1 月 21 日至 2003 年 10

---

① 该公约于 1997 年生效。截止到 2002 年 1 月 1 日，美国、加拿大、墨西哥、阿根廷、智利、哥伦比亚等 24 个国家已经批准该公约，另有巴巴多斯、伯利兹、巴西、海地四国已经签署但未批准。*See* Foreign Corrupt Practices: OAS Convention, International Contract Adviser (Winter 2002, VIII), pp. 73-78.

② 根据 CIME (Committee on International Investment Multinational Enterprises) 的一份报告，几乎所有的公约参加国均已采取措施实施该公约。*See* Otto Dietrich, *OECD Convention on Combating Bribery of Foreign Officials in International Business Transactions*, *Austrian Review of International & European Law*159-169 (1998).

③ 该公约已于2003 年9 月29 日生效。其中，公约第 8 条规定了“腐败犯罪的刑事定罪”，第 9 条规定了“反腐败措施”。

月1日共举行了七届谈判会议，其间，许多国家积极参加公约的谈判，一些国际组织、非政府组织也全程参加了公约的谈判，① 并在谈判过程中积极献计献策。例如2001年7月24日，经济及社会理事会根据预防犯罪和刑事司法委员会第十届会议的建议，通过了题为"加强国际合作，预防和打击腐败行为所得非法来源资金的转移，包括洗钱，并返还这类资金"的第2001/13号决议，请求谈判委员会考虑下列问题作为可能的工作项目列入一项未来反腐败法律文书的谈判工作范围草案：(1) 加强国家合作，预防和打击非法来源资金的转移，包括腐败行为所得资金的洗钱活动，并促进使这些资金能够返还的方式和方法；(2) 制定必要的措施，确保银行系统和其他金融机构的工作人员对预防腐败行为所得非法来源资金的转移作出贡献，例如以透明的方式将交易记录备案，并为这些资金的返还提供便利；(3) 将腐败行为所得的资金定义为犯罪所得，规定腐败行为有可能是与洗钱相关的一项上游犯罪；(4) 制定标准，用以确定上述资金应返还的适当国家和这种返还的适当程序。在此需要特别强调的是，中国在公约谈判过程中发挥了积极和建设性的作用，中国全国人大外委会、最高人民法院、最高人民检察院、外交部等中国各相关部门共同组团参加谈判，对公约内容提出了很多建议和主张，这些建议和主张在公约中得到了反映。② 在众多国家和一些国际组织的努力下，公约最终在不到两年的时间里得以顺利通过。

二、《公约》的几个主要特点

（一）广泛性和全面性

在借鉴以往国际社会及各国反腐败立法经验的基础上，《公约》更具广泛性和全面性，主要体现在以下两个方面：一是与《跨国犯罪公约》相比，《公约》的内容更具有广泛性和全面性。首先是《公约》对腐败犯罪的界定更加具体和宽泛。

---

① 除第一届会议的参与国为97个外，后六届会议的参与国均在110个以上。此外，特设委员会允许具有经济及社会理事会咨商地位的非政府组织参加会议，透明国际被允许以观察员身份出席会议，77国集团、欧洲联盟、拉丁美洲和加勒比国家组、非洲国家组、阿拉伯国家组等还以集团的形式参加了公约的谈判会议。

② 引自中国常驻维也纳联合国和其他国际组织代表、中国参加《联合国反腐败公约》谈判代表团团长张炎大使10月2日接受新华社记者专访时的讲话。引自宋国城：《联合国反腐败公约草案获通过》，参见中国新闻网：http://www.chinanews.com.cn，2003年10月3日访问。

《跨国犯罪公约》只是对腐败犯罪作了概括性界定,① 腐败主体仅限于公职人员,腐败行为主要包括贿赂和索贿两类，而《公约》所界定的可以定罪的腐败行为包括贿赂、侵犯财产②、影响力交易、滥用职权、资产非法增加、对犯罪所得洗钱、窝赃、妨害司法八类。其次是《公约》中新增加了许多突破性的规定，如腐败行为的刑事定罪、预防腐败的诸多措施、腐败资金的追回等，这些都是以往公约中所没有涉及的。二是作为一项普遍性的全球公约，与以往区域性或专门性国际组织通过的反腐败公约相比,《公约》在适用范围上更加具有广泛性和全面性。

（二）务实性和平衡性

鉴于各国的法律体制存在较大的差异，特设委员会并没有刻意起草出一部放之四海而皆准的反腐败公约，而是在许多条款的内容上求活求变，体现了《公约》的务实风格。如《公约》第2条对“公职人员”作了一个例外规定，即“但就本公约第二章所载某些具体措施而言，‘公职人员’可以指依缔约国本国法律的定义和在该缔约国相关法律领域中的适用情况，履行公共职能或者提供公共服务的任何人员”；又如第44条关于“引渡”的规定，“尽管有本条第1款的规定，但缔约国本国法律允许的，可以就本公约所涵盖但依照本国法律不予处罚的任何犯罪准予引渡”。事实上，这种务实性在《公约》的许多地方都得到了体现，从而使得《公约》比较容易为各国所接受。此外,《公约》的某些内容体现了发达国家和发展中国家利益的平衡，这在第四章“国际合作”和第五章“资产的追回”中体现得尤为明显，尽管这种平衡并不是绝对对等的，但发展中国家争取权利的意识和在公约谈判中的地位已经大大得到提高。

（三）预防性和综合性

《公约》在强调打击腐败犯罪的同时，更强调用立法、司法、行政等多学科、多层次、多领域手段综合预防腐败犯罪，并设立专章对有关预防腐败的政策和机构等进行规定。“预防为主”的主导思想在《公约》的许多地方都得到了体现。此外,《公约》第一次在反腐领域以综合性、多学科的方式建立了一系列打击腐败的

① 《联合国打击跨国有组织犯罪公约》第8条规定，腐败犯罪是指下列故意行为：(1) 直接或间接向公职人员许诺、提议给予或给予该公职人员或其他人员或实体不应有的好处，以使该公职人员在执行公务时作为或不作为；(2) 公职人员为其本人或其他人员或实体直接或间接索取或接受不应有的好处，以作为其在执行公务时作为或不作为的条件。

② 这里的“财产”是指各种资产，不论是物质的还是非物质的、动产还是不动产、有形的还是无形的，以及证明对这种资产的产权或者权益的法律文件或者文书。

措施，在完善国内预防措施、加强国际合作与交流、促进司法协助方面制订了具体的执行方案。在腐败资金的返还问题上，公约草案为国际社会开创了一种最新的合作模式，并将对预防犯罪以及其他领域的国际合作产生深远影响。在国际合作上，制定了一整套综合性的国际合作模式，十分有利于各国及国际社会在反腐败斗争中的合作。

（四）政府性和民间性

《公约》在设计反腐败措施时，不仅非常重视利用政府机构的作用，还注重结合民间组织的力量，如《公约》第33条规定了对举报人的保护，第39条则规定了国家机关与私营部门的合作；《公约》不仅规定了政府公共部门领域的腐败，如《公约》第17条规定的“公职人员贪污、挪用或者以其他类似方式侵犯财产”，也同时规定了私营部门的腐败，如《公约》第21条规定的“私营部门内的贿赂”。

三、《公约》核心内容述评

《公约》除了序言之外，正文由8章组成，共计71条。

第1章是总则部分，对《公约》的宗旨、有关概念的界定、适用范围及保护主权等内容作出了规定。其中，几个主要概念延续了《跨国犯罪公约》的规定，如“财产”、“犯罪所得”、“冻结或者扣押”、“没收”及“上游犯罪”等，而对“公职人员”则作了比较广义的界定，包括“各缔约国本国法律中界定为公职人员的任何其他人员”，充分尊重了各国法律的实际规定，以便于各国容易接受。值得注意的是，《公约》草案曾对“腐败”作出了一项定义，但由于各国不能就此定义达成一致意见，《公约》最终没有将该定义写入其中，而是在第3章“定罪和执法”中规定了具体的腐败行为。①

第2章规定了“预防措施”，体现了《公约》预防为主的指导思想。第5条规定了预防性反腐败政策和做法，要求各缔约国制定和执行或者坚持有效而协调的反

① 如在反腐败公约谈判工作特设委员会第二届会议上，阿塞拜疆、中国、斯洛文尼亚和乌克兰代表团经协商认为，“腐败”系指因期望某种好处，或为获得直接或间接许诺的、提议给予的或请求的好处，或在得到直接给予的好处后，做出或诱使做出构成不正常履行职责（或滥用职权）的行为，包括不作为，而不论是为其自己还是为他人。菲律宾代表团提出，“腐败”系指直接或间接地许诺、请求、提议或接受不适当的好处或期盼，使得接受贿赂、不适当好处或期盼的人不正常履行职责或做出应有的行为。而哥伦比亚代表团则建议，如果无法议定一项充分广泛的定义，公约便不应列入关于腐败的定义，相反，公约应当在刑事定罪一章中确定腐败行为并将其定为刑事犯罪。该建议最终被采纳。

腐败政策，这些政策应当促进社会参与，并体现法治、妥善管理公共事务和公共财产、廉正、透明度和问责制的原则。第 6 条规定了预防性反腐败机构，要求各缔约国应确保设有一个或酌情若干个预防性反腐败机构，并赋予其必要的独立性，使其能够有效地履行职能和免受任何不正当的影响。此外，该章还对公共部门公职人员的招聘、雇用、留用、晋升和退休制度作出了原则性要求，规定了公共采购和公共财务管理的透明度、问责制和国内复审制度，防止私营部门内的腐败和加强私营部门的会计和审计标准，强调社会参与以及预防洗钱在预防和打击腐败中的重要作用。

第 3 章规定了“定罪和执法”，是整个《公约》的核心。

一是规定了腐败行为的定罪，具体包括如下 8 类：（1）贿赂，包括贿赂本国公职人员、贿赂外国公职人员或者国际公共组织官员以及私营部门内的贿赂；①（2）侵犯财产，即公职人员为其本人或者其他人员或实体的利益，贪污、挪用或以其他类似方式侵犯因职务而受托的任何财产、公共或私人资金、公共或私人证券或者任何其他贵重物品；（3）影响力交易，即公职人员滥用本人的实际影响力或者被认为具有的影响力为他人谋取不正当好处，从而获取不正当利益；（4）滥用职权；（5）资产非法增加，即公职人员的资产显著增加，而本人无法以其合法收入作出合理解释；（6）对犯罪所得的洗钱行为，即对腐败犯罪所得赃款通过各种途径转换成表面上来源合法的收益，以掩盖其真实性质、来源，从而逃避法律制裁；（7）窝赃，即虽未参与任何腐败犯罪，但在这些犯罪实施后，明知财产是根据任何腐败犯罪的结果而窝藏或者继续保留该财产；（8）妨害司法，即使用暴力、威胁或者恐吓，或者给予不正当好处，以诱使提供虚假证言或者干扰证言或证据的提供，或者干扰审判或执法人员执行公务。

二是就执法中的实体问题作出了规定。

首先是关于管辖权的规定。第 42 条规定了三个层次的管辖权。

一是犯罪地国（包括船旗国和航空器注册国）的属地管辖权，这是各国国内刑法所普遍采用的刑事管辖原则，也是国际刑法公约中确立的基本管辖原则。这种管辖权在不违背国际法一般原则的情况下，具有排他管辖的性质。如果犯罪地有多个地方，主要犯罪地国具有优先管辖权；主要犯罪地难以确定的，各犯罪地国之间

① 关于私营部门内的贿赂，特设委员会第一届会议对案文进行一读期间，绝大多数代表团都指出，如果没有涉及私营部门腐败行为的条文，公约就是不完整的，因而主张将私营部门的贿赂列入公约范围，认为该问题是在全球化时代具有特殊意义的关键性问题，其在经济和社会活动方面的影响涉及越来越多的领域。

应协商解决管辖问题。

二是属人和保护管辖权，即当犯罪者系该缔约国国民或者在其领域内有惯常居所的无国籍人，或者犯罪系针对该缔约国或其国民，或者对犯罪所得的洗钱行为的共谋实施、协助、教唆或参谋实施发生在缔约国领域外但目的是在缔约国领域内实施洗钱行为时，缔约国可以对犯罪行使管辖权。但是，这种管辖权的行使要受到国家主权原则的限制，即缔约国应当恪守各国主权平等和领土完整原则以及不干涉他国内政原则。按照这种限制，如果犯罪嫌疑人在犯罪地国被发现，犯罪地国依照本国法律对该犯罪行使管辖权时，该缔约国就不能要求对该犯罪行使管辖权；如果犯罪嫌疑人在另一缔约国领域内被发现，而该国不愿意将犯罪嫌疑人引渡给犯罪地国时，该缔约国才可以请求将犯罪嫌疑人引渡到本国以对其行使管辖权；如果犯罪嫌疑人在该缔约国被发现，没有其他缔约国提出管辖请求，或者虽有有管辖权的国家提出管辖请求，但该缔约国不愿引渡时，也可依照本国法律确立对该犯罪的管辖权。

三是基于缔约国本国法律的管辖权。《公约》规定，在不影响一般国际法准则的情况下，不排除缔约国行使其根据本国法律确立的任何刑事管辖权。

其次还规定：(1) 法人责任。要求各缔约国应采取必要措施，确定法人参与《公约》确立的犯罪应当承担的责任，包括刑事责任、民事责任或者行政责任，且该责任的承担不影响实施该罪的自然人的刑事责任。(2) 起诉、审判和制裁。既强调了各缔约国应努力确保腐败犯罪受到与其严重性相当的制裁，又强调了缔约国法律优先适用的原则，即犯罪以及适用的法定抗辩事由或者决定行为合法性的其他法律原则，只应当由缔约国本国法律加以阐明，而且犯罪应当根据缔约国本国法律予以起诉和惩罚。(3) 证人、鉴定人、被害人、举报人的保护。(4) 损害赔偿。各缔约国应根据本国法律原则采取必要措施，确保因腐败行为而受到损害的实体或者人员有权为获得赔偿而对该损害的责任者提起法律程序。这是很重要的一项规定，为受害国在他国境内通过法律途径追回资产提供了合法的依据。(5) 合作。包括犯罪人与执法机关的合作、国家机关之间的合作、国家机关与私营部门之间的合作以及各缔约国之间的合作等。

《公约》第 4 章主要涉及国际合作。为有效控制跨国腐败犯罪，《公约》规定的国际合作包括引渡、司法协助、执法合作、联合侦查等多方面的内容。

(一) 引渡。《公约》首先肯定了“双重犯罪”原则，即请求引渡的犯罪应当是按请求缔约国和被请求缔约国本国法律均应受到处罚的犯罪。《公约》规定，腐败犯罪均应被视为缔约国之间现行任何引渡条约中可予引渡的犯罪，而且在以该公约作为引渡依据时，如果缔约国本国法律允许，根据该公约确立的任何犯罪均不应当视为政治犯罪。①《公约》还规定了有条件的“或引渡或起诉”原则，即被指控罪犯所在的缔约国如果仅以该罪犯系本国国民而不将其引渡，则有义务将该案提交本国主管机关以便起诉，而不得有任何不应有的延误。《公约》还强调，引渡应符合被请求缔约国本国法律或适用的引渡条约所规定的条件，其中包括关于引渡的最低限度刑罚要求和被请求缔约国可以据以拒绝引渡的理由等条件。

（二）司法协助。《公约》规定，缔约国应当在对腐败犯罪进行的侦查、起诉和审判程序中相互提供最广泛的司法协助。② 对于法人犯罪所进行的侦查、起诉和审判程序，应当根据被请求缔约国有关的法律、条约、协定和安排，尽可能充分地提供司法协助。《公约》还规定，缔约国不得以银行保密为理由拒绝提供公约规定的司法协助，但可以以并非双重犯罪为由拒绝提供公约规定的司法协助。由于各缔约国均有义务将《公约》确立的犯罪在本国法律中规定为犯罪，因此缔约国援引此项理由拒绝提供司法协助的可能性是微乎其微的。

（三）执法合作与联合侦查。《公约》要求各缔约国采取有效措施，加强并在必要时建立各国部门之间的联系，交换犯罪情报，或者就犯罪嫌疑人的身份、行踪和活动、犯罪所得及财产去向等事项进行调查。缔约国应当考虑以缔结双边或多边协定或者安排的形式，就侦查、起诉或审判程序事宜建立联合侦查机构，或者在个案基础上商定进行联合侦查，但应确保拟在其领域内开展侦查的缔约国的主权受到充分的尊重。

《公约》第 5 章专门规定了资产的追回，在国际法领域首次确立了资产追回机制，是《公约》的一个突破性规定，有利于各国加强对腐败行为的控制和打击。资产追回机制的最大受惠者无疑是广大的发展中国家，因为腐败资金流出国大多为发展中国家，而流入国大多为发达国家，该机制的建立将非常有利于发展中国家追回流失的腐败资金。事实上，资产追回机制的最终确立也是发展中国家长期不懈努力争取的结果。主要包括以下内容：

第一，预防和监测转移犯罪所得。一是针对金融机构的，即缔约国应要求其管

① 此项规定是引渡在国际法中的一大突破，即《公约》所确立的犯罪是否视为政治犯罪由缔约国本国法律决定，从而使得该犯罪可以不受“政治犯不引渡”原则的限制而得以被引渡。

② 《公约》第 46 条具体规定了 11 种司法协助方式：（1）向个人获取证据或者陈述；（2）送达司法文书；（3）执行搜查和扣押并实行冻结；（4）检查物品和场所；（5）提供资料、物证以及鉴定结论；（6）提供有关文件和记录的原件或者经核证的副本，其中包括政府、银行、财务、公司或者商业记录；（7）为取证目的而辨认或者追查犯罪所得、财产、工具或者其他物品；（8）为有关人员自愿在请求缔约国出庭提供方便；（9）不违反被请求缔约国本国法律的任何其他形式的协助；（10）根据本公约第五章的规定辨认、冻结和追查犯罪所得；（11）根据本公约第五章的规定追回财产。

辖范围内的金融机构核实客户身份，采取合理步骤确定存入大额账户的资金的实际受益人身份，并对正在或曾经担任重要公职的个人及其家庭成员和其关系密切的人或者这些人的代理人所要求开立或者保持的账户进行强化审查，以监测可疑交易并向主管机关报告，同时加强对自然人和法人的账户及某些大额交易的审查；二是针对公职人员的，即缔约国应对公职人员确立有效的财产申报制度，要求在外国银行账户中拥有利益、对该账户拥有签名权或者其他权利的公职人员向有关机关报告这种关系。

第二，资产追回的方式。一是直接追回方式，即一缔约国在另一缔约国提起民事诉讼，通过另一缔约国法院确立该腐败犯罪而获得财产的所有权或者得到补偿或损害赔偿。二是通过没收事宜的国际合作追回方式，即一缔约国发布支付令，该支付令在另一缔约国得以执行，或者请求另一缔约国对腐败犯罪作出判决或者通过其他程序，下令没收腐败所得财产。①

没收方式是《公约》规定的一种十分重要的资产追回方式。为了保证没收的顺利进行，各缔约国应采取必要措施冻结或者扣押腐败犯罪所得或价值相当的财产或者拟用于犯罪的财产、设备或其他工具，应使其法院或者其他主管机关有权下令提供或者扣押银行记录、财务记录或者商业记录，而不得以银行保密为由拒绝采取行动。② 缔约国可以考虑要求由罪犯证明这类所指称的犯罪所得或者其他应当予以没收的财产的合法来源，但是此种要求应当符合其本国法律的基本原则及司法程序和其他程序的性质。

但是在没收事宜的国际合作中，没收是需要符合一定的条件的。首先，没收应满足必要的事实条件，即犯罪行为或者犯罪结果发生于两个或两个以上的国家，或者犯罪嫌疑人（或者罪犯）与犯罪对象分属不同的国家，或者犯罪嫌疑人（或者罪犯）与犯罪对象在其他国家被发现。在这些情况下，一国行使管辖权或者追回资产，都必须得到他国的合作与协助。其次，没收还必须符合一定的法律条件。根据《公约》的规定，一国对在其领域外的财产进行没收时，必须得到财产所在国的合作，这种合作既要有国际法层面的依据，又要有国内法层面的依据。国际法层面，合作双方必须都是有关公约的缔约国，或者签订了双边或多边协定，从而根据公约或协定的有关规定在条约义务的范围内进行合作；国内法层面，一国提出没收的国际合作请求时，必须有其本国国内法上的依据，并应按其规定履行必要的法律

① 《公约》第2条规定，"没收"是根据法院或者其他主管机关的命令对财产实行永久剥夺，在适当情况下还包括充公。

② 这里的"冻结"或者"扣押"是指依照法院或者其他主管机关的命令暂时禁止财产转移、转换、处分、移动及对财产实行暂时性扣留或者控制。

手续并制作必要的法律文书，否则被请求国有权拒绝请求。

第三，资产的返还和处分。《公约》规定，财产经没收后，缔约国应根据本公约规定和其本国法律予以处分，同时应采取必要措施，使本国机关在另一缔约国请求采取行动时，能够在考虑善意第三人权利的情况下，根据本公约返还所没收的财产。《公约》规定的没收财产返还的三种情况是：(1) 被请求缔约国对侵犯财产和腐败洗钱的所得没收后，基于请求缔约国的生效判决，将没收的财产返还请求缔约国，被请求缔约国也可以放弃对生效判决的请求；(2) 被请求缔约国对公约规定的其他任何犯罪的所得没收后，基于请求缔约国的生效判决，在请求缔约国向被请求缔约国合理证明其原对没收的财产拥有所有权时，或者当被请求缔约国承认请求缔约国受到的损害是返还所没收财产的依据时，将没收的财产返还请求缔约国，被请求缔约国也可以放弃对生效判决的要求；(3) 在其他所有情况下，被请求缔约国应优先考虑将没收的财产返还请求缔约国、返还其原合法所有人或者赔偿犯罪被害人。在适当的情况下，除非缔约国另有决定，被请求缔约国可以在依照公约规定返还或处分没收财产之前，扣除为此进行侦查、起诉或者审判程序而发生的合理费用。

《公约》第6章规定了技术援助和信息交流。《公约》规定，缔约国应当根据各自的能力考虑为彼此的反腐败计划和方案提供最广泛的技术援助，特别是向发展中国家提供包括物质支持和培训在内的援助，以及为便利缔约国之间在引渡和司法协助领域的国际合作而提供培训和援助以及相互交流有关的经验和专门知识。缔约国应当考虑为尽可能拟订共同的定义、标准和方法而相互通过国际和区域组织发展和共享统计资料、有关腐败的分析性专门知识和资料以及有关预防和打击腐败的最佳做法的资料。

《公约》第7章规定了实施机制。第63条规定，为增进缔约国的能力和加强缔约国之间的合作，从而实现《公约》所列目标并促进和审查本《公约》的实施，特设立公约缔约国会议。联合国秘书长应当在不晚于本《公约》生效之后1年的时间内召开缔约国会议，其后的缔约国会议例会按缔约国会议通过的议事规则召开。缔约国会议应当通过议事规则和活动运作规则，包括关于对观察员的接纳及其参与的规则以及关于支付这些活动费用的规则。各缔约国应当向缔约国会议提供有关其本国实施本《公约》而采取的方案、计划和做法以及立法和行政措施的信息。缔约国会议应当审查接收信息和就信息采取行动的最有效方法，这种信息包括从缔约国和从有关国际组织收到的信息。

《公约》第8章是最后条款，主要涉及公约的实施及其争端的解决、公约的签署、批准、接受、核准和加入、公约的生效、修正、退约、保存人和语言等事项。

四、《公约》诞生的历史意义及其局限性

作为联合国历史上通过的第一项指导国际反腐败斗争的法律文件，《公约》的诞生有着不同寻常的历史意义。首先，《公约》的通过为世界各国的反腐败斗争提供了行动指南，有利于协调不同国家间的反腐败行动，提高各国尤其是发展中国家反腐败的能力。《公约》是一项普遍性的全球公约，可以公开供各国签署，在适用对象上具有广泛的代表性；《公约》吸收了以往相关法律文件中反腐败的有益经验和措施，基本代表了国际社会以国际法控制腐败的最高水准；《公约》在具体措词方面极其务实和灵活，使其比较容易为各国所接受；而《公约》关于国际合作的规定，则为缔约国之间的反腐败合作提供了法律依据。

其次，《公约》的通过给广大的发展中国家带来了福音。正如联合国负责法律事务的副秘书长汉斯·科雷尔在《公约》签署前的新闻发布会上所强调的，“这是一部具有广泛意义的公约，因为腐败从来不是哪一个国家的独特现象。腐败是毒药，它为所有社会带来危害。坦率地说，我不认为任何国家或社会可以宣称自己是纯粹的净土。不过，对于发展中国家来说，腐败的影响更大。它阻碍发展，毁坏法治，影响外来投资者的热情，使提高全民生活水平的目标变得遥远”。由于发展中国家是腐败的主要受害者，《公约》将有助于保护发展中国家的利益，《公约》所建立的财产追回机制将有助于发展中国家追回流入发达国家的腐败资产，而这在以往是极其困难的。

《公约》的通过将会提高各缔约国反腐败的能力和水平，并有助于其完善国内法律制度。《公约》中的许多条款都是强制性的，各国一旦签署《公约》，就应当承担条约义务。一方面，为实施《公约》之目的，各缔约国应采取必要的立法和其他措施，完善其国内法律，以实现国内法律与《公约》的衔接；另一方面，当他国依据《公约》在反腐败方面提出某些请求时，应给予必要的协助。考虑到发展中国家的实际情况，《公约》要求发达国家应加强同发展中国家在各级的合作，以提高发展中国家预防和打击腐败的能力，同时加强财政和物质援助，通过向发展中国家提供更多的培训方案和现代化设备，帮助其顺利实施本《公约》。

此外，《公约》还建立了一整套预防措施和机制，将有助于各缔约国从源头上遏制和消除腐败，《公约》对腐败行为定罪的范围扩大到私营部门，将有利于打击国际商业交易中的腐败行为，《公约》的通过和实施对于控制跨国洗钱犯罪、打击各种腐败逃亡分子都将起到至关重要的作用。

尽管如此，《公约》的历史局限性仍然是不可避免的。一个先天的历史局限性是国际法的“软法”特性。首先，《公约》作为一项国际法律文件，只是奠定了一

个国际法的基础，为缔约国之间的合作提供了一个法律依据，《公约》能否在国际社会反腐败领域真正发挥其作用，尚要取决于各缔约国对《公约》的实施和执行程度，而《公约》的最终落实，尚要取决于缔约国之间缔结的双边或多边协定或者安排，取决于缔约国本国国内法律与《公约》的衔接。① 虽然《公约》规定缔约国应当向缔约国会议提供有关其本国实施本《公约》而采取的方案、计划和做法以及立法和行政措施的信息，但是一旦缔约国不执行《公约》甚至公然违背《公约》，《公约》并没有规定相应的制裁措施，从而使得《公约》的实际效力大打折扣。

其次，《公约》对一些实体问题的规定采取了回避的态度，而由各缔约国国内法予以规定，使得《公约》对这些问题的处理非常地不确定，事实上也影响了《公约》的执行效力。如《公约》第 44（4）条规定："在以本公约作为引渡依据时，如果缔约国本国法律允许，根据本公约确立的任何犯罪均不应视为政治犯罪。"这样就导致现实中，腐败犯罪是否视为政治犯罪，完全要取决与缔约国本国法律的规定，而一旦某一缔约国国内法将腐败犯罪规定为政治犯罪，其他缔约国则会由于"政治犯不引渡"原则的限制而无法向该缔约国提出引渡请求。又如《公约》第 57（1）规定："缔约国依照本公约……没收的财产，应当由该缔约国根据本公约的规定和本国法律予以处分。"于是，依据《公约》所没收的财产如何处分、请求缔约国和被请求缔约国按什么比例进行分配，可能要取决于被请求缔约国国内法律的规定，这样就可能在实际中导致没收财产分配的不合理。

最后，《公约》中的许多有效措施需要有相应的国内法依据才能真正发挥作用，这对那些国内法尚不是很完备的国家（主要是发展中国家）是非常不利的。如某一缔约国欲通过没收事宜的国际合作在另一缔约国国内追回财产，必须向另一缔约国主管机关发出支付令，如果该缔约国国内法律中尚没有发布支付令的相关规定，则其无法利用《公约》规定的这一有效措施来追回财产。又如，某一缔约国欲向另一缔约国主管机关发出冻结令或扣押令时，必须提供相应的法律依据，否则另一缔约国可以拒绝协助，如果该缔约国国内法律没有对冻结令或扣押令进行规定，则同样无法要求另一缔约国协助冻结或扣押财产。

---

① 如《公约》第 46（30）条规定，缔约国应当视需要考虑缔结有助于实现本条目的、具体实施或者加强本条规定的双边或多边协定或者安排的可能性。事实上，类似的条款在《公约》中多次出现，在此不详举。

五、《公约》在我国的实施问题

国际刑法的实施是国际刑法中的一个重要问题。一项国际刑事公约能否有效地发挥其作用，关键取决于其能否得到有效的实施。国际刑法的实施主要包括直接实施和间接实施，直接实施意即通过一种直接执行系统来实施国际刑法，主要是指由特定的国际机构特别是国际司法机构来实施国际刑法；间接实施意即通过一种间接执行系统来实施国际刑法，通常是指由国际刑法公约的缔约国通过其国内法的方式来实施国际刑法。①《公约》在我国的实施属于国际刑法中的间接实施。

（一）一般国际条约在我国的实施模式

对于一般国际条约在我国的实施模式，我国法律没有原则性地明确作出具体规定，在实践中主要有两种模式。一是纳入模式，即我国法律、法规明确规定，条约与之发生冲突时，优先适用国际条约，即承认生效的国际条约当然具有国内效力。例如《民法通则》第142条及《民事诉讼法》第238条均原则性地规定，“中华人民共和国缔结或者参加的国际条约同本法有不同规定的，适用该国际条约的规定。但是，我国声明保留的条款除外”。此外，我国《行政诉讼法》、《邮政法》、《环境保护法》等法律中均有类似的规定。二是转化模式，即中国为实施某个条约又专门制定相应的国内法规。这又分为两种情况：一是在批准或加入某项条约之前先进行国内立法，以满足条约的要求，便于实施条约，或者对国内法进行修改，以尽量避免国内法与条约发生冲突。如1995年10月我国颁布了《民用航空法》，其中有关民用航空器权利的规定与1948年《国际承认航空器权利公约》的内容完全一致，2000年10月，全国人大常委会作出了加入该公约的决定。二是先批准或加入条约，再进行国内立法。如中国分别于1975年和1979年加入了《维也纳外交关系公约》和《维也纳领事关系公约》，两个公约直接在国内适用。之后，中国又分别于1986年和1990年制定了《外交特权与豁免条例》和《领事特权与豁免条例》，根据中国的国情对两个公约的个别条款作了变通规定。

（二）《公约》在我国的实施方式

国际刑法公约不同于一般的民商事条约，其在国内的实施有一定的特殊之处，主要是：（1）较之一般的民商事条约，国际刑事公约更多地具有“硬法”的因素，其在国内的实施有时涉及诸如国家主权等较为敏感的事项。如《国际刑事法院规

① 邵沙平：《现代国际刑法教程》，武汉大学出版社1993年版，第12～21页。

约》第12条规定了国际刑事法院的普遍管辖权，但是“规约规定的这种管辖权不是以国家自愿接受法院管辖权为基础，而是在不经国家同意的情况下对非缔约国的义务作出规定。这违背了国家主权原则，不符合《维也纳条约法公约》的规定”。① 此外，《国际刑事法院规约》赋予了检察官自行调查权，“这种调查权不仅具有自动性质，而且赋予个人、非政府组织、各种机构指控国家公务员和军人的权利。这种启动程序将个人和非政府组织的意志置于国家主权之上，将很有可能成为干涉国家内政的工具”。②（2）国际刑法公约的执行一般不再单纯依靠各国对“条约必须信守”原则的善意遵守，而是直接在公约中以专门条款明文规定条约的实施制度，体现了国际社会对单一缔约国的某种干预。如《联合国打击跨国有组织犯罪公约》第5条规定：“各缔约国均应采取必要的立法和其他措施，将下列故意行为规定为刑事犯罪……”如果缔约国不在其国内法中实施该项规定，则按国际法要承担条约责任。

实践中，国际刑法公约在我国的实施主要是两种方式。一是纳入方式，即国际刑法公约在我国法院被直接适用，而无须经过国内立法转化程序。我国对三个劫机公约的适用即是纳入实施国际刑法公约的典型例子。1985年12月29日，前苏联一劫机犯将一民航客机劫持到我国黑龙江境内，我国作为三个劫机公约的缔约国，依据公约相关规定，按照法律程序对劫机犯提起公诉。1986年3月4日，哈尔滨市中级人民法院以劫持飞机罪判处罪犯有期徒刑8年。③ 二是转化方式，即国际刑法公约必须首先经过立法程序转化为我国的国内法，才能在我国国内适用。例如，我国于1988年12月20日签署了《联合国禁止非法贩运麻醉药品和精神药物公约》，并于1989年9月4日批准该公约。为履行实施该公约的义务，我国人大常委会于1990年12月28日公布了《关于禁毒的决定》，并同时实施。此外，新刑法分则第6章第7节以一节的内容规定了有关毒品方面的犯罪，第191条还规定了洗钱罪，这些都是为实施禁毒公约而对旧刑法作出的修改。

关于《公约》在我国实施的方式，笔者认为可以以转化实施为主、纳入实施为辅，即主要通过完善国内相关法律，实现国内法制与《公约》的衔接，但必要时，在不损及我国国家主权和根本利益的前提下，我国也可以直接适用《公约》的具体条款。在这方面也是有先例可循的，如1990年4月27日联合国禁止酷刑委

① 参见《王光亚谈〈国际刑事法院规约〉》，原载《法制日报》1998年7月29日第4版，转引自黄世席：《全球化对国际法的影响》，载《世界经济与政治》2000年第11期，第32页。

② 曾令良：《国际法发展的历史性突破——〈国际刑事法院规约〉述评》，载《中国社会科学》1999年第2期，第152页。

③ 邵沙平：《现代国际刑法教程》，武汉大学出版社1993年版，第23~24页。

员会在审议中国政府提交的执行《禁止酷刑和其他残忍、不人道或有辱人格的待遇或处罚公约》的报告时，针对部分委员提出的公约与中国国内法关系的问题，中国代表回答："根据中国的法律制度，中国缔结或者参加国际条约，要经过立法机关批准或国务院核准程序，该条约一经对中国生效，即对中国具有法律效力，我国即依公约承担相应的义务……关于禁止酷刑公约在中国的适用，也是基于上述原则。一方面，该公约在我国直接生效，其所规定的犯罪在我国亦被视为国内法中所规定的犯罪。该公约的具体条款在我国可以得到直接适用。"①

六、《公约》对我国反腐败法律机制的影响及对策

如前所述，《公约》基本代表了当前国际社会治理腐败的最高理念和先进做法，是全球化背景下各国和国际社会预防和控制腐败犯罪的有力武器。我国已经于2003年12月10日签署了《公约》，批准该《公约》也是指日可待。② 一旦我国批准该《公约》，就应承担国内实施《公约》的义务。同时也应该看到，我国国内反腐败的法律机制与《公约》相比，尚存在一定程度的差距。为作好实施《公约》的准备，我国应进一步完善国内反腐败相关法律制度及其他措施。

1. 在预防措施方面，要进一步建立和健全我国反腐败的预防机制。《公约》第二章对于反腐败的预防措施作了比较全面的规定，要求各国制定有效而协调的反腐败政策，这些政策应当促进社会参与，并体现法治，促进廉政、透明度（transparency）、问责制（accountability）和对公共事务和公共财产的妥善管理。为此，我国应加紧制定我国有关预防性反腐败的法律、政策，并定期进行评估，以保证其有效性。要加强预防性反腐败机构和人员的建设，整合有关职能和职权，增强预防腐败犯罪的能力和效果。此外，还应进一步完善公务员管理制度，加强对公务员的任用、晋升管理和公务员职务行为的管理，制定并落实公务员职能利益冲突的标准和重大事项报告制度，以预防腐败。

2. 在社会参与反腐败方面，应制定我国社会参与反腐败的制度和措施，加强反腐败的社会参与程度。应采取适当措施，推动公共部门以外的个人和团体，例如民间团体、非政府组织和社区组织等，积极参与预防和打击腐败，并提高公众对腐败的存在、根源、严重性及其所构成的威胁的认识。应提高决策过程的透明度，确保公众有获得信息的有效渠道，并进行预防腐败的公共教育和宣传，除非法律规定

---

① 陈寒枫等：《国际条约与国内法的关系及中国的实施》，载《政法论坛》2000年第2期，第121页。

② 我国已经于2003年8月27日正式批准了《联合国打击跨国有组织犯罪公约》。

有必要的限制外，要尊重、促进和保护有关腐败的信息的寻找、接收、公布和传播的自由，确保公众知悉反腐败机构，并为公众提供匿名举报途径。

3. 在腐败犯罪的定罪和执法方面，需完善我国刑法的相关规定，使其与《公约》的规定相一致。首先是关于受贿罪，《公约》规定的受贿主体不仅包括本国公职人员，还包括外国公职人员和国际公共组织官员，在客观要件上没有明确规定公职人员必须实施利用职务便利为他人谋取利益，在贿赂内容上可以是任何好处，而不仅限于财物，因此，我国刑法可以增设贿赂外国公职人员或国际公共组织官员罪，并在客观要件和贿赂内容上可以参考《公约》的规定。其次，《公约》将其涵盖的8种腐败犯罪均列为洗钱犯罪的上游犯罪，我国应对洗钱犯罪作出修改，将贪污、贿赂犯罪等列为洗钱犯罪的上游犯罪。①

4. 在资产的追回方面，应完善我国刑事法律中的资产没收制度。一方面应在我国刑事法律中建立通过发布支付令没收资产的制度，否则我国将无法通过发布支付令的方式在他国追回财产，因为他国主管机关执行我国法院发出的支付令时，要审查支付令的发布是否有我国国内法的具体依据；另一方面应在我国刑事法律中规定不经过刑事定罪而没收其犯罪所得资产的独立的法律程序，因为《公约》要求各缔约国应当根据本国法律，考虑采取必要措施，以便在因为犯罪人死亡、潜逃、或者缺席而无法对其起诉的情形或者其他相关情形下，能够不经过刑事定罪而没收腐败犯罪所得资产，以便进行资产返还。最后，还应完善我国的刑事诉讼制度，适当时候建立起我们的缺席审判制度，以利于我国直接使用《公约》的某些条款；还应完善其他有关法律，以协助其他缔约国追回资产，如在民事诉讼法中建立其他缔约国在我国诉讼追回资产的制度等。

5. 在金融监管方面，应进一步加强反腐败的金融监管措施，加大金融机构对腐败分子洗钱行为的监测和控制。应针对银行和非银行金融机构、办理资金或价值转移业务的自然人或法人以及适当情况下对特别易于涉及洗钱的其他机构建立全面的国内管理和监督制度，以便监测并遏制各种形式的洗钱，这种制度应当着重就验证客户身份和视情况验证实际收益人身份、保持记录和报告可疑交易作出规定。应加强金融情报机构的建设，以收集、分析和传递关于腐败活动或者潜在洗钱活动的信息，监测和遏制可疑资金、有关流通票据的跨境转移。

6. 腐败犯罪通常与有组织犯罪、恐怖活动犯罪、走私犯罪等有联系，为保障诉讼程序的正确进行，使相关证人、鉴定人、被害人、举报人免遭报复和恐吓，必

---

① 目前，我国刑法规定的洗钱犯罪的上游犯罪仅包括毒品犯罪、黑社会性质的组织犯罪、恐怖活动犯罪、走私犯罪等四类，这种偏窄的规定客观上造成了腐败洗钱的猖獗，在实践中不利于对洗钱犯罪的控制。

须对上述人员提供保护措施，以使其不致受到不公正的待遇。《公约》对此也作了比较具体的规定，其中有些措施需要吸纳到我国法律中来。

7. 最后，我国应加强国际合作①，并争取合作中的主动，积极维护我国的国家利益。腐败犯罪的国际控制很大程度上取决于国际社会的合作程度，《公约》在这方面建立了一整套的国际合作机制，如关于司法协助、引渡、执法合作、联合调查等。在追捕腐败分子及追回国外腐败资产中，我国一方面应利用公约规定的合作机制，加强与其他缔约国的合作，另一方面，我国也应考虑更多地与他国缔结双边或多边司法协助或引渡条约，以加强司法协助或引渡的有效性。② 此外，我国还应积极加强同联合国、国际刑警组织、世界银行及金融行动特别工作组（FATF）等国际和区域性组织的合作，交流预防和打击洗钱犯罪的经验和信息，以实现对腐败犯罪的控制。

① 2003年3月27日至28日，全球性反洗钱组织——金融特别行动工作组（简称为"FATF"）首次在中国召开以反洗钱为主题的研讨会，并与国内多个部门就围绕反洗钱和反恐融资工作、FATF反洗钱40条建议和反恐融资8条特别建议、中国打击反洗钱犯罪和恐怖活动融资及其相关立法等问题进行广泛、深入的交流和探讨，中国开展国际合作已显示良好迹象。引自李欣玉编辑：《中国反洗钱进入实战》，参见人民网 http://www.people.com.cn/GB/jingji/2151306.html，2003年12月23日访问。

② 根据外交部网站公布的有关数据，截止2004年2月，我国已先后与印度尼西亚等26个国家缔结了刑事司法协助条约，与泰国、俄罗斯、蒙古等18个国家缔结了双边引渡条约。

国际经济法的跨学科研究*

——莎剧《威尼斯商人》中的跨文化贸易

□ 安尼塔·艾伦 迈克尔·赛德**

□ 张万洪 乔婧***译

内容摘要 本文用“法律与文学”的方法，从合同法、正当程序、外国人身份法、法律歧视和国际经济正义等角度，富有创意地解读了莎士比亚的名剧《威尼斯商人》。全文分四个部分：第一、第二部分论述的是文化对立、认识分歧对商业的影响；第三部分讨论了种族主义、反犹太主义和内国法对涉外审判的影响；第四部分指出戏剧性在法律运作中的作用。文章认为，由于反映了不同文化群体之间的深深敌意和根本分歧，《威尼斯商人》中所表现出的跨文化贸易的前景是悲观的。为此，在进行国际贸易前，应当进行充分的博弈游戏以消弭认识歧异，同时，跨国的争端解决机构应坚持形式公平以实现正义。

导 言

在英国传统童话《威灵顿与他的猫》中，一个贫穷的小伙子在一次海外投机

---

* 原载《美国大学国际法律与政策学报》(The American University Journal of International Law & Policy) 1995 年冬季号。感谢安尼塔·艾伦教授惠赐版权。有关《威尼斯商人》的译文参考了[英] 莎士比亚:《威尼斯商人》，朱生豪译，方平校，人民文学出版社 1977 年版。《圣经》译文参考了中国基督教协会印发:《新旧约全书》。本文翻译受 2003 年度武汉大学人文社会科学青年科研启动项目“法律与文学运动”研究资助，谨致谢忱。

** 安尼塔·艾伦 (Anita L. Allen)，宾夕法尼亚大学法学院教授，法律博士与哲学博士；迈克尔·赛德 (Michael R. Seidl)，美国联邦第五巡回法院法官助理，文学博士与法律博士。

*** 张万洪，武汉大学法学院法理学教研室讲师，法学博士；乔婧，武汉大学法学院国际经济法专业硕士研究生。

中，赢得了巨额财富。① 迪克·威灵顿的投资是他惟一的财产——一只花一便士买回的普通家猫。在鼠患肆虐的北非海岸，迪克的猫被证明价值不菲。为使其豪宅免受啮咬，一个富裕的摩尔人（moor，一群由柏柏尔人和阿拉伯人后裔混合组成的穆斯林人，主要居住于非洲西北部——译者注）情愿以其巨额家资的一半来换取迪克的猫。② 突然由穷光蛋而成为富翁后，迪克又接着成为"特别大的伦敦市长大人"。

若将《威灵顿与他的猫》看作一个国际私人贸易的故事，该童话描绘了一幅跨文化经济交往的乐观画面。这个故事将外国描绘成商品需求得不到满足的钱窖。资源配置的严重失衡使得在一个国家过剩而没有价值的东西，在另一个国家却可能成为稀有而珍贵的商品。因此，一个聪明的商人能够从一小笔投资中获取高额利润，在此过程中还帮助了邻国。现实世界中，在殖民主义时期，英国对非洲的商业贸易是掠夺性和霸权性的。③ 而在迪克·威灵顿的童话世界中，外国人是互相友善的，商人具有道德良心，许多并不昂贵的交易是帕累托最优的。④

另一个著名的英国故事——威廉·莎士比亚的《威尼斯商人》，也可以被看作国际私人贸易的故事。该剧讲的是一个威尼斯商人安东尼奥的故事。他的朋友巴萨尼奥要借钱去贝尔蒙德向鲍西娅求婚，而他的钱却投资在了海外船舶冒险上，于是便向犹太人夏洛克借钱，特别条件是如果他违约将付给夏洛克一磅肉。巴萨尼奥到达贝尔蒙德后，发现鲍西娅已故的父亲为求婚者设计了一道测试题：鲍西娅将嫁的人必须能够从一组金、银、铅制的匣子里选出装有其肖像的匣子。巴萨尼奥成功地选出了铅制匣子，准备结婚时，却得知安东尼奥意外地不能偿还夏洛克的债务。

在威尼斯公爵的法庭上，夏洛克试图执行"一磅肉"的罚金。鲍西娅化装成一名法律学者出庭，使安东尼奥获释，并使夏洛克受到了毁灭性的惩罚。未除伪装，鲍西娅向巴萨尼奥索取了她送给他的戒指，作为打败夏洛克的奖励，而那枚戒指是巴萨尼奥承诺永远保存的。不久，鲍西娅承认了她的恶作剧，归还了戒指，筹备婚礼。除巴萨尼奥和鲍西娅之外的另两桩婚姻也体现了戏剧的商业、文化和法律

---

① *See* Whittington and His Cat, in English Fairy Tales (Joseph Jacob ed., Penguin Books, 1970). 该故事的确切时间不详。在约瑟夫·雅各布的版本中，迪克·威灵顿在爱德华三世统治期间（1312～1377）是一个小孩，并被亨利五世（1387～1422）授予爵位。

② 在该故事的另一版本中（Grosset and Dunlap eds.,Dick Whittington and His Cat,1941），一个大方、富有的"黑摩尔人土地"上的"国王"，给了迪克·威灵顿10袋黄金来换取他的猫。

③ *See* W. F. Simnett, The British Colonial Empire 69 (1942)（描写了开始于16世纪的英国在非洲西海岸的繁荣的贸易）。James A. Williamson, A Short History of British Expansion: The Old Colonial Empire 98 (1947)（讨论了英国不允许葡萄牙垄断与西非土人的贸易）。

④ Richard A. Posner, The Economics of Justice 54 (1983)（解释了帕累托最优是使至少一个人受惠并在同时没有任何人受损失）。

主题：夏洛克的女儿杰西卡带走了其父的大宗财产与罗兰佐私奔；鲍西娅的侍女尼莉莎嫁给了巴萨尼奥的伙伴葛莱西安诺。处于这个交易、买卖与兼并的市场中心的是信奉基督教的商人和犹太高利贷者之间的跨文化关系。虽然戏剧以闺房俏皮话和翻案结束，但这些喜剧手法未能使我们忘记夏洛克的落魄。

《威尼斯商人》是一个关于跨文化交易陷阱的案例研究。同样，该剧也反映了现今文化差异和文化对立对商业的影响。与《威灵顿和他的猫》不同的是，这个故事远非乐观主义：该剧中市民和“异邦人”间互相藐视、商人通常缺乏是非观念、许多有吸引力的贸易充满了无法预见的危险。的确，《威尼斯商人》对于个人从国际贸易和其他跨文化贸易中获取满足极度悲观；对于外国人依赖外国法定机构解决其与该国公民私人贸易纠纷时，能够获得正义的可能性也同样悲观。

律师们将《威尼斯商人》视做是一个关于显失公平合同或者附高额赔偿金或附惩罚条款的合同的故事，① 法律女权主义者将其视做是形式正义与仁慈相互影响的例子。② 除这些特别研究路径之外，剧中与法律相关主题还广泛地包括合同法、正当程序、外国人身份法、法律歧视和国际经济正义等问题。为阐明这些范围更广的主题，本文的第一、二部分论述的是文化对立的一般商业影响，这种文化对立加剧了随处可见的影响人与人理解的认识障碍。第三部分聚焦于种族主义、反犹太主义和内国法对寻求正义的外国人的影响。最后，第四部分认识到在戏剧中，就像在生活中一样，戏剧性被当成了传播仇外法的程序媒介。

一、与仇敌签约

（一）交易

夏洛克有东西可以出借，安东尼奥愿意借，他们会面、磋商，进而达成交易。

---

① *See* Richard A. Posner, Law and Literature: A Relation Reargued, 72 Va. L. Rev. 1351, 1357 (1986)（解释了“在一个层面该剧是关于一个包含有惩罚条款的合同的执行，但被被告技术性地避免了”）；But *see* John Denvir, William Shakespeare and the Jurisprudence of Comedy, 39 Stan. L. Rev. 825 (1987)（指出《威尼斯商人》阐明了法律的情感因素和支配功能）。

② *See* Carrie Menkel-meadow, Portia in a Different Voice: Speculation on a Woman's Lawyering Process, Berkeley Women's L. J. 39, 42 n. 23 (1985)（认为鲍西娅代表了一种典型的女性解决争端的方法，当其他人仅要求正义时，她却要求仁慈）。But *see* Carrie Menkel-meadow, Portia Redux: Another Look at Gender, Feminism and Legal Ethics, Va. J. Soc. Pol'y & L. (1994)（认为鲍西娅的行为在性格上更像男人，“仁慈胜过正义了吗？没有，鲍西娅玩了一个精明的律师游戏，同时展示了她可以和任何她的男性同胞一样聪明，将语言和法律玩弄于股掌之上”）。

双方均相信通过这个古怪的交易他们能得到好的结果。双方的目的都不仅仅是金钱：安东尼奥爱他的朋友巴萨尼奥，想帮助他；而夏洛克恨安东尼奥，想羞辱他。

夏洛克计划和基督徒安东尼奥买卖谈判，但不"闻猪肉的味道"，他不愿和安东尼奥一起吃饭或者祈祷。夏洛克恨安东尼奥，因为"他是一个基督教徒"，夏洛克声称安东尼奥曾称他是"异教徒、杀人的狗"，还曾在交易所里打过他。但为了3000块钱，帮助巴萨尼奥娶鲍西娅，安东尼奥仍向夏洛克借债，安东尼奥要求其以敌人而非朋友身份借钱给他。夏洛克同意借钱，但必须订立最严厉的惩罚条款。如果安东尼奥不能在约定时间偿还，那么惩罚将是"从你身上的任何部分割下整整一磅白肉"。这宗荒谬的交易，被夏洛克说成是"游戏"，而对于安东尼奥来说冒这个险似乎是值得的。他无法想象他的各种船舶，运货到世界的不同地方，竟不能及时收取足够的利润来偿还夏洛克的债务。安东尼奥习惯了无息地借钱给他钟爱的朋友巴萨尼奥，现在则将夏洛克的要约错当作"基督徒"式的仁慈。

夏洛克和安东尼奥的合同使安东尼奥在两方面获益：既可以增加财富也可以增加利益，从狭义的经济层面来看，合同对增加安东尼奥的财富是有利的，他取得了一份特别的无息贷款。从增加其非经济利益的长远意义看，协议对安东尼奥也有利，安东尼奥在生活和信托方面需要巴萨尼奥。作为帮助巴萨尼奥的回报，安东尼奥得到了他这位漂亮朋友的爱，或者至少是关注。①

对于夏洛克而言，其与安东尼奥的合同起初看上去虽然不能增加财富，但却是增加利益的。这宗交易使夏洛克获利在于让其获得了狠狠羞辱敌人的机会。在交易结束前，没有人能预见安东尼奥违约，但任何人都可以看出，这桩交易使夏洛克负担了至少中等程度的机会成本。② 他损失了金钱，因为他将钱借给安东尼奥从而失去了将其有偿借贷给他人的机会。

（二）与讨厌的人交易

订立合同增加了安东尼奥和夏洛克的金钱或者非金钱利益，但是双方都发现交易过程并不完全令人满意。基督教徒觉得与犹太人交易是受辱的，犹太人也觉得与一个基督徒交易而受到玷污。在剧中，缔约双方的文化对立引人注目，但在现实的

① *See* Benjamin Nelson, The Idea of Usury: From Tribal Brotherhood to Universal Otherhood 142-151 (1969)（讨论了友谊和资本主义之间的冲突，并探讨了莎士比亚反复强调安东尼奥为了他的"爱人"巴萨尼奥，愿意牺牲他的生命以缔约的文化暗示）。

② *See* Robin Paul Malloy, Law and Economics: A Comparative Approach to Theory and Practice 17-18 (1990)（解释了在经济学上运用术语"机会成本"来表示在资源稀缺时，作出某选择而放弃其他选择的不可避免的损失）。

国内国际商业交往中却并非罕见。

一般而言，在经济上有利的合理订立的合同，可能并不能满足一方或双方的要求。例如，A 可能与 B 订立合同为自己提供服务，但由于 A 的标准高于 B 的标准，A 会认为 B 的工作还凑合但并不是最棒的。通常来说，评价标准高于市场中其他参与者，会使一个人的商业安排不尽如人意。再比如，X 可能会和声名狼藉的 Y 订立合同，X 虽确信可以获取利益，但却不满意于和一个身份低下的人交易，① 这里，X 的传统道德标准高于 Y 的标准，这使得其对交易不能完全满意。

文化差异也能导致经济交易不能完全如人所愿。无须假设来证明，在涉及对立文化群体的情况下，经济上适当的合同能产生使人不满意的结果。在美国南部，在重建时期和种族隔离时期（Jim Crow）种族之间的许多商业交易并不令人满意，但正是这些交易构成了一些像佐治亚、阿拉巴马、密西西比这样的实行种族隔离的州的经济生活。② 白人总是怀疑黑人的能力与诚实，黑人总是怨恨白人的种族主义和家长主义。尽管黑人和白人互相怀疑甚至互相敌视，他们每天还是进行了不计其数的商业交易。黑人离不开只有白人才能提供的货物与服务，白人则需要从属于其的黑人的货物、服务与购买力。③

正如一些哲学家所阐释的，一个规范、理想的“合同”的精髓是以意思自由、

① *See* Restatement (Second) of Contracts section 323 cmt. a; accord Uniform Commercial Code section 2-210 (16)（支持下列主张，即现代合同法似乎预设市场参与者在社会和道德品质上是无差别的，涉及转让和代理的合同法原则也预设了上述无差别，因此“向第三方让与合同权利，并不必然需要对方的同意”）; Id. section 323, cmt. b, illus. 1（支持这样一个观点，即在某些情况下，若没有获得债权人的“个人信任和信心”，法庭认为债务人对第三方的让与无效）。

② *See* Mary Frances Berry & John W. Blassingame, Long Memory: The Black Experience in America 195, 203 (New York, Oxford University Press, 1982)（集中讨论了非洲裔美国人被排除在资本主义经济之外，在很大程度上是由于美国内战后的劳役偿债制、雇佣上的障碍和对黑人经商的阻挠，“白人乐意将最累、最脏和收入最低的不需要技术的工作交给黑人”）。*See* generally C. Vann Woodward, The Strange Career of Jim Crow (1974)（叙述了黑人解放运动后美国南方黑人和白人间的社会和经济冲突）。

③ *See* Thomas J. Gilliam, The Montgomery Bus Boycott of 1955-56, in The Walking City: The Montgomery Bus Boycott, 1955-1956, 191, 198 (David J. Garrow ed., 1989)（重申蒙哥马利巴士抵制运动的效果并指出黑人乘客为蒙哥马利公交公司带来了 70% 的利润）。从 1955 年 12 月 5 日开始的 382 天，蒙哥马利公交公司 90% 的黑人乘客参加了抵制运动。Id. at 197, 211. 他们拒绝乘车直到他们获得下列承诺：有礼貌的服务、雇佣黑人司机、减少羞辱性的车上隔离做法。Id. at 238, 243. 该抵制运动导致的后果包括：公交公司严重的财政损失、大规模裁员、票价上涨 50%、白人乘客捐款以使公交公司渡过难关。Id. at 254.

道德自治和利益增加为前提的。①《威尼斯商人》还揭示了另一点：合同不以互相满意和尊重为条件。事实上，从霍布斯到约翰·罗尔斯的社会契约论均称，合同制度有实际和比喻意义上的价值恰恰因为其提供了一种合作的模式，该合作模式与个人间的敌意是兼容的。② 即使一方认为另一方比自己卑微，甚至双方属于不同的种族，双方仍可缔约。③

缔约无须友谊，④ 却需要一定程度的信任，需要双方信任市场是规范良好的或者合同履行机制是得力的。缔约方必须相信正式或非正式执行机制的存在，且有强制履行或强制赔偿的力量。当这种机制是法庭时，缔约方必须相信那些违约者将与法庭配合，控制法庭的法官和律师将持中立立场。夏洛克对公爵法庭的信任最终被证明是错误的，他对安东尼奥的信任并不完全错误，因为安东尼奥似乎相信夏洛克有权获得严格正义。安东尼奥看上去接受了合同的义务，他配合夏洛克的诉讼，愿受其罚，使其朋友在法庭上很震惊。夏洛克对于安东尼奥的信任是需要一丝尊敬的。但那种由衷的尊敬，那种可以加固友谊和爱戴的尊敬不仅对合同无关紧要，而且在夏洛克和安东尼奥之间并不存在。

现实中的许多人与夏洛克和安东尼奥一样，虽然怀有轻蔑和仇视，但仍跨越了

---

① *See*, Charles Fried, Contract as Promise: A Theory of Contractual Obligation 1 (1981) (将合同的规范理念描述为“承诺原则，合同法的道德基础……由此，人们将以前不存在的义务加诸自己头上”)。弗里德将承诺原则界定为“自由原则的一种表达——用康德的话说，是意志约束其自身——以及作为承诺原则自然伴生物的预期损失的赔偿”。Id. at 19. 根据弗里德的说法，自治是“合同背后作为承诺的道德力量”，即“由于他们的选择，缔约各方被合同所约束”。Id. at 57. 弗里德随后称：“信守承诺的义务植根于对个人自治的尊重和信任。”Id. at 16. 他总结道：“合同的生命就在于承诺。”Id. at 37-38.

But *see* P. S. Atiyah, Promises, Morals and Law 30-31 (1981) (持一种功利主义的观点，即在其他事物同等的情况下，鼓励或推动人们合作的因素是功利。但他又称人们之间的“信任缺乏”限制了合作的可能性)。See generally P. S. Atiyah, The Rise and Fall of Freedom of Contract (1979) (传统的观点认为义务是基于承诺的，而不是依赖或利润。这种观点是一个误会，“更确切地说，在过去的三十年中，合同已从 1870 年所达到的高峰上下滑了”)。Id. at 716; *see* also Grant Gilmore, The Death of Contract (1974) (称合同义务不再约束缔约方)。

② Thomas Hobbes, Leviathan 1651 (Michael Oakeshott ed., 1962); John Rawls, Political Liberalism (1993).

③ *See* Marc Shell, Money Language and Thought: Literary and Philosophical Economies from the Medieval to the Modern Era 47-83 (1982) (探讨了“差异”这个主题，其与《威尼斯商人》中人或物品上种族、家庭、宗教、区域差异的观念相联系)。

④ *See* Benjamin Nelson, The Idea of Usury: From Tribal Brotherhood to Universal Otherhood 145 (1969) (强调了安东尼奥与夏洛克间的“刻骨仇恨”)。

文化和道德的界限进行贸易。美国人虽与日本人做生意，但却经常诋毁日本人的文化和种族。① 非洲裔美国人仍和韩裔美国人做生意，尽管前者通常认为后者具有掠夺性和特权心理。② 简言之，国际国内贸易中，我们均须与不同文化、种族、宗教信仰的人或公司订立双务有偿合同。人类历史表明，这些差异通常与一种情感上的鄙视联系在一起，并会使人对交易产生怀疑。但每念及需要与欲望，这种怀疑就会迎刃而解。在市场条件下，理性人把孤立主义坚持的不同意与不喜欢抛在一边。个人交易的目的是经济上的需要或聚敛财富的渴望。

（三）国内经济

商业活动中，不同文化背景的缔约人被迫签约的例子比比皆是。安东尼奥与单一文化的外国人夏洛克签约，而鲍西娅的父亲为其女儿婚姻与整个世界签约，允诺将女儿许配给答对其题的人，这样就将其女儿置于国际贸易中。③ 安东尼奥是一个

---

① *Cf.* The U. S. -Japanese Economic Relationship: Can It Be Improved? (Kichiro Hayashi ed., 1989)（是日本和美国学者的比较研究，旨在确定日美经济体系与政策间潜在的经济冲突的来源，并提出了解决途径）。

② *See* Seth Mydans, The Riot's Ashes/A Special Report; Separateness Grows in a Scarred Los Angeles, N. Y. Times, Nov. 15, 1992, at A1（讨论了这样一个事实，即在洛杉矶中南部地区，韩裔美国人拥有 70% 的超市和酒店。在黑人占绝大多数的社区，韩裔美国人的经营是两个族群成员关系紧张的原因）; Thomas S. Mulligan, Understanding the Riots--Six Months Later; Money and Power/Making It in the Inner City, L. A. Times, Nov. 18, 1992, at JJ1 (Special Section)（报道称韩裔美国商人明显地依赖于黑人顾客，并没有因为种族暴力而必然地丧失商业机会，只不过在他们的商业策略中考虑了暴力的风险）; Efrain Hernandez, Jr., A Quiet Shift from L. A. Mode; Hub Korean Community Reacts with Concern, Boston Globe, May 11, 1992, at 13（报道称波士顿的一个韩裔商店老板对 1992 年洛杉矶动乱中黑人的反抗表示同情）; George White, The New Tribalism; Defending Human Rights in an Age of Ethnic Conflict; The Marketplace; Anger Flares on Both Sides of Counter; Friction Between Los Angeles' Korean-American Merchants and Their African-American Customers Points to a Global Phenomenon, N. Y. Times, June 8, 1993, at 7（报道称在像洛杉矶、纽约和波士顿这些城市里非洲裔美国人和韩裔美国人的冲突，是全球范围内贫困社区中穷人和商人阶层冲突的一个表现）。

③ Robert M. Unger, The Critical Legal Studies Movement 63-67 (1983)（称《威尼斯商人》是一个不朽的神话，用作者的话说是“经典的合同理论”，并且，“在真实的工作世界之外有一个理想的境界，在那里，盛行互助友爱，说明最无情自私的现实生活是一种退化”）。在昂格尔看来，巴尔蒙特是一个非真实的世界，人们自己交换戒指、计划结婚，与此相对，威尼斯是一个私人合同盛行的残酷的世界。昂格尔认为商业和家居、威尼斯和巴尔蒙特看起来是分开的，实际上是不可避免地相互依赖的，他写道：“巴尔蒙特的魅力是给它的居民提供了一个社会，在该社会中，绝大多数合同仍然保留了下来。”

与昂格尔相对照，笔者强调“最无情自私”对商业、法律世界和家庭而言都是不可或缺的；类似的合同原则决定了上述两个领域的事务。

在世界从事船舶运输的国际商人，因此是国际贸易的主体。如同安东尼奥船上的香料和丝绸，鲍西娅是国际贸易的客体，世界各地的人蜂拥而至，按照其父订立的奇怪条款，竞争鲍西娅及其财富。剧中有世界经济，同样也有家庭经济。①

当基督教徒和犹太人自由交易时，鲍西娅正坐在家里哀叹："我的命运由抽签决定，自己也没有任意取舍的权利。"安东尼奥对夏洛克所负有的致命的义务是由于其自己的选择。鲍西娅将自己对于父亲的义务视作是基于身份的义务，而非基于选择或合同的义务。② 不管多么担心她将嫁给那个选对匣子的人，她是她父亲的女儿，就必须按父亲的指示去做，所以她向尼莉莎哭诉道："唉，说什么选择！我既不能选择我所中意的人，又不能拒绝我所憎厌的人；一个活着的女儿的意志，却要被死了的父亲的遗嘱所钳制。"她对于求婚者，也就是合同另一方的敌视是毋庸置疑的：第一次出场便贬低了那六个来自不同国家的求婚者。不过她仍誓称："要是没有人愿依我父亲的遗命把我娶去，那么即使我活到一千岁，也只好终身不字。"

鲍西娅虽身为女子却不乏权力。她很富有，控制着大群仆人，她操纵测试的结果从而操纵了巴萨尼奥。她在剧中后半部分的法庭技巧完全扭转了其在前半部分弱者的身份。鲍西娅，也许是剧中最机智的人，一个讨厌摩尔人、黑人、犹太人的人，征服了富有、精明的夏洛克，并剥夺了其财产。因此，我们不能轻言安东尼奥、巴萨尼奥有完全的自由，而鲍西娅缺少自由。

欧洲文明中的"亡父"部分决定着年轻人的命运，就像鲍西娅的父亲决定了她的命运一样；信仰的限制驱使夏洛克从事放高利贷这一受歧视的行当；③ 婚娶的

---

① *Cf.* Marc Shell, The Economy of Literature 89-91 (1978)（"经济学"一词的词源，oikonomi，源于古典希腊时期对家庭的理解，男性对小孩、妇女、仆役的统治地位是城邦的中心经济单位）。在《威尼斯商人》中，萨翁认为男性对家庭经济的支配地位既是法定的，但同时也是岌岌可危的。即使在死后，鲍西娅的父亲还试图控制女儿的婚事，夏洛克也试图控制他的女儿杰西卡，当他把女儿留在家里时，还严令要把门关紧，不让任何人进。这两个女儿都通过自己挑选丈夫逃脱了父亲的控制，在剧终，她们都控制了父亲的财产。

② But *see* Hobbes, supra note, at 153（反对孩子有服从那些"产生"他们的人的义务这个成文法上的观念）。霍布斯同意契约论者的观点，即孩子服从是获得理性、利己的家长的照顾的对价。霍布斯会将鲍西娅服从她父亲的义务解释为这是由于他们之间存在一个暗示的合同。如此说来，家庭和商业领域都是合同领域，由商法和家庭法所调整。

③ *See* Benjamin Nelson, The Idea of Usury: From Tribal Brotherhood to Universal Otherhood 142-151 (1969)（详细介绍了高利贷的宗教起源，高利贷在传统上是被犹太律允许的，但通常被基督教戒律所禁止）。尼尔森引用下列文字作为高利贷实践的圣律："你借给你弟兄的……都不可取利"。（《旧约·申命记》，23：19）"借给外邦人可以取利，只是借给你弟兄不可取利。"（《旧约·申命记》，23：20）

习俗和男人的责任使巴萨尼奥陷入经济困境，要求其寻找一个有钱的妻子。① 这些人都是不同文化的产物，而文化背景决定他们的选择。从这个角度看，他们并不比受性别约束的鲍西娅更自由。像鲍西娅一样，剧中的男性角色亦清楚地知道有强制规则的存在，这些规则决定了他们的行动。同样，他们不得不根据已经存在的贸易条款与其不喜欢的人做生意。那些具有优越经济地位的参与者不得不，并且是经常向市场低下高贵的头颅。在一个充满文化对立的市场中，只有对这种对立漠不关心的商业观念，② 才能使交易成为可能。

二、认识的分歧

《威尼斯商人》强调人们之间的认识差异，认为文化间差异，甚至文化中个体的差异并不容易跨越。③ 当然，在一些有限的和功能性的层面，剧中人物彼此相当了解和理解。安东尼奥和夏洛克是商人，知道对方遵从商业惯例的声誉。他们或许也知道缔约方是在信息不充分的情况下磋商和签约的。基于动机和资源在一定程度上是不公开的假定，贸易是一种寻求利益和捕获利益的活动。在这些假设的背景下，安东尼奥和夏洛克就一份合法正式合同的执行达成了一致。此后，当安东尼奥

---

① *See* Lawrence Stone, The Family, Sex and Marriage in England, 1500-1800, at 43-44 (1977)（解释了在莎士比亚时期上层英格兰家庭婚姻的目的，包括保管继承的财产、攫取额外的财产或创造有用的政治联合）。实际上，这些目的为求婚者创造了一个与上层社会女儿结婚的期望，他们要求“大笔现金嫁妆条款”。在很多时候，这些目的使这些孩子们完全结不了婚。Id. *See* generally John R. Gillis, For Better, For Worse, British Marriages, 1600 to the Present 86 (1985)（论及阶层政策的演进阻挠了穷人的婚姻）；Chilton Latham Powell, English Domestic Relations 1487-1653: A Study of Matrimony and Family Life in Theory and Practice Revealed by the Literature, Law, and History of the Period (1972)（展示了由 1487～1653 年英格兰文学、法律所揭示的该时期的英格兰家庭史）。

② *See* Louis Althusser, Ideology and Ideological State Apparatus, in Lenin and Philosophy and Other Essays 153 (1971)（声称“观念代表了个体对他们真实存在状况的设想的关系”）。

③ *Cf.* Gayatri Chakravorty Spivak, Can the Subaltern Speak?, in Marxism and the Interpretation of Culture 271 (Cary Nelson & Lawrence Grossberg eds., 1988)（描述了认识论分支的概念）。斯皮法克分析了“认识论上的暴力”，由此，在文化上占优势的群体构建了一个文化上的他者，不占优势的“他者”的声音是绝对无法追溯的。Id.; Selected Subaltern Studies (Ranajit Guha & Gayatri Chakravorty Spivak eds., 1988).

的船舶在海上失踪时，便同意付给夏洛克一磅肉。①

然而，戏剧一开场，“无知之云”② 就弥漫于剧中所有关系之中。萨莱尼奥和萨拉里诺试图理解朋友安东尼奥的忧愁，将其归因于担心他的贸易和爱情。安东尼奥说他的忧愁并非由于这些原因，没有人、甚至他自己也不知其原由。了解他人的困难在该剧中一再上演，甚至亲人和恋人间也不例外：朗斯洛特的盲父不了解他；当他们乔装打扮的未婚妻出现在法庭上时，巴萨尼奥和葛莱西安诺没有认出；夏洛克相当不了解他的女儿，未能预见其盗窃与私奔；杰西卡也认不出戴了面具的罗兰佐。

所有人物之间均存在歧异，但都没有夏洛克与基督教社会之间的鸿沟大。以安东尼奥为代表的基督教社会与夏洛克之间的商业关系并不足以促成文化调和或理解。安东尼奥不知道夏洛克订立合同的真正意图，同样，夏洛克无法理解安东尼奥对巴萨尼奥的感情和他情愿赴死。夏洛克著名的“难道犹太人没有眼睛吗”的言论是想跨越鸿沟的最明显的尝试，是夏洛克想使自己从羞辱的对象变为可理解之人的尝试。③ 然而至少在剧中，这个尝试是徒劳的。对于观众而言，这个言论也许可以缓解反犹太主义。

互相忽视而致的文化对立是“一磅肉”合同的基础。当萨拉里诺不信要一磅肉有任何用途时，夏洛克说至少可以“拿来钓鱼”和满足其复仇心，这是萨拉里诺无法理解的。当在法庭上被问及为何宁愿要一磅肉而不要本金和利息时，他回答

---

① *See*, e. g. , R. F. Hill, “The Merchant of Venice” and the Pattern of Romantic Comedy, in The Merchant of Venice: Critical Essays 139 (Thomas Wheeler ed. , 1991)（该文中记载有些批评家认为安东尼奥心甘情愿的自杀冲动源自他喜欢的巴萨尼奥要和鲍西娅结婚了）。这种解读再次凸现了夏洛克（包括市场在内）对安东尼奥动机的理解与其真实动机之间的鸿沟。

② Anonymous, The Cloud of Unknowing and Other Works (Clifton Wolters Trans. , Penguin Books 1978).《无知之云》是一本14世纪神奇的“沉思书”，作者可能是一位英格兰诗人。该书强调上帝和人类之间存在着认识论上的鸿沟：“‘你和你的上帝之间横亘着无知之云’。除了爱，以人类的智慧和感官，是无法理解上帝的。以上帝的仁慈和恩典人们可以去爱，并且足够爱才能认识上帝。以上帝的仁慈和恩典人们可以了解‘万事万物’。” Id. at 62-67. 神秘主义者也许会总结道，是爱与恩典，而不是契约原则，统治着社会生活，有关其他事物的真正知识迷失在黑暗的无知之云中。

③ 《威尼斯商人》，第三幕，第一场。“我是一个犹太人。难道犹太人没有眼睛吗？难道犹太人没有五官四肢、没有知觉、没有感情、没有血气吗？他不是吃着同样的食物，同样的武器可以伤害他同样的医药可以疗治他，冬天同样会冷，夏天同样会热，就像一个基督徒一样吗？你们要是用刀剑刺我们，我们不是也会出血的吗？你们要是搔我们的痒，我们不是也会笑起来的吗？你们要是用毒药谋害我们，我们不是也会死的吗？那么要是你们欺侮了我们，我们难道不会复仇吗？要是在别的地方我们都跟你们一样，那么在这一点上也是彼此相同的”。

说："你要是问我为什么不愿接受3 000块钱，宁愿拿一块腐烂的臭肉，那我可没有什么理由可以回答您，我只能说我喜欢这样，这是不是一个回答？要是我的屋子里有了耗子，我高兴出一万块钱叫人把它们赶掉，谁管得了我？"

正如《威灵顿和他的猫》中的摩尔人愿意花其财富的一半去消灭老鼠，夏洛克愿意用钱去消灭他的"老鼠"——安东尼奥。① 夏洛克的选择是基督徒们所不能理解的，基督徒拥有的是他们自己作为特权文化群体的视角，他们无法体会作为一个受鄙视的犹太商人的心境。他们无法将安东尼奥想象成一只"老鼠"，因此无法想象夏洛克的真正目的是因为基督徒的冷酷而产生的仇恨和报复。② 基督徒们可能会分享和理解夏洛克的市场价值观念，③ 但他们既不能分享也不能理解反犹太主义这一反常的社会心态像种族主义一样，可以害人匪浅。

由于观念中认识分歧显然不可避免，那么昭然若揭的是，在一个市场中自由平等的观念是任何交易不可或缺的前提。如果交易双方不承认相互了解的困难，结果将会很糟糕；根本性的歧异将成为互相了解和达成合意的障碍。在市场中心有灵犀的情形凤毛麟角。它使得巴萨尼奥推测鲍西娅对他的期望和他对她的期望相似；它使安东尼奥推测夏洛克订立合同的目的和他的相似；它使夏洛克推定其女儿对他的义务和他对女儿的义务相似。充分的理解是一个神话，它可以使人们戮力同心，可以使市场发挥作用。但其在《威尼斯商人》中的戏剧性崩溃，提醒观众这只是个神话。

三、反犹太主义、种族主义和非正义的法庭

这是一个"有问题的戏剧"，之所以这样说是因为其中有一些不那么光彩的成

---

① Seymour, supra note. 莎士比亚的用语似乎表明他熟悉《威灵顿和他的猫》，该故事比莎剧至少早200年。

② *See* Robin West, Law, Literature, and the Celebration of Authority, 83 Nw. U. L. Rev. 977, 998 (1989)（称批评家们倾向于忽视这种非理性的方面）。理查德·波斯纳指出，甚至坚持缔约双方内心的非理性。安东尼奥被暧昧的自杀倾向和利他的冲动所支配，夏洛克的非理性的心理则归咎于施虐和复仇的渴望。然而，波斯纳并没有批评作为人物内心世界外在表现的合同的非理性。相反，波斯纳认为当"合同的精神"被善意解读时，是使贷款被偿还的财富最大化的努力。因此，合同是理性的。

③ John M. Murry, Shakespeare's Method: The Merchant of Venice, in Critical Essays, supra note, at 37, 46. 夏洛克认为根据法律他主张一磅肉是理所应当的，并且忍着没有批评基督徒蓄奴。一个人不能按照自己的意愿处理自身问题吗？夏洛克在这里挑战的是全社会的道德，安东尼奥及其朋友们与夏洛克一样，都是这个社会的成员。夏洛克的做法事先就锉了鲍西娅请求仁慈的锋镝。

分，比如反犹太主义，又如对惩罚的强调冲击了传统的"有情人终成眷属"的喜剧结尾。① 正如许多评论家所言，萨翁未过分奉承基督徒，从而缓解了该剧中明显的反犹太主义。该剧公然贬低犹太人，但也谴责了基督徒。基督徒是利己主义的伪君子。安东尼奥对夏洛克的心理打击，鲍西娅在审理开始时所要求的"仁慈"，均由于剧末对夏洛克的残酷惩罚而受到质疑。一些更深入的线索证明，尽管该剧描写了反犹太主义，但其本身并不是完全反犹太主义的。夏洛克的"难道犹太人没有眼睛吗"的言论使其人性化了；在法庭上，当巴萨尼奥和葛莱西安诺愿以他们妻子的生命换取安东尼奥的安全时，夏洛克讽刺性的旁白得到了鲍西娅和尼莉莎的支持。即使安东尼奥是主人公，但当代研究成果已使夏洛克成为一种悲剧英雄。粗看之下，那些表面上看似仅为反犹太主义的东西，经细细品味，事实上代表了更广泛的控诉。

剧中的种族主义倾向很难解释，但也并不明显。在摩洛哥亲王选择失败后，鲍西娅说："但愿像他一样肤色的人，都像他一样选不中。"尽管她曾贬低所有的求婚者，但此举显然并非没有过错，这对该剧是否反对犹太主义和种族主义的至关重要，其次是这种态度在戏剧、法律以及商业中实施的程度。

种族主义和反犹太主义将表面公正的法律和交易推向恶的极致。求婚者在选匣子一幕中的待遇清楚地揭示出暗含的偏见对一场公正测试的影响，而这场测试被视作是客观的。鲍西娅的父亲与潜在求婚者订立的合同在理论上是公正的：任何人选出了正确的匣子均可娶鲍西娅为妻。② 巴萨尼奥、摩洛哥亲王和阿拉贡亲王应当拥有平等的与鲍西娅结婚的机会，而且每个人都信以为真。他们每个人都经过逻辑、合理的深思熟虑，却得出了不同的结论。三个求婚者来自不同的地方，选择了不同的匣子，不只是一个情节设置，它体现了主观对客观的影响。

当代现实主义法学派和批判法学派的观点强调审判中个人偏好和政治优待的作用，《威尼斯商人》同样强调了这一点，指明鲍西娅对巴萨尼奥的偏爱是其获胜的真正原因。鲍西娅声称将遵从其父的遗嘱，但不难看出她不喜欢巴萨尼奥以外的求婚者。鲍西娅当然不会帮助不折不扣地遵循合同的摩洛哥亲王或阿拉贡亲王，但一些评论家指出她给巴萨尼奥提供了身体上和音乐上的暗示。③ 她对求婚者的帮助是

① *See* John Denvir, William Shakespeare and the Jurisprudence of Comedy, 39 Stan. L. Rev. 825, 826 nn. 5 & 7 (1987)（引用了诺思罗普·弗赖伊的观点："喜剧描写了从受压迫到解放的运动"，和苏珊·兰格的见解："喜剧……迎合的是社会再生的需要。"）。

② 该合同实际上是一个要约，实际履行则构成承诺。

③ *See* Alice N. Benston, Portia, the Law, and the Tripartite Structure of the Merchant of Venice, in Critical Essays supra note 37, at 163（注意到当巴萨尼奥在考虑选择匣子时，乐队的歌声中有几句歌词的结尾与"铅"［lead］是押韵的）；Denvir, supra note 45, at 829（同前）。

否会使原本客观的过程不客观呢？莎士比亚没有直接回答，但第四幕法庭那一场中法律的运用给出了肯定的回答。

公爵和法庭为他们信仰基督的安东尼奥从合同中解救出来而大费周章。第四幕一开始，他们就派使者去帕度亚找法律学者培拉里奥，以寻求解救安东尼奥的方法。公爵威胁说如果培拉里奥不到则取消庭审（事实上是延期——译者注）。作为法官的公爵，代表了安东尼奥的诉求。尽管其声称将维护法律，但事实上想方设法不这么做，正如鲍西娅最终答应或假装答应其父的安排，却仍希望逃脱。不过，当鲍西娅击败夏洛克时，法庭和公爵马上谴责夏洛克，并未经质证，毫不拖延地对其实施惩罚。①

从一开始，法律面前的平等就是伪装的。② 公爵不惜几乎一切代价以期安东尼奥的获救。鲍西娅到达时问："这儿哪一个是那商人，哪一个是犹太人？"虽然夏洛克手中持刀，安东尼奥由她的未婚夫（巴萨尼奥）陪伴，她仍须搞清楚谁是谁。夏洛克从开始就注定失败，因为整个法庭都反对他，他的犹太人身份和明白的"罪行"使其不能获得与安东尼奥相同的程序保障。

作为法庭的领导，公爵是无用的、不可依赖的。在鲍西娅挽救了安东尼奥，并使夏洛克有性命之虞时，公爵首先饶了夏洛克一命："让你瞧瞧我们基督徒的精神，你虽然没有向我开口，我自动饶恕了你的死罪。"当安东尼奥建议夏洛克转信基督教时，公爵威胁说若其不允将撤销赦令。公爵赦免了夏洛克，但条件是基于安东尼奥的建议强迫夏洛克皈依基督教，并将财产赠给那个曾偷了他的钱并嫁给了一个基督徒的女儿。③ 在威尼斯公民面前，正义（以公爵的名义）几乎从没有如此地飘忽不定过。

具有讽刺意味的是，法庭的"正义"规定了市场上的观念。夏洛克要求获得一磅肉，既揭示了其文化差异，也揭示了未被认可的市场矛盾。其为重新取得其适量的余额财产而被迫成为基督徒。剧中的正义要求在威尼斯经商的外国人回避文化

① *See* Richard A. Posner, Law and Literature: A Misunderstood Relation 94 (1988)（发现了许多不规范的程序，特别是民事案件转化成了刑事案件）。But see Henry Saunders, Staples Court in The Merchant of Venice, 31 Notes and Queries 190-191 (1984)（解释说公爵法庭特别是在程序上仿效的是英国文艺复兴时期的"贸易中心"法庭，融合了民事和刑事、普通法和衡平法诉讼）。

② *See* Eric L. Muller, The Virtue of Mercy in Criminal Sentencing, 24 Seton Hall L. Rev. 288, 310 (1993)（质问道："当一群愤怒的、反犹太的暴徒分配代表他们的仁慈时，一个犹太人能获得真正的仁慈吗?"）。

③ *See* Denvir, supra note 45, at 832（"我们可以总结道，夏洛克的残忍和安东尼奥的残忍之间惟一的区别是夏洛克是不加掩饰的、公开的，而安东尼奥则是深藏不露的、掩盖在法律和社会文化之下的。"）.

差异，那些差异使得他们试图与统治集团一较高低。法庭对夏洛克的判决确定了互相依存的外国人的从属地位。这个故事使我们清楚地看到，当国际商业往来的纠纷诉诸法庭时谁赢谁输。

因此，在匣子测试中和法庭上，法律均得到了维护，但是维护的严格程度不同，结果也迥然不同。如果法庭允许夏洛克在答辩中获得一半安东尼奥的力量，或者法庭给予其真正平等的正义，那么结果将大相径庭。这些均昭示，即使互相独立的文化都希望法律的公正执行，这种公正也仅是表面的，在文艺复兴时期的威尼斯和伦敦这样的重商主义社会中也不例外。因此，该剧留给观众一幅三重结构的画面：首先，绝对的认识分歧，使得商业和交流成为不能；其次，市场和社会平等的共识与理解，使得交易成为可能；第三，虚假平等的运行会使主流民族走向狭隘。

四、正义的剧场

剧中所强调的文化对立、认识分歧以及种族主义和反犹太主义是为了营造一个好戏剧所需的冲突和解决。但它们所处的戏剧结构也引发了正义结构的问题。① 在该剧与法相关的地方，是什么真正发挥着法律的作用？是剧场？还是用现代理论家更易接受的措辞来说，博弈游戏？

为了在极其否认差异的市场中实现主观意愿，戏剧性或与之有关的博弈游戏是规避法律的方法。鲍西娅的每一个求婚者都必须在其随从面前选择匣子，这使他们在决定时又面临当众出丑的压力。显然，仅此威胁就足以使许多求婚者退缩。正如尼莉莎所解释的，若不能用选匣子以外的方法赢得鲍西娅，一些求婚者就会选择返乡。鲍西娅将其婚姻“交易”置于剧场中，就像其给予巴萨尼奥的音乐提示一样，为测试设定了时间、方式和他们的最终结果。

鲍西娅是一个出色的导演和演员。她对时间的安排无可挑剔。根据完美的安排，她设计出她的每一出“戏”，表现出领导众人和达其所愿的能力。鲍西娅设计了安东尼奥的庭审和其与巴萨尼奥关于戒指的对抗，尽管她只需一句话便可结束上述两个过程。她牵着夏洛克的鼻子走，直至其在法庭上公开暴露出谋害安东尼奥的愿望；当她战胜他时，又适时有效地让他保持沉默。在整个戏剧中，夏洛克的话都

① *See* Milner S. Ball, The Play's the Thing: An Unscientific Reflection on Courts Under the Rubric of Theater, 28 Stan. L. Rev. 81, 85 (1975)（称在法庭和剧场之间进行比较并不新鲜，无非是诋毁地称之为“审判秀”）。这种比较不应如此负面、消极，“要正确地抵制对由商业和政治原因产生的审判秀，不应抵制剧场本身，而应抵制盗用剧场审判的目的，来达到不同的——有时是不光彩的——目的”。

很有说服力，但是最后却只能说："法律上是这样说吗?"同样，鲍西娅告诉巴萨尼奥为了取回他送给律师的戒指，她曾和那个律师睡过觉，从而使他认为自己的老婆是奸妇；让他在罗兰佐、杰西卡和仆人面前受窘；而当她说出真相时，固执的巴萨尼奥只能默许。既不是法律也不是真相，而是他们表演的时间安排决定了结果。

通过法律解决冲突的结果，不仅是偏见和认识分歧的功能，也是时间安排和表演的功能，这一说法构成了《威尼斯商人》的基础。当磋商受阻或陷入僵局时，当双方拒绝媾和时，当诉讼延宕拖沓时，当理性未能预见一个号称建立在理性之上的制度的运作时，常常是因为有幕后的手在自己的意图操纵制度。鲍西娅是此一对立制度最坏方面的缩影：她中立的一面使两个亲王受辱离开；① 她的装腔作势使安东尼奥露出胸膛必死无疑；她想凌驾于巴萨尼奥之上的愿望也打击了巴萨尼奥。然而，观众在这出喜剧的结尾仍可能会很高兴。如果观众对鲍西娅不满的话，则不仅因为她看上去是种族主义者、反犹太主义者、自私，而且因为她玷污了和许多现代观众重视的程序和实质正义的概念。事实上，鲍西娅是所有转向法律现实主义的动机的象征：只要法律要依赖法庭戏剧性的虚张声势和律师的诡辩，那么冠冕堂皇的正义制度本身就是不公正的。

该剧主张法律的不可侵犯和透明度，也主张法律的灵活性（法律的戏剧性）。莎士比亚笔下的人物公开支持前者，却通常在实践中追求后者。为避免使国法流于口惠而实不至，就需要严格的、形式主义的法律体系。夏洛克大呼："我在这儿要求法律的裁决。"安东尼奥解释他相信公爵必须支持他与夏洛克的合同的原因说："公爵不能变更法律的规定，因为威尼斯的繁荣，完全依赖着各国人民的来往通商，要是剥夺了异邦人应享有的权利，一定会使人对威尼斯的法治精神发生重大的怀疑。"在英国文艺复兴时期中产阶级萌芽的世界里，"正义"由市场价值界定，"法"被理解为任何便利贸易且遵守严格法典的东西。正如我们所见，正义的主观观念依然存在，公爵急于寻找法律以外的途径以维护安东尼奥的利益。

鲍西娅似乎是这里的调停者，莎翁的读者有时会称赞其敏感机智，甚至女权，以及运用形式主义来为正义贴上慈善的标签。但有两点值得注意。第一，如果夏洛克知道法律要求什么，那么他将不会如此沾沾自喜地要求一个严厉的判决。他认为他的合同是合法订立的，因为双方达成合意而签订，而且出于实际考虑，公爵不能曲解法律。因为如果传出债务合同不能严格履行的谣言，威尼斯作为商业中心的形象将大大受损。然而，夏洛克不了解鲍西娅据以战胜他的调整"异邦人"的法律。如果他知道设法谋害公民生命要被处以死刑和没收财产，那么将不会和一个基督徒

① *See* Carrie Menkel-Meadow, Portia Redux, supra note 8（修正了作者本人在她先前一篇文章《Portia in a Different Voice》中的观点，该文称鲍西娅是女权主义正义和仁慈的象征）。

签订合同，并且是一个很容易就被推断出设法谋害基督徒生命的合同。他当然也不会如此强烈地在敌人的法庭寻求法律救济。鲍西娅没有教夏洛克仁慈，她教他的是广泛了解法律的重要性以及操纵法庭的能力。

第二，鲍西娅将合同解释为允许割肉但不可流血，夏洛克可能太轻易就屈服了这一解释。割一磅肉而不流一滴血是不可能的，据此，鲍西娅认为合同无法履行。可争论的是，双方知道割肉会有流血且可能死亡。① 鲍西娅对于合同的解释能够成立只是因为没有一个令人尊敬的人为癫狂的异邦人夏洛克辩护。简言之，她的解释成立只是戏剧性的时间安排使之不可辩驳。

法庭之外，这一法律现实主义的方法占据主导地位。鲍西娅评论说："理智可以制定法律来约束感情，可是热情激动起来，就会把冷酷的法令蔑弃不顾。"热情超越秩序井然的结构和智慧的主题贯穿全剧。如果夏洛克不是因为报复而要一磅肉，他将依据法律获得一个称心的救济。对巴萨尼奥和安东尼奥一方而言，不可能从合同中脱身。巴萨尼奥答应鲍西娅永不取下订婚戒指，而且他再次许诺后，其先前违背诺言的行为马上得到了谅解。安东尼奥或许略微尝到轻易许诺的危险，可刚从夏洛克处脱身，又在鲍西娅处用他的"灵魂"为巴萨尼奥的誓言担保。

在挑选匣子时，巴萨尼奥给了法律最终的解释，"在法律上，哪一件卑鄙邪恶的陈述不可以用娓娓动听的言辞掩饰它的罪状"？这种法律现实主义观点在法庭从未言明，但其却体现在全剧所有事件中。也许最引人注目和讽刺的是，当朗斯洛特对罗兰佐调侃同时体现了法律形式主义和法律现实主义（法律的戏剧化）路径。罗兰佐最终对朗斯洛特的文字游戏忍无可忍，由衷地希望"理解一个老实人的本意"。通常，莎剧中的小丑是最聪明的，人们发现在朗斯洛特的文字游戏中没有本意。人们想让语言有什么含义，它就有什么含义，包括鲍西娅的法律理念在内。

结　语

《威尼斯商人》和现代思想充斥着法律的双重标准。根据"迪克·威灵顿"的乐观主义，表层是法律字面的承诺和使交易得以实现的商业观念。然而，在此之下是完全实用的观点，因为一个人可以将法律和合同视做是与时俱变的，反映了不同文化群体之间的深深敌意和根本分歧。

该剧中的实用主义是一个时期的产物，这个时期国际贸易的增长和中产阶级的出现使法律、资金和社会关系急剧变化。这一历史性时期在某些方面反映了美国的

① *See* O. Hood Phillips, Shakespeare and the Lawyers 93 (1972)（"同样的逻辑我们可以说一个人有地役权，可以从他人土地上通过，但不能留下脚印，因为这未被明示授权"）。

情况，因为文艺复兴时急剧增长的贸易港口可以和现代美国的新信息/全球经济媲美。莎士比亚关于转型社会中的文化交流的悲观揭露是对美国经验的一种严厉批评，和所有好的艺术一样，这给大家所留的问题远多于其所回答的。《威尼斯商人》启迪我们重思：国际贸易是否真的需要一个跨国的多文化的争端解决法院；在一个接受缔约方之间存在差异的世界，不同文化间的商业和合同是否使为交易而放弃形式主义的东西成为必要；作为润滑剂存在于交易者之间的商业观念是否在其他方面倾向于排外和孤立主义。在某种意义上，《威尼斯商人》提醒我们，当一个人进入市场或法律时，他应当进行充分的博弈游戏以消弭认识歧异，同时应足够坚持形式公平以臻于正义。在这样一个和谐的世界里，《威灵顿与他的猫》中的乐观主义才是行得通的。

世界贸易组织的正当性危机

□ 丹尼尔·艾斯蒂著*
□ 孙皓琛**译

国际贸易体制，特别是世界贸易组织（WTO）正处于动乱状态之中。1999 年西雅图 WTO 部长级会议在一片混乱中以失败而告终。其他为促进经济一体化而召开的国际会议，包括 2000 年哥德堡举行的欧盟峰会以及 2001 年魁北克城美洲峰会，都引起了一系列的抗议活动以及示威者和警察之间的激烈冲突。不可否认，反全球化运动的高涨以及由此引发的示威活动，是由一系列的错综复杂的原因所造成的。① 虽然有些学者认为可以把这些示威当作"噪音"而不屑一顾，但我相信有一个"信号"恰恰能从当今贸易体制所面临的困难中影射出来。简而言之，国际贸易体制由于没有与迅速变化的全球局势进行相应的调整，因此它正面临着一场正当性的危机。② 本文主要对这个危机的根源和影响进行探讨。

我认为 WTO 正面临时代的选择。第二次世界大战后，以基于特定事项的"可

---

* 丹尼尔·艾斯蒂（Daniel Esty），耶鲁大学法学院教授，耶鲁环境研究学院教授，耶鲁环境法与环境政策研究中心主任。本文译自 Daniel Esty，*The World Trade Organization's Legitimacy Crisis*，发表于剑桥大学出版社出版的《国际贸易评论》（World Trade Review）2002 年的创刊号。该文在发表后，在国际贸易法学术界引起了轰动，并引发了相关的学术争论。有兴趣的读者可以阅读与该篇论文观点相左的论文—David Henderson，*WTO* 2002：*Imaginary Crisis*，*Real Problems*，World Trade Review，Vol. 1，Issue 3，pp. 277-296.

** 孙皓琛，浙江大学法学院硕士研究生。

① Blackhurst，R.（2001），Reforming WTO Decisionmaking：Lessons from Singapore and Seattle，in K. G. Deutsch and B. Speyer（eds.），The World Trade Organization Millennium Round：Freer Trade in the Twenty-First Century，London：Routledge. Esty，D. C. and Damien G.（2001），Regulatory Competition，in D. C. Esty and D. Geradin（eds.），Regulatory Competition and Economic Integration：Comparative Perspectives，Oxford：Oxford University Press.

② Keohane，R. O. and J. S. Nye，Jr.（2001），The Club Model of Multilateral Cooperation and Problems of Democratic Legitimacy'，in Roger Porter et al.（eds.），Efficiency，Equity and Legitimacy：The Multilateral Trading System at the Millennium，Washington D. C.：Brookings Institution Press.

分化的组织体制”（issue-based“decomposable hierarchies”）已经开始瓦解。① 一个崭新的、更加复杂而易变的国际体制正开始浮现。但是在新的体制中存在着结构性的缺陷。特别应该指出的是，关于如何构建起国际组织特别是 WTO 的正当性这一问题没有引起足够的注意力。②

WTO 在全球经济一体化中发挥着主导作用，但非常奇怪的是它却同时又显现出与时代脱节，没有与现今的一些规则保持一致，特别是在关于公共利益问题决策的规则上。最近的一系列事件表明，国家之间互相依赖性有着极其重要的意义。因此，解决困扰着 WTO 的正当性问题变得更加紧迫了。

许多对 WTO 和其他国际经济组织的指责，在理论上缺乏坚实的基础。实际上，许多对 WTO 的抨击所提出的理由不够充分，而且非常含混。比如有的观点认为贸易的不断自由化加剧了贫困，就完全忽视了那些奉行市场开放政策国家的无数民众在近几十年中从贸易自由化进程中所获得的利益。③ 那些高喊着“不需要 WTO 存在”口号的人，恰恰是希望国际市场中存在着约束跨国公司行为的体制或者规则。

一、对正当性的忧虑

虽然绝大多数对 WTO 的批判在理论分析上不能成立，有的甚至因果不分并造成了颠倒是非的结果，但是反全球化的讨论却恰恰能透射出人类对自身未来状况的普遍焦虑。

首先，贸易自由化带来的是输赢并存的局面。毋庸质疑，我们现在生活在一个

---

① Simon, H. A. (1996), The Sciences of the Artificial, 3rd edn, Cambridge, MA: MIT Press. Keohane, R. O. and J. S. Nye, Jr. (2001), The Club Model of Multilateral Cooperation and Problems of Democratic Legitimacy, in Roger Porter et al. (eds.), Efficiency, Equity and Legitimacy: The Multilateral Trading System at the Millennium, Washington D. C.: Brookings Institution Press.

② Bodansky, D., *The Legitimacy of International Governance: A Coming Challenge for International Environmental Law*, 93 American Journal of International Law, 596 (1999). Hurd., *Legitimacy and Authority in International Politics*, 53 International Organizations, 379 (1999). Stephan, P. B., *Part IV Relationship of the United States to International Institutions: The New International Law—Legitimacy, Accountability, Authority and Freedom in the New Global Order*, 70 University of Colorado Law Review, 1555 (1999).

③ Bhagwati, J., *The Case for Free Trade*, 269 Scientific American, 42 (1993). Anderson, K. and R. Blackhurst (1992), The Greening of World Trade Issues, Ann Arbor, MI: University of Michigan Press.

动荡不断的时代。即使是长远的经济发展走向对绝大多数人而言是有利的，对劳动力市场的全球化所引起的失业和薪金的减少的担心仍然是有一定根据的。

其次，经济一体化和更为广泛的全球化推动力对一些传统和当地文化构成了威胁。这些变化，比如被琼斯·布威所嗤之以鼻的不断改变中的法国乡村生活的节奏，并不是精心策划的阴谋的产物，而是人们自己对生活方式所作出的选择。① 类似的是，全球范围内的城市化浪潮，世界驰名商标和跨国公司在商业上所取得的突出成就，以及辐射全球的新闻媒体和娱乐文化的强势存在，在很大程度上都是由公共选择的推动而形成的。但是，有些人认为过分强调物质主义和经济发展而由此导致忽视人们所珍视的其他价值，对这种政策盛行而带来负面影响的担心是有一定根据的。因为过分强调物质主义和经济发展可能导致：在全球经济激烈竞争的环境下，促进环境和人权的保护变得更加困难的局面。②

再次，贸易自由化和经济一体化所带来的利益可能没有被公平地分配。在许多国家内，一般民众是以支付较少的货币而获取更为多样化的商品的方式从贸易活动受益的。③ 但是在有些国家内，统治集团往往控制着一个国家的政治和经济领域，由此它们能够从贸易自由化的成果和广泛的经济增长中不断攫取利益。因此，关于利益分配的问题不应该被忽视。④

国际贸易领域中的领导人物采取了对以上这些关键问题避而不谈的态度，他们认为一般的商业交易总是会伴随着一些不和谐的因素，但是环境破坏与贸易直接联系，并且认为公平问题应该在其他的领域内来解决。然而，漠视这些问题将破坏那些极力要求加快贸易自由化人士的可信性，同时也将意味着经济一体化没有沿着促进社会福利最大化的路径前进。⑤

---

① Jeffress, L. and J: P. Mayanobe (2001), A World Struggle is Underway: An Interview with Jose Bove, Z Magazine, June.

② Daniel Esty, *Revitalizing Environmental Federalism*, 95 Michigan Law Review, 570 (1996). Revitalizing Esty, D. C. and Damien G. (2001), Regulatory Competition, in D. C. Esty and D. Geradin (eds.), Regulatory Competition and Economic Integration: Comparative Perspectives, Oxford: Oxford University Press.

③ Gilpin, R. (1987), The Political Economy of International Relations, Princeton, NJ: Princeton University Press.

④ O'Rourke, K. H. (2001), Globalization and Inequality: Historical Trends, National Bureau of Economic Research, Working Paper 8339.

⑤ Daniel Esty, *Bridging the Trade-Environment Divide*, Journal of Economic Perspectives, IS: 113.

二、潜在的正当性危机

除了以上引起对贸易自由化担忧的一些原因之外，在现实中还存在着一系列特别针对 WTO 的问题。实际上，有的学者已经在考虑 WTO 自身的正当性问题。① 我们不能而且再也不能理所当然地认为，在许多国家内，公众对世界贸易组织的权威和决策是一概接受的。

在国家治理的框架下，正当性是一个非常复杂的概念。它可以来源于能反映一个群体政治意愿的代表的选举或者一次多数公决（按照卢梭所提倡的精神）。② 另外，一个统治机构可以基于理性决策和它所能创造结果的效率来赢得权威和公众的接受（康德哲学所提倡的惯例）。③ 所以，民众主权与效率在一定程度上是互相作用并可以互相代替的。因此，有些政府甚至在政绩不佳的情况下，仍旧能够连续赢得大选的胜利进而继续掌握国家权力（比如上世纪阿根廷集权统治政权）。在其他的情况下，政府没有达到完全民主的要求（比如新加坡），但却由于其运作的有效性和满足公众期望的能力而仍能继续赢得公众的接受与支持。作为一个普遍的规则，人们在需要专业技术的领域内，更加愿意把权力让渡给“专家”来进行决策。比如，只要国内经济景气，美国公众就非常愿意让制定货币政策的权力由格林斯潘领导下的并不十分民主的联邦储备委员会来行使。

正当性也有一个体系性的因素。一个特定决策机构的权威的形成不仅依赖于选举决策者过程的可靠性和最终决策结果的合理性，而且更依赖于它本身所依存的民众主权和其他更加广泛的体系的效率。④ 比如美国最高法院拥有极高的正当性，尽管美国最高法院的大法官不是由选举产生的，而且有时候它的判决也不一定是非常合理。但要注意的是，美国最高法院是处在一个由立法、行政、司法决策机构组成

---

① Weinstein, M. M. and S. Charnovitz, *The Greening of the WTO*, 80 Foreign Affairs, 147 (2001). Stokes, B. and P. Choate. (2001), Democratizing US Trade Policy, New York: Council on Foreign Relations. Bodansky, D., *The Legitimacy of International Governance: A Coming Challenge for International Environmental Law*, 93 American Journal of International Law, 596 (1999).

② Franck, T. M. (1990), The Power of Legitimacy Among Nations, New York: Oxford University Press.

③ Kahn, P., *Reason and Will in the Origins of American Constitutionalism*, 98 Yale Law Journal, 449 (1989).

④ Breton, A. (1996), Competitive Governments: An Economic Theory of Politics and Public Finance, Cambridge: Cambridge University Press. Hurd, I., *Legitimacy and Authority in International Politics*, 53 International Organizations, 379 (1999).

的广泛的结构体系中，这些机构恰恰是提供一个非常严密的权力制衡的网络。① 从整体的结构而言，这个体系为美国民众和政治家提供了一个相当有效的连接点，而且也源源不断地创造着总体上良好的结果。②

回顾历史，国际贸易体制并不是由那些经过选举而产生并对某个特定群体负责的人士来运作的。相反，国际贸易体制的正当性，绝大多数来源于其作为国际经济管理结构的一部分而形成的效率和价值。实际上，GATT/WTO 体系可以说是象征着在 20 世纪内人们对专家决策③和以提高机构理性④为中心的治理模式的高度信仰。直到近些年，国际贸易体制仍旧不断地从坚持国际贸易政策的制定应该由高水准的专家组成的一个精英领导层来运作的理念中获益。就被选举的官员所应尽职责而言，被指派的贸易官员（同时包括在国家和国际的范围内的）与其应述职的政府之间的交流途径似乎是畅通的。

然而，当今公众对国际贸易与国际贸易政策制定这两者间关系的看法已经与以往不同。国际贸易不再被视为一个最好由专家来操作的艰涩的政策领域。相反，它的一系列问题和新的动议，已经在全球范围内成为了公共关注和讨论的焦点。贸易体制已经不能以专家理性和鲜为人知的成果为基础来发挥其作用。正如将在下文中所指出的，由于以坚持效率为基础而提高 WTO 正当性的要求已经遭到了广泛的斥责，并且 WTO 缺乏巩固其运行的受到普遍支持的最高权威，因此 WTO 需要建立起一个维持其正当性的崭新的基础。WTO 应该重新树立其以效率为本的声誉，建立起与理应从贸易政策实施中获益的全球范围内不同公众群体的沟通方式，同时加强 WTO 内部组织结构更为广泛的权力制衡机制。

---

① Strauss, P., *The Place of Agencies in Government: Separation of Powers and the Fourth Branch*, 84 Columbia Law Review, 573 (1984). Eskridge, Jr., William N. and John Ferejohn, *The Article I, Section 7 Game*, 80 Georgetown Law Journal, 532-564 (1992).

② Ackerman, B., *The New Separation of Powers*, 113 Harvard Law Review, 633 (2000).

③ Charnovitz, S., *The World Trade Organization and Social Issues*, 28 Journal of World Trade, 17 (1994). Howse, R., *The House That Jackson Built: Restructuring the GATT System*, 20 Michigan Law Review, 107 (1999). Shaffer, G. C., *The World Trade Organization under Challenge: Democracy and the Law and Politics of the WTO's Treatment of Trade and Environment Matters*, 25 Harvard Environmental Law Review, 1 (2001).

④ Frug, G. E., *The Ideology of Bureaucracy in American Law*, 97 Harvard Law Review, 1276 (1984). Weber, M. (1994), The Profession and Vocation of Politics, in P. Lassman and R. Speirs (eds.), Political Writings, Cambridge: Cambridge University Press.

三、贸易体制的"俱乐部模式"

自从关税贸易总协定（GATT）作为布雷顿森林体系维持第二次世界大战后国际经济秩序的基石而诞生以来，① 国际贸易体制在长久以来都紧紧围绕着"俱乐部"的方式来运行。② 俱乐部模式的成功之处使得它的这种运作方式一直得以延续。实际上，世界贸易组织（包括其前身GATT下所产生的国际贸易结构）在贸易自由化和国际经济争端的解决方面创造了一系列令人瞩目的成就。经过连续八轮的多边贸易谈判，GATT为大幅度削减关税承诺的实现和规范国际贸易规则体系的建立提供了一个讨论的平台。③

在相当长的一段时间内，国际贸易体制所奉行的俱乐部制、低调的姿态以及晦涩的运作方式，被视做为这一体制突出的特点。一群恪尽职守的经济学家和外交家，与一个小规模的秘书处在日内瓦默默地为实现市场的开放和更深层次的经济一体化的理想而艰苦地工作着，以此为全球的繁荣开辟出一条捷径并筑起一道来防御类似20世纪上半期使全球遭受巨大损失的混乱与战争的壁垒。④ 国际贸易体制封闭和隐秘的特点，把贸易政策制定过程和与时俱变的政治领域隔离开来，从而与活跃在许多国家内部奉行贸易保护主义的利益集团保持着一定的距离。⑤

从理论上讲，贸易自由化的受益者（包括既时常否认自由贸易所带来的利益又不愿为市场开放的好处而进行政治上辩护的人）与失损者（这是个特殊的利益集团，他们面临着新的竞争并非常积极地运用政治手段进行干预从而保护他们的垄断利益）之间对利益和政治活动热情的不对称，为国际贸易体制建立了一种对这

---

① Ruggie, J. V. (1983), International Regimes, Transactions, and Change: Embedded Liberalism in the Post War Economic Order, in Stephen D. Krasner (ed.), *International Regimes*, Ithaca: Cornell University Press.

② Keohane, R. O. and J. S. Nye, Jr. (2001), The Club Model of Multilateral Cooperation and Problems of Democratic Legitimacy, in Roger Porter et al. (eds.), Efficiency, Equity and Legitimacy: The Multilateral Trading System at the Millennium, Washington D. C.: Brookings Institution Press.

③ John H. Jackson, *Reflections on Constitutional Challenges to the Global Trading System*, 72 Chicago Kent Law Review, 511, 519-521.

④ Gilpin, R. (1987), The Political Economy of International Relations, Princeton, NJ: Princeton University Press. John H. Jackson (1994), World Trade and the Law of GATT. New York: Babbs-Merrill.

⑤ Schott, J. J. (ed.) (1996), The World Trading System: Challenges Ahead, Washington D. C.: Institute for International Economics.

种结构进行“公共选择”的强有力的逻辑。① 正如罗伯特·胡德克（Robert Hudec）所形容的，国际贸易体制迫使各国政府把其权力之手束缚于固定的柱子从而避免贸易保护主义的兴起。② 在俱乐部模式之下，各国政府能够在远离寻租者、提倡贸易保护主义者以及其他利益集团的视线下，就降低关税和以普通公众获益为前提的市场开放达成妥协。③

但是，以俱乐部模式进行贸易政策制定的“隔离性”优势是要付出代价的。由于不能真正理解国际贸易体制究竟是如何运行的，所以各国公众把 WTO 看做是一个“黑匣子”，这个“黑匣子”中内部知情的人能够充分利用其权力的杠杆。同时，现在一个普遍流行的观点是特殊利益集团将主导 WTO。而且并不是只有发达国家公众才对这个趋势表示担忧，许多发展中国家也都对这种趋势表达了不满。④ 对于坚信 WTO 已经被跨国公司和其他利益集团控制的看法，只有通过引入更加透明的政策制定程序，才能逐渐减轻坚持这种观点的人士对 WTO 所持的偏见。⑤ 因此，俱乐部模式不再是国际经济体系中一种较为可行的管理结构。那种由一群贸易专家在日内瓦饭店宾馆中通过大规模集中公众观点来艰苦磋商主要国际贸易协议的做法必定会永久消失。无论力图使特殊利益集团不影响贸易谈判的努力有何等的优越之处，以闭门谈判为核心的俱乐部模式已失去了可行性。在一直多年处于全球视野边缘之后，如今贸易政策已经是全球范围内的一个核心问题。

事实上，在反全球化示威者的全部看法（已经有许多了）中有一点是正确的，即 WTO 的确存在着许多问题。国际贸易体制占据着正在成型中的全球治理模式的中心位置。虽然在过去的 50 年中 GATT 举行了多轮贸易谈判，但谈判的核心已经由互惠性地减少贸易壁垒转变为对规范经济互相依赖性的规则和程序的认可。

在许多重要的方面，下一轮多边贸易谈判将组建起一个全球宪法公约。全球宪

---

① Petersmann, E. U., *National Constitutions, Foreign Trade Policy, and European Community Law*, 3 European Journal of International Law, 15 (1992).

② Hudec, R. E., *GATT or GABB? The Future Design of the General Agreement on Tariffs and Trade*, 80 Yale Law Journal, 1299 (1971).

③ Dijck, P. and G. F. Faber (1996), Challenges to the New World Trade Organization (Legal Aspects of International Organization, 28), The Hague: Kluwer Law International. Jackson J. (1994), World Trade and the Law of GATT. New York: Babbs-Merrill.

④ Blackhurst, R. (2001), Reforming WTO Decisionmaking: Lessons from Singapore and Seattle, in K. G. Deutsch and B. Speyer (eds.), The World Trade Organization Millennium Round: Freer Trade in the Twenty-First Century, London: Routledge.

⑤ Goldman, P., *The Democratization of the Development of the United States Trade Policy*, 27 Cornell International Law Journal, 631 (1994).

政化的过程——对核心原则进行定义，制定国际标准，以及建立规范经济互相依赖性的国际组织，很可能需要几十年甚至几个世纪的讨论与完善。但是，WTO 的使命从根本上应该被理解为是履行其推动在全球范围内对每个个体将产生重要影响的体系良好运行的责任。这种责任的履行将内在地触及一些重大的问题，包括建构起我们希望生活的全球社会以及规范我们行为的体制。从这方面来说，我们必须寻求更加稳固的治理形态和实质性的原则，从而能协调更高效率市场所产生的利益与其他必须解决的全球公共问题，如消除贫困、保护环境或者人权等。WTO 所肩负的任务，包括机构目标的实现，议事日程的不断运行，参与规则的改进，以及支撑贸易谈判一系列价值和设想的形成。人们不能否认这些任务的重要性，并且必须用一个坚实的正当性基础来进一步巩固它们。

因此，不难发现整个世界现在都在关注 WTO 的运行情况并且就其机构设置的目的、结构、代表性、决策程序以及正当性提出各自的疑问。① WTO 机构运行的合理性已不能再以市场开放的进程为标准来判断。而且，在上文已经指出，一些学者对 WTO 在许多领域是否成功实现其使命并实现其促进经济效率和繁荣的承诺提出了质疑。以前，只有那些通过实现全球市场开放的普遍要求，对定义清晰的核心原则（比如非歧视原则）的追求，以及提倡发展教育的共同传统（这尤其是经济学核心领域所奉行的理念）而连接起来所形成的严密的贸易群体，才关注过 WTO 的运行。而现在，没有这种文化上亲缘关系的群体，已经在不断衡量着 WTO 运行效果。它们使用着各种不同的判断效率的标准。这导致了 WTO 的表现急剧下降，从而使得 WTO 机构的正当性也处于不断下降的趋势中。从本质上讲，俱乐部模型所奉行的闭门决策的做法，在当今已成为公众理解并支持 WTO 的一个障碍。

同时，国际贸易体制不断拓宽其管辖领域的做法反而违背了以坚持效率为基础而提高 WTO 正当性的要求。② WTO 现今面临的许多隐患恰恰散布在它所取得的一

---

① Bodansky, D., *The Legitimacy of International Governance: A Coming Challenge for International Environmental Law*, 93 American Journal of International Law, 596 (1999). Stephan, P. B., *Part IV Relationship of the United States to International Institutions: The New International Law - Legitimacy, Accountability, Authority and Freedom in the New Global Order*, 70 University of Colorado Law Review, 1555 (1999).

② Dunoff, J. L., *Institutional Misfits: The GATT, the ICJ, and Trade-Environment Disputes*, Michigan Journal o f International Law, IS 1043 (1994). Esty, *Nongovernmental Organizations at the World Trade Organization: Cooperation, Competition, or Exclusion*, Journal of International Economic Law, 123 (1998). Keohane, R. O. and J. S. Nye, Jr. (2001), The Club Model of Multilateral Cooperation and Problems of Democratic Legitimacy, in Roger Porter et al. (eds.), Efficiency, Equity and Legitimacy: The Multilateral Trading System at the Millennium, Washington D. C.: Brookings Institution Press.

系列的成果中。

因为国际贸易体制一直以来被认为是卓有成效的，所以越来越多的人把WTO视为一个极其关键的决策制定机构或者政策杠杆上一个极为关键的一点。① 比如，因为目前不存在具有推动污染控制和自然资源有效使用管理的国际环境组织，环境保护主义者便把注意力集中在“绿化GATT”（“greening the GATT”）这个问题上。② 同样，WTO争端解决程序所具有的活力，已经表明各种许多与贸易有关的（也包括了其他政策领域）争端在WTO范围内得到了解决。③ 大量与此有关的问题，包括海豚和海龟的保护或者是美国1990年空气清洁法案关于精炼汽油的条款的实施，已经迫使WTO在其核心能力范围之外作出裁决。由于WTO只是由专长于贸易的人员组成，因而它没有在关于保护濒危动物或者防止空气污染政策的问题上进行良好的定位。结果，许多人纷纷强烈地抱怨贸易体制内的决定对其他领域（如环保领域）的消极影响。每当WTO作出“与贸易有关”的决定，却都被认为是WTO管辖太广的表现，导致WTO基于“理性”而提高正当性的愿望也变得难以实现了。④

以机构理性（bureaucratic rationality）为基础的决策制定过程是否被广泛接受，只取决于公众对决策制定在本质上具有“技术性”特点，并且通过运用“科学方法”来巩固决策结果实施这两个问题的理解程度。WTO的影响已经明显超越了国际贸易这一相对狭窄的领域。WTO的许多决策的制定不可避免地包含着与其他政策目标的妥协，广泛地影响其他领域，同时明显需要一个价值判断过程。在这样的情况下，那种认为专家总能保持理性的推断是错误的。这个问题的提出并不只是一种推测。鉴于国际贸易新议题已经与其他政策领域如环境保护交织在一起的情况，WTO不能仅仅依赖国际贸易的理论逻辑和原则来恰当地调和不同政策之间互相竞争所引起的压力。总之，虽然在有些政策领域继续存在强调“科学方法”的运用来减少争端和过分政治化现象的推动力，但是贸易政策制定过程的趋向恰恰是相反的。当公众越多了解到贸易政策制定过程中所能面对的选择，他们要求更多的公开讨论和发表政治意见机会的呼声也将更加高涨。

---

① Mearsheimer, J., *The False Promise of International Institutions*, 19 International Security, 3 (1994/5).

② Esty, D. C. (1994), Greening the GATT: Trade, Environment, and the Future, Washington D. C.: Institute for International Economics.

③ Wofford, C., *A Greener Future at the WTO: The Refinement of WTO Jurisprudence on Environmental Exceptions to the GATT*, 24 Harvard Environmental Law Review, 563 (2000).

④ Dunoff, J. L., Institutional Misfits: The GATT, the ICJ, and Trade-Environment Disputes, *Michigan Journal of International Law*, IS: 1043 (1994).

在以理性为基础的公正性受到破坏的范围内，要求以民主和关心受影响的公众的连接点为基础来提高 WTO 的正当性就显得更加重要了。但是，在这里需要再次强调的是，WTO 俱乐部模式以前所具有的优点，已经演变成了严重危害 WTO 发展的缺点。特别是 WTO“成员加入”政策，已经成为加剧国际贸易领域紧张气氛的一个根源。陈旧的俱乐部制度并没有足够的代表性，比如西雅图部长级会议把大多数发展中国家代表排除在“环保谈判”之外，却组织一些发达国家进行谈判，许多谈判代表对此表示强烈的愤慨。① 同样，WTO 在决策过程中长时间把非政府组织排除在外的做法，已经成了相关领域激烈争论的一个焦点。除了发展中国家谈判代表和非政府组织之外，一大批代表其他领域谈判议题的政府代表（比如负责环保的官员）也被排除在西雅图部长级会议的谈判中心之外。以上例子的存在和 WTO 采取边缘化政策而由此造成的困境，进一步宣告了陈旧的国际贸易体制在不断失去其可操作性。

贸易体制正在变化中的使命又加剧了 WTO 所面临的正当性危机。贸易谈判的核心已不再是互惠性的关税减让。如今贸易政策的制定过程已经围绕着建立一个规则导向的体系来引导国际贸易体制的运行。而且，随着经济一体化的进一步深入，贸易议程不可避免地将更加频繁、更加直接地触及其他领域中的许多问题和价值观念。② 因此，WTO 最近所面临的困难，其中一部分原因可以归结于国际贸易的许多参与者未能意识到在过去的几十年中，他们活动的目标已经发生了变化。

许多推崇自由贸易的人认为，他们那些雄心勃勃的设想并没有超越推动实现贸易自由化议程的相对狭窄的范围。但是正如 GATT 和其他贸易因素所能发挥作用的范围随着经济一体化的程度由浅至深的转变而不断扩大，③ WTO 所涉及的领域也扩展到了知识产权、环境保护、竞争政策以及公共健康保护政策。其中，那些 WTO 与其他领域的互相之间存在着的关联不仅是不可避免的，而且是人们所迫切希望存在的。比如，如果贸易体制不考虑环境污染具有跨越传播的可能性，将使国际经济体系面临市场失灵的局面，进而导致分配效率下降、贸易的好处以及社会福利的不断减少，当然更不说由此引发的环境状况恶化的局面。同时，其他关联性的

---

① Blackhurst, R. (2001), Reforming WTO Decisionmaking: Lessons from Singapore and Seattle, in K. G. Deutsch and B. Speyer (eds.), The World Trade Organization Millennium Round: Freer Trade in the Twenty-First Century, London: Routledge.

② Daniel Esty, *Bridging the Trade-Environment Divide*, Journal of Economic Perspectives, IS: 113 (2001).

③ Rodrik, D. (1997), Has Globalization Gone Too Far? Washington D. C.: Institute for International Economics. Lawrence, R. et al. (1996), A Vision of the World Economy: Openness, Diversity, and Cohesion. Washington D. C.: Brookings Institution Press.

问题也完全把贸易议程的狭隘性暴露无疑。贸易体系中保护爱滋病药品的知识产权规则与在非洲应对一场严重的公共健康危机的需求之间的冲突，恰恰为以上的结论提供了一个非常好的例子。

如果没有政治一体化的不断深入，经济一体化的进程将难以维续。① 有些学者虽然认识到经济和政治互相之间存在着这种关联性，但却同时坚信在某种程度上国际贸易体系中存在着“有用的低效性”（useful inefficiency），它可以减少贸易政策一体化所带来的压力，② 允许不同的国内政策继续存在，并由此使得一些政治家免受全球化所带来的压力。③ 非常明显的是，国际贸易体制中存在着能够使得国家行使制定一些政策的自治权的缓冲区域。④ 国界的存在仍造成了许多问题。但是那些强调国家权力为主导的人士，却恰恰没有把他们对国际贸易政策缓冲区域的看法，同因为国际贸易总量与 GDP 之间不断增高的比率而造成的越来越多的“敏感性因素”以及不断减少的国际贸易操作中低效率的现象协调起来。

经济一体化和政治一体化是互相影响并且各自都不断进行着的。这样的进程取决于一种不断加深的群体感（a deepening sense of community）。要让一国的公众接受为异国商品开放本国市场的做法，就必须使他们相信异国人民能够普遍赞同他们最重要的价值观。随着共同价值观的范围和深度不断得到延展，公众乐于接受进一步经济一体化的群体感也将不断得到加强。正如我将在下文中详细解释的，WTO 所缺少的是对吸引更多政治家和接纳市民社会群体参与更多对话与辩论的重要性的认识力，而上述不同群体人士的参与将向正在成型中的全球经济结构提供其必需的政治基础。

WTO 在民主化上的缺陷更加严重。⑤ 当今世界的状况是国家权力正处于被削

---

① Dua, A. and D. C. Esty (1997), Sustaining the Asia Pacific Miracle, Washington D. C.: Institute for International Economics, pp. 109-110, 120-127.

② Cooper, R. M. (1968), The Economics of Interdependence: Economic Policy in the Atlantic Community, New York: McGraw-Hill.

③ Garrett, G. (1998), Partisan Politics in the Global Economy, Cambridge: Cambridge University Press. Keohane, R. O. and J. S. Nye, Jr. (2001), The Club Model of Multilateral Cooperation and Problems of Democratic Legitimacy, in Roger Porter et al. (eds.), Efficiency, Equity and Legitimacy: The Multilateral Trading System at the Millennium, Washington D. C.: Brookings Institution Press.

④ Helliwell, J. (1998), How Much Do National Borders Matter? Washington D. C.: Brookings Institution Press.

⑤ Stokes, B. and P. Choate. (2001), Democratizing US Trade Policy, New York: Council on Foreign Relations.

弱状态中，同时强有力的新生力量正在不断出现。① 那种认为一小群贸易官员和代表，即使那些是由通过合法的程序选举出来的国内政府派遣参与国际贸易事务的，就能恰当地“代表”全球范围内不同的公众群体进行决策的理论已经遭到了许多驳斥。国内政府显然不能调解所有全球性的政治问题。② 由于民众意愿具有极其多样化的特点，③ 因此即使是通过正当程序选举出来的国内政府也不能在全球政策制定过程中完全表达所有民众的意愿。而且，有些 WTO 成员政府并不是完全民主化的。即使有些国家内有选举，但是腐败和集权统治可能导致领导阶层缺乏普遍的代表性。

同时，与传统代表选举模型所能反映的信息相比，个体特征（individual identity）的结构和层次显得更为复杂，这种情况直接导致了区域性选民的意志不能成为公共政策制定的基础。许多人不仅以地域范围来区别不同的群体，而且也频繁地通过对一个问题核心点的看法来区分不同群体的利益特征（比如动物保护主义者、人权保护主义者、贸易组织的成员）。④ 因此，限制民众广泛参与全球政治活动，从而阻止通过选举来间接指派贸易官员代表本国参与一个特定的多国政府之间对话的做法，将破坏 WTO 正当性所赖以存在的受到普遍支持的最高权威。

在这里要区分的是代表权（representation）和代表性（representativeness）这两个概念。虽然让民众认识到他们选择了政策制定者（通过选举）有利于加强正当性，但如果当民众感觉他们不仅在参加选举而且他们的许多观点被政策制定者非常认真考虑的时候，他们对政府的决策制定过程的满意程度也将明显提高。因此，对于公共问题而言，决策过程永远是非常重要的。⑤ 同时，考虑到 WTO 现有议程的宪法性意义，程序的公正性和公开的对话就具有更为重要的意义。⑥

很多人认为在全球范围内共享民主参与制度（global-scale participatory democra-

---

① Talbott, S., *Globalization and Diplomacy: A Practitioner's Perspective*, 108 Foreign Policy, 69 (1997).

② Kobrin, S., *Back to the Future: Neomedievalism and the Postmodern Digital World Economy*, Journal of International Affairs, 362-386 (1998).

③ Esty, D. C., *Nongovernmental Organizations at the World Trade Organization: Cooperation, Competition, or Exclusion*, 1 Journal of International Economic Law, 123 (1998).

④ Daniel Esty, *Revitalizing Environmental Federalism*, 95 Michigan Law Review, 570.

⑤ Fiss, O. M., *The Allure of Individualism*, 78 Iowa Law Review, 970-971, 978-979 (1993).

⑥ Fiss, O. M., *The Autonomy of Law*, 26 Yale Journal of International Law, 517, 520, 525-526 (2001).

cy）的设想只是一个乌托邦式的梦想。① 很明显的是，对于一个拥有60亿人口的星球而言，国际贸易政策的制定绝对不可能以“城市集会”的方式进行。但是，通过向更加透明化运行和提倡进行公开辩论的转变从而更为完整地考虑非政府的利益和市民社会的观点，WTO政策制定过程能够变得更加的丰富和多样化。② 这并不意味着非政府组织在WTO某个问题的决策过程中，将会或者应该拥有投票的权力。但是，对于政府决策制定者而言，更多地倾听或感受不同的观点、建议、数据、分析和选择具有非常重要的意义。这种全面而彻底的对话方式不仅为加强最终决策结果效力的智慧“竞争”提供一个操作的平台③，而且由于决策过程被认为是更加具有代表性，它也将加强决策选择结果的正当性。④

现代公共利益决策规范更要求透明度原则能够得到最大程度的实现。⑤ 政府权力是否被公众接受，是以公众对谁在制定决策和推动最终决策制定的理由这两个问题有着清晰的认知为基础的。这就要求行政法和相应的行政程序应该具备能够促进决策信息披露的能力（比如一个公开的议事日程），以及谁能在此决策制定过程中具有最终决定权力。⑥ 然而，WTO与这种现代政策制定规范还相隔着一定的距离。

---

① Keohane, R. O. and J. S. Nye, Jr. (2001), The Club Model of Multilateral Cooperation and Problems of Democratic Legitimacy', in Roger Porter et al. (eds.), Efficiency, Equity and Legitimacy: The Multilateral Trading System at the Millennium, Washington D. C.: Brookings Institution Press.

② Habermas, J. (2001), The Postnational Constellation, Cambridge, MA: MIT Press.

③ Esty, D. C. and Damien G. (2001), Regulatory Co-opetition, in D. C. Esty and D. Geradin (eds.), Regulatory Competition and Economic Integration: Comparative Perspectives, Oxford: Oxford University Press.

④ Esty, D. C., *Nongovernmental Organizations at the World Trade Organization: Cooperation, Competition, or Exclusion*, Journal of International Economic Law, 123 (1998).

⑤ Florini, A., *Decent Exposure*, World Link (July/August): 12-13 (2001). Hansen, *Transparency, Standards of Review and the Use of Trade Measures to Protect the Global Environment*, 39 Virginia Journal of International Law, 1017, 1021, 1061-1068 (1999).

⑥ Arran, A. C., *Globalization, Accountability, and the Future of Administrative Law: The Limits of Globalization and the Future of Administrative Law: From Government to Governance*, 8 Indiana Journal of Global Legal Studies, 379, 383-384, 396-401 (2001). Shapiro, M., *Administrative Law Unbounded: Reflections on Government and Governance*, 8 Indiana Journal of Global Legal Studies, 369 (2001).

四、建立另一种正当性的模型

有些学者认为 WTO 面临正当性危机的根源是缺乏一个政治上的归责体制。比如科奥恩和奈（Keohane and Nye）认为“WTO 需要那种能够把特定的国际组织和政策制定与更为广泛的各种公共问题紧密联系在一起的政治家，以此来实现对选民负责的方式参与 WTO 组织活动”。① 而我却认为应该从更为微观的视角去看待这个问题。并不只是人民主权和少数服从多数的决策方式才拥有创造正当性的功能。许多组织因为具备了成功创造良好运行结果的能力或者建立起同其他能提供一个与通过民主选举而获得正当性的政府进行间接沟通渠道的组织的系统性的关系，从而赢取了相应的正当性和权威力量。WTO 正需要沿着这种方向进行改革。

（一）受到普遍支持的最高权威

虽然要实现全球直接选举以及在此基础上实行参与 WTO 活动的政治家直接对选民负责的制度需要很长时间，但是国际贸易体制可以明显提高其决策的品质、权威性和代表性，从而最终提高自身的正当性。在缺乏全球“民众”（demos）的情况下，WTO 决策制定者的责任制度必定带有许多缺陷，但是 WTO 与全球范围内各国各地民众之间的联系却应该更好地建立起来。特别应该指出的是，非政府组织（NGOs）能够提供一种“连接网络”（connective tissue），从而把居住在偏远地区的民众与 WTO 联系起来。非政府组织能够将关于 WTO 的信息通过“自上而下”的方式传递给他们的支持者，从而确保公众能了解国际贸易体制运行情况。致力于提高机构的透明性和促进市民社会群体更多地参与 WTO 决策讨论的决心，将使贸易政策制定者能够接触到一些全新的思考问题的方式、更加多样化的信息渠道以及从全球范围内通过“自下而上”的方式传递到日内瓦总部的不同观点。由于非政府组织的参与而出现的智慧“竞争”将营造出 WTO 决策过程中更为活跃的气氛，从而促进贸易体制反思全球普遍意愿和创造合理结果的能力。

此外，WTO 也应该让在成员国内有广泛影响力的政治家更多地直接参与其事务活动，从而促进 WTO 的可信性和与那些通过正当选举而产生执政者的联系。其中一种方法便是由来自一些不同国家的议员共同对 WTO 的表现进行“监督听证”。

① Keohane, R. O. and J. S. Nye, Jr., The Club Model of Multilateral Cooperation and Problems of Democratic Legitimacy, in Roger Porter et al. (eds.), Efficiency, Equity and Legitimacy: The Multilateral Trading System at the Millennium, Washington D. C.: Brookings Institution Press, 218 (2001).

虽然 WTO 不能通过直接选举其领导者来获得完全的可信性，但是交流渠道的更进一步拓宽和更为激烈的政策辩论将会极大促进 WTO 的正当性。

（二）理性决策

在现有形式贸易政策的制定并不是一个纯粹的由专家进行决策的活动，而是各种价值观念都不可避免地发挥着作用，并力争实现贸易目标与其他政策性目标的平衡的决策领域。西雅图会议的彻底失败，敲响了 WTO 作为一个封闭的技术性政策制定机构的丧钟。但是，如果国际贸易体制能重建其良好的回应能力，那么它可以基于其所创造结果的合理性而重新获得一定的正当性。

为了实现以上目标，最为重要的是 WTO 首先必须采取对其内部重要的机构进行改革的措施，并同时为贸易自由化创造良好的条件。通过倡导发挥除了提供争端解决机制的作用，WTO 也许能重建其倡导权威、效率以及公平的良好声誉。在任何可能的情况下，WTO 应尽量避免对将超越其管理贸易能力的事务作出决定。比如，WTO 的权威与正当性可以在“贸易与环境”问题的范围内，通过向一个正在倡导建立中的全球环境保护组织（Global Environmental Organization，GEO）而加强其权威性与正当性。如果在决策过程中将不可避免地涉及其他政策领域的情况下，WTO 就应该注重吸取相关领域的各种专业性意见。一个现实存在于全球公共政策网络中的 WTO，将会具备更为强烈的影响力和持久的活力。①

当 WTO 在决策过程中难以作出决定的时候，举行深入的辩论将充分建立起 WTO 的权威性。特别是对于那些最终解决方案显得极其不确定的问题，从不同角度去探究事实的真相具有重要意义。为了确保各种意见与观点具备足够的代表性，WTO 需要建立一个活跃的、非常透明的以及参与性较强的决策程序。② WTO 所作出的决定，如果只是促进一些单一的目标（比如经济效率）而忽视其他同样关键的目标（比如环境保护、人权保护等），那么它的声誉和权威性将会遭到破坏。目前，国际贸易体制需要去主动确认其他与其相关联的政策目标与价值的合法性。

WTO 若要实现具备以理性决策为基础的正当性的目标，同时也依赖于它可以为人能感知的公正性和对正义的追求。公正这个观念包含着与程序性和实体性有关的各种因素。关于程序性公正或者“正当程序”的一个最为基本的原则就是开放性，即对哪些人在作出决定的确认，对决策过程所依赖的设想的公布，以及对各种

① Reinecke, W. (1997), Global Public Polic, Washington D. C.: Brookings Institution Press. Slaughter, A. M.; *The Long Arm of the Law*, 114 Foreign Policy, 34 (1999).

② Weinstein, M. M. and S. Charnovitz, *The Greening of the WTO*, 80 Foreign Affairs, 147 (2001).

正在运用中的价值观、权力（influences）以及信息来源的解释。程序性公正也要求为有利益牵涉的不同集团提供进入参与决策制定的机会，但同时又能确保特殊的利益集团不会控制最后结果的产生（比如可以通过行政法来实现）。①

实体性公正不仅发挥着维持政策的一致性在不同情况和阶段下得以延续的作用，而且同时也促进着与各个群体的价值观念和传统相吻合的政策的产生。② 对于WTO而言，除了应该从贸易发展的角度作出正确决策的任务，当在其他价值观进入贸易体制后，它也有必要保证自身具备平衡各种互相可能抵触的利益的能力。

（三）组织结构的加强与完善

WTO的决策能力将由于引入一个更为广泛的“权利制衡”机制而得到加强。正如上文提到的，国际组织能够从它所隶属的更为广泛的体制中不断汲取活力。各种拥有相同的治理“空间”的国际组织，能够互相制衡并促进各自的发展。而且，它们也可以在共同追求最佳公共决策的目标下展开竞争与合作。③

以上的组织结构需要有一个多层面的国际监管体制的存在，从而在一定程度上促进国际与国内决策制定者之间的“垂直性”竞争。④ 同时，WTO也将从与其他具备决策权力和正当性的国际组织的“平行性”合作中不断获益。比如，全球环境保护组织的诞生，将发挥其向WTO的决策过程提供一些平衡力的作用。同样，一个强有力的国际劳工组织（ILO），也将扩展WTO进行国际经济管理的组织性基础。⑤

---

① Joerges, C. and Renaud D. (eds.) (2002), Good Governance in an Integrated Market, The Collected Courses of the Academy of European Law, Vol. XI, Book 2. Fiss, O. M., *The Allure of Individualism*, 78 Iowa Law Review, 78: 970-971, 978-979 (1993).

② Fiss, O. M., *The Autonomy of Law*, 26 Yale Journal of International Law, 517, 520, 525-526 (2001).

③ Daniel Esty, *Nongovernmental Organizations at the World Trade Organization: Cooperation, Competition, or Exclusion*, Journal of International Economic Law, 123 (1998).

④ Daniel Esty, *Toward Optimal Environmental Governance*, 74 New York University Law Review, 1495. *An Environmental Perspective on Seattle*, 3 Journal of International Economic Law, 176 (2000). Esty, D. C. and Damien G. (2001), Regulatory Co-opetition, in D. C. Esty and D. Geradin (eds.), Regulatory Competition and Economic Integration: Comparative Perspectives, Oxford: Oxford University Press.

⑤ Charnovitz, S. (2000), The International Labour Organization in Its Second Century, in J. A. Frowein and R. Wolfrum, Max Planck Yearbook of United Nations Law-Volume IV, The Hague: Kluwer Law International.

结语

WTO 实际上具备了重新获得广泛的公众支持与正当性的能力，但这需要对国际贸易体制的实体性和程序性规则进行重新塑造。

对于一个互相依存性十分复杂的全球社会而言，有效的国际组织的存在并且它们所有决策过程能被理解和接受是极其重要的。虽然在全球范围内不太可能存在一个连贯的政治共同体，同时在短期内也不太可能在国际组织中通过直接选举过程而实现责任归责制度，但是我们可以预见到一系列对各种利益代表性更强的国际组织的发展，包括经过改革而不断焕发生机的 WTO。通过扩展全球治理的基础并创建起一个权力制衡的机制，从而在国际组织之间平行地或者在全球和国家（地区）范围内垂直地传递权威性的信号，最终促进决策的实施能不断创造出更为合理的结果。WTO 除了通过致力于建立更为透明化的程序和为更深入的全球范围内的政治性对话提供论坛来加强其自身的正当性之外，它还有必要重新建立起它具有高效率的声誉。为了实现这个目标，整个国际贸易共同体必须表现出它认识到在 WTO 决策过程中更为广泛的其他的背景情况，并且培养起它对消除贫困、环境保护的重要性和人权保护以及其他贸易体制内的问题的敏感性。良好的治理几乎总是意味着多种标准的最佳利用，因此 WTO 需要建立能够更好地平衡各种利益的规则和程序，以使得经济一体化、贸易与投资自由化以及经济效率提高等目标的实现，与环境保护、人权保护、公正的维护等目标的实现相协调。

有人认为，对那种要求去除以俱乐部模式操作的国际贸易体制、第二次世界大战后建立的国际经济秩序以及它所产生的有限的经济一体化的观点，应该采取怀疑的态度。这种观念不仅陈旧，而且与现实的情况相冲突。恰恰相反，WTO 必须被视做为即将出现的国际治理体系中的一个关键的组成部分。我们必须认识到为协调国家间互相依赖性的核心原则、规则以及程序进行明确定义的挑战性，无论我们是否把这种挑战冠名为宪政主义的萌动。塑造在这种新国际体制下的正义观念是一个更为重要的挑战。许多研究全球化问题的学者已经注意到，为各国国内政治改革过程保留一定“空间”的重要性，① 这正如美国宪法为各个州保留一些权力的做法。国际贸易体制不能涉足过于广泛的领域，并且必须保存着一定的“例外条款”以

① Keohane, R. O. and J. S. Nye, Jr. (2001), The Club Model of Multilateral Cooperation and Problems of Democratic Legitimacy, in Roger Porter et al. (eds.), Efficiency, Equity and Legitimacy: The Multilateral Trading System at the Millennium, Washington D. C.: Brookings Institution Press.

及其他保证国家安全的规则,① 以防止国内政治压力对国际贸易体制的影响。但是，那种简单地认为，如果我们忽视要求国际经济体制改革的呼声或者试图把关于贸易问题争论的焦点转变为国内问题，国际经济体制的未来将会建立在坚实的基础上的观点是错误的。相反，我们必须首先考虑促使 WTO 焕发出新的活力并重新塑造其正当性的基础的路径。

① Robert Hudec, Covenent, in Roger Porter et al. (eds.), Efficiency, Equity and Legitimacy: The Multilateral Trading System at the Millennium, Washington D. C.: Brookings Institution Press, 295-300 (2000).

WTO“技术性贸易壁垒协定第一案”之法律透析

——欧共体沙丁鱼案

□ 吴 蕾*

内容摘要 WTO争端解决机构（DSB）通过了上诉机构对欧共体沙丁鱼案件的报告，结束了欧共体和秘鲁关于该案件的纠纷。该案例在实体上，首次对技术贸易壁垒协定的相关条款作出解释，并分析了技术贸易壁垒协定的适用问题；在程序上，肯定“法庭之友”的新主体资格和对撤回上诉的处理。以上问题对我国有重要的借鉴意义。

2002年10月23日，WTO争端解决机构（DSB）通过了秘鲁诉欧共体沙丁鱼案上诉机构报告，至此，关于《技术贸易壁垒协定》（以下简称TBT协定）的第一案终于尘埃落定。① 本文将对沙丁鱼案在程序上和实体上一些较为重要的争执焦点进行分析，试图从中得出一些经验教训，为我国今后处理相关问题提供一些借鉴。

一、案情简介

本案主要涉及的产品是沙丁鱼。沙丁鱼有很多种类，其中一类（Sardina pilchardus）主要生活在北大西洋东部（西欧沿海和地中海地区），另一类（Sardinops sagax）主要生活在太平洋东部（秘鲁和智利沿海）。但欧共体有关罐装沙丁鱼销售

* 武汉大学国际法研究所硕士研究生。

① 之所以将本案称为“技术贸易壁垒协定第一案”，是因为在本案中第一次真正涉及了技术贸易协定的相关条款。而在此之前的案例，虽然投诉方也将其作为诉讼请求提出，可是都因“司法经济原则”而被省略。

的法规（European Communities Regulation，以下简称 ECR①），只允许用北大西洋东部的沙丁鱼制作的罐装沙丁鱼以“沙丁鱼”的名称销售。秘鲁向欧共体出口由在秘鱼沿海捕获的沙丁鱼制作的罐装沙丁鱼，名叫东太平洋或秘鲁沙丁鱼。根据欧共体 ECR 的规定，这样命名的秘鲁沙丁鱼被禁止在欧共体内销售。而根据联合国粮农组织和世界卫生组织食品规则委员会制定的有关罐装沙丁鱼和沙丁鱼类产品的标准，即 Codex Stan 94②（以下简称 CS94）是允许该类沙丁鱼在市场上销售的。针对欧共体的 ECR 的规定，秘鲁向世界贸易组织争端解决机制提出申诉，主张欧共体的 ECR 的命名措施违反了 TBT 协定的第 2.4 条，有关沙丁鱼的法规应该与 CS94 的国际标准相符合。欧共体作出以下抗辩：ECR 虽然属于 TBT 协定中的技术法规，但是秘鲁指控的 ECR 中命名措施不属于技术法规中的技术法规；ECR 在 TBT 协议之前生效，ECR 不适用 TBT 协议第 2.4 条；TBT 协议规定的国际标准不适用于已经生效的措施，CS94 不能作为本案争议法规的国际标准；CS94 对 ECR 追求的合法目标无效或不适当。

2002 年 5 月 29 日，WTO 争端解决机构发布专家组报告，裁定本案争议的欧共体 ECR 是技术性贸易壁垒协议意义上的技术法规，该欧共体法规与技术性贸易壁垒协议的第 2.4 条不符。欧共体对专家组的报告不服，认为专家组在法律解释和适用上存在错误，提出了上诉。上诉机构经过审理，作出程序上的裁定：欧共体 2002 年 6 月 25 日撤回上诉通知和在 2002 年 6 月 28 日提出新上诉通知是被允许的；本案中提交的“法庭之友”是被允许的，但是它们对本案并没有任何帮助；认为专家组的行为符合 DSU 第 11 条的要求并履行了其相应的职责。在实体部分，上诉机构支持专家组报告中的部分裁决：欧共体的 ECR 属于 TBT 协定中定义的“技术法规”；ECR 没有根据 TBT 协定第 2.4 条的规定将 CS94 作为其“基础之一”。同时上诉机构推翻了专家组报告中有关 TBT 协定第 2.4 条举证责任的分析，认为应该由秘鲁而不是由欧共体承担 CS94 是完成“合法宗旨”的有效和恰当手段的举证责任。不过上诉机构在结论中指出，秘鲁已经提供了足够的证据完成了其举证责任，从而最终裁定 ECR 与 TBT 协定的第 2.4 条不符。

2002 年 10 月 23 日，DSB 通过了上诉机构的报告。2003 年 7 月 29 日，欧共体和秘鲁通知 DSB，它们已经就本案达成了解决方案。

---

① ECR 在本案中是指欧共体委员会在 1989 年 6 月 28 日通过的委员会规章（EEC）2136/89，该规章在 1990 年 1 月 1 日正式生效。该规章是为了保护沙丁鱼而为共同体制定的市场标准。

② 该标准是在 1978 年制定的，但在 1995 年进行了修订，与本案直接相关的是 1995 年的修订，即 Codex Stan 94。

二、法律问题

本案在上诉阶段争执的焦点在程序上主要是欧共体撤回上诉再提出新的上诉是否符合争端解决机制的规定、摩洛哥等提出的法庭之友是否可以被法庭接受。在实体上主要体现在两点：欧共体的 ECR 的命名措施是否属于 TBT 协议定义中的技术法规；ECR 的命名措施是否与 TBT 协议第 2.4 条的要求相符合。以下将分别具体论述。

（一）程序性问题

1. 撤回上诉的问题

2002 年 6 月 28 日，欧共体向 DSB 的主席和上诉机构提出，撤回 6 月 25 日的上诉，理由是欧共体享有提出新上诉通知的权利。同日，欧共体提出了新上诉通知。7 月 2 日，秘鲁对于欧共体撤回上诉和重新提出上诉的权利提出质疑。在当事方是否享有撤回上诉权的问题上，秘鲁抗辩的逻辑是：第一，在《上诉审查的工作程序（the working procedure)》（以下简称《工作程序》）中，并没有规定两次上诉的权利，欧共体不能撤回后再提交修改的上诉通知。第二，欧共体无条件地重新启动上诉程序或单方面决定撤回上诉，构成了权利的滥用。第三，如果同意欧共体的做法，就相当于欧共体享有两次上诉权，会使秘鲁的程序性权利受到伤害。

欧共体针对秘鲁提出的抗辩，提出自己有条件地撤回先前的上诉通知，再提出新的上诉通知，是符合争端解决机构、上诉程序和先前的实践的。欧共体同时强调自己采取的行动是迅捷的，6 月 28 日提出的上诉通知（notice of appeal）与 6 月 25 日的上诉通知的惟一区别就在于，6 月 28 日的通知中包括了根据秘鲁提出的要求而作出的补充信息。据此，欧共体声称秘鲁反对新的上诉通知和根据新上诉通知成立上诉机构是没有法律根据的。

上诉机构根据《工作程序》的第 30 条的规定，认为欧共体作为上诉方在撤回上诉上是没有受到期限的限制的，不需要为撤回上诉通知提供任何理由，也不需要在撤回上诉时通知其他参加方。对于秘鲁提出的三条抗辩理由，上诉机构都作出了否定的回答。

上诉机构拒绝秘鲁的第一个主张的理由是，在第 30 条中并不能找到支持秘鲁主张的内容。上诉机构认为，在第 30 条下撤回上诉权利的权利是很广泛的，只有两点限制：不削弱“公平、快速和有效解决贸易争端”；“成员方是善意使用该程序”。上诉机构在对本案的撤回是否满足前面的两个条件进行审查时，认为在本案中欧共体撤回上诉的条件是合理的。理由是欧共体撤回其上诉通知并以新的通知代替作为回应秘鲁提出的要求而产生的，而且欧共体的行动是“及时的”，它只用了3天的时间完成了对旧上诉通知的修改。

在对秘鲁提出的第二个观点考察时，上诉机构声称，“决不允许滥用权利的实践”建立。在本案中，上诉机构认为欧共体及时地提出新上诉通知，并没有滥用其权利；秘鲁自己并没有指出哪里是新的或修改的上诉理由，欧共体的新上诉通知仅是增加了秘鲁认为的原通知段落中不足的信息量的理由，欧共体只提起一次上诉。上诉机构裁决，2002年6月28日的新通知没有构成第二次上诉。

至于秘鲁提到的“对其权利造成了伤害”的主张，上诉机构认为在本争端中允许用新通知来代替旧通知，并没有伤害到秘鲁的权利。相反，上诉机构认为秘鲁是在上诉过程中得到了其应得的权利的。上诉机关认为撤回6月25日的上诉通知和以6月28日的上诉通知来代替，不是欧共体滥用诉讼技巧的实践，而是欧共体根据秘鲁反对第一个上诉通知作出的适当反应。

2. 法庭之友

WTO协定中并没有规定“法庭之友”的内容。“法庭之友”是由专家组和上诉机构在实践中给予肯定而出现在WTO体制中的。在WTO中，“法庭之友”一般是指世贸组织争端解决机构以及争端当事方以外的其他组织和个人，主要指环境组织、劳工组织、保护消费者权益组织等非政府间组织。

本案的“法庭之友”是分别由第三方的哥伦比亚、一个非政府组织和成员国摩洛哥提供的。值得注意的是，摩洛哥在本案中既不是争端的当事方，也没有在专家组程序作为第三方参加。对于摩洛哥提交的“法庭之友”，本案的各成员国的反应也是不同的。秘鲁反对上诉机构接受摩洛哥的“法庭之友”的理由是如果接受则意味逃避了DSU中关于“第三方”参加的程序。欧共体没有在书面中表达看法，但是在口头程序中，同意接受这些“法庭之友”。而在第三方的成员中，加拿大、智利和委内瑞拉都反对接受“法庭之友”，美国认为上诉机构有权接受“法庭之友”，但同时指出它们是没有价值的。

上诉机构认为，在符合DSU和其他协定的条款时，自己有法定权利决定是否接受和考虑在上诉中其认为相关的信息。上诉机构的依据是，DSU的第17条第9款赋予上诉机构广泛的采用不与DSU和相关协定相违背的程序性规则的权利。这意味着上诉机构在“法庭之友”的接纳中，有双重选择的权利，即上诉机构有权利先决定是否接受相关的“法庭之友”，其次再考虑是否采用“法庭之友”中的相关信息。

上诉机构虽然接受了摩洛哥提交的“法庭之友”，但是在了解到“法庭之友”的大部分内容对本上诉没有帮助后，上诉机构没有采用该“法庭之友”。原因是摩洛哥提供的主要是事实方面的信息，是关于Sardina pilchardus和Sardinops sagax的科学区分和关于摩洛哥渔业、罐头业的经济信息。而根据 DSU 第 17.6 条的规定，上诉的范围仅限于专家组提到的法律问题和法律解释，摩洛哥提供的事实信息与本上诉并没有太大的关系。

3. 专家组评价特定事实的客观性

欧共体在上诉时反对专家组裁决提出的理由之一是，专家组在以下四个特定事实上没有履行在 DSB 第 11 条下“作出客观评价”的义务：专家组将对“沙丁鱼”一词的字典解释等同于 DSU 第 11 条是自相矛盾的；专家组在审查的程序中接受来自英国消费者协会的信件，而拒绝欧共体提供的来自其他欧洲消费者协会的信件；专家组忽略了关于不同被保护鱼的罐装、超市收据、标签的证据资料；专家组没有向 Codex 委员会征求关于 CS94 的相关含义、身份和有效性的问题。欧共体的援引的条款是 DSU 第 11 条。该条款是对专家组的职能作出了一般性的规定，该条款明确指出，专家组的职能是协助争端解决机构履行其依照本《谅解》和适用协定承担的职责。专家组对提交给它的事项有义务作出客观评价，包括对案件事实、各有关适用协定的适用和是否与各有关适用协定一致的客观评价。

在本案中，欧共体主张专家组没有履行客观评价义务的事实也主要是涉及案件事实方面的事实。上诉机构认为，欧共体提出的前三点事实都是和欧共体的消费者是否将“沙丁鱼”仅仅和 Sardina pilchardus 相联系的事实有关的。根据以往的案例，上诉机构一般不会“干预”专家组对证据的评价，只有在上诉机构认为“专家组超出了它事实审判的权利范围”的情况下，上诉机构才会实施干预。上诉机构经过审查，裁定本案的专家组对以上前三点事实的审查，并没有超出其作为“事实审判者享有的自由裁量权”的范围。

欧共体提到的第四点事实，涉及专家组的信息寻求权的问题。上诉机构认为，根据 DSU 第 13 条的规定，专家组享有信息寻求的权利，尤其是该条的第 2 款，提到“专家组可向任何有关来源寻求信息，并与专家进行磋商并获得他们该事项某些方面的意见”。是否向 Codex 委员会寻求信息的问题属于专家组的信息寻求权，专家组有要求该委员会提供信息的自由选择。上诉机构认为本案专家组不向 Codex 委员会寻求信息，不但没有违反其职责，相反是属于专家组行使权利的一种行为。

（二）实体问题

秘鲁和欧共体争执的焦点主要集中在 TBT 协定第 2.4 条，该条规定“当需要制定技术法规并且已有相应国际标准或者其相应部分即将制定出来时，缔约方均应以这些国际标准或其相应部分作为制定本国技术法规的基础。除非这些国际标准或其相应部分由于气候、地理因素或基本技术问题等原因不适用”。TBT 协定为了减少由于技术标准不统一造成的贸易壁垒，要求各 WTO 成员原则上以国际标准作为制定本国技术法规的依据，只有在少数情况下才允许例外情况出现。该条款虽明白，但具体到国际标准的定义、“已有的国际标准或即将制定的部分”是否对已经制定的技术法规有溯及力等问题并没有规定，这也导致了本案双方争执的焦点的产生。

根据该条款，秘鲁主张欧共体的 ECR 的命名措施没有符合联合国 CS94 中的规定，导致欧共体违反 WTO 的义务。欧共体抗辩也围绕着该条款展开。首先从适用范围上否定了技术性贸易壁垒协议第 2.4 条对本案争议措施不适用。其次，主张 TBT 协议要求作为依据的国际标准不适用于 ECR 的措施；联合国 CS94 标准也不是相关国际标准。再次，反对专家组对 TBT 协定第 2.4 条作出的举证责任安排。最后，提出联合国 CS94 的标准对 ECR 追求的合法目标无效或不适当。以下将具体介绍。

1. TBT 协定第 2.4 条的适用范围

欧共体主张，TBT 第 2.4 条不适用于先于 TBT 协定之前存在的技术法规。专家组拒绝了欧共体的观点，对此，欧共体提出上诉。欧共体的理由有：第一，该协定第 2.4 条没有给成员施加不间断的义务，让它们根据新的国际标准或现存修改的国际标准再评价自身现存的技术法规。第二，《维也纳条约法公约》第 28 条规定了条约不具有溯及力的一般原则。TBT 协定生效在 ECR 之后，根据条约法第 28 条，TBT 协定第 2.4 条不适用 ECR。第三，从 TBT 协定第 2.4 条的文本中看，该条的适用范围限于“准备”和“通过技术法规”两个阶段，对已经存在的法规不属于条约的适用范围。

专家组采取了不同于欧共体的态度，认为阅读 TBT 协定的文本并不能找到支持欧共体的观点的理由。TBT 协定第 2.4 条以“当需要技术法规的地方”开始，专家组分析该种表达暗示将已经存在的技术法规包括在内。第 2.4 条的第一部分句子是现在时，不是过去时，现在时态表示对现存措施的持续义务，没有限制在 TBT 协定生效后准备和通过的规章。现在时的使用也表明，成员必须在已经生效的相关技术法规中适用国际标准，这些国际标准是现存的或其完成是“即将发生的”(imminent)。专家组的观点受到了上诉机构的认可，上诉机构进一步指出，“即将发生”一词在这里不是为了限制那些即将通过的技术法规的范围，而意味着成员不能在它们现存的技术法规中忽视“即将”完成的国际标准。

对于欧共体的第二点理由，上诉机构通过引用欧共体——荷尔蒙案①中对 SPS

---

① *European Communities—Measures Concerning Meat and Meat Products* (*Hormones*), WT/DS26/AB/R, WT/DS48/AB/R, 128 (1998).

协议的适用范围所用的推理方法，来否定欧共体的主张。在荷尔蒙案中，上诉机构的推理是，如果谈判者想将从 1995 年 1 月 1 日前已经存在的大量 SPS 的措施下得到豁免，那么他们应该将此意思具体地表达出来才显得合乎情理。根据在荷尔蒙案中的推理，上诉机构得出结论，TBT 协定可以适用于 ECR。

至于欧共体的第三点理由，上诉机构通过在 TBT 协定第 2.4 条中的上下文分析，得出 TBT 协议第 2.4 条适用于 ECR 的措施。上诉机构发现的上下文支持具体表现在以下四个方面：(1) TBT 协定第 2.5 条和第 2.6 条为第 2.4 条适用已经存在的技术法规提供了上下文支持。(2) TBT 协定第 2 条的题目就是“中央政府机构对技术法规的制定、采用和实施”，表明 TBT 协定第 2 条的内容是关于技术法规的适用，不只限于技术法规的准备和通过的范围。(3)《建立 WTO 组织协定》的第 XVI 条，要求所有 WTO 成员保证它们现存的所有法律、规章及行政程序和所有协定中规定的义务相一致。也即成员国相关的现存的法律或措施应适用 WTO 协定。(4) TBT 协定的几个条款（例如 TBT 协定第 2.5 条、第 2.6 条和 TBT 协定的序言），始终承认国际标准在促进贸易的和谐和便利上发挥着重要作用。

2. CS94 作为“一项相关国际标准”的特性

在提出 ECR 不能适用 TBT 协定第 2.4 条的抗辩理由后，欧共体接着提出，专家组关于 CS94 是 TBT 协定第 2.4 条定义的“相关的国际标准”的观点是错误的。欧共体有两个理由：第一，只有国际机构经过“协商一致”（Consensus）通过的标准才是 TBT 协定第 2.4 条下的“相关国际标准”。第二，欧共体声称，虽然 CS94 是一项“国际标准”，但它的产品范围与 ECR 的不同，所以它不是“与之相关的国际标准”。从上诉机构对欧共体的论点依次进行了审查。

欧共体提出要求“协商一致”的主张，上诉机构认为该主张和 CS94 是否满足 TBT 协定附件 1.2 中“标准”的定义有关。从附件 1.2 中标准的定义看①，本协定中提到的技术法规是强制性的，标准是自愿的。从上诉机构看来，TBT 协定附件 1.2 中“标准”的定义忽略“协商一致”的要求是 TBT 协定起草者的一个故意选择。上诉机构的推理是，如果谈判者认为“协商一致”是“标准”的必要组成部分，那么他们会在定义中具体地指出。谈判者在对标准的定义中和在解释说明中都没有具体提出“协商一致”的要求，表明 TBT 协定的附件 1.2 中定义的“标准”并不以“协商一致”为必要条件。不过，上诉机构指出，TBT 协定中的标准不要求国际标准化机构必须以“协商一致”的方式通过的事实，并不能解释为上诉机

① 附件 1.2 中关于标准的定义是，为了通用或反复使用的目的，由公认机构批准的、非强制性的文件。标准规定了产品或相关加工和生产方法的规则、指南和特性。标准也可以包括或专门适用于产品、加工或生产方法的术语、符号、包装标志或标签要求。

构认为国际标准化机构不应要求“协商一致”通过其标准。上诉机构指出这不是它们能决定的事情。

对于欧共体的第二个理由，上诉机构既不同意专家组对“与之相关”一词普通含义的解释，也不同意欧共体的观点。上诉机构的理由如下：（1）即使假设ECR只和Sardina pilchardus有关（事实上上诉机构没有承认），那么CS94的第6.1.1（ii）节的部分内容也和“被保护的沙丁鱼”有关。因为两者的适用范围中都有“Sardina pilchardus”。（2）虽然ECR的表达中只提到了“Sardina pilchardus”，但是它对作为“沙丁鱼”销售的其他种类的鱼类也规定了法律后果，即除了Sardina pilchardus外的其他种类的鱼（包括了Sardinops sagax）不能在欧共体市场销售，但是按照CS94除Sardina pilchardus外，其他20种鱼（包括了Sardinops sagax）可以作为沙丁鱼销售。基于以上两点，上诉机构得出结论，CS94表现出和ECR有关联性，同意专家组在报告中的裁决，即CS94是TBT协定第2.4条下的“与之相关的国际标准”。

3. CS94是否作为了ECR的“基础之一”

TBT协定第2.4条要求成员在一定条件下使用“相关的国际标准”作为它们的技术法规的“基础”。秘鲁主张，ECR没有使用“CS94的标准”，违反TBT协定第2.4条的义务。专家组作出“相关的国际标准（CS94）没有成为ECR的依据”的裁决，欧共体对此提出上诉，并声称CS94作为了ECR的基础。理由是ECR以CS94中的第6.1.1（i）节为基础，该条明确指出只有Sardina pilchardus可以命名为“沙丁鱼”，而CS94第6.1.1（ii）节是关于除Sardina pilchardus之外的种类鱼，这是ECR所没提到的调整范围，审查CS94是否成为ECR的基础应限于第6.1.1（i）节。秘鲁和欧共体对CS94第6.1.1（ii）节是否作为审查ECR与国际标准一致的范围展开了激烈的争论。

上诉机构为了弄清CS94的相关国际标准的内容，首先对CS94第6.1.1（ii）节的解释进行分析。上诉机构认为CS94第6.1.1（ii）节中除了Sardina pilchardus外的种类鱼可以被称为“X Sardines”，“X”是以下四种含义中的任意一种：某国、某地理区域、种类、种类的一般命名。“种类的一般命名”不是命名的一种“单独立场”的选择，而是为不是Sardina pilchardus的沙丁鱼而命名的方法。该观点不仅反映在英文的版本中，在法文的版本中也可以找到证明。基于此，上诉机构同意秘鲁和专家组的观点，即CS94第6.1.1（ii）节允许将非Sardina pilchardus的沙丁鱼按四个条件之一的方式标示进行销售。

其次，上诉机构解释了“以……为基础”一词的正确含义。在荷尔蒙案中，上诉机构表达过以下观点，即SPS协定第3.1条中“以……为基础”并不意味着

“与……一致”,① 其一般含义是如果一事物被说成是以另一事物为基础时，前一事物即由后一事物“支撑”或“成立”。但上诉机构提到，没有必要定义一国际标准作为技术法规基础的本质关系，只要审查技术法规和国际标准是否互相矛盾，如果两者相反，至少一方就不能被看成是另一方的“基础”，就不能推出国际标准已被作为技术法规基础的结论。本争端是关于 ECR 第 2 条制定的要求是否和 WTO 规则相一致的问题，具体而言就是考察 ECR 是否与 CS94 国际标准相一致。上诉机构认为，ECR 第 2 条调整了“为被保护鱼产品身份的定义和销售”而使用“沙丁鱼”一词，CS94 第 6.1.1（i）节和第 6.1.1（ii）节都是与此主题相关的，它们都应作为审查的内容。上诉机构将 CS94 第 6.1.1（i）节和第 6.1.1（ii）节与 ECR 第 2 条一比较，发现 ECR 第 2 条是禁止将 Sardina pilchardus 以外的其他 20 种鱼定义为“沙丁鱼”和以“沙丁鱼”销售，其中包括 Sardinops sagat 也禁止被作为“沙丁鱼”销售。相反的，CS94 却允许除 Sardina pilchardus 外的其他 20 种鱼，在符合 4 个条件中任何一条时可以被定义和以“沙丁鱼”销售。可见 ECR 与 CS94 是相矛盾的，基于此上诉机构认定，CS94 没有被作为 ECR 的基础。

4. CS94 是否无效或不恰当的问题

TBT 协定第 2.4 条的第 2 部分规定成员不需要以国际标准作为它们的技术法规基础的例外情况，即当这些国际标准或相关部分在履行所追求的合法宗旨时成为无效或不适当的方式时，成员可以不以国际标准作为技术法规的基础。欧共体最后的抗辩理由是 CS94 对于 ECR 要追求的目标是无效或不适当的。欧共体的观点是，即使 ECR 和 CS94 相矛盾，由于 CS94 在完成欧共体根据 ECR 要追求的宗旨时是无效或不恰当的，所以 ECR 仍可以根据 TBT 协定第 2.4 条第 2 部分继续适用。在上诉阶段，欧共体对专家组作出的 TBT 协定第 2.4 条第 2 部分的举证责任分配提出上诉，还对专家组关于 CS94 不是“无效”或“不恰当”的裁决提起上诉。

（1）举证责任的承担问题。

涉及该部分的举证责任的专家组结论是：由欧共体承担证明责任。专家组理由如下：第一，原告不是提出“通过技术法规”追求“正当宗旨”的一方。第二，评价一相关的国际标准是否“不当”，可能会扩展到考虑成员通过或适用一技术法规时是否正确。专家组还引用了上诉机构在美国——印度编制羊毛衫案和欧共体荷尔蒙案中的结论进行论证。欧共体对专家组以上举证责任的安排提出了上诉，反对专家组关于由欧共体承担举证责任的结论，认为既然秘鲁声称欧共体的措施和

① European Communities-Measures Concerning Meat and Meat Products (Hormones), WT/DS26/AB/R, WT/DS48/AB/R, 166 (1998).

WTO义务不相符合，那自然应由秘鲁来承担举证责任。

上诉机构推翻专家组报告中关于TBT协定第2.4条第2部分举证责任的裁决，认为专家组的结论没有直接地显示TBT协定第2.4条第2部分责任分配的问题，裁定由秘鲁承担证明CS94没有使欧共体通过ECR要达到所追求的正当宗旨成为无效或不恰当。这个举证责任包括证明CS94没有被作为ECR的基础，还包括证明CS94为完成欧共体通过ECR所追求的"正当宗旨"是有效和恰当的。上诉机构的理由是：首先，起诉方在WTO的体系下有能力承担该举证责任，具体到本案中，秘鲁作为起诉方在TBT协定下有两种渠道可以获得相关的信息。第一种是根据TBT协定第2.5条，起诉方可以从被诉方获得有关技术法规的信息。第二个信息来源是TBT协定要求应诉方要建立"咨询点"（enquiry point）。其次，争端解决程序本身为起诉方能起诉提供获得必要信息的机会：在协商阶段，争端双方可以交换信息；在专家组程序，附加的信息也可以被提供。在DSU或GATT的实践中都没有要求所有相关的证据要在被诉方第一次向专家组提交书面答辩状时就提供出来。对起诉方而言，没有必要在按DSU开始行动之前获得与技术法规相关的所有必要信息。起诉方可以在专家组程序之前和其早期阶段收集信息，在该信息的基础上，发展在接下来的程序中可能要提供的有关宗旨或恰当性的证据。再次，在WTO的争端解决机制中不支持这样的观点，即举证责任的分配应以起诉方和被诉方在证明案情时收集信息的各自难度为基础。

（2）CS94是否是一种无效或不恰当的手段去完成欧共体通过ECR所要追求的正当宗旨。

首先，TBT协定第2.4条第2部分的解释问题。在对第2部分作出解释前，先了解TBT协定第2.4条第1部分和第2部分之间是何种关系。TBT协定第2.4条和SPS协定第3.1条和第3.3条有着非常强的概念上的类似性，上诉机构将在荷尔蒙案中的推理同样适用于本案。在荷尔蒙案中，上诉机构的结论是：SPS第3.1条和第3.3条中不存在"一般和例外"的关系。上诉机构将荷尔蒙案中的结论运用于本案，就得出TBT协定第2.4条的第一部分和第二部分之间不是"一般和例外"的关系。

对TBT协定第2.4条第2部分进行解释时就会产生两个问题：第一，"无效或不恰当手段"的含义。第二，"合法宗旨"的含义。对于第一个问题，秘鲁认为，"无效或不恰当"是指两个问题，即措施的有效性问题和措施的恰当性问题，这两个问题虽紧密联系，但在本质上是不同的。专家组指出，"无效"一词指某些东西不能完成作用或没有结果或未表现出来，而"不当"一词指某些东西不是"特别适合"、正确或恰当。在第2.4条的背景下，一种无效的手段是不能追求正当宗旨要达成的作用，而一种不恰当的手段是指不是特别适合于为完成所追求的正当宗旨的手段。有效性问题是采用的手段的结果，而恰当性问题更多是与所采用的手段的本质有关。上诉机构同意专家组的以上解释。

对于第二个问题专家组记录了欧共体为ECR所定义的三个“宗旨”，即市场透明度、消费者保护和公平竞争。秘鲁承认这些宗旨是“正当的”。专家组接着审查在欧共体通过ECR所追求的三个宗旨时CS94是否“无效”或“不恰当”。专家组认为，以上三个宗旨都建立在这样的事实前提下，即在欧共体的消费者将“沙丁鱼”仅联系为Sardina pilchardus。专家组指出，如果欧共体的消费者将“沙丁鱼”只和Sardina pilchardus相联系，那么以“沙丁鱼”定义的产品必须只能从Sardina pilchardus中制造，只有这样才不会误导消费者。然而在审查当事方提供的证据后，专家组发现，在欧共体大多数成员国的消费者并没有总是将“沙丁鱼”的一般名称仅仅和Sardina pilchardus相联系。同时，使用“X沙丁鱼”使欧共体消费者不能将被保护Sardina pilchardus从被保护的Sardinops sagax中区分开来的观点也是不能成立的。专家组还发现，为了建立不误导消费者的正确标签，CS94允许其成员提供“被保护沙丁鱼”的正确贸易表述，保证了市场透明度和公平竞争的促进及消费者的保护。专家组的结论是，CS94在欧共体通过ECR达到所追求宗旨时不是“无效”或“不恰当”的。专家组的推理和结论得到了上诉机构的认可。

其次，TBT协定第2.4条第2部分的适用问题。上面已经提到过秘鲁的举证责任问题，即由秘鲁承担证明CS94是完成欧共体通过ECR所要追求的“正当宗旨”的“有效”和“恰当”手段的责任。这些“正当宗旨”分别是市场透明度、消费者保护和公平竞争。为了完成举证责任，秘鲁必须至少要证明这项主张的一个“首要事实”（*prima facie*）。如果秘鲁已经提出了一个“首要事实”，而欧共体不能有效地反驳秘鲁的话，那么秘鲁就完成了TBT协定第2.4条下的举证责任。上诉机构的任务就是，评估秘鲁是否完成了举证责任，证明了CS94为达到上述的三个“正当宗旨”是恰当的和有效的。

当然，一项措施有可能是有效但却不恰当或者是恰当而无效的。在本案中，ECR宗旨的本质属性导致对CS94的恰当性的考虑和其有效性的考虑总是相互联系的，秘鲁也要同时证明CS94是有效的和恰当的。专家组作出的事实裁决是：“没有事实表明在欧共体大多数成员的消费者总是将一般的沙丁鱼仅仅和Sardina pilchardus相联系。”上诉机构同意该事实，并审查到秘鲁已经提供足够的证据和法律理由表明CS94满足TBT协定第2.4条制定的“有效”和“恰当性”的法律要求，上诉机构裁定秘鲁已经完成举证责任。

三、本案的启示

（一）撤回上诉的问题

WTO 协定对撤回上诉通知没有任何规则限制。虽然《工作程序》第 30 条（1）中规定了“上诉可以在任何时候撤回”，① 但上诉机构对此的解释是，在撤回上诉上没有受到期限的限制。在本案之前的两个案件（美国——韩国汽油标准案（DS202）和美国——对外国销售合作的税案（DS108）中，上诉机构提到撤回上诉要满足新通知被同意申请等条件；对于撤回上诉通知，除了一般的要求外，是不受限制的。这些一般要求是指普遍适用于争端解决程序的限制条件：有效快速解决争端；善意利用程序等。上诉机构的理由是“WTO 争端解决机制的程序规则，是被设计为促进……公平、快速和有效解决贸易争端”。要达到《工作程序》中提到的促进争端有效解决的义务，需要靠成员按 DSU 第 3 条第 10 款“善意地利用程序解决争端”履行义务。撤回上诉应满足这些普遍适用于争端解决程序的限制条件。

本案中，上诉机构通过支持欧共体第二次提出上诉通知，使得上诉方可以在具体的案情中根据被上诉方提出的信息量不足的抗辩理由，对自己的上诉通知进行修改，降低在上诉程序中双方因信息问题再次争辩的风险，也使上诉机构减少调查的时间，为 DSB 能够迅速解决双方的争端提供一定的便利条件。虽然上诉请求被作为上诉方的权利，但是在这一过程中如何平衡上诉方和应诉方的权利成为了关键的问题。类似于起诉方可以随时行使撤销协商请求的权利，对于上诉方的撤回上诉请求的权利，本案中上诉机构给予了肯定。与之同时产生的问题是何种情况属于信息量不足，上诉方如何行使这种权利才是正确、善意的，被上诉方的利益如何受到保护等问题在今后仍需进一步研究。

（二）法庭之友

DSU 或《工作程序》中没有提到上诉机构可以接受和考虑来自当事方或第三方以外的人所提交的文件或意见，也没有具体对接受或考虑这样的文件和意见作出限制。“法庭之友”第一次在 WTO 中被提出是在海龟案。在海龟案中，“法庭之友”是作为上诉方的文件提交的，是上诉方提交文件的一部分。在泰国反倾销案和海龟案中，上诉机构提到“法庭之友被单个个人或团体独立于参加方提交是被

① 该条的内容是在上诉的任何时候，上诉方可以通过通知上诉机构撤回它的上诉，上诉机构应立即通知 DSB。

许可的”，上诉机构有权接受这些“法庭之友”。

虽然上诉机构一些案件中接受了“法庭之友”，WTO成员对上诉机构的做法一直存在很大的争议。争执的焦点是“法庭之友”到底是否应该被WTO争端解决机制接受：其是程序性问题，还是实体问题。赞成上诉机构做法的成员认为，“法庭之友”是程序性问题，上诉机构有权对该问题作出裁决。上诉机构对“法庭之友”的认可，既肯定了以往由上诉机构决定是否接受和考虑“法庭之友”的做法，也及时保护了有利害关系成员的利益，保证争端最终的解决能得到更多WTO成员的认可。而更多成员对上诉机构的这一做法提出抗议，认为“法庭之友”属于实体问题，上诉机构无权对此制定规则①：WTO的争端解决机制中，只规定对争端当事方和第三方提交的文件上诉机构有法定义务接受和考虑，而对非WTO成员的个人或团体所主动提交的“法庭之友”，上诉机构没有法定义务接受和考虑。但是在实践中，上诉机构如果认为“法庭之友”是“相关和有用的”（pertinent and useful)②，有权按DSU接受它。按照上诉机构自己的解释，“法庭之友”要被接受至少要满足两个条件：一是它们对于争端解决是“相关和有用”的；二是不能妨害争端解决机制宗旨的实现。

与前面的案例不同的是，本案的“法庭之友”是由当事方WTO成员提交的。WTO成员不作为争端当事方和第三方而以“法庭之友”的身份参与争端解决的做法，这使得WTO内对“法庭之友”相关问题的争执更加激烈。考虑到上诉机构已经在实践中肯定了“法庭之友”，想否定其在WTO中的地位并不是明智的选择，当务之急是各成员尽快地将这一问题在WTO内协商，并为其制定出相关的规则。

（三）上诉机构的审查权限

回忆以往的案例，会发现上诉机构曾对自己的审查权限作出了解释。在石棉案中上诉机构认为，“专家组有事实审判的权利，在评估证据和专家组调查推断方面专家组是享有一定范围的辨别能力的”。③ 在欧共体—荷尔蒙案中，上诉机构提到，“正确对待考虑证据的可信度和确定性的权衡是裁定事实过程的一部分，它原则上

① Georg C. Umbricht;, *An ‘Amicus Curiae brief’ on Amicus Curiae briefs at the WTO*, Journal of International Economic Law 782 (2001).

② United Stated-Imposition of Countervailing Duties on Certain Hot-Rolled Lead and Bismuth Carbon Steel Products Originating in the United Kingdom, WT/DS138/AB/R, 39 (2001).

③ European Communities-Measures Affecting Asbestos and Asbestos-Containing Products, WT/DS135/AB/R, 151 (2001).

作为事实审判的自由裁量权留给了专家组”。① 在韩国烟酒案中，上诉机构裁决认为，“在 DSU 第 11 条下，专家组主管决定案件事实和得出事实裁决的权利，为了行使该权利，专家组有义务审查和考虑所有证据而不仅仅是一方或另一方所提交的证据来评价每一证据的相关性和证明性，正确定义当事国提交的证据的意义和重量是证明性价值评价的一种职能”,② 可见，专家组对于事实证据的辨明享有一定的权利，而在上诉阶段，上诉机构对于事实方面的证据的审查权一般是交给专家组的，上诉机构不会进行干预。

本案中上诉机构继续坚持，自己只审查法律问题，对于事实的认定问题一般交给专家组处理，上诉机构只在专家组超出职权范围的情形下才会进行干涉。同时本案中上诉机构也确认专家组的信息寻求权。专家组有权利决定是否或向谁寻求特定信息，争端的双方成员国无权对此干涉。可以预见，以后的上诉方如果想以专家组没有履行认定事实的职责或没有向某机构寻求信息等作为上诉理由是难以获得上诉机构的认可的。

（四）TBT 协定的相关内容

1. TBT 协定中的“技术法规”的含义

TBT 协议制定之初，为了避免不同解释给该协议的适用带来的诸多问题，在该协定的附件 1.1 中明确定义了“技术法规”。在欧共体石棉案中，上诉机构进一步解释了该定义，并为一个文件是否符合 TBT 协定中定义的“技术法规”的条件创立了三条标准。本案中进一步确认了这三条标准的地位。在以后的案件中，对于某文件是否符合“技术法规”的含义，专家小组和上诉机构会继续根据这三条标准来判断：文件必须是适用于同一产品或同一类产品；文件必须制定一种或多种产品特性；实施这些产品特性必须是强制性的。本案还进一步确认，产品的命名措施也属于技术法规的定义范围。

2. TBT 协定的适用范围

TBT 协定第 2.4 条不仅适用在其生效以后通过的技术法规，而且适用在其生效前实施的但至今仍然生效的技术法规。某一技术法规是否属于 TBT 协定的管辖范围，并不以其生效的时间是否在 TBT 协定之前为判断标准。只要该技术法规现在仍生效，那么成员就有义务使之和 TBT 协定的规则相符合。否则，其他成员有权利向 WTO 争端解决机构提出投诉，要求撤销该违法措施。

---

① EC Measures Concerning Meat and Meat Products (Hormones), WT/DS26/AB/R, WT/DS48/AB/R, 132 (1998).

② Korea-Taxes on Alcoholic Beverages, WT/DS75/AB/R, WT/DS84/R, 267 (1999).

3. TBT 协定的“标准”定义

不同于 ISO/IEC 指南 2 中定义，TBT 协定附件中对标准的定义没有明确表达是否要求协商一致，因而即使不是协商一致通过的文件，只要符合附件中相关的条件，都属于 TBT 协定下的标准。

审查某一措施是否符合国际标准时涉及两个主要的问题：一是该措施是否属于国际标准的适用范围，二是该措施是否违反该国际标准。对于第一个问题，从本案上诉机构的裁决可以看到，对于某措施是否适用于某一国际标准，不仅看它们各自明文规定的适用范围，而且如果某措施的适用产生的法律后果（肯定或否定后果）影响到国际标准适用的法律后果，那么就可以推出该措施属于与国际标准相关，应适用国际标准。对于第二个问题，审查某一措施时，只要审查与国际标准相关的部分就足矣，但要注意的是这些相关的部分必须是全部的。只要发现某一措施和国际标准的部分内容相矛盾，那么就可以得出该措施与国际标准相矛盾的结论。

4. TBT 协定的第 2.4 条第 2 部分

本案上诉机构对 TBT 协定第 2.4 条第 2 部分的具体含义做了进一步澄清，并分析了该部分的举证责任。首先，指出 TBT 协定第 2.4 条的第 1 部分和第 2 部分不属于“一般和特殊的关系”。其次，对该部分的“无效或不恰当手段”和“正当宗旨”的含义进行解释。第 2.4 条的“正当宗旨”既包括了第 2.2 条中提到的具体宗旨，还暗含对有关措施的宗旨的合法性审查和判定。最后，举证责任方面，上诉机构推翻了专家组的结论，认为应由起诉方对辩护方违反 TBT 协定的条款的事实进行证明，只有在起诉方完成了举证责任的情况下，风险才能转移给辩护方。这也是争端解决程序的一般举证规则。具体到 TBT 协定第 2.4 条第 2 部分，起诉方必须同时对某一国际标准的“有效性”和“恰当性”提出证据证明，才算完成了举证责任。

以上的结论，对于我国今后制定技术法规和参与相关的案例是很有借鉴意义的。要避免其他成员对我国的技术法规提出投诉，就必须使我国的技术法规和相关的国际标准保持一致。这属于事后的补救方法。要最大限度地维护本国利益，必须积极主动地参与各项国际标准条约的制定，使条约的条款能在一定程度上反映我国的意志。此种乃是事前的预防方法。只有更多地运用事前的预防方法，才能更好地促进我国技术法规的发展。

解读美国冲突法革命

——透过荣格的目光

□ 王 莉*

内容摘要 美国冲突法革命在冲突法理论和实践发展史上具有重大影响，其间出现了许多法律选择理论和学说。作为实体法方法重要代表人物的荣格教授，在其代表作——《法律选择与多州正义》中，从实体法方法的角度对美国冲突法革命进行了评价，虽然有些观点失之偏颇，但他对一些冲突法基本问题的分析和批判却能够引起我们反思，特别是荣格对待冲突规则的态度，提醒我们重新思考冲突法正义与实体正义的关系以及法律选择规则的价值。

20世纪60～70年代，在美国冲突法学界出现了一场对传统冲突法理论进行批判的运动。学者们认为，传统的法律选择规则只进行管辖权选择，不关注案件处理的结果，无法实现真正的公平。他们主张抛弃传统的法律选择规则，关注隐含在法律中的“利益”、“政策”，倡导实体正义和结果定向，并提出了各种各样的法律选择学说和方法。伴随着理论界的众说纷纭，美国的各级法院也进行了各种法律选择方法的探索，这就是在冲突法理论和实践上有着重大影响的“美国冲突法革命”。

大体来说，法律选择理论可以分为三种类型：以萨维尼为代表的传统多边主义方法、以美国冲突法革命中的主流观点特别是柯里的“政府利益分析说”为代表的单边主义方法和实体法方法。美国当代著名比较法和冲突法学家——荣格（Friedrich K. Junger）是实体法方法的重要代表人物，在其代表作——《法律选择与多州正义》（Choice of Law and Multistate Justice）中，① 荣格回顾了冲突法方法的历史，系统地剖析并批判了多边主义和单边主义方法，详细阐述了自己的实体法方法思想，并用了一章的篇幅来评述美国冲突法革命。在冲突法的研究领域中，“美国冲突法革命”已经不是一个新鲜的话题，然而，当我们站在荣格的角度去考察美国冲突法革命时，在不同学说的碰撞中，就会发现其中反映出的一些冲突法的

* 武汉大学国际法研究所硕士研究生。

① Friedrich K. Junger, Choice of Law and Multistate Justice (1993).

基本问题，仍然值得梳理和反思。

一、美国冲突法革命概述

（一）革命的背景

《第一次冲突法重述》的报告人比尔（Beale）教授以“既得权”理论为基础，用导致某一权利发生的事件或行为的最后发生地作连结点，建立起了一套法律选择规则体系。然而，这套僵硬的法律选择规则无法应对各种类型的跨州争议大量出现的社会发展状况，随着实用主义思潮的兴起，比尔的体系成了学者们批判的靶子。而在司法实践中，美国联邦最高法院将“充分信任条款”（full faith and credit clause）解释成宪法赋予各州在与其有适当联系的案件中适用本州法律的权利，并在几个判例中将州的“政策”或“利益”作为选择法律的根据，从而开了偏离传统法律选择规则的先河。在理论界和实务界相互呼应的背景下，美国冲突法革命拉开了序幕。

（二）革命中的代表学说

1. 自体法方法

自体法方法是英国学者莫里斯（Morris）提出的，他主张在侵权案件中适用与案件有“最密切联系”的地方的法律，用这个开放的系属公式来取代原先僵硬的法律选择规则。这一方法得到《第二次冲突法重述》报告人里斯（Reese）的青睐，“最密切联系原则”成为《第二次冲突法重述》的理论基石。

2. 柯里（Currie）的“政府利益分析说”

与“自体法方法”对传统法律选择规则的演进性的改造不同，冲突法革命最著名的代表人物柯里则彻底抛弃了冲突法规则，他有一句名言，“没有规则，我们可能更好”。① “政府利益分析说”关注的不是跨州争议与某一法律体系的联系，而是通过分析隐含在实体法规则中的“政府利益”来确定该规则的适用范围。该说以法院地法为本位，根据争议与法院地的属人联系，来考察法院地州在适用其法律上是否有利益，如果有利益，就适用法院地法，在相关各州都没有利益的情况下，也适用法院地法。这是一种典型的单边主义方法。

3.《第二次冲突法重述》

当里斯教授起草《第二次冲突法重述》（以下简称《重述》）时，美国冲突法

① *See* Friedrich K. Junger, Choice of Law and Multistate Justice99 (1993).

学界已经是百花齐放，除柯里的“政府利益分析说”外，还有库克（Cook）的“本地法说”、卡弗斯（Cavers）的“优先选择原则”、艾伦茨威格（Ehrenzweig）的“法院地说”、莱弗拉尔的“法律选择五点考虑”等。里斯坚持了多边主义方法，以“最密切联系原则”为基石创制法律选择规则。同时，他也不同程度地吸纳了各种学说思想，使得《重述》带有浓厚的折中主义色彩，主要表现在：（1）仍采用传统的连结点，但更加具体化；（2）在《重述》第6条中列举了确定最密切联系的考虑因素，其中体现了多种法律选择方法的结合；①（3）拒绝只进行“管辖权选择”，采用分割法，明显地体现出卡弗斯、柯里和莫里斯的影响。②

另外两个折中主义的代表学说是巴克斯特（Baxster）的“比较损害方法”和冯·迈伦（von Mehren）的“功能分析说”。他们都承认政府利益，但是反对通过简单地适用法院地法解决法律冲突。前者主张比较不适用其法律对各州造成的损害，从而适用利益可能受到较大损害的州的法律；后者认为解决跨州争议的政策不同于解决州内争议的政策，只有两州解决跨州争议的政策发生冲突时，才是真正的冲突。此时，应该适用具有主要利益的州的法律。

4. 莱弗拉尔的“法律选择五点考虑”

许多学者，比如因特马（Yetema）和里斯，都提出过法院选择法律时应考虑的因素，其中最著名的便是莱弗拉尔的“影响法律选择的五点考虑”，这五点是：（1）结果的可预见性；（2）州际和国际秩序的维持；（3）司法任务的简单化；（4）法院地政府利益的促进；（5）较好的法的适用。

这五点考虑也是折中的产物，其中（1）、（2）、（3）是多边主义的考虑，（4）属于单边主义，（5）则是结果定向。然而该学说更具有革命性，它使法官可以按照自认为合适的方式审判跨州案件，只要能对判决结果作出合理解释，法院就不必受制于任何法律选择规则。

（三）革命中的司法实践

在美国的各州法院，法官们摆脱了传统法律选择规则的桎梏，或采用一种方法，或采用多种方法的结合，进行了法律选择方法的各种探索。纽约州自“鲍勃科克案”后普遍采用新方法，但在各个案件中，法官们的做法又各不相同，以至

---

① 该条规定：在缺乏法规指引的情况下，准据法的选择应该考虑以下因素：（a）州际和国际体系的需要；（b）法院地的相关政策；（c）其他有利益州的相关政策以及在决定特定问题上相关利益；（d）保护合理期望；（e）特定法律领域的基本政策；（f）确定性、可预见性和判决结果的一致性；（g）选择和适用法律的便利。

② *See* Friedrich K. Junger, Choice of Law and Multistate Justice106 (1993).

于有学者批评说，该州的冲突法，尤其是侵权法律选择已成为“迷宫”和“猜谜游戏”。相形之下，加利福尼亚州的做法则比较折中，法官在侵权案件中大多采用“利益分析法”、“比较损害法”来适用法院地法，只是在个别的案件中，通过利益分析，适用了外州法。同时，在其他几个案件中，法官们采用了包括利益分析和传统规则的混合方法。在其他州中，有些州采用了《第二次冲突法重述》，有些州则坚持传统方法，但同时又利用公共政策保留等手段，达到了与“利益分析法”一样的结果。

总体来说，大多数州抛弃了传统的法律选择规则，但在用什么方法来代替传统的法律选择规则的问题上，由于欠缺明确的指引，美国的法律选择实践表现出极大的多样性和不确定性，甚至可以用“混乱”一词来形容。在荣格看来，这种混乱的真正原因是美国法院不愿适用僵硬的、不利于保护原告的事故地州规则，而方法上的灵活性恰恰便于法官利用自己天生的正义感获得公平的结果。①

二、荣格眼中的美国冲突法革命

1983年，荣格在海牙国际法学院私法协会的演讲中系统地阐述自己的实体法思想时，美国冲突法革命已经渐渐偃旗息鼓，这使得他可以对美国冲突法革命作比较全面的回顾和总结。

（一）自体法方法——无法克服多边主义方法的缺陷

荣格认为，传统的多边主义方法通过固定的连结点，将各种法律关系分配给不同的法律体系，形成法律选择规则。但由于各国冲突法规则的差异和对相关法律概念的不同理解，加上法官们在实际中常常将“识别”、“反致”、“公共秩序保留”当作不适用外国法的借口，其追求判决结果的确定性、一致性和可预见性的目标成为泡影，并且对这种幻梦的追求是以牺牲实体正义为代价的。虽然自体法方法用“最密切联系”代替了固定的连结点，但并没有改变其多边主义的本质，因此无法克服多边主义方法的根本缺陷。相反，以“最密切”这样带有极强主观主义色彩的形容词来修饰“联系”，赋予了法官过大的自由裁量权，反而使法律选择变成了法律印象主义的结果。②

① *See* Friedrich K. Junger, Choice of Law and Multistate Justice117 (1993).

② *See* Friedrich K. Junger, Choice of Law and Multistate Justice 128-131 (1993).

（二）政府利益分析说——目光短浅的单边主义

“政府利益分析说”对法律选择过程是分两步完成的：首先，确定法律规则是否体现了法院地州的政策；其次，该州在通过适用法律实现其政策上是否有利益。该学说运用在实践中的结果是，法院地法几乎毫无例外地得到适用。荣格承认，该说有利于保护跨州侵权案件的受害人，因为当事人可以通过挑选法院来选择适用对自己有利的法律，但他也从以下几个方面对该说提出了质疑：

（1）法律所体现的政府利益有时不过是几种不同的立法考虑相互妥协或立法滞后于现实导致的结果，而且，相同的法律条文体现出的立法政策及其地位和作用都有可能不同。所以，如何界定“政策”和“利益”是该说遭遇的第一个障碍。

（2）“政府利益”是一个自相矛盾的概念。因为如果一州真的是通过适用其法律来实现自己的利益，那么就不可能让当事人有机会利用意思自治选择适用的法律或通过挑选法院规避某一州的政策。

（3）该说过分强调法院地法，却忽视了跨州争议需要与州内争议不同的解决方法这一基本事实。

（4）柯里所强调的争议与某个州的“属人联系”是个不确定的概念，可能包括当事人的住所、国籍、惯常居所等，这些模糊的概念为当事人挑选法院创造了大量机会。

（5）对一个跨州争议的不同方面分别进行利益分析，可能导致多个法律制度适用于同一个案件，出现跨州案件的结果与任何一州的利益都不相符的局面。①

（三）折中主义方法——多元论的陷阱

分别批判了多边主义和单边主义后，荣格又将矛头对准了折中主义，他认为多边主义和单边主义建立在不同的理论基础上，追求的是不同的价值目标，两者的结合只能扩大各自的缺陷。“Agent Orange”案就很好地说明了折中主义的尴尬。在这起产品责任案件中，受害人遍布50个州和多个国家，损害行为发生在十几个地方，而产品的制造、存放、销售地点则分布于美国各地。因此，法官不得不分析数十个州和国家的法律以决定哪一州的利益是决定性的，而这几乎是不可能的。

总之，荣格用挑剔的目光检视了美国冲突法革命。他认为，与传统僵硬的法律选择规则相比，新的方法虽然在一定程度上有利于保护跨州侵权案件的受害人，但这是以司法的确定和清晰为代价的，大量新学说的不断涌现带来了理论与实践的混乱，将其称为“猜谜游戏”和“概念的泥沼”也不为过。而且在这位比较法学家

---

① *See* Friedrich K. Junger，Choice of Law and Multistate Justice131-139（1993）.

的眼中，这些学说并不是完全新颖的，自体法方法建立在萨维尼（Savigny）的“法律关系本座说”的基础之上，“政府利益分析说”也没有跳出法则区别说的框框。而且，司法实践中“回家去”的趋势与跨国、跨州案件大量出现的时代背景背道而驰。

三、荣格的实体法方法之考察

在荣格看来，虽然多边主义方法和单边主义方法存在着巨大的差异，但都隐含着一个前提，即可以通过属地或属人连结点对法律规则和法律关系进行定位。然而，跨州（国）争议不可能局限在一个法律体系内，而且连结点的选择往往是立法者主观任意的结果，并不能反映跨州（国）法律关系的本质特征。于是，他提出将实体法方法作为冲突法的基本方法，主张在跨州（国）案件中，法官应充当“立法者”的角色，通过比较和评估相关法律，创制出适合于特定案件的实体规则，一种类似于古罗马外事裁判官所采用的“万民法”的规则。

荣格认为，这种实体法方法具有几个优点：（1）可以简单合理地解决“外国法查明”的难题，法官不必完全了解外州（国）的法律规则，而只是将其作为创制规则的参考模式；（2）可以避免“分割法”可能造成不协调的法律适用结果的尴尬局面；（3）法官们可以无所阻碍地运用自己天生的正义感判决案件；（4）可以达到传统方法一直追求却无法实现的确定性、可预见性和判决结果的一致性。①

然而，实体法方法真的如荣格所说的那样完美吗？至少在以下几个方面，笔者心存疑惑。首先，这种实体法方法要求法官具有超国家的思维方式，但法官在裁判案件时，不可避免地依赖于其在特定法律制度和法律文化背景中形成的思维模式和司法经验。他们创制出的规则，极有可能只是其所熟知的法律的翻版。而且在一个像“Agent Orange”那样复杂的案件中，要求法官去查明并评价数十种法律制度，几乎是不可能的。虽然荣格只把外州（国）的法律看做是创制法律规则的蓝图，但是在对其缺乏比较透彻的了解的情况下，难保这些蓝图不是误导性的，因此，规则的超国家性和创制主体的地方性之间的矛盾是这种实体法方法无法克服的重大缺陷。其次，正义是个抽象模糊的概念，每个人的理解都不同。如何避免法官在发挥他们天生的正义感时的主观和武断，荣格似乎没有考虑这个问题。再次，实体规则的创制是一项复杂的司法任务。荣格虽然指明了“实体正义”这个大的方向，却没有给出任何具体的方法和手段，那么与至少还有规则的传统方法相比，谁更有可能达到确定性、可预见性和判决结果的一致性呢？答案是不言自明的。最后，该方

① *See* Friedrich K. Junger, Choice of Law and Multistate Justice191-194 (1993).

法要求适用“较好”的法律规则，但不容回避的问题是，对谁“较好”和根据谁的价值标准来判断是否“较好”呢？① 一言以蔽之，荣格的实体法方法并没有克服其用来责难传统方法的缺陷，也不可能完全取代传统法律选择方法。

四、关于两个冲突法基本问题的反思

（一）冲突法正义与实体正义

冲突法正义和实体正义是国际私法一对永恒的矛盾。前者要求平等地对待各国的法律，确保适当的国家的法律得到适用。传统的法律选择规则的任务是寻找适当的国家以适用其法律，至于该国的法律对解决跨国争议是不是“适当”的，则在所不问，而且评判“适当”的标准不是该国法律解决跨国争议的实际结果，而是一些地域或空间连结因素。“实体正义”则要求每一个案件都得到公平合理的解决，评价“正义”的标准是法律的适用可以获得就个案而言公正的结果。

在美国冲突法革命和荣格那里，两者被置于尖锐对立的境地，对实体正义的追求压倒甚至取代了冲突法正义。然而，国际私法的立法和司法实践告诉我们，两者并不是非此即彼的关系。实际上，美国的一些理论和案例已经向我们展示了如何将实体正义引入冲突法正义中，即使在传统法律选择规则独霸天下的成文法体系中，实体正义也开始占据一席之地。② 其中最典型的代表就是“结果定向规则”。这些规则通过增加连结点的数量，扩大可选择的法律规则的范围，从而实现所追求的实体正义，比如，尽量使某一行为或某一身份、地位有效，保护特定的人的利益等。还有的结果定向规则，直接将实体正义的考虑规定为连结点，比如“适用对被扶养人最有利的法律”。实际上，就连荣格也无法回避这一点，为了证明实体法方法不是自己的突发奇想，荣格在书中列举了大量的例子来说明实体法方法的历史渊源，比如法官利用识别、反致和公共秩序保留规避本应适用的冲突规范，以使案件达到他们所认为的公平结果；国内立法者开始采用开放和灵活的系属公式；在国际层面，统一冲突法典的起草者们也不再拘泥于单一的冲突规则，而是采用了多种方法的结合。在笔者看来，这些例子恰恰说明了冲突法正义和实体正义是可以并行不

① *See* Joachim Zekoll, *A Review of Choice of Law and Multistate Justice*, 69 Tul. L. Rev. (1995).

② *See* Symenon C. Symeonides, Material Justice and Conflicts Justice in Choice of Law, International Conflict of Laws for the Third Millennium: Essays in Honor of Friedrich K. Junger, edited by Borchers and Joachim Zekoll, p. 128.

悖的。

冲突法是一种“桥梁法”,[①] 一座架设适当的桥梁，是可以将跨州（国）争议与公平合理的结果连起来的。冲突规则用连结点将特定的法律关系与特定地方的法律相联系。连结点是法律事实的一部分，法律关系又以法律事实为基础，因而适当的连结点可以反映整个法律关系的性质，依此指引的私法体系也最合适。通过连结点的合理选择，冲突正义得到了实现，而且这个过程本身蕴涵着实体正义的考虑。

（二）规则的重生与方法的多元化

如果说传统冲突法是“有规则的选择”，美国冲突法革命中的主流观点是“无规则的选择”，那么荣格所主张的就是一种“无选择”，是对法律选择规则的彻底背弃。在反规则的路上，荣格走得最远，从这种意义上讲，他的方法是美国冲突法革命最为强烈的余震。

然而，法律选择规则没有死亡，实体法方法也没有荣格所期望的那样成为冲突法的主要方法。相反，在不断的震荡、调整、变革和否定之否定的过程中，规则焕发了新的生命力。正如克格尔所说，“危机也是一种存在方式”。[②] 在当代美国，冲突规则开始回归，并渐渐成为冲突法的主流趋势。[③] 这体现在两个方面：一是将传统“规则”与现代“方法”相结合；二是在“方法”的框架内发展规则。一些学者围绕自己的学说提出了相应的规则，比如卡弗斯的“优先选择原则”和克雷默（Kramer）的“政策选择规则”。[④] 纽约上诉法院则发表了一套称之为 NEUMEIER 规则的成文冲突规则，1985 年，该规则被用于所有的侵权法律冲突；1992 年，路易斯安那州制定了一部冲突法典；1993 年，美国法律协会对大量的合同和侵权案件也提出了一套法律选择规则供美国国会通过；1999 年美国的冲突法学者们还讨论了制定《第三次冲突法重述》的必要性。

但回归并不是对过去的简单重复。20 世纪末，冲突法正呈现出一种多元化的发展态势。多边主义方法仍然占据着主要地位，单边主义方法经历了冲突法革命浪潮的涤荡之后，以相对低调的姿态重新出现。在美国，大多数州进行法律选择时加入了利益考虑。在其他国家，单边主义方法以两种形式出现：（1）有选择地制定

---

① 参见沈涓：《冲突法及其价值导向》，中国政法大学出版社 1993 年版，第 56 页。

② *See* Gerhard Kegel, *The Crisis of Conflict of Laws*, 112 Recueil des Cours, II (1964).

③ 徐崇利：《冲突规则的回归——美国现代冲突法理论与实践的一大发展趋向》，载《法学评论》2000 年第 5 期，第 101 页。

④ 该说主张寻找各州法律所体现的“共同政策”和“优先政策”，使之具体化，制定相应的规则。

一些单边冲突规则，强制适用法院地法；（2）逐渐承认“直接适用法”的概念，即直接适用于某些多国法律关系的内国或外国实体法。① 实体法方法则主要以国际统一实体法的形式出现，而且随着更加灵活的法律选择规则的制定，法官有了更多考虑实体正义的空间。就连荣格所倡导的实体法方法，也可以在“友好仲裁”中看到模糊的影子。

正如西蒙尼德斯教授（Symeonides）所言，“几乎没有一个国家的国际私法制度主张纯粹的一种方法，也很少有国家的法制只倾向于一种方法。这并不是衰败的象征，这种‘多元方法’可能是成熟的标志”。② 我们似乎可以看到，一个以法律选择规则为载体，多元方法并存的时代正出现在地平线上。

① 参见李双元：《国际私法正在发生质的飞跃》，载《国际法与比较法论丛》（第5辑），第381~382页。

② 同上，第389页。

在批判中超越

——评荣格《法律选择与多州正义》之“传统的法律选择方法”

□ 张 贝*

19世纪，萨维尼（Savigny）法律关系本座说的理论已成为冲突法界的普遍正义。虽追随者众多，然而猛烈抨击者也不乏其人。20世纪后期，美国国际私法革命的悍将荣格（Friedrich K. Junger）教授所著的《法律选择与多州正义》（Choice of Law and Multistate Justice）一书可谓集大成者。本书分为五章：第一章为“历史概观”；第二章为“传统的法律选择方法”；第三章为“美国冲突法革命”；第四章为“传统学说和目的论”；第五章为“对于冲突法的重新定位”。本文所评论的为该书第二章——传统的法律选择方法（以下简称本章）。本章以对萨维尼理论的评论为主线，展开了对传统法律选择方法的批判，角度犀利，言辞尖锐，既有一针见血之笔，也有过于苛刻之言，同时展开实例旁征博引。读后深感获益良多，记录一二与同道分享。

一

虽然以对萨维尼的批判为主线，但作者并没有机械地分为一、二、三等几个层次，而是以自己的逻辑徐徐展开，穿插进行。

在第一个批判层面——法哲学方面，萨维尼认为，由古罗马创造的法律的形式和机构隶属于一个更先进、更纯净的理论世界并拥有永恒的生命力，而由其自己创造的法律关系本座说中的传统分类更是亘古不变的真理。作者将萨维尼的此种观点称为“彻底否认历史的观点”。笔者认为作者的批判是欠妥当的，原因在于：

首先，萨维尼毕生致力于对罗马法的研究，这恰恰证明了他对历史的重视，只不过他所注重的历史是久远传统中具有“民族精神”的历史。

其次，并不能全盘否定萨维尼对于古罗马法律的高度信仰，正如博登海默所指出的，“历史法学派也许促使人们重新关注历史，因为这种关注历史的去向乃19

---

* 武汉大学国际法研究所硕士研究生。

世纪法理学的特点，在当时，世界各国，尤其在德国，都对原始社会和早期社会的法律历史进行了详尽的研究，学者们常常撰写一些描述某个长远法律制度较小细节的书籍”，“从某些方面来看，花费在历史研究上的劳动同其所取得的成果很不相称，但在许多情况下，这种研究也大大丰富了我们认识早期法律制度发展时所必需的知识”。①

再次，虽然萨维尼一直被认为是一个保守落后具有等级观念的贵族，但是在萨维尼所属的那个等级之中，显然萨维尼是具有相对开放精神的，这从他批判某些德国法学家敌视罗马法的一段论述中即可看出，“据说，罗马法使我们失去了民族性，我们的法学家对它情有独钟，从而妨碍我们土生土长的法律具有同等的独立性和科学条件。这种抱怨在一定程度上是空洞的和没有理由的，因为可以假定，没有某种内在必要性，就从来不会出现这种情况，至少不会持久”。② 当然，值得注意的是，萨维尼毕生从事罗马法的研究，并不意味着历史法学派和自然法学派一改往日的尖锐对立出现了某些融合，而是在于罗马法虽然也为外来法，但作为几个世纪以前的外来因素，罗马法已经充分融入德国法律体系，成为德国法律生活中的一部分，只是系统的研究工作有待完成。

二

在第二个批判层面上，作者论及萨维尼的终极目标就是，希望“我们的学说可以在所有的国家得到彻底统一的推行”，以达成判决的一致性目标，即无论案件在何处审理，都能得到一致的结果。作者将这一终极目标归结为“不切实际的想法”，其理由有三：一是曼西尼所鼓吹的国籍原则分流了萨维尼的追随者；二是基本概念上的分歧，如普通法上的“土地禁令”规则与民法法系国家流行的普遍继承原则相互冲突；三是强行法的大量增加使单边主义急速膨胀，萨维尼预期强行法是不规则的并将随着国家的自然发展而逐步消失，但事实恰恰相反。应该说，作者的论证理由是充分的，并同时从理论和实践两个问题展开，但作者刻意回避或者说是忽略了两个问题：一是萨维尼所处的时代的现实状况。当时国与国之间的交流日益增多，各国普遍承认内外国人之间的平等的法律地位，同时国际私法领域形成了统一的习惯法规则，面对这样一种情势，萨维尼设定出这样的终极目标并不是无据

① 参见［美］埃德加·博登海默：《法理学》，邓正来译，中国政法大学出版社 1999 年版，第 90 页。

② 李双元、吕国民：《萨维尼法学实践中一个矛盾现象之透视》，载《浙江社会科学》2000 年第 2 期，第 45 页。

可依的。其二，萨维尼在总结了当时出现的新现象从而得出国际私法趋同化趋势结论时，也附加了条件限制，即“如果法律的发展不受不可预见的外部因素的影响，对于国家间法律冲突的解决，可能会导致一致的做法”。因此，笔者认为作者所据以证明的三个理由中，第一项和第三项皆可归入萨维尼所称的“不可预见的外部因素”，而第二项基本概念上的分歧能否作为阻碍统一的充分论据还有待商榷。

三

如果说作者对于萨维尼“民族精神”的批判只是轻描淡写，那么对于萨维尼在国际私法领域所坚持的普遍主义的批判就是作者的重中之重。而“民族精神”与普遍主义这两者恰恰代表了萨维尼法学实践中的一对矛盾：一方面他是历史法学派的集大成者，鼓吹法是“民族精神”的产物，因而带有一定的保守性和落后性；另一方面，他却在国际私法领域反对特殊主义——国家（民族）主义，坚持普遍主义——国际主义，并通过创立法律关系本座说为国际私法的发展作出了不可磨灭的贡献。这一对矛盾的成因发人深省。但令人遗憾的是，作者在对这一对矛盾分别进行批判的同时，并没有探求两者之间的内在成因。而李双元教授对这一对矛盾的内在成因进行了较为详细的透视，并进行了多维分析。其中一点令笔者印象犹为深刻，“萨维尼发表《论当代立法与法哲学的使命》时还只是一个 36 岁的青年学者，而在《现代罗马法体系》（第 8 卷）出版时他已年满 70，而且正是在此 30 来年的时间里，德国发生了巨大的变化”，“这些内在和外在的因素势必对萨维尼的法哲学思想产生一定的影响，促使其发生一定的变化。因此，萨维尼的法学思想前后并不完全一致，也是一种很正常的现象”。①

四

虽然作者对于萨维尼的批判存在过于苛刻之言，但该书有许多方面仍是值得推崇的。首先，在文体上，虽然论述的是一般人稍嫌枯燥的国际私法理论问题，但文风流畅，脉络清晰，读来毫无拖沓之感，且辞藻准确之余不乏华丽；其次，作者在论证普遍主义——国际主义在实践中的不足时，并没有一般地泛泛而谈，而是通过合同、侵权以及婚姻三个典型领域的例证来论证，作者对实践的重视可见一斑，这一点与作者的哲学思想也是不谋而合的。作者在其无意识论中指出，“集体无意

① 李双元、吕国民：《萨维尼法学实践中一个矛盾现象之透视》，载《浙江社会科学》2000 年第 2 期，第 45 页。

识，作为人类精神的储蓄所，同时又是这一经验的先天条件”，它“实际上是历史经验一般趋势的凝缩”。“精神的个人层终结于个人记忆，而集体层却包含着前婴儿时期，即祖先生活的残余”。

除了文风洒脱和注重实践，作者对总则术语的批判也体现了作者在冲突法体系基本理论方面的不凡功力。对总则术语的批判，根植于国际私法基本理论的同时又结合实证分析，既增强了对于概念主义的批判力度，又代表了国际私法发展的最新趋势。尤以对识别批判的例证最为典型。一对已婚夫妇从密歇根州（保护夫妻个人财产）迁至加利福尼亚州（保护夫妻共同财产）。在密歇根州，丈夫外出挣钱，而妻子照料家务。当丈夫在住所地加州去世时，并没有留下有利于妻子的遗嘱，那么妻子应享有什么样的权利呢？根据传统的美国冲突法规则，夫妻的财产权益性质由获得财产权益时住所地的法律控制，而被继承人最后住所地的法律控制动产的分配。因此，妻子不能获得加利福尼亚的共同财产权利，因为丈夫的财产是在密歇根州（前住所地）获得，而密歇根州保护夫妻个人财产，所以丈夫在密歇根州获得的财产是个人财产而不是夫妻共同财产。同时妻子根据密歇根州法律也不享有继承权，因为丈夫死亡时最后住所地在加利福尼亚州。最终加州立法机关假设夫妇将在加州终生生活而给予了存活一方应得权利。识别的无力一览无遗。识别的无力不仅在于以何种法律支配识别过程的争论，更重要的在于，如果该法律关系适用何种法律是未知的，那么该法律关系是否真正存在同样也是未知的。那么面对识别这么多的不确定性法官为什么仍然对识别情有独钟呢？真正的原因在于识别作为“规避工具”抑或是“操纵杠杆”的功能，这一功能很早就为美国法院所利用并在实践中进一步得到巩固。

最后作者引证了巴丁（Bartin）的观点，不同法律体系对其法律在组织方式上的差异，是多边主义者达成其判决一致性目标的重大阻碍。这一点与作者论证萨维尼终极目标“不切实际”中的观点不谋而合。作者在论证萨维尼终极目标“不切实际”时所采用的第二个论据就是基本概念上的分歧，这与法律组织方式上的差异有着异曲同工之妙；精妙的上下呼应不止于此，在识别的论证中所引用的美国实例同样为本书的第三章“美国冲突法革命”做了铺垫。

识别之外，作者对于其他术语同样作了精湛的评析。先决问题与分割方法陷入对法律关系进行分类的两难境地：如果法律关系分类过于宽泛，那么其存在的价值将会大大降低；如果分类变细，回旋余地也随之变小，再次分割的需求也就随之产生；而反致也只能提供一些细枝末节的修补，这些修补本身是背离国际私法统一化趋势的。作者批判最为尖锐的是对公共秩序保留的评析，作者指出，真正暴露出冲突法体系结构瑕疵的是公共秩序保留问题。简而言之，公共秩序保留就是圆周中挖出的一个例外的洞，但例外的洞口越来越大，存在着吞噬整个圆周的危险；同时，公共秩序保留与直接适用的法还存在着交叉竞合，并不是公共秩序保留的范围小于直接适用的法这一句简单的结论就能涵盖的。

两位学者，两种风格，针锋相对。但无论是萨维尼还是荣格，对他们法学思想的研究尤其是那些彼此针锋相对的法学思想的研究，都能够促使我们发现国际私法体系中的焦点问题并加以借鉴，从而在未来的立法中能够更经济地对这些焦点问题予以关注，避免资源浪费。

杨良宜先生访谈录

□ 郭 漪* 朱 强**

黄裳先生曾言："听钱先生（钱钟书）谈天是一种极好的享受。那真是咳唾珠玉，充满了机锋的。每每感到，这些精彩的谈话，不能加以记录真是十分可惜的事。是不是可以想法补救呢？我不敢说，只能提出一种希望。如有适宜人选，有领受机会，多少记下一二，使清风妙语不随风俱逝，那就太好了。"何其有幸，在樱花三月的武汉，恰逢杨良宜先生开始他的全国巡回演讲之际，我们受《武大国际法评论》编辑部的委托，斗胆请求杨先生能抽时间和我们聊一聊天，或许是因为我们的学生身份吧，向来处世低调，从未接受过任何国内媒体、刊物采访请求的杨先生竟然欣然应允，也许我们的学识和经验都未必是采访杨先生的最适宜人选，但是因为机会实在难得，我们也就不揣冒昧和浅陋了。在袅袅茶香中，杨先生打开了话匣子。杨先生对待学习的那份孜孜不倦和勤勉，对待中国海商法和贸易法教育事业的那份执著和奉献，其自身学术思想的精妙与幽深，无不令我们为之惊讶和动容。由于篇幅所限，只能是撷其一二，以飨读者诸君。

为学之道，莫先于穷理；穷理之要，必在于读书

从中学毕业生到船员这一步也许并不遥远，但从船员到国际海事仲裁大会主席与香港国际仲裁中心主席，到底需要走过怎样的路？从成绩并不优异的学生到一名称职的船长这一步也并不遥远，但从船长到15所知名高校的兼职教授，获得享誉世界的学术地位，这之间到底有多远？杨先生走过来了。当我们好奇地追问杨先生是如何走上他的研习法律之路时，我们听到最多的两个词便是"读书"和"勤力"。杨先生坦率地和我们谈道，他小学和中学时的学习成绩都不算好，中学毕业之后，因为学习成绩的限制，同时也有经济方面的原因，他决定上船做船员。船上的一切对他来说都是那么的新鲜，他如饥似渴地学习着，从装货配载到海况天象，

* 武汉大学国际法研究所硕士研究生。
** 武汉大学国际法研究所博士研究生。

至今，几十年过去了，杨先生说起当年背诵过的旗语仍是信手拈来，烂熟于胸。尽管他在船上的职位是越做越高，但是他也越来越感觉到，随着航运技术的更新，原来的那些航运知识已经绝大部分派不上用场了，比如卫星导航系统的使用使得原来必须掌握的天文地理星象知识成为鸡肋，集装箱运输的迅猛发展也使得很多配载知识没有了用武之地。

杨先生认为在船上已没有东西可学，于是，他去寻找新的知识源泉，其间，他整整四年坚持研习法文，但是后来却感到花费如此多的精力掌握一门语言实在是用处有限，恰好在这时，他在台湾高雄的翻版书市上，得到了一本有关海运知识及相关国际条约的外文书，用杨先生的话来说，那是他第一次感到“好书的威力”！原来，自己在船上曾十分不易地从师傅那里偷学到的航运知识，这本书上竟然全部都有！这是一个美妙的时刻，从此，杨先生对好书的热爱再也没有停止过，也正是一本本的经典法律著作将杨先生带入了法律之门。辞去了船长职务后，杨先生下决心走法律这一条路，遂赴英国专门学习法律，在那里，杨先生说惟一的好处就是可以接触大量的英文好书，尤其是首次读到劳氏法律报告。他深深地感到学无止境，惟有勤奋，再勤奋！晦涩的法律专业著作、冗长的案例并未熄灭杨先生读书的热情，反而激发了他极大的学习兴趣，卷帙浩繁的劳氏法律报告被一卷卷地啃了下来。回国后，杨先生仍然数十年如一日地读书、教书、写书、买书。杨先生深有感触地对我们说，只要拼命看，拼命学，没有什么学不会、学不好的。古语有云：“圣贤之学，非造次可成，须在积累。积累之要，在专与勤。”一本本书读过来，一次次课讲下来，一套套书写出来，杨良宜先生就这样一步步地走近了成功。谁不想成功，谁不曾奋斗，但是如果将这些空洞的字眼放到十年如一日孜孜不倦地坚持读书和学习，又有几人能够做得到？杨先生告诉我们，除了为保持健康而做必要的锻炼之外，他平时几乎没有什么娱乐活动，甚至连太极拳都因为其太慢、太耗时间而被从锻炼项目中划掉。尽管公务缠身，但杨先生从未中断过读书、写作，每天晚上都要坚持写作，周末也写，假期也写。杨先生的生活十分简单，他没有买车，没有置豪宅，更没有像身边的朋友那样养游艇，他说，那些虚荣的东西我不要，我生活的固定成本是很低的。可是，杨先生每年单单花在买书上的钱就高达100 000港币，多年积累下来，已经成为香港公认的海事法律方面个人藏书第一人！此刻，我终于明白了成功是什么，它是一种美好的习惯——坚持，执著，敬业，投入和把握方向。

草色人心相与闲，是非名利有无间

杨先生在我国海商法学界的崇高声誉除了来自于其自身高水准的专业素质之外，其多年来坚持自费资助我国海商法教育事业的高风亮节，也令闻之者无不深深感佩。从赠送大连海事大学第一套劳氏法律报告开始，20 多年来，杨先生无偿捐助的足迹遍布了祖国的大江南北。说起这第一套劳氏法律报告，其中还有一个小故事。对于英美法有些许了解的人都知道，学习英美法律，特别是英国法，不熟读案例不行，而想要了解最新、最完整的英国法院的商业判例，不读劳氏法律报告不行。但是，一套劳氏法律报告的价格高达 15 000 英镑，相当于人民币约 20 万元，别说是学生，在 80 年代初期，甚至一所大学都未必能够拨出这样一笔巨款买上一套劳氏法律报告。杨先生在 1982 年来到大连海事大学时，见到的正是这种捉襟见肘的困难情况。尽管当时杨先生自己的经济也不宽裕，但是他还是毅然地用分期付款的方式，买下一套劳氏法律报告，连同一批自己勉强能够支付的原版书和翻版书，一起赠送给大连海事大学，充实它们的研究资料。而在以后长达数年的时间里，自己都要每月从工资里拿出一笔钱来偿付书款。要知道，当时就是杨先生自己也没有一套完整的劳氏法律报告。手中的那半套劳氏法律报告，还是杨先生在过生日的时候，岳母要送他一件大礼，被杨先生急急地拦下，将这份大礼换成了半套劳氏法律报告。但杨先生说，我在香港，可以去图书馆查阅完整的劳氏法律报告的，还是比内地的条件要好一点，这一套还是先给内地的学生吧！我不禁脱口问出："是什么力量促使您这样做的呢？"杨先生很轻松地说："没有什么力量啊，他们没有书，拿什么来研究？中国的青年与别人相比本来机会就少，世界第一流的律所，最能锻炼人的地方，每年招募的人几乎都是老外。如果中国的学生再没有好书看，怎么能学好？怎么跟人家外国人比？"我忽然醒悟，禅宗里说，佛，不可说，亦不能说，或曰，大道自在人心。杨先生正是如此，在他看来，有些事情，本没有如此多的原因和理由，无端地找出来，用之于口舌，实在是堕了大道。我倒要为我的这个问题赧颜了。

杨先生告诉我们，其实这么多年来，他资助我国的教育也走过了一条逐步摸索的路。起初就是尽其所能地送书，送大量的外文原版书给各个高校、航运公司甚至是最高法院，光是价值不菲的劳氏法律报告就送出去了整整 40 套。但是杨先生发现，花这么多的钱送出的书利用率并不高，有的学校收下了赠书，两年之后过去看，竟然还没有开封！所以，杨先生又绞尽脑汁地另辟蹊径，赞助海商法的论文评选，每年拿出 10 来万元作为奖励。海商法的论文评选，杨先生赞助了 10 届，花掉了 100 多万元，却越发感到真正奖励到作者手中的钱并不多，而且获奖人数有限，受益面太窄。那么效益最高的资助应该是奖学金了吧，于是，杨先生又多方联系，选择了大连、上海、广州的三所学校设立奖学金基金，每所学校资助启动资金 25 万元，其后还有追加的款项。但是，真正运作起来之后，杨先生又发现了问题，即他无暇参与评选的程序，评选结果容易失控。如何才能最大限度地帮助有志青年们成为具有国际水平的人才呢？这是一直萦绕在杨先生心中的问题。最后，他决定自己写书，将自己多年的办案经验与发达国家的先进理论相结合，帮助青年们把基础夯实。近十年来，杨先生写书真称得上“拼命”二字，截至今日，面市的书籍已经超过了20本，每当写完一本书后，杨先生都会进行一次全国演讲。和别人不同的是，杨先生的演讲从不卖书，而是送书，而且是参加的人越多，送出去的书越多，他越高兴。杨先生差不多一年会去20所大学，每一所学校依讲座参与的人数而定，一次会送出大约5~10万元的书籍，一趟走下来，的确是花费不菲，但杨先生说他惟一的期望就是听了他的讲座后，会有人扎扎实实地将他赠送的书看进去。杨先生说他还会一直写下去，一直送下去，尽自己最大的努力将中国与世界的差距缩小，再缩小。

眉头无一事，笔下有千年

依稀记得，首次聆听杨先生的讲座，感觉他的自我评价很刺耳——“我并不是一个好人”。殊不知，这并非一句调侃，杨先生所揭示的是国际商场的残酷现实。他将自己放逐到真实的世界中，颇有点后现代主义的意味。杨先生清醒地认识到：“商场一旦提升为国际商场，自然也变了是国际战场。面对国际战场，马上是要去与世界上最厉害辣手、最嗜血的对手打交道。”杨先生更清醒地认识到：“我们在面对现代国际商务交往时，不得不承认这样一个现实，就是中国的涉外经济贸易公司、航运公司在国际经济贸易及航运等与外方的交往活动中常常陷于不利的境地，吃亏、败诉乃至受骗的涉外案件不断发生。”于是，出于一个中国人的责任感，杨先生不禁问：“出现这样的令人困扰的问题的结症在哪里呢？”在杨先生看来：“关键是在于我们对国际商务中通行的‘游戏规则’的认识、掌握不够。”

自觉地洞察到中国的症结，反映了杨先生对国情的关切；自觉地赋予自身医治症结的使命，则反映了杨先生对国家的拳拳之心。“解决上述问题的关键又在哪里呢？回答即一句话：认真研究、掌握好国际商务活动中的那一套‘游戏规则’，并将其熟练地运用到涉外经济贸易、航运实践中去”。杨先生十几年来的笔耕不辍，正是为了将国际商场中所适用的一整套游戏规则介绍给国人，为我国中方当事人在复杂变幻的国际商海中处于不败之地创造知识条件。从最早的《提单》到新近出版的《英美证据法》，杨先生一直努力构建并向国人展示国际贸易大网络的知识体系，亦即国际商务游戏规则。

何谓“国际商务游戏规则”，杨先生指出：“商场交战，毕竟仍是文明的一套做法，不会是低层次的双方动粗，买凶杀人，除非是在一个无法无天的国家内营商。文明的一套做法是包括完整明确的商法与去执行它的机制。而在国际战场，无可置疑的是英美的商法与执行机制。”因此，杨先生以英美商法作为其著作体系的核心内容，涵盖货物买卖、货物运输、船舶租赁、船舶建造、海上保险、信用证、海运欺诈、商务仲裁、证据等国际贸易大网络的重要环节。对于坚守法律部门界限的人而言，杨先生无疑是一个破坏者，他所构建的知识体系中既包含了合同法，又包含了侵权法；既包含了实体法，又包含了程序法。可谓林林总总，庞然大观。这种综合和实证的研究方法，使笔者想到我国著名国际经济法学家姚梅镇先生的学术思想。从事法学研究的出发点，不是问"法是什么"、"法从何而出"，而是要问"问题是什么"，而这一方法，与国际商务活动的纷繁复杂又是如此地吻合。或许，杨先生对自己的这一体系并没有过多的理论深究，而只是考虑到"将来不论是在哪一种行业，做任何的事，在考虑问题时，会想得更长远、更全面、更精密、更逻辑与更连贯"。严格地讲，杨先生并不是一个学者，他的头上并没有眩目的学术光环，他只是希望将自己多年所积累起来的实务经验和教训告诉更多的中国人，而现实的国际商务活动本就涉及如此多的方面，杨先生展示的只是实然世界的原貌。但杨先生并不比任何一个学者缺乏学术良知和品质。要知道，完成这么大的一个知识体系，需要多么大的勇气和付出。法律学人都知道，英美法的主要法源是法院先例。在每一本著作的写作过程中，杨先生都曾呕心沥血地搜索并研读了特定领域的众多案例（包括仲裁案例），其工作量之巨，工作之艰辛，可想而知。

性格柔弱的人一定不喜欢杨先生的书，因为他的书中大量谈及了当今国际商海中嗜血、冷酷与无情的"文明"斗争与"杀戮"手法。只有有着危机感的人才会看到现实的冷酷。杨先生长期具有这种危机感，"在我的工作中每天几乎都可见到、听到或碰到中方受骗，每次损失都在十万、百万甚至千万美元，而且被外国人骂不守合约信用。即使中国是世界上最富有国家，也会因流血不止而大难临头"。要知道，这些"文明"做法就是国际商海中的游戏规则，就是一个商人、一个国家在国际商战中的取胜之道，"非善战者投身国际商业会自取灭亡"。

在与杨先生的交流过程中，笔者深刻感觉到，对杨先生所推广的知识体系的理解如果仅限于单纯的规则，其实是肤浅的。杨先生近期的著作中越来越明显地反映出他的一个观念，希望通过向国人灌输英美商法规则来培养国人的思维水平。规则的生命其实在于适用者的思维水平。置于社会科学范畴的法学，具有社会科学复杂相对的共性，取不同的角度，对同一事项的判断可能会有所不同，但这并不一定表明真理非此即彼，因为在社会科学中有时就根本不存在那种"非黑即白"的是非判断，存在的只是判断所采取的角度、侧重点不同而已。但有一点是绝对的，就是任何分析和判断都取决于分析和判断者的思维水平。杨先生曾引用过英国著名法官丹宁勋爵的一句话"I might be wrong, but I am never in doubt"，而这句话也同样是美国最高法院的一位首席大法官铭刻在椅背上的座右铭，这实际上反映了一个人在熟练透彻地掌握了有关法律精神、理论，确立了优秀的思维水平后，在分析判断问题时所具有的那种成竹在胸、无畏自信的境界。杨先生认识到，中国人往往缺少这种思维能力，无法去“更长远、更全面、更精密、更逻辑与更连贯”地想问题。因此，杨先生冀望国人可以通过对英美商法的学习去培养这方面的思维能力。

杨先生的这一观念，已经超出了法学研究的范畴，而是将思考延伸到了法学教育。缺乏思维水平的培养，难道不是我国目前法学教育的症结所在吗？“学无止境，思维水平与智力的提高也是没有止境的”。杨先生衷心地希望他的一系列专题书籍“能在中国的年青人当中产生影响，使他们认识到运用头脑、提高智慧的重要性及此中的长远利益，并以此为乐”。杨先生曾经写道：“看到这一年来的亚洲经济危机，东方人在这一方面对着西方人是节节败退，笔者又懊悔自己为何不更加努力，学得更快，可在早几年开始这样做。”

在即将结束这篇访谈录前，笔者很想用一个词勾勒出杨先生的行为和思想。杨先生有点像堂吉珂德，因为他对信念的执着，但他的信念比堂氏更为忘我和无私。如果说他的信念伟大，那么他行动的过程更加伟大。杨先生或许更像一个孜孜不倦的“奔跑者”，为了缩小中国与西方强国的差距而奔跑，这个奔跑者似乎有点孤独。一位友人曾问我：“杨先生的普法工作能产生效果吗？如果他集中精力培养几位精英岂不更有意义？”但杨先生认为，如果没有中华民族整体水平的提高，仅靠个别精英，中国还是无法成为强国。况且，如何选择精英呢？即使幸而找到了天资禀赋皆优的人才，谁又能保证他会永葆勤力？人生的变数太多，诱惑太多，杨先生笑言“不会把鸡蛋放在一个篮子里”。尽管这种大范围的普法工作需要更多的时间、精力和财力，但是杨先生仍是乐此不疲，并充满信心。在此，我想引用杨先生曾引用过的盖茨的一句话与大家共勉——“人们常常高估了自己一年时间能做什么事，但也常常低估了自己十年时间能做什么事”，并在心中向杨先生表达一个海商法年轻学子的敬意与谢意。

稿　约

《武大国际法评论》（以下简称《评论》）由国家重点文科基地——武汉大学国际法研究所主办。《评论》坚持学术自律、自主和自尊的方针，一切编辑活动惟学术是尚，热忱欢迎国内外专家、学者及学界同仁赐稿。稿件要求如下：

一、《评论》欢迎选题新颖、有独到见解和学术价值的国际法和比较法论文，特别欢迎有重大理论创新和实践价值的优秀成果；

二、稿件应为未公开发表的作品，若属“论文”类稿件，来稿字数在2万字左右；若为“案例研究”或“书评”类稿件，则字数不限。来稿请附英文标题、中英文摘要，稿件注释参照《评论》注释体例（见附件）。

三、本评论实行文责自负原则。

四、来稿请采用打印文本，并附磁盘或将电子版（Word文档）发至《评论》电子邮箱。

五、凡投稿在两个月内未收到编辑部采用通知者，可自行处理，由于编辑部人手有限，请作者自留底稿。

六、来稿一经采用，即付稿酬。

来稿请寄：武汉大学法学院《武大国际法评论》编辑部，邮政编码：430072

E-mail：wudaguojifa@ hotmail. com wudaguojifa@ yahoo. com. cn

附：

注释规范

所有注释采用脚注，全文用阿拉伯数字连续计码。注码置于引文结束的标点符号之后右上方。

一、中文注释规范

（一）著作类

1.《毛泽东选集》第1卷，人民出版社1964年版，第136页。

2.王利明等著：《民法新论》（上册），中国政法大学出版社1987年版，第34页。

（二）文集类

1. 朱慈蕴:《对一人公司立法与规制的思考》，载《商事法论集》（第5卷），法律出版社2000年版，第39页。

（三）港澳台著作

1. 林山田:《刑罚学》，台湾“商务印书馆”1983年版，第159页。

（四）译作类

1. ［意］加罗法洛：《犯罪学》，耿伟等译，中国大百科全书出版社1996年版，第139页。

（五）古籍类

1.《大学衍义补》卷一百零二。

2. ［清］沈家本:《沈寄先生遗书》甲编，第43页。

（六）辞书类

1.《辞海》，上海辞书出版社1979年版，第743页。

（七）论文类

1. 高铭暄等:《论毒品犯罪的罪名与刑法适用》，载《中国法学》1992年第3期，第10~19页。

（八）报纸类

1. 李文燕：《关于协助组织他人卖淫罪名的质疑》，载《法制日报》1993年4月4日第3版。

（九）公报类

1.《最高人民法院公报》1993年第1期，第19页。

（十）文件类

1. 财政部《关于国债代保管凭证（单）应严格执行国债兑付政策的通知》，财国债字［1995］第25号，1995年7月17日。

二、英文注释规范

“^”表示1个空格，“__”表示应采用斜体。

1. Cases

case name, ^volume number^reporter name^page number^ (year or court and year).

for example:

Swaggart Ministries v. Board of Equalization of Cal., 493 U.S. 378 (1990).

2. Statutes

1) Federal statute: title number^abbreviated name of code^section number^ (year).

for example:

22 U.S.C. sec. 401 (1988).

2) State code: abbreviated name of code^section, paragraph or article number (s) ^ (year).

for example:

Official code: Minn. Stat. Sec. 518.64 (1990).

Unofficial code: N. Y. Dom. Rel. Law sec. 170 (McKinney 1988).

A. Constitutions

Abbreviated name of state or "U. S." ^abbreviation of constitution ("const.") ^abbreviation of "article" ("art.") ^article number, ^section symbol or "sec." ^section number^clause number if appropriate.

for example:

U. S. Const. art. I, sec. 7, cl. 3.

Minn. Const. art. I, sec. 7, cl. 3.

4. Restatements

Restatement name^section symbol or "sec." ^section number^reference to comment if applicable^ (year adopted [preferred] or last amended [if subsequent amendments incorporated]).

for example:

Restatement (Second) of Torts sec. 402A (1978).

5. Uniform Acts

Abbreviated name of the act^ "sec" or section symbol^section number^ (year).

for example:

U. C. C. sec. 2-303 (1990).

6. Law Review Articles and Other Periodicals

Author's full name, ^title of article, ^volume number^abbreviated name of periodical ^page number^ (year).

for example:

Caroline Forell, *Stopping the Violence: Mandatory Arrest and Police Tort Liability for Failure to Assist Battered Women*, 6 Berkeley Women's L. J. 215 (1990-91).

7. Books

Author's full name, ^title of the book^page, section, or paragraph number if needed^ (year).

for example:

Elaine C. Maier, How To Prepare A Legal Citation 45 (2nd ed. 1985).

8. Legal Encyclopedias

for example：

31A C. J. S. Evidence § 175（1964）.

9. American Law Reports（ALR）

for example：

Anne M. Payne，Annotation，Sexual Partner's Tort Liability to Other Partner for Fraudulent Misrepresentation Regarding Sterility or Use of Birth Control Resulting in Pregnancy，2 A. L. R. 5th 301（1992）.

10. Dictionaries

for example：

Black's Law Dictionary 402（6th ed. 1990）.

11. Citations are frequently introduced by words called "signals"，such as "*Accord*"，"*See*"，"*See also*"，"*cf.*"，"*Compare with*"，"*But see*"，"*But cf.*"；"*See generally*"，"*But see*，*e. g.*，" etc.

三、其他

（一）非直接引用原文时，注释前应加"参见"。

（二）引用资料非来自原始出处时，应注明"转引自"。

（三）引用的同一文献作者为两人以上时，在引用注释时应显示全部作者。

（四）引文出自同一资料相邻数页时，应注明如：第35～40页。

（五）引用来自因特网上的资料，应注明资料所在网页的地址及访问日期，如果是文章，文章名仍然用斜体。如：

1. *See* De Hoge Raad der Nederlanden（visited March 21，2002）http：//www. Rechtspraak. nl/hoge-raad/default-flash. htm.

2. *See* Panier，*Darstellung des Bundesgerichtshofs* [overview of the Bundesgerichtshof]（visited March 1，2002）http：//www. uni-karlsruhe. de/～Bgh/aufgabe. htm.